Primär- und Sekundärinsider
nach dem WpHG

Europäische Hochschulschriften

Publications Universitaires Européennes
European University Studies

Reihe II
Rechtswissenschaft

Série II Series II
Droit
Law

Bd./Vol. 3217

PETER LANG
Frankfurt am Main · Berlin · Bern · Bruxelles · New York · Oxford · Wien

Jörg Sandow

Primär- und Sekundärinsider nach dem WpHG

Eine rechtsvergleichende Darstellung unter besonderer Berücksichtigung der Finanzanalysten

PETER LANG
Europäischer Verlag der Wissenschaften

Die Deutsche Bibliothek - CIP-Einheitsaufnahme

Sandow, Jörg:

Primär- und Sekundärinsider nach dem WpHG : eine rechtsvergleichende Darstellung unter besonderer Berücksichtigung der Finanzanalysten / Jörg Sandow. - Frankfurt am Main ; Berlin ; Bern ; Bruxelles ; New York ; Oxford ; Wien : Lang, 2001

(Europäische Hochschulschriften : Reihe 2, Rechtswissenschaft ; Bd. 3217)
Zugl.: Hamburg, Univ., Diss., 2001
ISBN 3-631-38158-1

D 18
ISSN 0531-7312
ISBN 3-631-38158-1

Diese Arbeit ist gewidmet meiner Familie
Karl-Walter
Dora
Birgit
Doris
sowie Britta

Vorwort

Am 01.08.1994 traten u.a. §§ 13 und 14 WpHG, und damit die Zentralnormen des deutschen Insiderrechts, als Teil des Wertpapierhandelsgesetzes in Kraft. Mit dem Wertpapierhandelsgesetz wurde die EU-Insiderrichtlinie vom 13.11.1989 in nationales Recht umgesetzt.

Die vorliegende Arbeit befaßt sich mit einem Teilbereich des gesamten Insiderrechts, nämlich mit der Unterscheidung der Primär- und der Sekundärinsider. Diese Differenzierung bedarf vor dem Hintergrund des gesetzgeberisch festgelegten hohen Strafrahmens von bis zu 5 Jahren Freiheitsstrafe und der unterschiedlich gestalteten Verbotstatbestände einer scharfen Trennung auch in den Randbereichen.

Die vorliegende Arbeit soll dem Rechtsanwender eine frühzeitige Einstufung seiner Person in der konkreten Situation und daraus folgend die Einstufung der ihm erlaubten und verbotenen Verhaltensweisen ermöglichen. Die vorhersehbare Auslegung der Begriffsmerkmale ist vor dem Hintergrund, daß zu den einschlägigen Normen auch nach nunmehr über 6-jähriger Geltungskraft des WpHG nahezu keine heranziehbare Rechtsprechung vorliegt, dringlich. Mit der Berufsgruppe der Finanzanalysten wurde bewußt eine in den insiderrechtlichen Ausarbeitungen am intensivsten diskutierten Personengruppe gewählt, um die dargelegten Differenzierungskriterien exemplarisch aufzuzeigen.

Zugleich dient die Arbeit auch durch ihren deutlich rechtsvergleichenden Ansatz als Diskussionsgrundlage für ein geändertes Verständnis der Gruppen Primär- und Sekundärinsider.

Hamburg, im April 2001 Jörg Sandow

INHALTSVERZEICHNIS

Abkürzungsverzeichnis

a.A.	anderer Ansicht
a.a.O.	am angegebenen Ort
ABlEG	Amtsblatt der Europäischen Gemeinschaft
AcP	Archiv für die civilistische Praxis
affd.	affirmed
AG	Die Aktiengesellschaft
BAWe	Bundesaufsichtsamt für den Wertpapierhandel
BB	Der Betriebs-Berater
BCC	British Company Cases
BFuP	Betriebliche Forschung und Praxis
BGBl	Bundesgesetzblatt
BGE	Bundesgerichts-Entscheidungssammlung (CH)
BGH	Bundesgerichtshof
B.U.L.Rev.	Boston University Law Review
BVerfG	Bundesverfassungsgericht
CCH	Commerce Clearing House
CFR	Code of Federal Regulations
Cir.	Circuit (Bundesbezirksgericht)
CJA	Criminal Justice Act 1993
CMLR	Common Market Law Review (NL)
Co.L.Rev.	Columbia Law Review
CSIDA	Company Securities (Insider Dealing) Act 1985
DAX	Deutscher Aktienindex
DB	Der Betrieb
D.Del.	District Count of Delaware
Del.J.Corp.L.	Delaware Journal of Corporate Law
DTI	Department of Trade and Industry
DVFA	Deutsche Vereinigung für Finanzanalyse und Anlageberatung GmbH

DZWir	Deutsche Zeitschrift für Wirtschaftsrecht
E.D.Mich	Eastern District of Michigan
EG	Europäische Gemeinschaft
EuGH	Europäischer Gerichtshof
EuR	Europarecht
EuZW	Europäische Zeitschrift für Wirtschaftsrecht
FAZ	Frankfurter Allgemeine Zeitung
F.2d	Federal Reporter, Second Series (amtliche Sammlung bundesgerichtlicher Entscheidungen in Berufungssachen)
FN	Fußnote
FS	Festschrift
F.Supp.	Federal Supplement (amtliche Sammlung bundesgerichtlicher, erstinstanzlicher Urteile)
h.M.	herrschende Meinung
Hrsg	Herausgeber
ICLQ	International and Comparative Law Quarterly (GB)
IHR	Insider-Handelsrichtlinien
J.Corp.L.	Journal of Corporation Law
JIBL	Journal of International Banking Law (GB)
JW	Juristische Wochenschrift
JZ	Juristenzeitung
M & A	Merger and Acquisiton
NJW	Neue Juristische Wochenschrift
NJW-RR	Neue Juristische Wochenschrift Rechtsprechungs-Report
mwN	mit weiteren Nennungen
ND Ill	Nothern District of Illinois
NYSE	New York Stock Exchange
OJLS	Oxford Journal of Legal Studies (GB)
OWiG	Gesetz über Ordnungswidrigkeiten
RG	Reichsgericht
SAG	Die Schweizerische Aktiengesellschaft (CH)
SchwStGB	Schweizerisches Strafgesetzbuch

S.Ct.	Supreme Court Reports (Entscheidungssammlung des Supreme Court)
SDNY	Southern District of New York
SEA	Securities Exchange Act 1934
SEC	Securities and Exchange Commission
Sec(t).	Section
SI	Statutory Instrument
SIB	Securities and Investments Board
SJZ	Schweizerische Juristen-Zeitung (CH)
SRO	Self Regulatory Organisation
SZW	Schweizerische Zeitschrift für Wirtschaftsrecht (CH)
U.PA.L.Rev.	University of Pennsylvania Law Review
USC	United States Code
USLW	The United States Law Week (US)
UWG	Gesetz gegen den unlauteren Wettbewerb
Va.L.Rev.	Virgina Law Review
W.D.Okla	Western District of Oklahoma
WM	Wertpapier-Mitteilungen
WpHG	Wertpapierhandelsgesetz
WSA	Wirtschafts- und Sozialausschuß
WuR	Wirtschaft und Recht (CH)
ZBB	Zeitschrift für Bankrecht und Bankwirtschaft
ZgesKW	Zeitschrift für das gesamte Kreditwesen
ZGR	Zeitschrift für Unternehmens- und Gesellschaftsrecht
ZHR	Zeitschrift für das gesamte Handels- und Wirtschaftsrecht
ZIP	Zeitschrift für Wirtschaftsrecht und Insolvenzpraxis
ZRP	Zeitschrift für Rechtspolitik

Einleitung

„Information is the lifeblood of our securities markets.“[1]

Das Insiderrecht, so wie es sich auf den derzeit geltenden rechtlichen Grundlagen darstellt, ist vom Gesetzgeber spezialgesetzlich auf den Wertpapierbereich begrenzt worden. Damit wird, betrachtet man die in der Realität auftretenden möglichen Betätigungsgebiete für Insiderwissen, nur ein enger Ausschnitt des gesamten möglichen Spektrums abgedeckt. So ist beispielsweise im Bereich der Kommunalpolitik ein Regelungsbedarf für den Einsatz von Insiderwissen vorhanden[2], gleichwohl ist eine gesetzliche Reglementierung dort bisher nicht erfolgt; vertragliche Regelungen beginnen erst, sofern sie einzelvertraglich überhaupt konstituierbar sind[3], sich zu etablieren[4].

Aber auch in unternehmensnäheren Rechtsgebieten sind Insidergeschäfte außerhalb des Wertpapiergeschäftes rechtsgeschäftlicher Alltag. In einem der wohl prominentesten Insiderfälle, dem Fall der Texas-Gulf Corporation[5], dreht sich die juristische Diskussion lediglich um die Frage der Auswirkungen der getätigten Wertpapiertransaktionen. Der Fund einer lukrativen Lagerstätte war aber zunächst nur deshalb geheimgehalten worden (wodurch die Wertpapiergeschäfte teilweise erst möglich wurden), damit die Gesellschaft die um die Fundstelle herum liegenden Ländereien unbehelligt aufkaufen konnte[6]. Dieses Problemfeld des Handelns in Kenntnis von Insidertatsachen blieb jedoch juristisch weitgehend unbeachtet.

Gleichwohl ist die Reduktion der Insiderrechtsdiskussion auf den Wertpapierbereich zumindest insofern erklärlich, als daß der Bereich des Wertpapierhandels besonders anfällig für Insidertätigkeiten ist. Er ist, insbesondere durch die objektiv wirkende Wertungsfreiheit eines Wertpapiergeschäfts sowie durch den fehlenden persönlichen Kontakt zwischen Käufer und Verkäufer geradezu

1 Einleitung zur neuen Verordnungsinitiative der SEC v. 20.12.1999; abrufbar im Internet unter http://www.sec.gov/rules/proposed/34-42259.htm.

2 Hopt in FS Beusch S. 308; ähnlich Pfister in ZGR 81, S.318 FN 1; zu weiteren Bereichen, in denen Insiderproblematiken zu erkennen sind, s. z.B. zur Megede in Assmann/Schütze (Hrsg.) Handbuch des Kapitalanlagerechts 1. Aufl. § 14 RZ 76 f.

3 Im Beamtenrecht dürfte eine solche einzelvertragliche Reglementierung grundsätzlichen Bedenken aus der Natur des Beamtenverhältnisses heraus begegnen.

4 Der Spiegel berichtet in seiner Ausgabe vom 17.11.97, S. 35 („Aufträge an Bekannte“) von Verstößen gegen Insiderregeln bei der Treuhandnachfolgerin, der Bundesanstalt für Vereinigungsbedingte Sonderaufgaben (BvS), wonach BvS-Direktoren Verträge abgeschlossen haben sollen mit Unternehmen, denen sie selbst angehörten oder mit denen sie eng verbunden gewesen sein sollen.

5 SEC v. Texas Gulf Sulphur Co. 401 Federal Reporter, 2d 833, (2nd Cir. 1968); s. hierzu auch Fußnote 158.

6 Heisterkamp in DZWir 1994, S.518; Grunewald in ZBB 90, S.128.

geschaffen, vorhandenes Insiderwissen zu nutzen[7]. Dieses Wissen führt regelmäßig dazu, daß Geschäfte getätigt werden, bei denen ein Gewinn (bzw. die Vermeidung einer Verlustrealisierung) zwar nicht garantiert werden kann, die Wahrscheinlichkeit hierfür sich jedoch maßgeblich erhöht. Das Handeln auf der Basis von Insiderwissen kann daher mit einem Spiel mit gezinkten Karten verglichen werden[8].

Die vorliegende Arbeit befaßt sich mit einem Teilbereich des gesamten Insiderrechts, nämlich mit dem Primär- und dem Sekundärinsider nach dem Wertpapierhandelsgesetz (WpHG).

Dabei wird zunächst die nationale Entwicklung des Insiderrechts dargestellt. Im Anschluß daran erfolgt eine Darstellung der geschichtlichen und inhaltlichen Entwicklung des Insiderrechts auf europarechtlicher Ebene sowie anhand der amerikanischen, der britischen und der schweizerischen Regelung, bereits fokussiert jeweils auf das Begriffspaar Primär- und Sekundärinsider. Diese Einführung anhand der verschiedenen Rechtsordnungen soll es im später folgenden Hauptteil ermöglichen, Probleme auch unter rechtsvergleichenden Gesichtspunkten zu betrachten und verschiedene Möglichkeiten der Aufbereitung des Begriffpaares näherzubringen.

Der Zweck der Insiderregelung sowohl bezogen auf die EG-Insider-Richtlinie als auch auf das WpHG wird sodann dargestellt[9], um die dort gewonnenen Erkenntnisse später bei der Auslegung der einzelnen Begriffsmerkmale unterstützend heranzuziehen.

Im Hauptteil der Arbeit werden die Begriffe des Primär- und des Sekundärinsiders nach dem WpHG mit ihren einzelnen Untermerkmalen untersucht. Dabei liegt das Hauptaugenmerk auf den personenbezogenen Merkmalen der Insidertatbestände.

Die mit den einzelnen Tatbestandsmerkmalen verbundenen Probleme werden anschließend exemplarisch an der Berufsgruppe der Finanzanalysten aufgezeigt und unter Rückgriff auf die vorher ausgearbeiteten Grundsätze einer Lösung zugeführt.

---

7 Mettler, S.85; Dickersbach S. 49 f.

8 Hopt/Will, Vorwort und S.64.

9 Angesichts der gesetzlichen Entscheidung für ein Insiderrecht bedarf es nicht mehr der Diskussion, ob Insiderhandel überhaupt ökonomisch schadhaft ist und unterbunden werden sollte; s. hierzu z.B. Schneider in DB 93, S.1429 f; Hopt in ZGR 91, S.22 f; Loss/Seligman in „Fundamentals ..“ S. 759 - 768; Estrada in SZW 94, S. 209 f; Kraakman in Hopt/Wymeersch S.47 f; Meller S. 3-37.

I. Teil Die nationale Entwicklung des Insiderrechts

Insiderfälle selbst gibt es so lange, wie es handelbare Papiere und einen Markt für diese gibt. So wird in der deutschsprachigen Literatur darauf hingewiesen, daß Fälle des Insiderhandels bereits für die ersten Eisenbahngesellschaften des 19. Jh. belegt seien[1].

Die gesetzgeberischen Aktivitäten haben sich in den verschiedenen nationalen Regelungen sowohl inhaltlich als auch zeitlich stark unterschiedlich entwickelt. Im folgenden wird die Entwicklung, fokussiert auf das Begriffspaar Primär- und Sekundärinsider, anhand der europarechtlichen sowie der deutschen, der amerikanischen, der englischen und der schweizerischen Lösung nachgezeichnet.

Bekannt gewordene Insiderfälle bzw. solche, bei denen Insiderhandel zu vermuten ist, gab es in Deutschland mehrere, wobei diese im internationalen Vergleich allerdings als von geringerer Bedeutung zu bezeichnen sind. So hatte bereits früh das Reichsgericht einen Fall zu entscheiden[2], in dem der spätere Beklagte Kuxe verkaufte, zu deren emittierender Gesellschaft er eine Viertelstunde vorher in einer Zeitung gelesen hatte, daß der Förderschacht der Zeche total zu Bruch gegangen sei. Eine tabellarische Aufstellung von Magnus[3] führt für die Jahre 1964 bis 1993 für Deutschland 32 bekannt gewordene bzw. publizierte Insiderverdachtsfälle auf[4]. In der jüngeren Vergangenheit, vor dem Inkrafttreten des WpHG, ist vor allem der Fall Steinkühler[5] zu nennen[6].

Seit dem 01.01.95[7] hat nunmehr das Bundesaufsichtsamt für den Wertpapierhandel (BAWe), zu dessen Aufgabe auch die Überwachung des Geschäfts mit Insiderpapieren und die Übermittlung von anfangsverdachtbegründenden Tat-

---

1 Hopt in ZGR 91, S.18; Assmann in AG 94, S.196,197; Heldmann in ZRP 90, S.393.

2 RG in JW 1904, S.167.

3 Magnus in ZgesKW 94, S.544.

4 Eindrucksvolle Beispiele der späten 60er bzw. frühen 70er Jahre sind die Fälle der Boswan & Knauer AG, Düsseldorf oder Sarotti AG, Hattersheim (Hopt/Will S.20 f).

5 S. FAZ vom 18.05.93, S. 13 f; Der Spiegel Nr. 21/1993 S.32 f; hierzu Mennicke in Company Lawyer 94, S.155; Stellungnahme des Bundesverbandes deutscher Banken in ZBB 94, S.83.

6 Der Bundesverband deutscher Banken hat in einer Stellungnahme vor dem Wirtschaftsausschuß des Bundestages ausgeführt, vor wichtigen kursrelevanten Unternehmensereignissen sei eine Abschöpfung der Gewinne und Vermeidung der Verluste in rund 30 % der Fälle belegt. Er hat daraus gefolgert, der deutsche Kapitalmarkt sei von Insidern verseucht; s. Stellungnahme des Bundesverbandes deutscher Banken in ZBB 94, S.83.

7 §§ 1-3, 9 III und IV, 11-14,20,38,41 I des WpHG traten bereits am 01.08.94 in Kraft, der Rest am 01.01.95.

sachen an die Staatsanwaltschaft gehört[8], seine Tätigkeit aufgenommen. Ein Resümee ergibt folgendes Bild[9]:

	1995	1996	1997	1998
Aufgenommen Untersuchungen durch das BAWe	24	59	55	58
Einstellungen durch das BAWe	16	27	40	21
Abgaben an die StA	7	17	22	16
Einstellungen der StA ohne Geldzahlung	2	2	9	8
Einstellungen der StA gegen Geldzahlungen	--	1	6	13
Ergangene Strafbefehle	2	4	3	4

1997 haben insbesondere die Untersuchungen des BAWe und der Staatsanwaltschaft anläßlich eines 26%igen Kurssturzes der SAP-Aktie im Oktober 1996 für Aufsehen gesorgt[10]. Hierbei ist zunächst gegen 71 Primär- und 4 Sekundärinsider ermittelt worden, die Verfahren gegen die Primärinsider sind von der Staatsanwaltschaft inzwischen eingestellt worden[11]. Als weitere prominentere Fälle seit Inkrafttreten des WpHG sind die Ermittlungen gegen das Daimler Benz-

8 S. zum BAWe auch ab S. 29.

9 S. die jeweiligen Jahresberichte des BAWe.
Eine Bewertung des „Erfolges“ des BAWe sollte sich jedoch nicht allein an den Zahlen orientieren, sondern muß den generalpräventiven Aspekt mitberücksichtigen.

10 S. FAZ vom 09.05.97, S.9; Börsenzeitung v. 12.05.97, S.6; FAZ vom 05.11.97, S. 31. Siehe auch zu der Ablösung der nur indirekt betroffenen Vorstandsmitglieder der SAP-Hausbank in Wirtschaftswoche vom 06.11.97, S.8 f.

11 S. Handelsblatt vom 23./24.05.1997, S.1. Das BAWe hielt demgegenüber auch bei einigen der Primärinsider den objektiven Tatbestand eines Insiderverstoßes für beweisbar, s. Handelsblatt vom 26.05.1997, S.27.

Vorstandsmitglied Eckhard Cordes[12] sowie gegen den Börsenjournalisten Egbert Prior[13] anzuführen.

A. Primär- und Sekundärinsiderbegriffe und Grund der Unterscheidung

Die Begriffe Primär- und Sekundärinsider haben, obwohl sie im Vorentwurf zum WpHG noch ausdrücklich aufgeführt waren[14], keinen Eingang in den Gesetzestext des WpHG gefunden, gleichwohl werden sie in der amtlichen Begründung zum WpHG benutzt[15]

Die EG-Richtlinie vom 13.11.1989 kannte ebenfalls bereits inhaltlich die Unterscheidung zwischen den Primär- und den Sekundärinsidern, die Worte selbst benutzte auch sie hingegen nicht. Diese waren zwar ursprünglich in einem ersten Vorentwurf ausdrücklich erwähnt, sind jedoch im Laufe der Entwurfsberatungen durch die jetzigen umschreibenden Definitionen ersetzt worden.

Im amerikanischen und auch im englischen Recht wird herkömmlich das Wort „Insider" für Primärinsider gebraucht. Der dort bekannte Ausdruck „Tippee[16]" deckt hingegen nur Teilaspekte des deutschen Sekundärinsiderbegriffs ab, da der Sekundärinsider nach dem WpHG seine Kenntnis nicht zwingend auf der Basis eines Tips erhalten haben muß[17].

Die Unterscheidung zwischen Primärinsidern und Sekundärinsidern ist notwendig, weil das Wertpapierhandelsgesetz[18] (WpHG) abhängig von der entsprechenden Eingruppierung verschiedene Verhaltensverbote statuiert:

- Der Primärinsider unterliegt hinsichtlich des Umgangs mit der Insiderinformation einem dreifachen Verbot; einem Erwerbs- und Veräußerungsverbot, einem Weitergabeverbot und einem Empfehlungsverbot[19]. Ihm ist untersagt,

---

12 Handelsblatt vom 06./07.06.97, S.1.

13 S. S.34.

14 Hopt in FS Beusch S. 398.

15 Amtliche Begründung zum Zweiten Finanzmarktförderungsgesetz, BT-Drucks. 12/6679 v. 27.01.97, S. 46.

16 Der Ausdruck „Tippee" geht zurück auf Professor Louis Loss von der Harvard Law School und hat inzwischen Eingang in das „Oxford English Dictionary" gefunden; s. zur Entwicklung des Begriffs Tippee Loss/Seligman Band VIII S.3556 FN 240.

17 Gleichwohl werden diese Begriffe in der Literatur herkömmlich synonym benutzt, s. z.B. Steinhauer S. 32.

18 Gesetz über den Wertpapierhandel (Wertpapierhandelsgesetz - WpHG) vom 26.07.1994, BGBl. I S. 1749.

19 Assmann in AG 94, S.204.

bestimmte Wertpapiere (Insiderpapiere, s. §§ 12, 2 I WpHG) unter Ausnutzung seines Insiderwissens für eigene oder fremde Rechnung oder für einen anderen zu erwerben oder zu veräußern (§ 14 I Ziffer 1 WpHG), einem anderen eine Insiderinformation unbefugt mitzuteilen oder zugänglich zu machen (§ 14 I Ziffer 2 WpHG), oder auf der Grundlage seines Insiderwissens einem anderen den Erwerb oder die Veräußerung eines Insiderpapiers zu empfehlen (§ 14 I Ziffer 3 WpHG).

- Der Sekundärinsider unterliegt demgegenüber nur einem Verwertungsverbot, ihm wird lediglich untersagt, unter Ausnutzung der Kenntnis einer Insidertatsache für eigene oder fremde Rechnung oder für einen anderen Insiderpapiere zu erwerben oder zu veräußern (§ 14 II WpHG).

Eine unterschiedliche Behandlung in Bezug auf das drohende Strafmaß ist hingegen im WpHG nicht erfolgt (§ 38 I WpHG).

Dem einzelstaatlichen Gesetzgeber ist in Art. 6 S. 2 EG-Richtlinie[20], deren Umsetzung das WpHG diente, ausdrücklich das Recht eingeräumt worden ist, die Verbote, die den Primärinsider treffen, auch auf den Sekundärinsider auszudehnen[21,22].

Ob die Unterscheidung zwischen Primär- und Sekundärinsidern bei einem Gebrauch von diesem Recht[23] national weiterhin notwendig wäre richtet sich danach, ob die beiden Insidergruppen in den weiteren Tatbestandsvoraussetzungen gesetzgeberisch gleichbehandelt werden. So werden beide Gruppen im englischen und im amerikanischen Recht zwar hinsichtlich der Handelsverbote gleich behandelt werden. Da jedoch in beiden Rechtsordnungen Unterschiede in den subjektiven Tatbestandsvoraussetzungen bestehen[24], ist die Unterscheidung auch dort erforderlich.

---

20 Richtlinie des Rates vom 13. November 1989 zur Koordinierung der Vorschriften betreffend Insider-Geschäfte (im folgenden: EG-Richtlinie); ABlEG Nr. L 334 vom 18.11.1989, S. 30; abgedr. auch in WM 89, S. 1829 f und EuZW 90, S.126 f.

21 Hiervon haben England, Italien u. Belgien Gebrauch gemacht, s.hierzu Caspari in ZGR 94 S.538.

22 Der Bundesrat hatte eine Ausweitung aller Verbotstatbestände auf den Sekundärinsider empfohlen, BR-Drucks. 793/1/93 S.3.

23 Die Frage, inwiefern die Ausweitung der Handelsverbote für den Sekundärinsider sinnvoll wäre, wird ab S. 175 diskutiert. Lücker (S. 184) z.B. benötigt die Differenzierung zwischen Primärinsidern und Dritten bei seinem Gesetzestextvorschlag nur in Bezug auf das Strafmaß.

24 Nach der englischen Regelung muß die Insiderinformation, die der Tippee ausnutzt, unmittelbar oder mittelbar von einem Primärinsider stammen und der Tippee muß dies dementsprechend auch wissen (Sec. 57 (2)(b) CJA 93); s. auch unten S. 169.
Im amerikanischen Recht muß der Tipgeber zur Strafbarkeit des Tippees seinerseits durch die Weitergabe eine Treuepflicht brechen und einen persönlichen Vorteil erlangen wollen.

Sollte durch eine Änderung der gesetzlichen Regelung der jetzige Sekundärinsiderbegriff zum Einheitsinsider stilisiert werden, wonach die bloße Kenntnis einer Insidertatsache die alleinige Tatbestandsvoraussetzung wäre[25], wäre eine Unterscheidung der Insidergruppen national nicht weiter erforderlich. Eine solche Ausweitung wird hier jedoch abgelehnt[26].

B. Allgemeine Gesetzeslage

Teilbereiche insiderrechtlichen Handelns waren von jeher in spezialgesetzlichen Normen geregelt. So regelt § 404 I AktG, daß Mitglieder des Vorstandes, des Aufsichtsrates oder Abwickler einer AG Betriebs- und Geschäftsgeheimnisse, die ihnen in dieser Funktion bekannt werden, nicht unbefugt offenbaren dürfen. In Abs. 2 erfolgt eine erhöhte Strafandrohung für die Fälle, daß der Täter gegen Entgelt oder in Bereicherungs- oder Schädigungsabsicht handelt. Gleichgestellt wird das unbefugte Verwerten eines Geheimnisses. Diese Normen führten jedoch rechtlich betrachtet ein Schattendasein und wurden nicht zur Ahndung etwaiger Insidervergehen herangezogen. Die Erklärung liegt darin, daß sie als Antragsdelikte ausgestaltet waren (§ 404 III AktG), wobei antragsberechtigt allein die Gesellschaft war[27]. Diese aber hat regelmäßig kein Interesse, Interna in die Öffentlichkeit zu begeben. Daneben gab es noch weitere, jeweils Teilbereiche des Insiderrechts betreffende Vorschriften (z.B. § 9 KWG für Beschäftigte des Bundesaufsichtsamtes für Kreditwesen[28], § 353 b I StGB für Amtsträger), die jedoch nur spezielle Personengruppen und dort zudem nur ausgesuchte Verwertungsverbote betrafen.

C. Freiwillige Insiderhandels-Richtlinien (IHR)

National wurde vielmehr zunächst eine Lösung außerhalb gesetzlicher Regelungen gesucht. Ende der 60er Jahre wurde durch die vom Bundesminister für Wirtschaft bestellte Börsensachverständigenkommission ein Konzept auf der Basis von freiwillig anerkannten Insiderhandels-Richtlinien (IHR)[29] entworfen, dessen Kern, daß das Insiderrecht nicht gesetzlich reglementiert werden sollte,

---

Zusätzlich muß der Tippee diese beiden Voraussetzung erkennen oder erkennen hätte können; s. unten S. 63.

25 Diesen Vorschlag diskutiert Davies S.464 f. für das englische Recht.

26 S. S. 175.

27 S. zu den Auswirkungen des Antragserfordernisses im Fall Steinkühler (s. FN 5) „Stellungnahme des Bundesverbandes deutscher Banken" in ZBB 94, S.83.

28 Hierzu s. III. Teil FN 250.

29 Allgemein hierzu s.Horn in ZHR 136 (1972), S. 233 f; Heldmann ZRP 90 S.393 f; Hopt/Will S. 111 f; Leistner in ZRP 73, S. 208; Rümker in ZBB 72, S. 1208 f; Walther in FS Heinsius S. 876 f.

sondern durch die freiwillige Anerkennung Gültigkeit hatte, bis in die 90er Jahre, nämlich bis zum 2. Finanzmarktförderungsgesetz, Bestand haben sollte.

Im November 1970 verabschiedete die Börsensachverständigenkommission die "Empfehlungen zur Lösung der sog. Insiderprobleme"[30], die im Juli 1976 erstmals überarbeitet[31], und im Mai 1988 ihre bis zuletzt gültige Fassung erhielten[32]. 1979 hatte zudem die Börsensachverständigenkommission beim BMF für den Teilbereich der öffentlichen Übernahmeangebote unverbindliche Leitsätze herausgegeben, die auch insiderrechtliche Vorschläge beinhalteten[33]. So blieb zunächst, selbst bei der Börsengesetzreform 1975[34], der Insiderhandel gesetzlich unreglementiert in Deutschland.

Die rechtliche Bedeutung dieser IHR ist schwer zu erfassen[35]; anerkannt ist, daß sie keine staatlichen Rechtsnormen und auch nicht als Handelsbrauch oder als Verkehrssitte zu werten waren[36]. Ihre Wirkung erlangten sie vielmehr nur über vertragliche Anerkennung.

Die IHR in der Fassung von 1988 definieren die Insider in § 2 Nr. 1[37]. Die dortige Definition ist gesellschaftsbezogen[38].

Hervorzuheben ist, daß als besonderes Tatbestandsmerkmal bei den Angestellten sowie bei den gesetzlichen Vertretern und den Aufsichtsratsmitglieder verbundener Firmen nach § 2 Nr. 1 b) und d) auf die Frage abgestellt wurde, ob die betreffende Person in ihrer Eigenschaft Kenntnis von Insiderinformationen zu

---

30 Rundschreiben Nr. 99/IV des Bundesverbandes Deutscher Banken vom 26.11.1970; die Empfehlungen bestanden aus den Insiderhandels-Richtlinien und den Händler- und Beraterregeln. Durch die Arbeitsgemeinschaft der deutschen Wertpapierbörsen und die Spitzenverbände der Wirtschaft kamen Erläuterungen "zur Klärung von Zweifelsfragen der Praxis und Hilfestellung bei Auslegungsschwierigkeiten" sowie eine Verfahrensordnung hinzu; s. zu den IHR 1970 Leistner in ZRP 1973, S.201 f.

31 Hierzu Bremer in AG 76, 10-13; Pfister in ZGR 81, S. 318 f.

32 Abgedr. mit Kommentierung in Baumbach/Duden/Hopt, 29.Aufl. unter Nr. 16; s. hierzu zur Megede in Assmann/Schütze (Hrsg.) Handbuch des Kapitalanlagerechts 1. Aufl. § 14 RZ 11 f; Heldmann in ZRP 90 S.393 f.

33 Leitsätze für öffentliche freiwillige Kauf- und Umtauschangebote bzw. Aufforderungen zur Abgabe derartiger Angebote in amtlich notierten oder im geregelten Freiverkehr gehandelten Aktien bzw. Erwerbsrechten vom Januar 1979, abgedr. in Baumbach/Hopt (18) LSÜbernahmeangeb.

34 Zu den dortigen Vorschlägen, Insiderhandel zu reglementieren, s. „Begründung des Finanzausschusses" vom 19.02.1975, BT-Drucks. 7/3248, S.2; s. auch Immenga in ZBB 95, S. 198.

35 Zur Wirksamkeit der IHR vgl. Ott/Schäfer ZBB 91, 226 f.

36 Hopt in Drobnig/Puttfarken (Hrsg.) S.173.

37 Text abgedruckt im Anhang.

38 Baumbach/Hopt 29. Aufl. (16) § 2 Anm. 1.

erlangen pflegte. Dieses setzte eine abstrakte Prüfung, losgelöst von dem konkreten Insidervorwurf, voraus.

Externe konnten lediglich dann Insider im Sinne der IHR 1988 sein, sofern zwischen ihnen und dem Emittenten eine vertragliche Beziehung bestand (§ 2 Nr. 1 e). Bei diesen Dritten kam dem Erfordernis der vertraglichen Anerkennung dieser IHR besondere Bedeutung zu[39].

D. Umsetzung der EG-Richtlinie in Deutschland

Ende 1993 passierte im November der Entwurf[40] des 2. Finanzmarktförderungsgesetz den Bundestag und den Bundesrat. Dieses Artikelgesetz enthielt als wesentlichen Hauptteil das WpHG, worin sich auch die gesetzliche Reglementierung des Insiderrechts, und damit die Umsetzung der EG-Richtlinie, wiederfindet.

Am 26.07.1994 wurde das 2. Finanzmarktförderungsgesetz, und damit auch das WpHG, verabschiedet[41]. Die Primär- und Sekundärinsider mit ihren jeweiligen Tatbestandsmerkmalen werden ab S. 108 erläutert.

E. Die Staatliche Durchsetzung

1) Das Bundesaufsichtsamt für Wertpapierhandel

Mit der ersten gesetzlichen Kodifizierung wurde zugleich das Bundesaufsichtsamt für den Wertpapierhandel[42] mit Sitz in Frankfurt/Main geschaffen. Dessen Aufgabe besteht gemäß § 4 WpHG darin, die Einhaltung der Vorschriften des WpHG, und damit auch die Einhaltung der Vorschriften den Insiderhandel betreffend (§ 16 WpHG), zu überwachen[43]. Derzeit sind knapp 140 Beschäftigte im BAWe tätig.[44]

---

39 Baumbach/Hopt 29. Aufl. (16) § 2 Anm. 1.

40 Hierzu s. z.B. Krimphove in JZ 94, S.23 f.

41 Gesetz über den Wertpapierhandel und zur Änderung börsenrechtlicher und wertpapierrechtlicher Vorschriften (Zweites Finanzmarktförderungsgesetz) vom 26.07.1994, BGBl. 1994 Teil I vom 30.07.1994.

42 Zum Bundesaufsichtsamt allgemein s. Carl/Klos in wistra 95, S.10 f.; Rauscher S. 76 f; Schröder, M. S. 69 f; sowie Wittich (Präsident des BAWe) in WM 97, S.2026 f.

43 Zur Durchsetzung der entsprechenden Schweizerischen Norm vgl. Rietmann in Handelszeitung v. 30.04.97, S. 5.

44 „Das BAWe - Aufgaben und Organisationen" Internet-Homepage des BAWe, Adresse: http://www.bawe.de.

2) Instrumentarien des BAWe

Der Gesetzgeber hat erkannt, daß die gängigen strafprozessualen Mittel der StPO hinsichtlich der Ermittlungstätigkeit des Wertpapieraufsichtsamtes verifiziert werden mußten. Zur Ermittlung gegenüber konkret bezeichneten Personen hätte es nach den gängigen Regularien der StPO eines Anfangsverdachtes bedurft, dieser hätte sich regelmäßig nur aufgrund entsprechender Hinweise Dritter ergeben[45]. Der Gesetzgeber hat daher dem Bundesaufsichtsamt[46] die in §§ 9,16 WpHG[47] näher beschriebenen Mittel an die Hand gegeben[48].

Durch die in § 9 WpHG statuierte Meldepflicht[49] der Wertpapiergeschäfte gelangen hinreichende Informationen an die Behörde, die diese benötigt, um bereits aufgrund dieser objektiven Daten eine weitere Ermittlung zu veranlassen. Dabei spielen vorrangig die Kombination von Kursverlauf, Umsätzen[50] und Marktanteil bei der Aufspürung von Verdachtsmomenten[51] eine Rolle[52]. Daneben geht das Bundesamt selbstverständlich auch Hinwiesen, Meldungen und Anzeigen nach[53].

Der erste Ansatz ist, ausgehend vom Emittenten die Insidertatsache und die potentiellen Insider zu ermitteln[54]. Gemäß § 16 IV WpHG kann das Bundesamt

---

45 Ransiek in DZWir 95, S.54.

46 Hierzu z.B. Kommentar in ZgesKW 95, S. 898.

47 Zu den weitreichenderen Möglichkeiten der SEC vgl. Nietzer in DAJV-Newsletter 01/95.

48 S. generell hierzu Süßmann in AG 97, S.63 f; Rauscher S. 85 F; sowie „Verfolgung und präventive Bekämpfung von Insidergeschäften" Internet-Homepage des BAWe, s. FN 44. Sehr kritisch zu den möglichen Erfolgen dieser Mittel Ransiek in DZWir 95, S.57.

49 S. hierzu z.B. Schombert in ZgesKW 95, S.711 f. In 1996 sind dem BAWe rund 80 Millionen Meldesätze übermittelt worden, s. Handelsblatt vom 16.07.1997, S.3. In 1998 waren es bereits 215 Mio. Meldesätze (BAWe-Jahresbericht 1998, S. 21).

50 So lag einem in 1996 mit einem rechtskräftigen Strafbefehl abgeschlossenen Verfahren der Sachverhalte zugrunde, daß im Mai 1995 bei einer bayrischen AG der Textilbranche Umsätze i.H. des 40-fachen der tagesüblichen Volumina feststellbar waren. 2 Wochen später erfolgte eine Ad-hoc-Mitteilung des Unternehmens, wonach sämtliche Vorzugsaktien, die vorher deutlich niedriger als die Stammaktien notierten, 1:1 in Stammaktien umgewandelt werden sollten; s. Pressemitteilung des BAWe vom 04.06.96.

51 In der Wirtschaftstheorie wird versucht, anhand der Untersuchung von potentiell insidergefährdeten Ereignistypen abstrakte Verdachtsmomente zu erkennen. Mit Hilfe der Instrumentarien der empirischen Kapitalmarktforschung werden entscheidungserhebliche und verfügbare Daten generalisierend eingesetzt, um so Verdachtsmomente zu erhalten. Anfangsverdachtsmomente werden dabei anhand einer näher zu bestimmenden Relation von Umsatz- und Kursentwicklung herausgearbeitet. Vgl. insbesondere Schmidt/Wulff in ZBB 93, S.57 f mit umfangreicher insb. amerikanischer Literaturnennung.

52 Süßmann in AG 97, S.63; Dreyling in Claussen/Schwark S.2 f.

53 Schröder, M. S. 110; Rauscher S. 142.

54 Süßmann in AG 97, S.63; ders. in WM 98, S. 958; Rauscher S. 151.

vom Emittenten Auskunft (sowie seit Inkrafttreten des Dritten Finanzmarktförderungsgesetzes auch die Vorlage von Unterlagen[55]) über die Insidertatsache und über die Insider verlangen[56]. Da hiernach der Untersuchungszeitraum[57] bestimmt ist, wird das Aufsichtsamt weiter von den in § 9 benannten Kreditinstituten etc. die Angaben hinsichtlich der Identität der Beteiligten verlangen[58]. Weiter kann es vom so ermittelten Auftraggeber einer Order sowie vom Emittenten und von Personen, die Kenntnis von der Insidertatsache haben, die Vorlage von Unterlagen verlangen (§ 16 II bis IV WpHG).

Das Dritte Finanzmarktförderungsgesetz hat dem BAWe ergänzend die Möglichkeit an die Hand gegeben, die bisherigen Auskunftsanfragen auch an ehemalige Aktionäre und an Wertpapierdienstleistungsunternehmen zu richten[59].

Bejaht das Bundesaufsichtsamt nach Überprüfung der Unterlagen den Verdacht einer Straftat nach § 38 WpHG, so zeigt es die entsprechenden Tatsachen der Staatsanwaltschaft an (§ 18 I WpHG)[60].

Der Staatsanwaltschaft stehen dann, sofern sie ihrerseits den Anfangsverdacht bejaht (§ 152 II StPO), die erheblich umfangreicheren und den Beschuldigten belastenderen strafprozessualen Möglichkeiten der StPO zur Verfügung[61].

---

55 Pötzsch in AG 97, S.199.

56 Der Abgleich dieser beiden Daten bedeutet stets auch, daß Insidergeschäfte, die in den allgemeinen Umsätzen untergehen und die auch sonst kein extrem auffälliges Merkmal aufweisen, regelmäßig nicht als solche erkannt werden können; hierauf weist Ransiek in DZWir 95, S.55 treffend hin.

57 So wurden an den 3 Handelstagen vor der Bekanntgabe einer prognostizierten Gewinnreduzierung am 23.10.1996, die zu einem Kursverfall von 26 % führte, 190 Verkaufskontrakte eines Wertes an der DTB umgesetzt - mehr als doppelt so viele, wie an den vorherigen 12 Handelstagen zusammen, s. Wirtschaftswoche Nr. 20 vom 08.05.97, S.11; Börsenzeitung v. 8./9.05.97, S.3.

58 Süßmann in AG 97, S.63. Anzugeben sind dabei Name, Vorname, Adresse, und Geburtsdatum des Kunden.

59 § 16 II S. 4 WpHG, hierzu Pötzsch in AG 97, S.199; zur Megede in Assmann/Schütze Erg.Band § 14 RN 12 f. Es verbleiben dabei allerdings weiter die von Süßmann in AG 97, S.63 dargestellten Problemfälle beim insiderrechtlich bedeutenden Bereich des „Merger and Acquisition", da hierbei die maßgeblichen Insider beim übernehmenden Unternehmen arbeiten, das aber nicht Gegenstand der Insidertatsache ist.

60 Das BAWe regt hier an, eine eigene Sanktionsmöglichkeit zu erhalten (Wittich auf der Jahrespressekonferenz des BAWe vom 12.08.1999).

61 Zu den Problematiken der Beweisführung aus Sicht der beteiligten Staatsanwälte s. Wirtschaftswoche vom 29.10.1998, S. 204.

F. Zum Insiderrecht vorliegende deutsche Rechtsprechung

Strafrechtliche Verurteilungen von Insidern hat es in Deutschland bisher, soweit es sich um Straftaten handelt, die räumlich dem WpHG unterfallen, ausschließlich in Form von Strafbefehlen gegeben[62]. Daneben wurde auch von der Möglichkeit der Einstellung der Verfahren gegen Zahlung einer Geldbuße Gebrauch gemacht. Diese Entwicklung ist auch auf die Bereitschaft der Beschuldigten zurückzuführen, die öffentliche Diskussion über den eigenen Fall sowie die Rechtsfolgen durch Geständnisse moderat zu halten[63]. Das Bundesaufsichtsamt hat die Öffentlichkeit regelmäßig auf die bei ihm und bei der Staatsanwaltschaft anhängig gewordenen Verfahren informiert[64]. Diese nicht veröffentlichten Verfahren werden im Rahmen der Aufarbeitung der Tatbestandsmerkmale aufgegriffen, soweit hierdurch zur Verdeutlichung von Auslegungsproblemen beigetragen werden kann.

Die Höhe der Strafen orientierte sich weitgehend an den erzielten Gewinnen[65]. Ergänzend ist darauf hinzuweisen, daß sich wesentliche Rechtsfolgen einer Insidertat im Bereich des Berufsrechts sowie in der faktischen weiteren Ausübung des jeweiligen Berufes offenbaren[66].

Zu der Thematik Insiderrecht sind bisher 3 Entscheidungen veröffentlicht worden:

- Der BGH hat sich in einem Fall mit der Strafbarkeit eines Insiders nach dem WpHG zumindest mittelbar befassen müssen.

In seinem Beschluß vom 17. September 1996[67] mußte der BGH über ein Auslieferungsverlangen der Botschaft der Vereinigten Staaten von Amerika entscheiden. Ein schwedischer Staatsangehöriger war Mitglied des Aufsichtsrates (Verwaltungsrates) einer Aktiengesellschaft mit Sitz in der Schweiz. Diese AG beabsichtigte, die gesamten an der amerikanischen Börse notierten Stammaktien

---

62 Es wurden bisher 13 Strafbefehle ausgesprochen, s. oben S. 24.
Zu den einzelnen Fällen s. die Pressemitteilungen und Jahresberichte des BAWe. Wolf S. 38 stellt in ihrer Arbeit die Sachverhalte von insgesamt 13 Ermittlungsverfahren (davon 8 emittentenbezogene Fälle und 5 Marktbezogene) dar.

63 So erklärte der Anwalt des Angeschuldigten Nothdurft in dem Weru-Verfahren in einer Stellungnahme dem Handelsblatt gegenüber, sein Mandant habe trotz eines vom Anwalt als offen interpretierten möglichen Ausgangs des Verfahrens den Strafbefehl hingenommen, „weil er der Belastung auch durch unberechtigte Vorwürfe nicht länger ausgesetzt sein wollte.“ Handelsblatt v. 26.20.97, S.31.

64 S. die jeweiligen Jahresberichte, zuletzt Jahresbericht 1998.

65 BAWe-Jahresbericht 1996 S. 16-17; Handelsblatt vom 26.02.97, S. 31.

66 So war ein Angestellter eines Freimaklers 2 Jahre arbeitslos nach Bekanntwerden der Vorgänge (BAWe-Jahresbericht 1998, S. 18).

67 BGH, Beschluß vom 17.09.96, 4 ARs 21/95, abgedr. in WM 1997, S.138.

der Fa. C.E.Inc. zu übernehmen. Vom 05. bis zum 08.11.1989 setzte die Geschäftsleitung der übernehmenden AG die Mitglieder ihres Aufsichtsrates von der beabsichtigten Übernahme in Kenntnis und verpflichtete diese zur Verschwiegenheit bis zum 13.11.89, dem Tag der offiziellen Bekanntgabe des Übernahmeangebots. Den Mitgliedern des Aufsichtsrates wurde auch verboten, bis dahin mit CE-Wertpapieren zu handeln. Der Verfolgte veranlaßte 2 Geschäftspartner zum Kauf von Aktien der CE bzw. von Call-Optionen, nachdem er diesen die Information erzählt hat. Der Gewinn sollte geteilt werden. Der Verfolgte selbst erwarb über eine von ihm beherrschte liechtensteinische Fa. ebenfalls Aktien der CE bzw. entsprechende Call-Optionen.

Dem Verfahren vor dem BGH lag die Frage zugrunde, ob die Auslieferung nach der seinerzeitigen Rechtslage nur bewilligt werden durfte, wenn die Tat nach dem Recht beider Staaten auch zur Tatzeit strafbar war[68]. Im Rahmen der Beantwortung dieser Frage wurde zunächst untersucht, ob der Verfolgte nach deutschem Recht vor Inkrafttreten des WpHG sich strafbar gemacht hatte. Diese Frage wurde verneint[69]. Im Anschluß daran ging der BGH kurz der Frage nach, ob sich der Verfolgte unter der Geltung des WpHG strafbar gemacht hätte. Dieses bejahte der BGH mit Blick auf § 13 I Nr. 3 WpHG, wonach nach der Ansicht des BGH der Verfolgte Primärinsider gewesen wäre[70].

- Der Hessische VGH[71] hat mit Beschluß vom 16.03.1998 einen Beschwerdezulassungsantrag abgelehnt, mit welchem der Antragssteller ein Auskunftsersuchen des BAWe nach § 16 Abs 4 WpHG zweitinstanzlich angriff. Hintergrund des Falles war, daß der Beschwerdeführer als Aufsichtsratsvorsitzender der Thyssen AG einen Telefonanruf erhalten hatte, worin der Anrufer dem Beschwerdeführer mitteilte, er habe Kenntnis von einer angeblich geplanten Maßnahme erhalten. Im Nachhinein stellte sich diese Maßnahme als der geplante Übernahmeversuch der Thyssen AG durch die Friedr. Krupp AG heraus. Der Beschwerdeführer sollte auf Ersuchen des BAWe die Identität des Anrufers preisgeben. Er weigerte sich und stützte das gegen das Ersuchen eingelegte Rechtsmittel im wesentlichen darauf, bei dem Inhalt des Telefonats habe es sich nicht um eine Insidertatsache gehandelt. Der Hessische VGH bejahte demgegenüber das Vorliegen einer Insidertatsache. Der Fall wird bei der Auslegung des Begriffs der Insidertatsache ab S. 386 behandelt.

---

68 Diese Frage hat der BGH dahingehend beantwortet, daß eine Strafbarkeit in beiden Staaten zum Tatzeitpunkt gegeben sein mußte.

69 BGH, a.a.O. S.140.

70 BGH, a.a.O. S.140.

71 Hess. VGH in AG 1998, S. 436 mit Anm. Assmann; s. hierzu auch zur Megede in Assmann/ Schütze Erg. Band § 14 RN 30 f.

- Das LG Frankfurt[72] hatte sich mit dem Fall zu beschäftigen, daß ein Wirtschaftsjournalist in dem vom ihm empfohlenen Aktien auch selbst Geschäfte tätigte. Dabei hat der Wirtschaftsjournalist an einem Börsenspiel des TV-Senders 3-Sat teilgenommen und im Rahmen der Darstellungen seines Musterdepots Werte empfohlen, die er jeweils auch in seinem eigenen tatsächlichen Bestand hielt. Das Landgericht hat die Eröffnung des Hauptverfahrens abgelehnt und dabei ausgeführt, dem Angeschuldigten könne eine Empfehlungsabsicht bei Tätigen des Eigenschäftes nicht nachgewiesen werden. Die rechtlichen Gesichtspunkte des Falles werden unten ab S. 233 diskutiert.

72 LG Frankfurt am Main in NJW 00, S. 301 f; hierzu Weber in NJW 00 S. 562.

II. Teil Primär- und Sekundärinsider in ausgesuchten Rechtsordnungen

A. Die europarechtliche Entwicklung

1) Die einzelnen Regelungsversuche

Die erste europarechtliche Dimension[73] bekam das Insiderrecht dadurch, das der sog. Segré-Bericht[74] über den Aufbau eines Europäischen Kapitalmarktes 1966 das Insiderproblem am Rand erwähnte. Der Segré-Bericht enthielt Grundsätze, die Basis der weiteren Diskussion darstellen sollten, eine Gesetzesvorschlagformulierung enthielt er nicht.

1970 enthielt der EG-Vorschlag bzgl. des Statut der Europäischen AG in Art. 82 Bestimmungen über den Insiderhandel[75,76], der jedoch nicht umgesetzt wurde. Art. 82 bezog sich ausschließlich auf Gesellschaftsinsider und beinhaltete eine obligatorische Registrierung der Insider, also Registerpublizität, und Gewinnabführung an die Societas Europaea aus allen Transaktionen, die der Gesellschaftsinsider innerhalb von sechs Monaten gemacht hatte[77]. Ein Verbot des Handelns sah der Vorschlag nicht vor.

1977 wurden die "Europäischen Wohlverhaltensregeln für Wertpapiertransaktionen"[78] verabschiedet, die lediglich unverbindliche Empfehlungen zur Schaffung eines gemeinsamen Insiderrechts enthielten.

Erst Ende der 80er Jahre dynamisierte sich die europäische Entwicklung wieder. Dieses lag einerseits in der sich international häufenden Anzahl spektakulärer Insiderfälle begründet, die noch verbliebene Zweifel an der Notwendigkeit eines koordinierten Vorgehens beseitigten[79].

---

73 Zur europarechtlichen Entwicklung s. auch den Überblick bei Hopt in CMLR 1990, S. 54 f.

74 EG-Kommision, Der Aufbau des Europäischen Kapitalmarktes, Brüssel 1966.

75 Vorschlag einer Verordnung (EWG) des Rates über das Statut für europäische Aktiengesellschaften, ABl.EG Nr. C 124/1-55 vom 10.10.1970, S. 1; s. hierzu insb. Hopt in Hopt/Will S.140 f.

76 Der Anstoß zur Schaffung des Art. 82 kam aus der EWG-Kommision selbst; s.hierzu Hopt/Will S.2 FN 8.

77 Hopt in ZGR 91, S. 19.

78 ABlEG 1977 Nr. L 212/37 vom 20.08.1977.

79 Vgl. die schriftlichen Anfragen aus dem Europäischen Parlament Nr. 556/83 ABlEG Nr. C 257/25 vom 26.09.83; Nr. 1056/87 ABlEG Nr. C 61/36 vom 04.03.1988; Nr. 1585/87 ABlEG Nr. C93/64 vom 11.04.1988; Nr. 1311/88 ABlEG Nr. C 174/12 vom 10.07.1989.

Zudem wurde die Regulierung des Insiderrechts mit zunehmender Kurzlebigkeit der Wertpapierengagements dringlicher. Für den langfristig orientierten Investor kam es nicht vornehmlich darauf an, ob der Einstiegs- oder Ausstiegskurs etwas verzerrt ist. Durch die zunehmende Bedeutung der portfoliomotivierten und liquiditätsorientierten institutionellen Anleger hingegen traten gerade solche Aspekte hinsichtlich der Anlageentscheidung in den Vordergrund[80]. Auch die Entwicklung von Terminbörsen hat ihren Beitrag dazu beigetragen, eine Insiderregelung zu fordern[81].

Im Mai 1987 wurde durch die EG-Kommission der erste Vorschlag einer EG-Richtlinie betreffend Insidergeschäfte vorgelegt[82], welchem im Oktober 1988

---

80 Rudolph in BFuP 94, S.123.

81 Bemerkenswerterweise beinhalteten in einem großen Insiderfall der deutschen Gegenwart, dem SAP-Fall, die Prüfungen vorrangig den Handel mit Puts und Putoptionsscheinen an der DTB, s. Wirtschaftswoche Nr. 20 v. 08.05.97, S.11.

82 Die veröffentlichten Materialien zur EG-Richtlinie in chronologischer Reihenfolge sind:

1. „Vorschlag für eine Richtlinie des Rates zur Koordinierung der Vorschriften betreffend Insider-Geschäfte (von der Kommission vorgelegt)", ABl EG 1987 Nr. C 153/8 vom 11.06.87 (im folgenden „ursprünglicher Kommissionsvorschlag") mit vorhergehender Begründung der Kommission, KOM (87) 111 endg. vom 21.05.87 (nicht im ABl EG veröffentlicht)(im folgenden „Begründung ursprünglicher Kommissionsvorschlag")
2. „Stellungnahme zu dem Vorschlag für eine Richtlinie des Rates zur Koordinierung der Vorschriften betreffend Insider-Geschäfte des Wirtschafts- und Sozialausschußes" vom 16.12.87, ABl EG 1988, Nr. C 35/22 vom 08.02.88 (im folgenden „WSA-Stellungnahme")
3. „Bericht eingereicht im Namen des Ausschusses für Recht und Bürgerrechte über den Vorschlag der Kommission der Europäischen Gemeinschaften an den Rat für eine Richtlinie zur Koordinierung der Vorschriften betreffend Insider-Geschäfte" (nebst der Stellungnahme des Ausschusses für Wirtschaft, Währung und Industriepolitik); Berichterstatter Geoffrey W. Hoon, EPPE Dokument A2-0055/88 vom 05.05.88 (im folgenden: „Hoon-Bericht")
4. „Stellungnahme des Europäischen Parlaments zum Vorschlag der Kommission an den Rat für eine Richtlinie zur Koordinierung der Vorschriften betreffend Insider-Geschäfte" vom 15.06.88, ABl EG 1988, Nr. C 187/90 vom 18.07.88 (im folgenden „Parlamentsstellungnahme zum ursprünglichen Kommissionsvorschlag)
5. „Änderung des Vorschlags für eine Richtlinie des Rates zur Koordinierung der Vorschriften betreffend Insider-Geschäfte" (von der Kommission vorgelegt am 04.10.88), ABl EG 1988 Nr. C277/13 vom 27.10.88 (im folgenden „geänderter Kommissionsvorschlag")
6. „Beschluß (zweite Lesung) betreffend den Gemeinsamen Standpunkt des Rates im Hinblick auf die Annahme einer Richtlinie zur Koordinierung der Vorschriften betreffend Insider-Geschäfte", ABl EG 1989, Nr. C 291/54 vom 20.11.89
7. „EG-Richtlinie des Rates vom 13.11.89 zur Koordinierung der Vorschriften betreffend Insider-Geschäfte", ABl EG 1989 Nr. L 334/30 vom 18.11.89; mit den „Erklärungen für das Ratsprotokoll" abgedruckt in WM 89, S. 1397 f (im folgenden „Protokollerklärungen).

nach Stellungnahme durch den Wirtschafts- und Sozialausschuß und nach Verabschiedung einer legislativen Entschließung durch das Europäische Parlament ein geänderter Vorschlag folgte. Nachdem der Rat einen gemeinsamen Standpunkt im Juli 1989 verfaßt hatte[83], wurde am 13.11.1989 schließlich die EG-Richtlinie zur Koordinierung[84] der Vorschriften betreffend Insidergeschäfte verabschiedet[85]. Diese sah u.a. vor, daß die Richtlinie bis zum 01.06.1992 in nationales Recht umzusetzen war[86].

2) Kurzdarstellung der Primär- und Sekundärinsider nach der EG-Richtlinie

In Bezug auf die tatbestandlichen Voraussetzungen der Primärinsider unterscheidet die EG-Richtlinie zwischen den Personen, die aufgrund der Erfüllung statusbezogener Voraussetzungen innerhalb der Gesellschaft zu Insidern werden[87] (Artikel 2 Abs. I 1. und 2. Spiegelstrich) und denen, deren Insidereigenschaft von dem Zugang zur Insiderinformation abhängt[88] (Art. 2 Abs. I 3. Spiegelstrich).

---

83 S. hierzu von Rosen in ZgesKW 89 S. 658 f; Schödermeier/Wallach in JIBL 89, S. 234; Jentsch in Die Bank 89, S. 536 f.

84 Einen vergleichenden Überblick der Insider-Regelungen der EG-Staaten per März 1990 vermittelt Wymeersch in Hopt/Wymeersch S. 65 f.

85 ABlEG Nr. L 334 vom 18.11.1989, S. 30; abgedr. auch in WM 89, S. 1829 f und EuZW 90, S.126 f. Hierzu Claussen in ZBB 92, S. 78 f; Davies in OJLS 91, S.92 f; Dine in Rider/Ashe S. 7 f; Ernst in WM 90 S.461; Grunewald in ZBB 90 S. 128 f; Hannigan in JIBL 89 S. 11 f; Hopt in ZGR 91, S. 17 f; ders. in FS Beusch S. 393 f; ders. in Hopt/Wymeersch S. 129 f; ders. in BFuP 94, S.85 f; Ott/Schäfer in ZBB 91, S. 226f; Paefgen in AG 91 S. 380 f; Pingel in Gaillard S. 5 f; Schödermeier/ Wallach in EuZW 90 S. 122 f; Siebold S. S. 128 f.

86 Die deutsche Haltung ist dahingehend zu beschreiben, daß zunächst eine einheitliche gesetzliche Regelung abgelehnt wurde. Hopt in CMLR 90, S. 56 führt aus, daß die deutsche Haltung die europarechtliche Entwicklung um mehr als 10 Jahre aufgehalten hat. Erst spät wurde diese Haltung aufgegeben, wobei insbesondere die Erkenntnis, daß international um die Reputation des Finanzplatzes Deutschland zu fürchten war, sowie die Tatsache, daß die nunmehr gewählte europäische Rechtsgrundlage des Artikel 100a kein Vetorecht eines Mitgliedsstaates mehr vorsah, den Ausschlag gegeben haben können. Hierzu Hübscher in Büschgen/Schneider S.333; Hopt in CMLR 90 S.56.

87 Diesen Ansatz der Statusbezogenheit verfolgten insbesondere vorher die Rechtsordnungen in Großbritannien (hierzu s.S. 70 f.), Frankreich, Irland und Deutschland (hierzu s. S. 27 f.), s.auch Tridimas in I.C.L.Q. 1991 S.924 sowie Wymeersch in Hopt/Wymeersch S.65 f.

88 Hierfür waren Vorbild die Rechtsordnungen in Belgien, Luxemburg, Dänemark, Spanien und Griechenland. Gesetzesnachweise bei Tridimas in I.C.L.Q. 1991, S.924 sowie Wymeersch in Hopt/ Wymeersch S.65 f.

Unter die erste so definierte Gruppe fallen diejenigen, die als Mitglieder eines Verwaltungs-, Leitungs- oder Aufsichtsorgans des Emittenten[89] oder durch ihre Beteiligung am Kapital des Emittenten über eine Insiderinformation verfügen.

Die zweite Gruppe muß Zugang zur Information aufgrund ihrer Arbeit, ihres Berufs oder ihrer Aufgabe haben[90].

Hinsichtlich der Sekundärinsider ist bemerkenswert, daß ihre Insiderstellung davon abhängig gemacht wurde, daß die direkte oder indirekte Quelle ein Primärinsider war (Artikel 4).

B. Die Entwicklung der Insider- und Tippeemerkmale in den USA

Die Bedeutung und Entwicklung des Insiderrechts hat in den USA eher begonnen als in den europäischen Staaten. Demgemäß verwundert es nicht, daß die US-amerikanischen Insidervorläufer auf die später in der europäischen EG-Richtlinie formulierten Insiderdefinitionen maßgeblichen Einfluß genommen haben[91]. Zudem entstammen die großen und bekannt gewordenen Insider-Fälle dem amerikanischen Recht: zu nennen sind hier insbesondere die Fälle Texas Gulf[92], Chiarella, Dirks, Carpenter, Levine/Boesky[93].

Das strafbewehrte Insiderrecht stellt im amerikanischen Recht lediglich einen Ausschnitt aus dem gesamten Rechtssystem dar, das den Bereich Insiderrecht regelt. Zu berücksichtigen ist, daß neben dem strafrechtlich bewehrten Teil die jeweilige Regelung erhebliche zivilrechtliche Konsequenzen hat[94]. Dementsprechend haben auch die zivilrechtlichen Prozesse Einfluß auf die Entwicklung

---

89 Die gewählte Formulierung orientiert sich an den verschiedenen gesellschaftsrechtlichen Strukturen innerhalb der Mitgliedsstaaten in der EG und soll sowohl die Mitglieder im zweistufigen (mit Vorstand und Aufsichtsrat wie z.B. in Deutschland) als auch im einstufigen Aufbau (mit dem Präsidenten an der Spitze wie regelmäßig in Frankreich) umfassen; s. Hopt in ZGR 91, S.36; ders. in Hopt/Wymeersch S. 136.

90 Die deutsche Seite war bei den Bemühungen um die Definition der „Insider" dafür eingetreten, diese genau und eng zu definieren, um Rechtsunsicherheiten zu vermeiden; Hübscher in Büschgen/ Schneider S.334.

91 Paefgen in AG 92, S.173; Hausmanninger S. 136.

92 Zum Fall Texas Gulf s. unten bei FN 158; Chiarella bei FN 151; Dirks bei FN 237; sowie U.S. v. Carpenter, 791 F.2d 1024 (2d Cir. 1986).

93 Ivan Boesky legte Gelder auf der Basis ihm bekannter Insidertatsachen, die er u.a. von dem Bankier Levine erhielt, an. Allein durch die Levine-Geschäfte soll Boesky einem Bericht des Wall-Street-Journals zufolge über US-$ 200 Mio. Gewinn erzielt haben, s. hierzu Hannigan S. 3. Boesky wurde, obwohl er bereits 100 Mio. $ Strafe gezahlt hatte, am 18.12.87 zu 3 Jahren Haft verurteilt; Hagen in 44 The Business Lawyer 88 S. 13; Hauschka/Harm BB 88 S.1189. S. zu dem Fall auch Bloomenthal/Wolff S.19-10 f.

94 Bloomenthal S.1246 f; Broomberg/Lowenfels Band 3 Kap. 8.

des amerikanischen Insiderrechts genommen. Ferner ist die Reglementierung der Publizitätspflichten[95] zu beachten. Im folgenden wird sich zur Nutzung rechtsvergleichender Überlegungen bei der Auslegung der Tatbestandsmerkmale des Primär- und Sekundärinsiders nach dem WpHG auf den strafbewehrten Teil des amerikanischen Insiderrechts konzentriert.

Das Insiderrecht wird in den USA in erster Linie durch die Securities and Exchange Commission (SEC)[96] überwacht[97]. Im strafrechtlichen Bereich kann die vorsätzliche Verletzung des Insiderhandelsverbotes auf Anregung der SEC durch die zuständige Staatsanwaltschaft verfolgt werden. Section 32 SEA 1934 sieht für vorsätzliche Verstöße gegen eine Vorschrift des SEA oder gegen eine unter dem SEA ergangene rule Geldstrafen bis zu US $ 1.000.000 für natürliche Personen und/oder Gefängnisstrafe bis zu 10 Jahren vor, bzw. für juristische Personen Geldbußen bis zu US $ 2.500.000[98].

Die SEC verfügte 1992 über ca. 2.000 Mitarbeiter, von denen allein 700 in der Ermittlung tätig sind[99]. Inzwischen ist diese Zahl auf ca. 3.000 Mitarbeiter mit 1.700 in der Rechtsdurchsetzung aufgestockt worden[100].

1) Die gesetzlichen Grundlagen

Rechtliche Grundlage des Kernstücks des amerikanischen Insiderrechts ist der Securities Exchange Act von 1934[101], welcher die Gründung der SEC und Ermächtigungen zum Erlaß von Verordnungen enthielt.

---

95 Zu den Publizitätspflichten s. Steinhauer S. 181 f.

96 Hierzu vgl. Loss/Seligman in „Fundamentals“ S.50 f. Die SEC ist eine von der Bundesregierung unabhängige Behörde; hierzu Nietzer DAJV Newsletter. Zum Aufbau der SEC s. Loss/Seligman Bd. I, S.285-314. Die Internet-Adresse der SEC lautet: http://www.sec.gov.

97 Daneben sind die Self-Regulation Organizations (SRO's), z.B. die Wertpapierbörsen zu nennen (hierzu Loss/Seligman „Fundamentals“ S. 634 f.) , ferner das Department of Justice (DOJ). S. zum Ganzen auch Hausmanniger S. 314 f.

98 Daneben kann die SEC privatrechtliche Maßnahmen ergreifen (Orders gegen zukünftiges Verhalten, die Herausgabe von Gewinnen oder vermiedenen Verlusten oder Geldstrafen). Ferner gibt es noch die Möglichkeit, daß einzelne Personen, sowohl im eigenen Namen als auch u.U. im Namen der entsprechenden Firma, klageweise vorgehen. (hierzu Green/Christman in Stamp/Welsh S.6; s. allgemein McLucas/Hamill/Shea/Dubrow S. 627).

99 Grundmann in ZgesKW 92, S.13.

100 Neue Züricher Zeitung v. 13./14.7.96, S.19. Der Budgetvorschlag der SEC für 1998 betrug US-$ 317,41 Millionen; s. Hausmanninger S. 186, FN 260.

1996 sind der SEC durch die NYSE 48 Insider-Untersuchungen übergeben worden, von der NASDAQ waren es 121; Smith in U.S.News vom 07.07.97 („Betrayers of trust“).

101 15 U.S.C. § 78j(b); zur geschichtlichen Entwicklung dieser Norm s. Thel in Stanford Law Review 90 S. 394 f.

Der SEA 1934 ist Teil gesetzlicher Regelungen, die als Reaktion auf den sog. „Schwarzen Freitag" (01.09.1929) erlassen worden sind[102]. Die Untersuchungen der Ursachen für die damaligen Zusammenbrüche der Wertpapiermärkte hatten zahlreiche Mißstände offenbart. Neben diverser weiterer Punkte (z.B. die unzureichende Informationspolitik der Unternehmen) war eine Anzahl von Fällen bekannt geworden, in denen Organe und Mehrheitsaktionäre ihre Position mißbraucht hatten, um zu Lasten des Emittenten persönliche Vorteile zu erzielen.

§ 10 b des SEA 1934 richtet sich allgemein gegen betrügerische Irreführung, Manipulationen und Täuschungen im Handel mit Wertpapieren, und ermächtigte die SEC, Verordnungen zu erlassen, die betrügerische Verhaltensweisen im Zusammenhang mit Wertpapiergeschäften verhindern sollten.

(1) Sec. 10 (b) Securitie Exchange Act 1934 (im folgenden SEA 1934)[103]

> *„It shall be unlawfull for any person, directly or indirectly, by the use of the mails or any means or instrumentality of interstate commerce, or of any facility of any national securities exchange*
>
> *(b) to use or employ, in connection with the purchase or sale of any security registered on a national securities or any security not so registered, any manipulative or deceptive device or contrivance in contravention of such rules and regulations as the Commission may prescribe as necessary or appropriate in the public interest or for the protection of investors[104].*

Auf der Grundlage dieser Vorschrift erließ die SEC 1942 die Rule 10(b)-5[105], wonach beim Wertpapierhandel jede Handlung verboten ist, die einer Täuschung gleichkommt.

(2) Rule 10(b)-5 Employment of Manipulative and Deceptive Devices

> *It shall be unlawful for any person, directly or indirectly, by the use of any means or instrumentality of interstate commerce, or of the mails, or of any facility of any national security exchange,*
>
> *(1) to employ any device, scheme or artifice to defraud,*
>
> *(2) to make any untrue statement of material fact or to omit to state a material fact necessary in order to make the statements made, in the light of the circumstances under which they were made, not misleading, or*
>
> *(3) to engage in any act, practice, or course of business which operates or would operate as a fraud or deceit upon any person,*

---

102 Zu der historischen Entwicklung vgl. Thel in Stanford Law Review 90, S. 395 f.

103 48 Stat. 881, 15 U.S.C. § 78.

104 15 U.S.C. § 78j (b).

105 17 C.F.R. § 240.10b-5 (1991); hier auszugsweise abgedr. im Anhang. Zur geschichtlichen Entwicklung des Insiderrechts vgl. Bloomenthal/Wolff S.19-5 f.

in connection with the purchase or sale of any security.

Die Rule 10 (b)-5 regelt übergreifend jene Handlungen im Zusammenhang mit dem Verkauf und Kauf von Wertpapieren, die sich als betrügerisches Verhalten darstellen.

Erst im Laufe der Zeit wurden auch Insidergeschäfte als von der Rule 10(b)-5 erfaßte und damit verbotene Handlungen angesehen. Rule 10 (b)-5 wurde zunächst nur auf face-to-face-Geschäfte angewandt, schon bald wurde der Anwendungsbereich der Norm auf Insidergeschäfte an dem anonymen Börsenhandel ausgedehnt[106]. Die Rule 10 (b)-5 hat sich damit zu der Zentralnorm des strafbewehrten amerikanischen Insiderrechts entwickelt.

Die maßgebliche strafgesetzliche Regelung in den USA ist danach eine abstrakte Generalnorm[107] (Rule 10(b)-5), die auf den Gedanken des Betruges beruht. Bis heute gibt es im amerikanischen Recht keinen übergreifenden gesetzlich definierten Tatbestand des Insiderhandels.

Einzelheiten bezüglich des Insiderrechts und der Definition der in Frage kommenden Personen lassen sich aufgrund dieser Generalnorm nur über die Interpretation der amerikanischen Gerichte und der Lehre ableiten. Das amerikanische Insiderrecht hat sich daher vorrangig durch die richterliche Rechtsfortbildung entwickelt[108]. Die gesetzlichen Reglementierungen sind bewußt weit gehalten, um eine denkbar flexible, den Gegebenheiten des einzelnen Falls und damit auch den Veränderungen des Wirtschaftsleben angepaßte Auslegung und Interpretation zu ermöglichen[109].

Neben dieser Generalnorm ist der Teilbereich der Tender Offers (öffentliche Übernahmeangebote) insiderrechtlich spezialgesetzlich normiert worden:

(3) Rule 14e-3 Transactions in Securities on the Basis of Material, Nonpublic Information in the context of Tender Offers (Auszug)[110]

(a) If any person has taken a substantial step or steps to commence, or has commenced, a tender offer („the offering person"), it shall constitute a fraudulent, deceptive or manipulaitve act or practise within the meaning of

---

106 Die erste Entscheidung hierzu war Cady Roberts & Co., 40 S.E.C. 907 (1961).

107 In der amerikanischen Gesetzgebung wird lediglich an 3 Stellen ausdrücklich auf Insiderhandel eingegangen, nämlich in Section 16 (b) (siehe S.66), im Insider Trading Sanctions Act of 1984 (diente dazu, die zivilrechtlichen Möglichkeiten, gegen Insider vorzugehen, zu erweitern) und im Insider Trading and Securities Fraud Enforcement Act of 1988 (erhöhte die strafrechtlichen Sanktionen und eröffnete Möglichkeiten, Geldprämien für die Entdeckung von Verstößen auszusetzen); hierzu s. Hazen S.836.

108 So auch Hausmanninger S.76.

109 Green/Christman in Stamp/Welsh S.4.

110 17 C.F.R. § 240.14e-3.

section 14 (e) of the Act for any other person who is in possesion of material information relating to such tender offer which information he knows or has reason to know is nonpublic and which he knows or has reason to know has been acquired directly or indirectly from

(1) the offering person,

(2) the issuer of the securities sought or to be sought by such tender offer, or

(3) any officer, director, partner or employee or any other person acting on behalf of the offering person or such issuer,

to purchase or sell or cause to be purchased or sold any of such securities or any securities convertible into or exchangeable for any such securities or any option or right to obtain or to dispose of any for the foregoing securities, unless within a reasonable time prior to any purchase or sale such information and its source are publicly disclosed by press release or otherwise.

(4) Durch den Insider Trading Sanctions Act (ITSA)[111] 1984 ist den Gerichten die Möglichkeit gegeben worden, bei einem Verstoß gegen § 10 (b) SEA 1934 oder Rule 10(b)-5 in einem Zivilverfahren auf Antrag der SEC ein Bußgeld in einer Höhe bis zum dreifachen Betrag des durch die Insidertransaktion erlangten Profits zu verhängen.

(5) Im Insider Trading and Securities Fraud Enforcement Act (ITSFEA)[112] 1988 ist der Kreis der Haftungsverpflichteten auf die Arbeitgeber ausgeweitet worden, die nunmehr für Insidervergehen ihrer Mitarbeiter haften. Zudem sind die Sanktionen erhöht und es ist ein privater Schadensersatzanspruch eingeführt worden.

(6) Daneben gibt es weitere, den Insiderbereich betreffende Normen (Sec. 16 des SEA 1934)[113], die insbesondere die Registrierung von Aktiengeschäften bestimmter unternehmensnaher Personengruppen und das Verbot bestimmter Aktiengeschäfte (short swing speculations) enthalten und daher präventiv wirken[114].

2) Der Gesetzeszweck der Insidernormen

Entsprechend der rechtlichen Grundlage des Insiderrechts ist bei der Erörterung des Gesetzeszweckes maßgeblich auf den Zweck des SEA 1934 abzustellen. Die-

111 Public Law No. 98-376 (H.R.559) v. 10.08.1984; s. hierzu Bloomenthal S. 1250 f.

112 Public Law No. 100-704 (H.R.5133) v. 18.11.1988; s. hierzu Loss/Seligman „Fundamentals“ S. 870 f; Bloomenthal S.1244 f.

113 48 Stat. 881, 15 U.S.C. § 78.

114 S. hierzu Loss/Seligman in Fundamentals S. 552 f.

ser wurde, wie bereits geschildert, als Folge der im Zusammenhang mit den auslösenden Momenten des Schwarzen Freitags ermittelten Mißstände etabliert.

a) Der Zweck als Auslegungsmerkmal im amerikanischen Insiderrecht

Die noch aufzuführenden Schutzgüter werden im amerikanischen Insiderrecht nur begrenzt für die Auslegung und Entwicklung etwaiger Tatbestandsmerkmale hinsichtlich der Frage, wen die Insiderhandelsverbote treffen, genutzt. Dieses liegt einerseits daran, daß die gesetzliche Regelung aufgrund ihres sehr weiten Charakters erst durch die Fallbildungen der Rechtsprechung ausgefüllt wird und sich dementsprechend Lehre und Praxis im amerikanischen Recht an diesen Fallgruppen und nicht am Gesetzeszweck orientieren[115].

Insbesondere engt jedoch die rechtliche Herleitung der Hauptnorm des Insiderrechts (Rule 10(b)-5) als Betrugsdelikt die Anwendung des Insiderrechts durch den Betrugsgedanken erheblich ein[116].

Dementsprechend hat der Supreme-Court jüngst, indem er das Betrugselement von dem Verhältnis der an der Wertpapiertransaktion Beteiligten auf eine Veruntreuung gegenüber dem Inhaber der Information ausweitete, seinerseits alles getan, um diesen so gesteckten Rahmen größtmöglich auszudehnen. Ein weiteres Ausdehnen des Insiderrechts ist auf der Basis der Ableitung aus Rule 10(b)-5 nicht möglich, selbst wenn der Gesetzeszweck insbesondere der Herleitungsnorm des SEA 1934 eine weitere Ausdehnung des Insiderrechts gebieten würde. Hierzu bedürfte es jedoch der Schaffung einer neuen, nicht mehr dem Betrugsgedanken verhafteten Grundnorm[117]. Ob diese Erweiterung notwendig ist, wird nicht einheitlich beurteilt[118].

Die Schutzgüter können danach insbesondere bei rechtsvergleichenden Überlegungen nur eingeschränkt genutzt werden, im wesentlichen ist rechtsvergleichend auf das generelle System des amerikanischen Insiderrechts als Betrugsdelikt und auf die einzelnen betroffenen Gruppen abzustellen.

b) Funktionsschutz des Kapitalmarktes

Das amerikanische Insiderrecht bezweckt zunächst den Funktionsschutz der Kapitalmärkte. Deutlich tritt der Funktionsschutz als eines der Schutzgüter des SEA

---

115 S. Hausmanninger S. 141 f.

116 Prakash in Co.L.Rev. 99, S. 1550.

117 Prakash in Co.L.Rev. 99, S. 1550; Painter/Krawiec/Williams in Va.L.Rev. 98 S. 228.

118 Dafür: Prakash in Co.L.Rev. 99, S. 1550; Painter/Krawiec/Williams in Va.L.Rev. 98 S. 228.
Dagegen: Weiss in J.Corp.L 98, S. 438.

1934 in einer Mitteilung Roosevelts, der als eine der ersten Amtshandlungen die Neuordnung des Finanzmarktrechts initiiert hatte, an den Senat hervor:

„... There is however an obligation upon us to insist that ervery issue of new securities to be sold in interstate commerce shall be accompanied by full publicity and information, and that no essentially important element attending the issue shall be concealed from the buying public. This proposal adds to the ancient rule of caveat emptor, the further doctrine „let the seller also beware". It puts the burden of telling the whole truth on the seller. It should give impetus to honest dealing in securities and thereby bring back public confidence. The purpose of the legislation I suggest is to protect the public with the least possible interference to honest business.

This is but one step in our broad purpose of protecting investors and depositors...."[119]

Dementsprechend bezeichnet § 2 des Securities Exchange Act 1934 „the maintenance of fair and honest markets" als einer seiner wichtigsten rechtspolitischen Ziele.

Der hierin zum Ausdruck kommende Schutz der Funktionsfähigkeit der Märkte wird durch die Ausführungen des Supreme-Courts in der O'Hagan-Entscheidung nochmals verdeutlicht. Danach wird der Zweck des amerikanischen Insiderrechts im wesentlichen darin gesehen, ehrliche Kapitalmärkte zu schaffen und hierdurch das Vertrauen der Anleger zu gewinnen[120].

Der Funktionsschutz des Marktes ist daher als ein Teil insbesondere auch des strafbewehrten Insiderhandelsverbotes anzusehen.

c) Schutz der einzelnen Anleger

Ziel des SEA ist neben der Stärkung des Vertrauens des Anlegers in die Lauterbarkeit der Börse auch der Schutz des einzelnen Anlegers. Dieses tritt einerseits bereits in den o. zitierten Ausführungen Roosevelts hervor („This is but one step in our broad purpose of protecting investors and depositors...."[121]). Zudem tritt dies deutlich in der „Fiduciary-Duty-Theorie" hervor, indem dort auf den Bruch des Treueverhältnisses zum an der Wertpapiertransaktionen Beteiligten abgestellt wird[122].

Unterstützend sei auf jüngste Ausführungen der SEC zur Erläuterung einer Erweiterung der Rule 10b-5 verwiesen. Dort wird ausgeführt: „We have long reco-

119 H.R.Rep.No.85 at 1-2,73d Cong., 1st Sess. (1933).

120 United States v. O'Hagan, 521 U.S. 642, 117 S.Ct. 2199, 2210 (1997); kritisch Langevoort in Co.L.Rev. 99, S. 1325.

121 H.R.Rep.No.85 at 1-2,73d Cong., 1st Sess. (1933).

122 S.a. Painter/Krawiec/Williams in Va.L.Rev. 98 S. 228.

gnised that the fundamental unfairness of insider trading **harms not only individual investors**, but also the very foundations of our markets, by undermining investors confidence in the integrity of the markets."[123] (Hervorh. durch Bearbeiter).

d) Schutz des Emittenten

Um zu analysieren, ob das amerikanischen Insiderrecht auch den Schutz der Interessen des Emittenten bezweckt, bedarf es eines kurzen Vorgriffs auf die beiden das Insiderrechtsverständnis derzeit beherrschenden Haftungstheorien.

Die fiduciary duty-Theorie (Treuepflichttheorie) stellt in den Mittelpunkt die Beziehung der am Wertpapiergeschäft Beteiligten. Danach erwächst dem Insider eine Treuepflicht gegenüber seinem Vertragspartner, sofern in seinem eigenen Verhältnis zum Emittenten eine solche Pflicht begründet ist. Aufgrund des Erfordernisses der Treuepflicht gegenüber dem Emittenten wird mithin nach dieser Theorie jedenfalls auch der Schutz des Emittenten bezweckt.

Die Misappropriation-Theorie (Veruntreuungstheorie) stellt demgegenüber auf das Verhältnis zwischen dem Besitzer der Information und dem Insider ab. Hiernach ist jeder berechtigte Besitzer vor dem Mißbrauch seiner Insiderinformation geschützt. Da der Besitzer der Information jedenfalls auch der Emittent sein kann[124], beinhaltet das amerikanische Insiderrecht auch hiernach den Emittentenschutz.

Die beiden Theorien gelten nach der Rechtsprechung des Supreme-Court nebeneinander. Der Schutz des Emittenten wird dementsprechend auch in der amerikanischen Rechtsprechung bei der Darstellung der Folgen von Insiderhandel aufgeführt[125].

3) Rule 10(b)-5

Die Festlegung der Primär- und Sekundärinsidermerkmale hat auch in der Vergangenheit seitens der amerikanischen Rechtsprechung diverse Veränderungen erfahren[126] und es ist bis heute nicht gelungen, einfach zu handhabenden Tests zu entwickeln, um zu klären, wann das Handeln verboten ist[127].

---

123 SEC Richtlinienvorschlag Rule 10b5-1 S. 15, abrufbar im Internet s. III. Teil FN 153.

124 FMC Corp. v. Boesky, 852 F.2d 981 (7th Cir. 1988).

125 Diamond v. Oreamuno 248 N.E. 2d 910, 912-913 (1969).

126 Selbstverständlich wurden auch Versuche unternommen, die gesetzlichen Grundlagen des Insiderrechts detaillierter auszugestalten. Diese sind jedoch bisher vor allem an dem Widerstand der SEC gescheitert, s. Green/Christman in Stamp/Welsh S.4; Bromberg/Lowen-fels S. 7:202-204. Hausmanninger bezeichnet diese Haltung der SEC als politisch und nicht sachlich motiviert, S. 91.

127 Hazen S.836.

Die gesetzliche Grundlage des Kernstücks des amerikanischen Insiderrechts basiert aufgrund seiner rechtlichen Herleitung aus § 10 b SEA und Rule 10(b)-5 auf dem Gedanken des Betruges[128]. Von dieser Gesetzesgrundlage und seiner Ableitung aus dem Betrugsrecht wird das generelle Verständnis des amerikanischen Insiderrechts erheblich beeinflußt. Das amerikanische Insiderrecht wird als ein auf dem Betrugstatbestand aufbauendes Delikt interpretiert[129].

Eine gesetzliche Definition, wer Insider ist und welche Handlungen ihm verboten sind, enthält die Zentralnorm Rule 10(b)-5 nicht.

Auf die Interpretation der Generalklausel der Rule 10(b)-5 in Bezug auf Insidergeschäfte haben vor allem die SEC und die einzelnen Gerichte Einfluß genommen. Die Tendenz der SEC ging generell dahin, den Kreis der von Rule 10(b)-5 erfaßten Personen und damit der Personen, die etwaigen Beschränkungen im Insiderhandel unterliegen, möglichst weit zu ziehen[130]. Dieses basiert auf der grundsätzlichen Ansicht der SEC, Rule 10(b)-5 als ein Mittel anzusehen, welches sicherstellt, daß alle handelnden Investoren gleichen Zugang zu den maßgeblichen Informationen haben sollen[131]. Die US-amerikanischen Gerichte sind dieser extensiven Auslegung regelmäßig entgegengetreten und haben versucht, anhand näher definierter Voraussetzungen die Tatbestandserfüllungerfordernisse zu erschweren.

Rechtsvergleichend ist bereits hier darauf hinzuweisen, daß das amerikanische Recht nach den inzwischen herausgebildeten Voraussetzungen zwar zwischen den Insidern und den Tippees unterscheidet, nicht jedoch in den Rechtsfolgen. Sofern die betroffene Person daher als Insider oder als Tippee angesehen wird, unterliegt sie folgenden Verboten:

-Verbot des Erwerbs- und der Veräußerung von Wertpapieren

-Verbot der Weitergabe von Information (Tipping)[132]

Hierbei ist es nach der wohl h.M. im amerikanischen Recht erforderlich, daß die Weitergabe zu einem Wertpapiergeschäft führt[133].

Bei den späteren rechtsvergleichenden Überlegungen ist somit nicht darauf abzustellen, ob die jeweilige Personengruppe im amerikanischen Recht als

---

128 S. zur Betrugsherleitung Meller S. 53 f.

129 Hagen in The Business Lawyer 88 S. 14; Langevoort S. 35 f; Hazen S.837.

130 Green/Christman in Stamp/Welsh S.7 f.

131 SEC v Texas Gulf Sulphur Co, 401 F 2d 833,848 (2d Cir 1968), cert denied 394 US 976 (1969) *„... all investors trading ... have relatively equal access to material information"*.

132 Dieses umfaßt das Empfehlungs- und das Mitteilungsverbot nach § 14 I Nr. 2 und 3 WpHG.

133 Sec. 10 (b) SEA 1934: „.... (b) to use or employ, in connection with the purchase or sale of any security ...".

Primärinsider oder als Tippee behandelt wird, da dieses nur nach dem deutschen Recht, nicht aber nach dem amerikanischen Recht eine Unterscheidung auch in den Rechtsfolgen nach sich ziehen würde. Es ist vielmehr zu fragen, ob die jeweilige Gruppe im amerikanischen Recht überhaupt dem Insiderverbot unterliegt oder nicht.

Generell wird im amerikanischen Insiderrecht bezüglich der Frage, wen die Insiderhandelsverbote treffen, unterschieden zwischen den (Primär-)Insidern und den Tipempfängern (Tippees). Wer nicht die Voraussetzungen einer der beiden Gruppen erfüllt, für den gelten im amerikanischen Insiderrechtsverständnis auch nicht die strafbewehrten Verbote.

a) Primärinsider

Rule 10 b-5 setzt als Betrugsdelikt voraus, daß jemand im Zusammenhang mit einer Wertpapiertransaktion einem anderen eine kurserhebliche falsche Tatsache vorsätzlich oder grob fahrlässig mitteilt oder eine wesentliche Tatsache verschweigt. Da es im anonymen Wertpapierhandel nicht zum direkten Informationsaustausch der an der jeweiligen Wertpapiertransaktion Teilnehmenden kommt, ist im Insiderrecht die Alternative des Verschweigens die einschlägige. Das Verschweigen wird nur dann unter den Betrugsstraftatbestand subsumiert und damit der aktiven Mitteilung gleichgesetzt, wenn eine Pflicht zur Mitteilung oder zur Veröffentlichung der Information besteht.

Nach der Rechtsprechung des Supreme-Courts sind es in Anwendung der Gedanken der Rule 10(b)-5 zwei Merkmale, die vorliegen müssen, damit eine Person einem Insiderhandelsverbot unterliegt: zum einen muß sie jemanden gegenüber eine Treuhänderische Pflicht in bezug auf die Nutzung der Insiderinformation haben; zudem muß sich die Verletzung dieser Pflicht in einer Wertpapiertransaktion auswirken.

Die in der Rechtsprechung zunächst ausschließlich anerkannte „Breach of a Fiduciary-Duty"-Theorie (dazu sogleich unter (1)) ging davon aus, daß die Pflicht gerade gegenüber dem an der Wertpapiertransaktion Beteiligten vorliegen muß. Kernstück dieser Theorie ist, daß es zur Strafbarkeit des Insiders einer treuhänderischen oder ähnlichen Beziehung zwischen den beiden Vertragspartnern bedarf, wobei diese sich aus dem besonderen Treueverhältnis des Insiders zum Emittenten ableitet. Diese Theorie, die mehrmals vom Supreme-Court vertreten wurde, versagte jedoch insbesondere bei den sog. „outsidern", also Personen, die über eine Information verfügten, die sich nicht auf das eigene Unternehmen bezog.

Die Rechtsprechung hat nunmehr anerkannt, daß es ausreicht, daß die treuhänderische Pflicht gegenüber dem Inhaber der Information und damit einem an der konkreten Wertpapiertransaktion Unbeteiligten besteht. Die Missappropriation-Theorie (s. unten unter (2)) fokussiert auf die Beziehung zwischen Informationsinhaber und Insider. Ihre Berechtigung neben der Fiduciary-Duty-Theorie ist nunmehr höchstrichterlich anerkannt[134].

Wenn auch die beiden Theorien daher im wesentlichen auf ein identisches Merkmal, nämlich der treuhänderischen Rechtsbeziehung abstellen, so ist ihre getrennte Darstellung in dieser Arbeit gleichwohl geboten[135]. Einerseits wird hierdurch die Verständlichkeit der Entwicklung des amerikanischen Insiderrechts erhöht. Zudem kann der Insider nach der „Misappropriation-Theorie" nach der Supreme-Court-Rechtsprechung das Geschäft, sofern es ihm vom Informationsbesitzer erlaubt wurde, doch vornehmen, während der Insider nach der „Fiduciary-Duty"-Theorie lediglich die Möglichkeit hat, das Geschäft zu unterlassen (da er für die Veröffentlichung nicht zuständig ist)[136].

(1) Breach of Fiduciary duties (Bruch treuhänderischer Verpflichtungen)

Die Rechtsprechung[137] hat in den USA zunächst den sog. „Disclose or Abstain"-Grundsatz entwickelt[138]. Danach sind bestimmte Personen, die im Besitz von Insidertatsachen sind, verpflichtet, diese entweder ihrem jeweiligen Geschäftspartner bekanntzugeben oder das Geschäft nicht vorzunehmen. Darf oder will die fragliche Person die Information nicht bekanntgeben, z.B. weil sie geheimhaltungsbedürftig ist oder weil er nicht für die Veröffentlichung zuständig ist, hat er das Geschäft zu unterlassen.

In dem Fall Re Cady, Roberts[139] ging es um einen Broker (Gintel), der eine Insiderinformation (die bevorstehende Herabsetzung der Dividende der Firma Curtiss-Wright) von einem seiner Partner (J.Cheever Cowdin) erfuhr, der diese wiederum durch sein Amt als director bei der entsprechenden Gesellschaft hatte[140].

---

134 United States v. O'Hagan, 521 U.S. 642, 117 S.Ct. 2199, 2210 (1997); s. FN 182.

135 McLaughlin/MacFarlane S.295 FN 42 betrachten die Misappropriation-Theorie denn auch als Erweiterung des Kreises der Verpflichteten und damit als Erweiterung der Fiduciary-Duty-Theorie.

136 S. die Gegenüberstellung der Theorien bei Prakash in Co.L.Rev. 99, S. 1515. Prakash a.a.O. S. 1547 befürwortet eine Vereinheitlichung beider Theorien.

137 Zur Entwicklung der Rechtsprechung s. auch die SEC-Rede von Newkirk/Robertson v. 19.09.1998, abrufbar im Internet unter http://www.sec.gov./news/speeches/spc221.htm.

138 Entwickelt in Speed v. Transamerica Corp. 99 F.Supp. 808 (D.Del. 1951); in Re Cady, Roberts & Co, 40 SEC 907 (1961) auf Börsengeschäfte ausgedehnt. Diese Theorie wird teilweise auch als „Equal Access Theorie" bezeichnet, s.z.B. Paefgen in AG 92, S.173; teilweise auch als „fairness theory" oder „possession theory", s. Hausmanninger S. 79. Zum ganzen s. auch Hartmann S. 52 f.

139 Re Cady, Roberts, 40 SEC 907-916 at 912 (1961); s. hierzu Loss/Seligman in „Fundamentals .." S. 800 f; Dingeldey S. 189 f; Langevoort in Co.L.Rev. 99, S. 1319 f.

140 Die Mitglieder des „Board" hatten um 11.00 A.M. beschlossen, die beschlossene Reduzierung der Dividende von vorher $ 0,625 pro Quartal auf $ 0,375 für das 4 Quartal 1959 zu veröffentlichen. Aufgrund eines Übertragungsfehlers ging die Nachricht erst um

Obwohl keine vertragliche o.ä. Beziehung zwischen dem Emittenten und dem betroffenen Broker Gintel bestand, wurde dieser von der SEC als Primärinsider angesehen[141;142].

Die Pflicht zur Veröffentlichung basierte auf 2 Säulen, nämlich auf

- einer besonderen Beziehung des Insiders zum Unternehmen, sofern der Insider aus dieser Beziehung heraus eine Insiderinformation direkt oder indirekt erhalten hat, die ihm nur zur Verwendung im Sinne der Gesellschaft eröffnet wurde,
- und auf der Unfairneß, daß ein Unternehmensinsider einen Vorteil erzielt, obwohl er weiß, daß die dem Vorteil zugrundeliegende Information für seinen Vertragspartner nicht zugänglich ist[143].

Im Fall Cady, Roberts & Co. reichte die Verbindung des directors zu der betroffenen Firma, um auch dessen Insiderhandelsverbot auf den Partner auszudehnen. Ausdrücklich verworfen wurde die Argumentation der Verteidigung, eine Veröffentlichungspflicht des Insiders bestünde nur Anteilsinhabern gegenüber, indem auf die Schutzbedürftigkeit der uninformierten breiten Masse verwiesen wurde[144].

11.45 A.M an das Wall Street Journal und erschien erst um 11.48 A.M auf den Dow Jones Ticker. Gintel hatten jedoch vorher bereits insgesamt 7.000 Anteile um 11.15 A.M. bzw. 11.18 A.M zu 40 ¼ bzw. 40 3/8 verkauft. Nach Aufleuchten der Nachricht auf dem Ticker wurde der Kurs von Curtiss-Wright an der NYSE ausgesetzt, die erste Notierung um 1.59 P.M. lag bei 36 ½ .

141 S. zu diesem Fall auch Loss/Seligman Band VIII S. 3549. Der Commissioner Frear empfahl in einem Minderheitenvotum als einziger eine höhere Strafe als die ausgesprochenen 20 Tage Suspension von der NYSE, 40 SEC S. 918.

142 Das SEC befand in seiner Entscheidung, daß sich auch die Brokerfirma, bei der Gintel angestellt war, schuldig in einer Insiderstraftat gemacht zu haben, s. Loss/Seligman Band VIII S. 3552.

143 S. Cady, Roberts 40 SEC 907, 912 (1961); Texas Gulf Sulphur, 401 F.2d S.84; Loss/Seligman Band VIII S. 3552; Bromberg/Lowenfels S. 7:205 f; Hagen in 44 The Business Lawyer 88 S. 15.

144 Loss/Seligman Band VIII S.3553. Das SEC stellte ausdrücklich fest, daß die Treuepflichtüberlegungen des Common law in dem auf den Betrugsaspekt abstellenden Insiderrecht keine Anwendung finden können, 40 SEC S. 914. So auch schon Gratz v. Claughton, 187 F.2d 46,49 (2d Cir.1951), cert. denied. 341 U.S. 920.

Zudem ging das SEC in seiner Begründung auf den Einwand ein, die Käufer hätten zu diesem Preis kaufen wollen (es sei mithin kein Schaden entstanden). Hierzu führt das SEC aus, die Käufer hätten aber ihre Entscheidung anders getroffen, wenn sie informiert gewesen wären, ferner dürfe es keinen Unterschied zwischen einem „face-to-face“ Geschäft und einem Geschäft an der Börse geben.

Anhand dieses Falls, der von der erkennenden SEC als Insiderfall[145], in der Literatur aber als Tippee-Fall betrachtet wird[146], ist nochmals darauf hinzuweisen, daß diese Unterscheidung zwischen Primär- und Sekundärinsidern im amerikanischen Recht keine Konsequenz für die Rechtsfolgen der Handlungsverbote hat.

Der Second Circuit dehnte diesen Disclose und Abstain-Ansatz in seiner Entscheidung Texas Gulf Sulphur [147] dahingehend aus, daß auf das Verhältnis zum Emittenten gänzlich verzichtet wurde und der reine Besitz der Information als ausreichend erachtet wurde. Danach mußte jeder, der Kenntnis einer Insiderinformation hatte, diese entweder veröffentlichen oder aber von Geschäften, die diese Information nutzten, Abstand nehmen[148].

Die Kritiker dieses Ansatzes verwiesen einerseits auf die Herleitung des Insiderrechts aus dem Betrugsansatz und stellten fest, daß nicht jede Unfairneß ein betrügerisches Verhalten darstelle[149]. Zudem sei für eine so weitreichende Aufklärungsverpflichtung gegenüber dem gesamten Markt die Legitimation durch den Gesetzgeber erforderlich[150].

Dieser Fortbildung der Rechtsprechung trat der Supreme Court in seiner ersten Insiderentscheidung, dem Chiarella-Fall[151], entgegen[152].

Chiarella war Mitarbeiter einer Druckerei. Die Druckerei hatte den Auftrag erhalten, Dokumente für diverse Übernahmeangebote auszufertigen. Die Namen

---

145 40 SEC 907,912. Die Regeln, die in diesem Fall aufgestellt wurden, beziehen sich jedenfalls auch auf die Primärinsider, wie sich aus der Formulierung „... *the existence of a relationship given access, **directly** or indirectly, to information* ..... " ergibt (Hervorhebung durch den Bearbeiter).

146 Loss/Seligman Band VIII S.3556 mit Erläuterung.

147 Texas Gulf Suphur I= 258 F.Supp. 262 (S.D.N.Y.1966), 2 A.L.R. Fed.190; TGS II= 401 F.2d 833 (2nd Cir. 1968, cert. denied sub. Coats v. SEC, 394 U.S. 976 S.Ct. 1969); TGS III= 312 F.Supp. (S.D.N.Y. 1970); TGS IV= 446 F.2d 1301 (2nd Cir. 1971), cert.denied 404 U.S. 1005 (S.Ct. 1972)

148 Broomberg/Lowenfels S. 7:229 f; Hagen in 44 The Business Lawyer 88 S.16; Rutledge in Rider/ Ashe S. 150. S. auch die Entscheidungen In re Investors Management Co., 44 SEC 633, 644 (1971) sowie das 2. Circuit in der später aufgehobenen Chiarella-Entscheidung, 588 F.2d 1362.

149 Loss/Seligman Band VIII S. 3566, die auf die Entscheidung Santa Fe Industries, Inc. v. Green, 430 U.S. 462, 474-477 (1977) verweisen.

150 Loss/Seligmann a.a.O.

151 United States v Chiarella, 445 U.S. 222, 100 S.Ct. 1108 (1980); die Entscheidung erging nicht einheitlich, sondern lautete vielmehr 6:3. Vgl. auch die ausführliche Schilderung bei Dingeldey, S.193 f; Jennings/Marsh/Coffee S. 972 f. Zur reichhaltigen Literatur s. die Nachweise bei Loss/ Seligman Band VIII S.3562 FN 257. Aus jüngster Zeit Bloomenthal S. 1201 f; Prakash in Co.L.Rev. 99, S. 1501 f; Pritchard in B.U.L.Rev. 98, S. 18 f.

152 Hierzu Bloomenthal S.1202; Langevoort in Securities Law Review 1991, S.381 f.

der Übernahmekandidaten waren dabei in dem Bemühen, die Information vertraulich zu behandeln, verdeckt übersandt worden[153]*. Indem er die übrigen Angaben der Übernahmeangebote studierte, identifizierte Chiarella dennoch die betroffenen Gesellschaften und kaufte entsprechend Aktien, die er nach der Veröffentlichung der Angebote mit Gewinn verkaufte*[154]*. Er war von der ersten Instanz schuldig gesprochen worden*[155]*, dieses Urteil wurde in der zweiten Instanz aufgehoben. Die Begründung für die Aufhebung lag darin, daß Chiarella die Informationen nicht durch Verletzung eines Vertrauensverhältnisses gegenüber den Target-Gesellschaften bzw. deren Anteilsinhabern (den Verkäufern) erlangt hatte*[156,157].

Der Supreme Court stellte zunächst ausdrücklich fest, daß in Bezug auf die Abstain-or-Diclose-Regel nicht der reine Besitz, wie es zwischenzeitlich in der Entscheidung Texas Gulf Sulphur des 2.Circuit[158] angeklungen war[159],

153 Die wahren Namen der Übernahmekandidaten wurden erst in der Nacht vor dem abschließenden Druck übermittelt.

154 Er machte dabei ungefähr US-$ 30.000,-- Gewinn innerhalb von 14 Monaten.

155 588 F.2d 1358,1365 (2d Cir.1978).

156 Über die Frage, ob nicht das Vertragsverhältnis der Druckerei zu dem Auftraggeber bzw. das Verhältnis der Druckerei zu ihrem Auftraggeber eine solche Pflicht hervorgerufen hätte, ist nicht entschieden worden, da die freisprechende Mehrheit die Auffassung vertrat, dieser Komplex sei nicht zur Entscheidung vorgelegt worden, 445 US S.236-237; s. Hazen S.843; Loss/Seligman Band VIII S.3568; Wang/Steinberg S.284 FN 8.

Das Urteil erging mit 2 Minderheitsvoten, wobei Chief Justice Burger seine Auffassung, daß Chiarella sich des Insiderhandels schuldig gemacht hatte, mit dessen Verstoß gegen die Regeln seines Arbeitgebers und damit mit der nachfolgend dargestellten „Misappropriation-Theorie" begründete, 100 S.Ct. 1123.

157 Erschwerend hinsichtlich der Übertragbarkeit von Rechtsgedanken aus der Chiarella-Entscheidung kommt hinzu, daß es Stimmen gibt, wonach sich die Entscheidung nur auf Marktinformationen beziehe, s. Hazen S.844 FN 56; Loss/Seligman Band VIII S. 3561 FN 254 m.w.N.

158 Texas Gulf Suphur I= 258 F.Supp. 262 (S.D.N.Y.1966), 2 A.L.R. Fed.190; TGS II= 401 F.2d 833 (2nd Cir. 1968, cert. denied sub. Coats v. SEC, 394 U.S. 976 S.Ct. 1969); TGS III= 312 F.Supp. (S.D.N.Y. 1970); TGS IV= 446 F.2d 1301 (2nd Cir. 1971), cert.denied 404 U.S. 1005 (S.Ct. 1972)

159 Broomberg/Lowenfels S. 7:229 f; Hagen in 44 The Business Lawyer 88 S.16; Rutledge in Rider/ Ashe S. 150; so auch z.B. das 2. Circuit in der später aufgehobenen Chiarella-Entscheidung, 588 F.2d 1362. Kritisch hierzu Loss/Seligman Band VIII S. 3566, die anführen, daß einerseits nicht jede Unfairneß ein betrügerisches Verhalten darstelle und hierfür auf die Entscheidung Santa Fe Industries, Inc. v. Green, 430 U.S. 462, 474-477 (1977) verweisen, und andererseits eine so weitreichende Aufklärungsverpflichtung gegenüber dem gesamten Markt der Legitimation durch den Gesetzgeber bedürfe.

ausreichend für die Verpflichtung zur Veröffentlichung sei[160]. Er verwies vielmehr auf die Rechtsgrundlage als Betrugsstraftat und legte fest, daß das Schweigen gegenüber dem Vertragspartner nur dann strafbar sei, wenn eine Pflicht zur Aufklärung des Vertragspartners über die Insiderkenntnis besteht[161]. Grundlage der Aufklärungspflicht ist eine besondere treuhänderische Rechtsbeziehung (fiduciary duty) zwischen den an der Wertpapiertransaktion Beteiligten. Diese Beziehung zwischen den Beteiligten leitet sich aus dem besonderen Verhältnis des Insiders zum Emittenten ab[162], da der Vertragspartner des Insiders bereits ebenfalls Anteilsinhaber beim Emittenten ist oder es durch den Kauf werden soll[163]. Das besondere Verhältnis des Insiders zum Emittenten entfaltet daher seine Wirkung im Verhältnis des Insiders zu den derzeitigen bzw. potentiellen Anteilsinhabern[164] und läßt sich wie folgt darstellen:

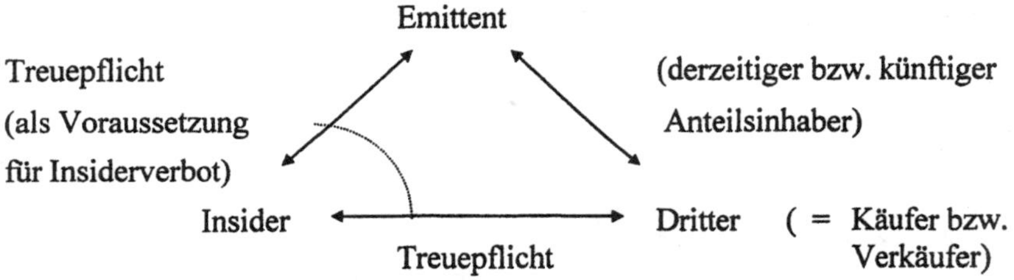

Abzustellen für die Frage, wer den Insiderhandelsverboten nach der Fiduciary-Duty-Theorie unterliegt, ist danach, ob den Insider eine Treue- bzw. Vertrauenspflicht, die Information dem Vertragspartner zu offenbaren, trifft.

Diese Vertrauensbeziehung ist vom Supreme-Court nicht weiter konkretisiert worden, sondern vielmehr anhand von Einzelfällen, bei denen eine solche Pflicht vorliegt, ausgefüllt worden[165]. Generell soll sich die Pflicht nach den bestehenden

---

160 445 U.S. 235 : *"... We hold that a duty to disclose under § 10(b) does not arise from the mere possession of nonpublic market information."* S. auch Brountas in Securities Law Review 1993, S. 485; Bloomenthal S. 1202; Wang/Steinberg S. 284.

161 445 U.S. 228; McLaughlin/Macfarlane in Gaillard S.292 f.

162 445 U.S. 228; nochmals bestätigt vom Supreme-Court in Dirks v. SEC, 463 U.S. 646 (1983). S. auch Bloomenthal S.1201.

163 Der Supreme-Court wies ausdrücklich darauf hin, daß die Unterscheidung, ob der Vertragspartner bereits Anteilsinhaber sei oder erst durch das Geschäft werde, keinen Einfluß auf die Aufklärungspflicht nehmen dürfe; 100 S.Ct. S. 1114, FN 8; s. auch Wang/Steinberg S.288 und insbesondere S. 290; Loss/Seligman in „Fundamentals...." S.817; Bromberg/Lowenfels S. 7:209; Langevoort S. 71.

164 Indem Wang/Steinberg dies als „Special relationship Triangle" bezeichnen wird deutlich, daß die Pflicht der Vertragsparteien zueinander aus der jeweiligen Beziehung zum Emittenten entspringt; s. Wang/Steinberg S. 281, 288 f

165 Siehe Bromberg/Lowenfels S. 7:216-229; Loss/Seligmann, Supplement-Band 1996, S.860; Langevoort S. 72.

Grundsätzen des Common Law bzw. den Rechtsordnungen des jeweiligen Landesstaates[166] richten, in der Literatur wird jedoch auch vertreten, daß die Pflicht eine reine Schöpfung des Supreme-Courts sei, da die genannten Gebiete in Bezug auf das Insiderrecht zum Zeitpunkt der Entscheidung die jeweiligen Konfigurationen nicht kannten[167].

Die Orientierung, für welche Personengruppen eine solche Pflicht besteht, erfolgt daher anhand der bereits entschiedenen bzw. von der Literatur anerkannten Fallgruppen[168], die unten ab S. 58 aufgeführt werden.

Als klassische Insider nach dieser Theorie sind anerkannt die Organmitglieder, die kontrollierenden Aktionäre und die Mitarbeiter, da diese jeweils eine Vertrauensbeziehung zum Emittenten unterhalten.

Ferner sind anerkannt die sog. temporary Insider[169], d.h. solche Personen, die nur in einem zeitweiligen Vertragsverhältnis zum Emittenten stehen. Hier werden insbesondere die Wirtschaftsprüfer, Steuerberater, underwriter, Rechtsanwalt, Gutachter und Berater genannt[170].

Nicht erfaßt vom Insiderrecht war somit der große Bereich der Marktinformationen und der Informationen, die nicht das eigenen Unternehmen betrafen[171], ebensowenig solche Anteilsinhaber, deren Anteile für eine kontrollierende Stellung nicht ausreichten[172]. Als Beispiel sei der Fall genannt, in dem ein Insider des Unternehmens A eine Insidernachricht über ein Unternehmen B erfährt. Hier hat er gegenüber den Aktionären der Gesellschaft B gerade keine solche Treuepflicht[173].

(2) Misappropriation Theory (Aneignungs- bzw. Veruntreuungstheorie)

Die Regeln, die der Supreme-Court in dem Chiarella-Fall aufstellte, fanden in der Folgezeit bei den unterinstanzlichen Gerichten hinsichtlich der Behandlung sog. „outsider“ [174], d.h. emittentenfremder Personen, nicht einheitlich Zustimmung.

---

166 Barker v. Henderson, Franklin Starnes & Hold, 797 F.2d 490, 496 (7th Cir. 1986).

167 Wang/Steinberg S. 291 f m.w.N. in FN 38.

168 So führt Langevoort S.71,72 eine Definition, wann eine Fiduciary-Pflicht vorliegt, in einem Satz auf, um sodann auf die Fallgruppen auf den weiteren 14 Seiten zu verweisen.

169 Bloomenthal S. 1201.

170 Dirks v. SEC, 463 U.S. 646, 655 FN 14.

171 Kraakman in Hopt/Wymeersch S. 43.

172 Wang/Steinberg S. 289 und 310; Langevoort S.73; Broomberg/Lowenfels S. 7:283.

173 S. Langevoort in Securities Law Review 1991, S.388.
Diese Lücke sollte für den wesentlichen Teil der Übernahmeangebote durch Rule 14e-3 (17 C.F.R. § 240.14e-3), die die Schuld unabhängig von der Frage jedweder Treuepflichten definierte, geschlossen werden; s.hierzu S. 66.

174 Zu diesem Sprachgebrauch s. Loss/Seligman Band VIII S. 3631 sowie United States v. O'Hagan, 521 U.S. 642, 117 S.Ct. 2199, 2210 (1997). Der Sprachgebrauch ist

Vielmehr wurden die dortigen Ansätze insbesondere vom 2.Circuit[175] weiterentwickelt zu der sog. „Misappropriation-Theorie“[176], mit der diese Strafbarkeitslücke geschlossen werden sollte[177].

Im Kern geht es bei der Misappropriation-Theorie[178] darum, daß das Vertrauensverhältnis nicht gegenüber dem Emittenten und daraus abgeleitet gegenüber dem Vertragspartner des Wertpapiergeschäftes zu bestehen braucht, sondern gegenüber dem Informationsinhaber. Der Betroffene soll die Information nur in der Art und Weise verwenden dürfen, die ihm durch sein Verhältnis zu demjenigen, von dem er sie erhält, vorgegeben ist. Hierdurch können auch emittentenfremde Personen, die in keinerlei Beziehung zum Emittenten stehen, Insider sein.

Nachdem andere unterinstanzliche Gerichte[179] mit dem Argument, daß die „betrügerische“ Handlung nicht gegenüber dem Wertpapiervertragspartner begangen werde, sondern gegenüber einer an diesem Vertrag unbeteiligten Person[180], die Geltung der „Misappropriation“-Theorie angezweifelt und zur „Breach of a Fiduciary Duty“-Theorie zurückgekehrt waren, hat der Supreme-

---

mißverständlich, da auch schon nach der traditionellen „Breach of a fiduciary Duty“-Theorie Personen, die eigentlich außerhalb des Emittenten anzusiedeln sind (Anwälte etc.), als temporäre Insider Primärinsider sein konnten; so auch Bromberg/Lowenfels S. 7:201.

175 Ihm folgten insbesondere das 3. Circuit (Rothberg v. Rosenbloom, 771 F.2d 818,822 (3d Cir.1985)); das 7. (SEC v. Cherif, 933 F.2d 403, 410 (7th Cir. 1991), das 9. Circuit (SEC v. Clark, 915 F.2d 439, 443 (9th Cir.1990) und das 10. Circuit SEC v. Peters, 978 F.2d 1162 (10th Cir. 1991). Zur Entwicklung der Misappropriation-Theorie vgl. insbesondere Weiss in J.Corp.L 98, S. 398 f.

176 SEC v. Materia, 745 F.2d 197 (2d Cir.1984), cert. denied, 471 U.S. 1053, 105 S.Ct.2212 (1985); United States v. Newman, 664 F.2d 12 (2d Cir. 1981), nach Vertagung bestätigt durch 722 F.2d 729, cert denied, 464 U.S. 863, 104 S.Ct.193 (1983). Zum Schrifttum s. die Aufzählungen bei Loss/Seligman Band VIII S. 3631, FN 439; Hagen in 44 The Business Lawyer 88 S.28 f, oder Jennings/Marsh/Coffee S. 1014.

177 Die Bedeutung der „Misappropriation“-Theorie wird klar, wenn man sich vor Augen führt, daß in der jüngeren Vergangenheit rund 40 % der SEC-Fälle Sachverhalte betrafen, die nur nach der „Misappropriation“-Theorie strafbar waren; s. Smith in U.S.News vom 07.07.97 („Betrayers of trust“).

178 S. auch die rechtsvergleichende Darstellung bei Hartmann S. 62 f.

179 S. United States v Bryan, 58 F 3d 933 (4th Cir 1995). *Elton „Butch“ Bryan war Direktor der West Virginia Lotterie Kommission. Er kaufte Aktien von Firmen, von denen er durch seine Direktorenstellung wußte, daß mit diesen lukrative Verträge durch die Lotterie abgeschlossen wurden.* Hierzu s. auch Broomberg/Lowenfels S.7:242.4. Ferner der 8.Circuit in der o'Hagan-Entscheidung 92 F.3d 612 (8th Cir. 1996), die nunmehr aber durch die Supreme-Court Entscheidung (nachfolgend s. bei FN 182) revidiert wurde.

180 United States v. Bryan S. 946 u. S.950. Dieses Argument wird auch in der Literatur gegen die Misappropriation-Theorie vorgebracht, s. Broomberg/Lowenfels S.7:241,242; Fletcher S. 210 f.

Court Mitte 1997 durch die o'Hagan-Entscheidung der Misappropriation-Theorie zur höchstrichterlichen Anerkennung verholfen[181].

Der o'Hagan-Entscheidung[182] liegt folgender Sachverhalt zugrunde:

Im Juli 1988 trat die Grand Metropolitan P.L.C. an die Anwaltskanzlei Dorsey & Whitney heran mit dem Auftrag, ein Übernahmeangebot für die Firma PillsburyCompany auszuarbeiten. o'Hagan, ein Partner von Dorsey & Whitney L.L.P., war seinerseits nicht unmittelbar in dieses Geschäft involviert, erhielt die entsprechenden Informationen jedoch von einem anderen Anwalt seines Büros. Daraufhin kaufte o'Hagan vom 18.08.88 bis Ende September Anteile von Pillsbury zu ca. $ 39 sowie unterstützende Optionen und verkaufte die Anteile nach der erfolgten Bekanntgabe des Übernahmeangebots zu ca. $ 60, sein Gewinn aus den Anteilsverkauf und aus den Optionsgeschäften belief sich auf US-$ 4,3 Mio.

Die SEC verurteilte ihn wegen Insiderhandels, das Berufungsgericht in St. Louis[183] *hob die Verurteilung mit der Begründung auf, o'Hagan sei für Grand Metropolitan tätig gewesen und daher kein Insider der Pillsbury. Es folgte damit der „Breach of a fiduciary Duty"-Theorie. Der Supreme-Court revidierte das Berufungsurteil und erkannte die „Misappropriation"-Theorie ausdrücklich an*[184].

---

181 In der Chiarella-Entscheidung hatte der Supreme-Court nach der Meinung der Mehrheit der Mitglieder zu der „Misappropriation"-Theorie keine Stellung nehmen können, da der Fall nicht unter diesem Aspekt vorgelegt worden sei 445 U.S. S.236-237 (s. FN 156); United States v. O'Hagan, 521 U.S. 642, 117 S.Ct. 2199, 2210 (1997); s.auch Loss/Seligman Band VIII S.3568; dies. in „Fundamentals .." S.810; Fletcher S. 140.

Inwiefern durch die 4:4 Revisions-Entscheidung im Carpenter-Fall die Misappropriation-Theorie eine Billigung durch den Supreme-Court gefunden hatte, war umstritten. Hierzu s. Langevoort in Securities Law Review 1991, S. 389. Das „House of Energy and Commerce Committee" folgerte aus dieser Entscheidung, die Misappropriation-Theorie habe ihre Gültigkeit nur innerhalb der Rechtsprechung des 2. Circuits, s. H.R.Rep.(Energy and Commerce Committee) Nr.100-910 unter 10. (09.09.88).

182 U.S. v. o'Hagan 117 S.Ct. 2199 (1997); hierzu Prakash in Co.L.Rev. 99, S. 1504 f; Painter/Krawiec/Williams in Va.L.Rev. S. 153 f; Weiss in J.Corp.L 98, S 395 f, Seligman in Delaware Journal of Corporate Law 98, S. 1 f; Bloomenthal S. 1209 f; Bloomenthal/Wolff S.19-36 f; dies. in „Emerging Trends" S. 857 f; Loss/Seligmann in Fundamentals zur S. 818 (99 Suppl. S. 165 f.).

S. auch Die Welt vom 30.09.96, S. 19 und vom 27.06.97, S.13; Lange in WM 98, S. 525 f; Lenenbach/Lohrmann in RIW 98 S. 115 f.

183 92 F.3d 612 (8th Cir. 1996).

184 Der Supreme-Court betonte die Übereinstimmung seiner Auffassung mit der Auffassung der in FN 175 genannten unterinstanzlichen Gerichte, s. US v. o'Hagan, 521 U.S. 642, 117 S.Ct. 2199, 2210 (1997) bei FN 3. Die Entscheidung erging 6 zu 3. o'Hagan wurde sowohl

Wesentliches Argument des Supreme-Courts war einerseits, daß es keinen Unterschied machen könne, ob o'Hagan für die Anwaltsfirma der bietenden Gesellschaft oder die der Targetgesellschaft arbeite[185]. Zudem erfülle die „Misappropriation"-Theorie auch die Erfordernisse des § 10 b SEA[186], als daß in ihr einerseits ein betrügerisches Verhalten, hier gegenüber der Informationsquelle, vorausgesetzt werde und daß zudem der Betrug auf eine Handlung am Wertpapiermarkt abziele[187].

Danach bleibt das amerikanische Insiderrecht entsprechend der Herkunft der rule 10b-5 weiterhin dem Betrugsgedanken verhaftet[188]. Der Betrug findet hier jedoch nicht am Vertragspartner der Wertpapiertransaktion direkt statt, sondern er wird umgedeutet in einen „fraud on the source", d.h. einer Verletzung gegenüber dem Inhaber der Information[189], die sich in einem Kauf oder Verkauf eines Wertpapiers verwirklicht[190].

Nach der „Misappropriation-Theorie" verletzt eine Person Rule 10(b)-5 daher dann[191],

- wenn sie eine Insiderinformationen unter Brechung einer Treuepflicht oder ähnlichen Beziehung des Vertrauens, die gegenüber dem Besitzer der Insiderinformation besteht, unrechtmäßig verwendet,
- Geschäfte im Bewußtsein des Besitzes einer solchen Information tätigt,

---

wegen Verstoßes gegen Rule 10(b)-5 als auch wegen Verstoßes gegen Rule 14e-3 (s.S. 66) verurteilt.

185 United States v. O'Hagan, 521 U.S. 642, 117 S.Ct. 2199, 2210-11 (1997).

186 Der Supreme-Court betonte nochmals, daß der Geltungsbereich der Rule 10(b)-5 nicht weitergehen könne, als die Ursprungsnorm des § 10 b SEA; U.S. v. o'Hagan 117 S.Ct. at 2207.

187 U.S. v. o'Hagan 117 S.Ct. at 2209; a.A. bezüglich der Frage des Wertpapierbezuges des Betrugs Justice Scalia sowie Justice Thomas im Minderheitenvotum S. 4660.

188 U.S. v. O'Hagan 117 S.Ct. at 2207; Bloomenthal S. 1210; Hartmann S. 100.
Bezeichnenderweise wird das Kapital „Insider Trading" in einem der Standardwerke des Wertpapierrechts (Loss/Seligman: Fundamentals of Securities Regulation") unter dem Chapter „Fraud" aufgeführt.

189 United States v. O'Hagan, 521 U.S. 642, 117 S.Ct. 2199, 2210 (1997) dort FN 6. Unklar bleibt, ob auch auf die Beziehung o'Hagans zu seiner Firma abgestellt worden wäre, wenn er die Insidertatsache direkt von dem Unternehmen erhalten hätte. Zwar spricht der Supreme-Court ausdrücklich nur von der Quelle der Information und führt zudem auch „the principal's information" auf, jedoch wird jedenfalls in dem Fall des Anwalts die Information als eine, die dem Arbeitgeber zusteht, zu werten sein.

190 Der Supreme-Court blieb daher hinter weiteren Spielarten der Misappropriation-Theorie, wie sie z.B. von Justice Burger in dem Chiarella-Minderheitenvotum, 445 U.S. S. 240 vorgeschlagen wurden zurück. Justice Burger stellte weitgehend auf die Veröffentlichungspflicht gegenüber dem Vertragspartner ab.

191 S. United States v. Chestman, 947 F 2d 551, 566 (2d Cir)(en banc), cert denied 112 S Ct 1759 (1992); SEC v Materia, 745 F 2d 197 (2d Cir 184), cert denied 471 US 1053 (1985).

- und demjenigen, dem gegenüber sie sich zur Geheimhaltung verpflichtet hat, dadurch ein Schaden entsteht.

Entscheidend ist im Gegensatz zur „Fiduciary Duty“-Theorie, daß die zugrundeliegende Beziehung nicht zum Emittenten bzw. Vertragspartner der Wertpapiertransaktion bestehen muß, sondern gegenüber dem Besitzer dieser Insidertatsache. Geschützt wird damit der Besitz an der Insiderinformation. Der Betrug liegt hier somit nicht in dem Bruch einer Pflicht, die man anderen Marktteilnehmern gegenüber hat, sondern in dem Mißbrauch der Information gegenüber dem Inhaber bzw. der Quelle der Insiderinformation[192]. Dieses läßt sich wie folgt darstellen:

	Informationsinhaber	Emittent	
Mißbrauch (Voraussetzung für Insiderverbot)	↕	↕	(derzeitiger bzw. künftiger Anteilsinhaber)
	Insider ⟷	Dritter	(= Käufer bzw. Verkäufer)

Die Frage, wen die Insiderhandelsverbote treffen, hängt daher von der Beziehung des Insiders zum Informationsträger ab. Grundsätzlich reicht hier jede vertragliche oder sonstige Beziehung, aus der heraus sich eine Treuepflicht ergibt. Als Beispiel ist zu nennen die Beziehung zum eigenen Arbeitgeber, aus der sich eine Geheimhaltungspflicht ergibt[193]. Es bedarf daher jeweils der Analyse des einzelnen Vertragsverhältnisses, inwieweit dieses eine Treuepflicht und damit die Pflicht, die Information nicht zu mißbrauchen, beinhaltet. Fallgruppen, die hierunter zu subsumieren sind, werden auf Seite 60 aufgeführt.

Der Schaden, der dem anderen (also z.B. dem eigenen Arbeitgeber) entstanden sein muß, braucht nicht zwingend finanzieller Art zu sein. Vielmehr reicht es aus, daß der Ruf o.ä. mit finanziellen Auswirkungen beeinträchtigt wird[194].

---

192 Langevoort in Securities Law Review 1991, S. 388; ders. S. 159; Bloomenthal/Wolff S.19-37.

193 S. U.S. v. Carpenter, 791 F.2d 1024 (2d Cir. 1986); hierzu Weiss in J.Corp.L 98, S. 408 f. S. auch Langevoort in Securities Law Review 1991, S. 388; Broomberg/Lowenfels S. 7:232; Jennings/Marsh/Coffee S. 996. Im Ergebnis folgt man daher der Ansicht von Chief Justice Burger in dem Minderheitenvotum in Chiarella, s. FN 156.

194 United States v. Willis, 737 F Supp 269 (S.D.N.Y. 1990); SEC v. Materia, 745 F.2d 197 (2d Cir. 1984) S. 201-202; Wang/Steinberg S.365; Carpenter v United States. 791 F 2d 1024 (2d Cir 1986), bestätigt 484 US 19 (1987). Bemerkenswerterweise erfolgte die Bestätigung durch eine 4-4 Entscheidung des Gerichts und konnte daher nach amerikanischen Recht keine Bindungswirkung für tiefere Gerichte entfalten, hierzu Green/ Christman in Stamp/Welsh S.12.

Der Supreme-Court stellte ausdrücklich klar, daß die Misappropriation-Theorie neben die Fiduciary Duty-Theorie tritt[195]. Die erstere bezieht sich nach obigen Darstellungen auf die sog. „outsider", also emittentenfremde Personen, während die zweitere die Unternehmensinsider (einschließlich der vertraglich gleichgestellten Personen) betrifft.

Auch die Misappropriation-Theorie wird jedoch in der amerikanischen Literatur durch ihren Ansatz an den Vertrauensbruch gegenüber dem Informationsinhaber als zu eng und damit nicht ausreichend dem Zweck der Insiderregelungen dienend kritisiert[196].

(3) Fallgruppen

Danach lassen sich in einer Zusammenschau aus der derzeitig gültigen „Fiduciary Duty"-Theorie und der „Missappropriation-Theorie" die in Frage kommenden Insider in folgende Gruppen unterteilen:

a. Zu nennen sind zunächst die sog. Traditionellen Insider[197], die sich dadurch auszeichnen, daß sie eine Beziehung zum Emittenten aus dem „Inneren" des Emittentenbereichs heraus unterhalten. Unter diese, auch als Unternehmensinsider („Corporate Insiders"[198]) zu bezeichnenden Personen, fallen die Directors, Officers[199] (Vorstand bzw. Aufsichtsrat[200]) und die kontrollierenden Anteilsinhaber[201].

---

195 Siehe United States v. O'Hagan, 521 U.S. 642, 117 S.Ct. 2199, 2210 (1997).

196 Kidd in 18 Del.J.Corp. L 101, 135 f (1993); Beeson in 144 U.Pa.L.Rev. 1077, 1141 f (1996).

197 Bloomenthal S.1202; Langevoort S. 72 f. De Gottrau in Revue de droit des affaires 93, S. 559 bezeichnet sie als „Classic Insiders".

198 Langevoort in 70 Cal.L.Rev.82, S. 3.

199 Zu ihnen s. Loss/Seligman Band VIII S.3585 f sowie S.2384 - 2394; Broomberg/Lowenfels S.7:281; Langevoort S.72

200 Die Trennung in Vorstand und Aufsichtsrat ist dem amerikanischen Gesellschaftsrecht fremd; dieses kennt nur den „Board of Directors", der Beaufsichtigungs- und Leitungsfunktion ausübt. Hier werden die für die Führung der Geschäfte verantwortlichen Mitglieder als „officers" bezeichnet, die weiteren als „directors".

201 Diese waren bereits vor der Cady Roberts Entscheidung als Insider anerkannt, s. hierzu Loss/ Seligman Band VII S.3552 und zu ihnen generell Fletcher S. 227 f; Loss/Seligman Band VIII S.3587 f m.w.N. in FN 317. Fraglich ist in diesem Zusammenhang, wann eine kontrollierende Stellung angenommen werden kann, s. hierzu In re Great Deer Horn Mines Ltd, O.S.C. Bill. 12 (1968) und Feldman v. Simkins Industries 679 F.2d 1299, 1304 (9th Cir. 1982).
Liegt keine kontrollierende Stellung vor, reicht der alleinige Besitz der Anteile nicht aus, um eine Treuepflicht hervorzurufen; s. FN 172.

Zu dieser Gruppe der Unternehmensinsider sind ferner die Mitarbeiter des Emittenten zu rechnen[202]. So wurden im Fall Texas Gulf Sulphur[203] Geologen, Geophysiker und ein Unternehmensjurist als Insider angesehen. Basierend auf dem Gedanken, daß bereits das Arbeitsverhältnis grundsätzlich eine besondere Beziehung zum Emittenten darstellt und sich hieraus die Unfairneß des Handelns ergibt, werden auch Angestellte des mittleren Management als Insider angesehen[204].

Entsprechend der Reichweite der vertraglichen Beziehung endet die Insiderstellung regelmäßig nicht mit der entsprechenden Tätigkeit[205]. Auch wenn die jeweilige Person die Information außerhalb der betreffenden Tätigkeit bzw. Stellung erhält, wird sie grundsätzlich als Insider angesehen[206].

Auch zählte der Emittent selbst hierzu, sofern er eigene Anteile kaufte oder verkaufte[207].

Umstritten war, ob zu den traditionellen Insider auch Ehefrau/-mann sowie andere unmittelbare Familienmitglieder gezählt werden konnten[208].

b. Daneben ist aufzuführen die Gruppe der sogenannten Temporären Insider[209], die zeitweilig eine vertrauliche Beziehung zum Emittenten unterhalten. Dieses

---

202 Wörtliche Formulierung „*...Who are in possession of material undisclosed information obtained in the course of their employment*“, s. SEC v. Texas Gulf Sulphur Co., 258 F.Supp. 262, 279 (S.D.N.Y. 1966); s.auch SEC v. Monarch Fund, 608 F.2d 938, 941 (2d Cir. 1979); ebenso Loss/ Seligman, Band VIII, S.3588 f; S. Bromberg/Lowenfels S. 7:281 f; Wang/Steinberg S. 292 f; Langevoort S.73.

In Chiarella, 445 U.S. S. 229 waren beispielsweise ein Geologe, ein Chefgeologe und ein Geophysiker als Angestellte betroffen, in Bianco v. Texas Instruments, Inc., 627 F.Supp. 154, 163 (N.D. Ill. 1985) waren es Manager der mittleren Führungsebene; a.A. SEC v. Fox, 654 F.Supp. 781, 791 (N.D.Tex.1986).

203 SEC v. Texas Gulf Sulphur, 401 F2d.833 (2d.Cir. 1968)

204 Bianco v. Texas Instruments, Inc. 627 F.Supp.154,163 (N.D.I11.1985); dagegen SEC v. Fox, 654 F. Supp.781,791 (N.D.Tex. 1986).

205 SEC v. Dirks, 463 U.S. 646, 670 (1983).

206 Wang/Steinberg S. 321.

207 McCormick v. Fund Am.Co.,Inc., 26 F.3d 869, 876 (9th Cir. 1994); Loss/Seligman Band VIII S.3591 f; Wang/Steinberg S.297 f; a.A.: Broomberg/Lowenfels S.7:280.

208 Dafür: SEC v. Texas Gulf Sulphur 401 F.2d S.841 (2d Cir.1968); Loss/Seligman Band VIII S.3584 u. 3590 f; a.A. United States v. Chestman, 947 F. 2d 551, 570-571 (1991); hierzu Weiss in J.Corp.L 98, S. 410 f.

209 463 US S.655 FN 14; Bromberg/Lowenfels S. 7:217 f; Hagen in 44 The Business Lawyer 88 S. 22 f; Langevoort S. 77 f; Fletcher S. 213 f; De Gottrau in Revue de droit des affaires 93, S 560; teilweise werden diese Personen auch als „Constructive Insiders“ (Loss/Seligman Band VIII S.3593 f) oder „Quasi-Insiders“ (SEC v. Lund, 570 F.Supp.1397, 1403 (C.D.Cal.1983) FN 7) bezeichnet.

sind gegenüber dem Emittenten generell externe Personen („outsiders") [210]. Sie werden dann als Primärinsider angesehen, wenn

1. eine vertrauliche Beziehung zwischen ihnen und dem Emittenten besteht, gemäß derer die Person Zugang zu Informationen hat, die ihm nur zu vertraglichen[211] Zwecken eröffnet wurden und
2. es erwartet wird, daß diese Information vertraulich behandelt wird[212].

Als Beispiele hierfür sind die Anwälte, Wirtschaftsprüfer, Emmisionsbanken, Berater zu nennen[213].

c. Schließlich unterliegen aufgrund der Missappropriation-Theorie solche Personen den Insiderhandelsverboten, die eine Beziehung zum Informationsinhaber unterhalten, aus der sich eine Geheimhaltungspflicht ergibt. Hier sind folgende Beziehungsbeispiele zu nennen:

Arbeitnehmer/Arbeitgeber[214]; Öffentlich Bediensteter/Staat[215]; Journalist/ Arbeitgeber[216]; Familienverwandschaften[217]; Arzt bzw. Psychiater/Patient[218]; Anwalt/Mandant[219]; Sozietätspartnerschaften[220].

---

210 Konzeptionell handelt es sich bei diesen Personen um Tippees, da sie die Information von einem Primärinsider mitgeteilt erhalten. Es ist jedoch ausdrücklich vom Supreme Court festgestellt worden, daß diese „temporären Insider" richtigerweise als Tipper bzw. Primärinsider zu behandeln sind, wodurch insbesondere das Beweiserfordernis entfällt, die betreffende Person habe gewußt, daß ihm eine Insiderinformation unter Verletzung einer Geheimhaltungspflicht mitgeteilt wurde; s. Dirks-Entscheidung 463 U.S. S.655 FN 14; United States v. O'Hagan, 521 U.S. 642, 117 S.Ct. 2199, 2210 (1997).

211 Eine vereinzelt gebliebene Entscheidung hat einen Angeklagten auch ohne eine vertragliche Beziehung zum Emittenten in einem Sonderfall eine treuhänderische Verpflichtung auferlegt, s. SEC v. Lund, 570 F.Supp.1397 (C.D.Cal.1983); hierzu Wang/Steinberg S. 306 f.

212 S. Dirks v SEC, 463 US 646,655 FN 14 (1983); hier S. 63.

213 Underwriter, accountant, lawyer or corporate consultant; Dirks, 463 U.S. 655 FN 14; Wang/ Steinberg S. 295 f; Loss/Seligman Band VIII S.3595 f. Hierunter fallen auch die Mitarbeiter der Temporären Insider; Bianco v. Texas Instruments, Inc., 627 F.Supp. 154, 163-164 (N.D.ILL.1985).

214 U.S. v. Newman, 664 F.2d 12, 15 (2d Cir. 1981); SEC v. Materia, 745 F.2d 197 (2d Cir. 1984) S. 201-202; U.S. v. o'Hagan; 65 USLW S. 4653.

215 U.S. v. ReBrook, 837 F.Supp.162 (S.D.W.Va. 1993).

216 U.S. v. Carpenter, 791 F.2d 1024, 1024, 1029-1032 (2d Cir. 1986), bestätigt durch 4:4 Entscheidung, 484 U.S. 19 (1987).

217 U.S. v. Chestman, 947 F.2d 551 (2d Cir. 1991).

218 SEC v. Willis, 787 F.Supp.58 (S.D.N.Y.1992); U.S. v. Willis, 778 F.Supp. 205 (S.D.N.Y.1991); U.S. v. Willis, 737 F Supp 269 (S.D.N.Y. 1990).

219 SEC v. Singer, 786 F.Supp. 1158 (S.D.N.Y. 1992); U.S. v. o'Hagan 65 USLW S. 4654.

220 SEC v. Peters 735 F.Supp 1505 (D.Kan 1990); aus anderen Gründen aufgehoben 978 F.2d 1162 (10th Cir. 1992).

Die Träger von Insiderkenntnisse, die nicht unter eine der hier genannten Gruppen fallen und ihre Kenntnis auch nicht von einem Tipgeber unter den sogleich zu benennenden Voraussetzungen erhalten haben (Tippees), unterliegen daher nicht den Insiderhandelsverboten der Rule 10(b)-5. Danach sind insbesondere keine Insider solche Personen, deren Kenntnis auf reinen Zufall ohne eine konkrete Verbindung zum Emittenten oder Informationsinhaber beruhen und solche Personen, deren Kenntnis zwar auf einer Beziehung zum Informationsinhaber beruht, dessen Verbindung zum Informationsinhaber jedoch keine Geheimhaltungspflicht beinhaltet (Taxifahrer, Friseur).

b) Tipgeber und Tipempfänger

Die Weitergabe einer Insiderinformation ist im amerikanischen Insiderrecht für den Weitergebenden eine Frage des Geltungsbereichs der Handelsverbote. Für den Tipempfänger kann die Art und Weise der Kenntniserlangung jedoch die Geltung der Insiderhandelsverbote auch für ihn begründen. Dabei kommt es für den Tipempfänger maßgeblich auf die Strafbarkeit und auf deren Voraussetzungen beim Tipgeber ab, so daß der Tipgeber, obwohl es sich hier grundsätzlich nur um die Ausgestaltung des Handelsverbotes handelt, zunächst hier dargestellt wird.

Auch bei diesen Gruppen offenbart sich die unterschiedliche Sichtweise der SEC und der Gerichte. Während die SEC eine grundsätzlich weite Sichtweise einnimmt und jeden, der eine Information erhalten hat, als Sekundärinsider ansehen will, stellen die Gerichte weit mehr auf die Umstände des Erhalts ab.

(1) Tipgeber (Tipper)

Der Tipgeber[221] wird nach der amerikanischen Rechtsprechung des Supreme-Court[222] nur dann für die Weitergabe seines Tips bestraft, wenn er eine Geheimhaltungspflicht hat und die Insidertatsache unbefugt weitergibt[223]. Die Geheimhaltungsverpflichtung wird dabei aus den o.g. Grundsätzen der „Fiduciary duty“ bzw. der „Misappropriation-Theorie“ hergeleitet. Diese Regeln finden keine Anwendung im Bereich der tender offers, da dort Rule 14e-3 solche Voraussetzungen nicht vorsieht[224].

---

221 S. hierzu Bloomenthal S.1203 f.

222 Maßgebliche Entscheidung ist die zweite Insiderentscheidung des Supreme-Courts, die Dirks-Entscheidung; Dirks v SEC, 463 US 646 (1983). Sie wird im Rahmen der Strafbarkeit des Tippees S. 63 genauer dargestellt. In ihr wurde die damals gültige „Fiduciary-Duty Theorie“ bestätigt. Zu diesem Fall aus jüngerer Zeit Bloomenthal S. 1203; Prakash in Co.L.Rev. 99, S. 1503 f; Pritchard in B.U.L.Rev. 98, S.20 f.

223 Loss/Seligman Band VIII S.3574; Wang/Steinberg S. 337; Langevoort S. 101.

224 Bloomenthal S. 1220.

Zur Strafbarkeit des Tipgebers in diesem Fall muß hinzukommen, daß der Tipgeber durch die Weitergabe der Information einen **direkten oder indirekten persönlichen Vorteil** erhält[225]. Er darf daher die Information weitergeben, wenn er die Weitergabe im Sinne des Unternehmens bzw. des Informationsinhabers vornimmt[226].

Als Beispiele wurden die Weitergaben als vom persönlichen Vorteile veranlaßt betrachtet, die aus finanziellen oder ruffördernden Gründen, die später in einem finanziellen Vorteil münden, vorgenommen wurden[227]. Auch die Weitergabe, die als Schenkung zu betrachten war, konnte einen persönlichen Vorteil darstellen[228]. Schließlich soll es nach der Rechtsprechung sogar ausreichen, daß der Tipgeber einem Freund oder Verwandten einen Gefallen tun wollte[229].

Zweifelhaft ist derzeit, ob der Tippee auch gehandelt haben muß, oder ob es ausreicht, daß der Tippee hätte handeln wollen[230]. Unter Berücksichtigung der rechtlichen Herleitung (Rule 10(b)-5), die ausdrücklich von einem Bezug zum

---

225 S. SEC v Dirks , 463 US 646, 664 (1983); dargestellt unten S. 63, so auch McLaughlin/Macfarlane in Gaillard S.295; a.A.: Minderheitenvoten in Dirks, a.a.O.; Broomberg/Lowenfels S. 7:259 f.

Dieses Erfordernis ist erst durch die Dirks-Entscheidung eingefügt worden, vorher war es generell verboten, die Insidertatsache einem anderen weiterzugeben, s. z.B. Elkind v. Liggett & Myers, Inc., 635 F.2d 156 (2d Cir. 1980). Zwar wurde es unter der „Fiduciary-Duty"-Theorie eingeführt, soll jedoch unter der „Misappropriation-Theorie" fortbestehen; s. U.S. v. Santoro, 647 F.Supp 153, 169-171 (S.D.N.Y. 1986); Wang/Steinberg S. 382 f.

Teilweise wird diese Differenzierung des Tatbestands der Tippeehandlung in 2 Elemente (dem Bruch der treuhänderischen Pflicht und dem persönlichen Vorteil) in nur einem Element zusammengefaßt, indem nur die Weitergabe zur Erreichung eines persönlichen Vorteils als Pflichtenbruch angesehen wird, s. Loss/Seligman Band VIII S.3603 f.

226 Langevoort in Securities Law Review 1991, S.378; Hagen in 44 The Business Lawyer 88 S.19.

227 463 U.S. S.663 (Dirks-Entscheidung); Loss/Seligman Band VIII S.3575; Broomberg/Lowenfels S. 7:254,255; Langevoort S.113.

228 Der Einbezug der Schenkung begründet sich mit dem Vergleich, daß der Insider die Nachricht selbst genutzt hätte und dann den Vorteil aus diesem Insidergeschäft weitergibt, vgl. SEC v. Gaspar, (1984-1985 Transfer Binder) Fed.Sec.L.Rep. (CCH) Nr. 92,004 (S.D.N.Y. Apr.15,1985).

229 Schick v. Steiger, 583 F.Supp.841, 847 (E.D.Mich. 1984); Broomberg/Lowenfels S.257. Hierin werden die Probleme, die mit dem Unterscheidungsmerkmal des „persönlichen Vorteils" verbunden sind, offenkundig, die allerdings in der Dirks-Rechtsprechung von der erkennenden Mehrheit des Gerichts bereits gesehen wurden, s. 463 U.S. S. 664.

230 Gegen eine Bestrafung Wang/Steinberg S. 343 mit dem Argument, Rule 10(b)-5 verbiete nur den Betrug, der in Verbindung mit einem Wertpapiergeschäft stehe. Der SEC eignet sich die zweite Sichtweise an, s. Green/ Christman in Stamp/Welsh S.35. Die Frage könnte geklärt sein durch die o'Hagan-Entscheidung, da dort auf der Basis der Misappropriation-Theorie der Niederschlag in einem Wertpapiergeschäft ausdrücklich hervorgehoben ist, s. U.S. v. o'Hagan; 65 USLW S. 4654.

Verkauf oder Kauf eines Wertpapiers spricht, ist die Handlung des Tippees erforderlich. Auf die Strafbarkeit des Handelns des Tipempfängers kommt es hingegen nicht an.

(2) Tipempfänger (Tippee)

Tippee[231] ist man lediglich dann,

- wenn man die Information von einem Tipgeber hat, der seinerseits die Information unbefugt weitergibt (s.o.)[232] (der Tipgeber muß daher einen persönlichen Vorteil gewollt haben)[233]
- und der Tippee diese Verletzung kennt bzw. sie hätte kennen müssen[234].

Die Frage der Geltung der Insiderhandelsverbote für den Tipempfänger hängt somit von der Strafbarkeit des Tipgebers ab[235]. Mitumfaßt von der Tippeestrafbarkeit sind die Kettenweitergaben (remote tippees)[236]

Diese Rechtsprechung wurde anhand des Dirks-Fall[237] herausgebildet:

Raymond Dirks war ein Investment-Analyst, der eine Information von einem ehemaligen Angestellten (Ronald Secrist) eines an der New York Stock Exchange

---

231 Zu der historischen Entwicklung des Tippee-Rechts s. Voss S.299 f. Vor der Dirks-Rechtsprechung war Voraussetzung für die Bestrafung eines Tippees, daß der Tippee wußte, daß die von ihm gebrauchte Information direkt oder indirekt von einem Primärinsider stammte, unter der Voraussetzung, daß es sich um eine Insidertatsache handelte und daß der Tippee vorsätzlich handelte; s. z.B. State Teachers Retirement Bd. v. Fluor Corp., 654 F 2d.843, S.855 (2d Cir.1981).

232 Das 2. Circuit hat es abgelehnt, als weitere Voraussetzung aufzuführen, daß der Tipper gewußt haben muß, daß der Bruch seiner treuhänderischen Pflicht zu einem Handeln auf Grundlage der Insiderinformation führen würde, s. United States v. Libera, 989 F.2d 596 (2d Cir).

233 Die Weitergabe muß daher vorsätzlich erfolgt sein, s. SEC v. Switzer, 590 F.Supp.756 (W.D.Okla.1984). Damit scheiden die sog. Zufallsinsider im amerikanischen Recht aus der Strafbarkeit aus.

234 445 U.S. S. 653, 662; Loss/Seligman Band VIII S.3604; Langevoort S.101. Diese wird anhand objektiver Angaben festzumachen versucht, z.B. die Bedeutung der Information und die Stellung sowie Fähigkeiten des Tippees. Nach der h.M. muß dieses subjektiven Merkmal in der dargestellten Definition nach der „Fiduciary Duty-Theorie und nach der „Missappropriation"-Theorie erfüllt sein, s. Wang/Steinberg S. 383 mit Nennungen von Rechtsprechungsbeispielen in FN 155.

235 Diesbezüglich wird auch von dem „fruit of a poisonous tree"-Ansatz gesprochen; s. Loss/Seligman in „Fundamentals ..." S. 816.

236 US v. Chestman, 903 F.2d 75 (2d Cir 1990); US v. Musella, 678 F.Supp. 1060 (S.D.N.Y. 1988).

237 Dirks v. SEC, 463 U.S. 646, 103 S.Ct. 3255 (1983). Aus den zahlreichen Besprechungen hierzu s. etwas Langevoort in Securities Law Review S. 496; Loss/Seligman Band VIII S.3569; dies. in „Fundamentals .." S. 811 f; Bloomenthal/Wolff S. 19-106 f; Broomberg/Lowenfels S. 7:244 f; s. auch die eingehende Fallschilderung bei Voss S.340 f.

notierten Versicherungsunternehmens (Equity Funding, Inc.) über betrügerische Machenschaften in eben diesem Unternehmen erhielt (die Versicherung hatte mit fiktiven Policen und Beteiligungen Aktiva und Umsätze aufgebauscht, so daß ihr Börsenwert weit über dem inneren Wert notierte). Der Analyst handelte, nachdem er die Hinweise des Mitarbeiters durch eigene Recherche bestätigt sah, seinerseits nicht in den Wertpapieren des Unternehmens, sondern gab den Tip vielmehr an seine institutionellen Anleger weiter, die ihre Aktien verkauften (er hatte während seiner Recherchen zusätzlich versucht, eine Veröffentlichung seiner Ergebnisse im Wall Street Journal[238] *zu erreichen, was ihm jedoch aus Befürchtungen des Journals vor Schadensersatzansprüchen nicht gelang).*

Die SEC[239] *sowie das Berufungsgericht*[240] *sahen Dirks als Tipgeber an und daher auch alle Tipempfänger und bejahte sowohl für Dirks als auch für die Tippees Verstöße gegen Rule 10(b)-5. Der Supreme-Court als Revisionsgericht*[241] *hingegen widersprach der Ansicht, wonach Dirks, nur weil er die Information in Besitz hatte, diese nicht weitergeben durfte*[242]*. Es stellte vielmehr auf die Frage ab, ob der Angestellte, der Dirks die Information offenbarte, hierzu befugt war. Dabei stellte das Gericht fest, daß der Angestellt Dirks nur informierte, um den Betrug in seiner Firma aufzudecken und er daher nur zum Vorteil der Firma, nicht aber zu seinem eigenen Vorteil handelte, als er Dirks die Information mitteilte. Da der Angestellte somit seinerseits keine unbefugte Weitergabe vollzog, konnte Dirks kein Tippee*[243] *sein und also auch nicht die anderen Personen, denen Dirks seinerseits die Information weitergab, obwohl Dirks wußte, daß es eine Insiderinformation war und er sie von einem Insider erhalten hat. Alle Angeklagten wurden daher freigesprochen.*

---

238 Der Wall Street Reporter William Blundell erhielt später für seine Berichte, die auf den Informationen von Dirks basierten, den Pulitzer Preis, s. Loss/Seligman Band VIII S.3576 FN 270. Bemerkenswerterweise fand am selben Tag, als der Handel der Aktien an der Börse ausgesetzt wurde, ein Treffen zwischen Vertretern der SEC, die durch den Journal informiert worden waren, und Dirks statt; s. Wang/Steinberg S. 285.

239 In re Dirks, Sec. Exch.Act Release No. 17,480 (Jan.22,1981),(1981 Transfer Binder) Fed.Sec.L.Rep. (CCH) No.82,812.

240 Dirks v. SEC, 681 F.2d 824 (D.C.Cir.1982).

241 Dirks v. SEC, 463 U.S. 646, 103 S.Ct. 3255 (1983).

242 Es gab jedoch ein Minderheitenvotum der Richter Blackmun, Brennan und Marshall, die auf das Verbot für Secrist abstellten, gegenüber Käufern der Anteile die Insiderinformation zu offenbaren; s. 463 US S. 668 f.

243 Hierin wird der in der Entscheidung verfolgte Fiduciary Duty-Ansatz deutlich. Da Dirks keinerlei Beziehung zum Emittenten unterhielt, kam eine Bestrafung nur als Tippee, nicht aber als Insider in Betracht; s. Wang/Steinberg S.286 FN 22; Loss/Seligman Band VIII S. 3572 und 3593-3598

Diese Rechtsprechung[244], die argumentativ fallorientiert auch auf der Rolle der Analysten[245] für die Finanzwelt im Allgemeinen sowie der konkreten Situation dieses Falles fußt [246], versucht die SEC dadurch zu verschärfen, daß nahezu jegliche Fallkonstellation, insbesondere solche, bei denen die Reputation des Mitteilenden gefördert werden könnte, als persönlicher Vorteil im Sinne der Supreme-Court Rechtsprechung ausgelegt wird[247]. Diese Ausdehnung durch die SEC stößt in der amerikanischen Literatur auf Kritik und ist auch in der Rechtsprechung nicht abschließend anerkannt[248].

Die Tippee-Fälle werden zu einem nicht unerheblichen Teil von der nunmehr höchstrichterlich anerkannten „Misappropriation"-Theorie beeinflußt. Gedanklich ist, da die „Misappropriation"-Theorie die sog. „outsider" behandelt, welche vorher nur als Tippee bestraft werden konnten, zunächst deren Strafbarkeit unabhängig von der des Tipgebers zu prüfen[249]. So konnte nach der bisherigen Dirks-Rechtsprechung ein öffentlich Bediensteter, dem aufgrund einer gesetzlichen Pflicht ein Unternehmen eine Insidertatsache mitteilen mußte (z.B. im Kartellbereich) und der diese für sich nutzt, nicht aus Rule 10(b)-5 heraus bestraft werden, da der Mitteilende keine Pflichtverletzung beging[250]. Nunmehr führt die Anwendung der „Misappropriation"-Theorie zu seiner Strafbarkeit, da das mitteilende Unternehmen von der Geheimhaltung ausgegangen ist.

Ist jedoch die Strafbarkeit der betroffenen Person als Insider abzulehnen, so hängt seine Strafbarkeit davon ab, ob die Tatbestandsvoraussetzungen für Tipgeber und Tipempfänger unter der Misappropriation-Theorie mit denen der Fiduciary Duty-Theorie identisch sind. Dieses wird im Schrifttum weitgehend angenommen[251] und ist auch von Gerichten bereits so entschieden worden[252].

Danach geht die Rechtspflicht des Tipgebers auf den Tipempfänger über, sofern dieser wußte oder wissen mußte, daß der Tipgeber die Information nicht ohne

244 Die Dirks-Rechtsprechung wurde z.B. übernommen in Levinson v. Basic, Inc., (1984-1985 Transfer Binder), Fed.Sec.L.Rep. (CCH) Nr. 91,801.

245 Langevoort in Securities Law Review 1991 S.388 beschreibt die Rechtsprechung mit den Worten, die Investment-Analysten sollten „a deep safe-habor" erhalten.

246 S. dazu S. 202 f. sowie insbesondere S. 241.

247 SEC V. Stevens, Nr. 12813, 1991 Sec Lexis 451, Nr. 2 (S.D.N.Y. Mar.19., 1991); dazu Brountas in Securities Law Review 1993, S. 486.

248 S. z.B. Brountas in Securities Law Review 1993 S. 495 f. Im Sinne der Auffassung des SEC jedoch schon vor der Stevens-Entscheidung Langevoort in Securities Law Review 1991, S.379.

249 Bloomenthal/Wolff S.19-115.

250 S. Loss/Seligman in „Fundamentals ..." S.816.

251 Broomberg/Lowenfels S. 7:233; Bloomenthal/Wolff S.19-115; Wang/Steinberg S. 382 f; Langevoort S.197.

252 S.E.C. v. Musella 578 F.Supp.425 (S.D.N.Y. 1984).

Verletzung einer treuhänderischen Verpflichtung für sich nutzen durfte[253]. Da mithin die Weitergabe der Information eine Verletzung der Pflicht gegenüber dem Informationsinhaber darstellt und der Tipempfänger diese Verletzung kennen muß, kommt es nicht mehr auf die Motivation des Tipgebers an[254].

4) Weitere insiderrelevante Regelungen

Neben den genannten Regelungen gibt es noch weitere Regelungen, die jeweils Teilbereiche des Insiderrechts berühren.

Zunächst sei hier die 1980 erlassene Rule 14e-3[255] genannt (s.o. S.41). Diese behandelt den Bereich der tender offers. Motiviert durch die Fälle Chiarella und Dirks sah sich die SEC veranlaßt, diesen sensiblen Bereich gesondert zu reglementieren (die Misappropriation-Theorie hatte seinerzeit noch keine Anerkennung gefunden). Rule 14e-3 verbietet jedem den Handel in Aktien von solchen Unternehmen, bei denen ein Übernahmeangebot vorliegt, sofern die betreffende Person in Bezug hierauf Insiderinformationen besitzt[256]. In diesen Fällen reicht der reine Besitz der Information aus, weiterer Erfordernisse, wie z.B. vertragliche o.ä. Beziehungen, bedarf es nicht[257].

Präventiv wirkt zudem Sec. 16(b)[258] des Exchange Acts, der es einer Gesellschaft ermöglicht, Gewinne von enumerativ aufgeführten Gruppen, die diese innerhalb der letzten 6 Monate erzielt haben, einzuziehen[259]. Diese Möglichkeit ist unabhängig von dem konkreten Einsatz von Insiderinformationen bei einem solchen Gewinngeschäft. In dem Gesetz als Insider aufgeführt sind die Aufsichtsrats- und Vorstandsmitglieder oder Anteilsinhaber, die mindestens 10 %

---

253 S.E.C. v. Musella 578 F.Supp. 425, 439.

254 So auch Meller S. 230.

255 Hierzu s. Bloomenthal, S.1219; McLaughlin/Macfarlane in Gaillard S.296 f.; Loss/Seligman „Fundamentals ..." S. 863 f. Zur Frage der Rechtmäßigkeit dieser Norm s. U.S. v. o'Hagan; 117 S.Ct.2199, 2111. Die Rule ist von der SEC als Antwort auf die Entscheidung des Supreme-Court im Chiarella-Fall initiiert worden, s. Fletcher S. 140.

256 Bemerkenswert ist, daß hierdurch ein erheblicher Teil der typischen Insiderfälle umfaßt wird und Rule 14e-3 keine Unterscheidung nach Personengruppen trifft. Das so entstehende Konkurrenzproblem beschreibt Bloomenthal, S.878.

257 Im Ansatz greift Rule 14e-3 daher in fast allen Fällen ein, die nur unter der Misappropriation-Theorie, nicht aber unter der Fiduciary-Duty-Theorie strafbar sind. Daß die Auseinandersetzung zwischen diesen Theorien gleichwohl die amerikanische Literatur bestimmt liegt daran, daß der SEC regelmäßig die Kompetenz für die Rule 14e-3-Verfahren fehlt, hierzu Bloomenthal/Wolff S. 9-182.1 f.

258 Hierzu Loss/Seligman „Fundamentals ..." S.554 f.

259 Zu diesen drei Gruppen, deren Beschreibung trotz ihrer enumerativen Aufzählung erhebliche Probleme im Einzelfall bereitet s. die umfangreiche Darstellung bei Voss, S. 148 f. und Dingeldey S. 182 f; Loss/Seligman „Fundamentals ..." S. 572 f.

des Unternehmens besitzen[260], deren Aufführung jedoch für das Verständnis der Insiderunterscheidungen entbehrlich ist, da diese Gruppen ohnehin von der strafrechtlich relevanteren Norm Rule 10(b)-5 erfaßt werden.

5) Zusammenfassung

Das amerikanische Insiderrecht beruht mit seiner rechtlichen Herleitung aus Sec. 10 (b) SEA 1934 und der hieraus erlassen Rule 10(b)-5 auf dem Gedanken des Betruges. Dieser Ansatzpunkt äußert sich dahingehend, daß es eines Treue- bzw. Vertrauensverhältnisses bedarf, welches der Betroffene brechen muß, um zum Insider zu werden. Die zunächst vom Supreme-Court vertretene „Fiduciary-Duty-Theorie“ stellte auf das Verhältnis der an der Wertpapiertransaktion Beteiligten ab, aus dem heraus sich eine solche Treuepflicht ergeben mußte. Duch die „Misappropriation-Theorie“, die 1997 vom Supreme-Court höchstrichterlich anerkannt wurde, werden nunmehr auch solche Treuepflichtbeziehungen einbezogen, die der Betroffene zu Dritten, genauer zu dem berechtigten Inhaber der Insiderinformation unterhält. Hierdurch wurde der Anwendungsbereich des Insiderrechts auf erhebliche Teile der vorher nicht erfaßten sog. „outsider“ ausgedehnt.

Bei den Tippees leitet sich die Strafbarkeit von der des Tipgebers ab.

Daneben ist durch Rule 14e-3 der sensible Bereich der Tender Offers spezialgesetzlich und ohne Verweis auf irgendein Beziehungsverhältnis geregelt.

C. Die Insiderrechts-Entwicklung in Großbritannien

Die Insiderrecht-Entwicklung in Großbritannien ist insbesondere unter zwei Gesichtspunkten betrachtenswert: einerseits hat das seinerzeit bestehende britische Insiderrecht maßgeblichen Einfluß auf die Entwicklung der EG-Richtlinie genommen[261]. Zudem hat das neuere englische Recht ebenso wie das WpHG die EG-Richtlinie in nationales Recht transformiert.

Auch in Großbritannien sind in der Vergangenheit mehrere Insiderfälle bekannt geworden[262]. Für den Zeitraum 1980 bis 1994 werden Größenordnungen von 33

260 Loss/Seligman Vol. VIII S.3549.

261 Siehe hierzu Stellungnahme des WSA in ABlEG 1988 Nr. C 35/22.

262 1967 nahm eine Wirtschaftszeitung die 82 wichtigsten Übernahmeangebote des Vorjahres unter die Lupe und stellte fest, daß jeweils vor der Veröffentlichung 25 Titel mehr als 20 % gestiegen waren, 13 Titel im Schnitt 33 % allein während der letzten Woche; s. Hopt/Will S.11.

Als prominenter Fall ist insbesondere der Fall Guiness zu nennen. Ein weiterer prominenterer Fall betraf einen Investmentbanker, der zu 12 Monaten Freiheitsstrafe auf Bewährung und 25.000 £ Geldbuße verurteilt wurde Fall Geoffrey Collier, nicht veröffentlicht. S. hierzu Hannigan S. 1 f; dies. in JIBL 89, S. 11; Brazier S.78; Cranston in Hopt/Wymeersch S. 203.

bekannt gewordenen Insiderfällen[263] genannt, die insgesamt 52 Personen betrafen. 18 dieser 33 Fälle führten zu Verurteilungen[264]. Nach Einführung des Criminal Justice Act 1993 wurden 1996 13, 1997 21 Insider-Fälle untersucht[265]. Zum im Criminal Justice Act 1993 geregelten Insiderrecht hat es bisher keine veröffentlichte Gerichtsentscheidung gegeben[266].

1) Insiderrecht vor dem Companies Act 1980

Das Insiderrecht bestand in Großbritannien vor Erlaß des Companies Act 1980 im wesentlichen aus folgenden zwei Elementen[267]:
es gab einerseits eine präventiv wirkende Registerpflicht (allg. Aktionärsregister und Register der Anteilsbesitze von Direktoren) aus dem Jahre 1947 (ergänzt in den Jahren 1967 und 1976[268]). Darüber hinaus bestand das freiwillige Selbstkontrollsystem des Finanzplatzes London. Hierbei ist vor allem zu nennen der City Code on Take-overs and Mergers[269], dessen Einhaltung von einer Kommission (Panel on Take-overs and Mergers) überwacht und durchgesetzt wurde.

2) Der Companies Act 1980 sowie der Companies Securities (Insider Dealing) Act 1985

1980 wurde erstmals[270] in Großbritannien durch Part V des Companies Act 1980[271] ein gesetzlich festgelegtes und strafbewehrtes Handels- und Beratungsverbot von Insidern auf der Grundlage unveröffentlichter Informationen

---

263 Hannigan S.118 f. und S.244 f. Eine genaue Zahl ist mangels hinreichender Veröffentlichung nicht möglich. S. auch Davies S.473.

264 Betroffen waren 23 Personen, von denen 14 sich schuldig bekannt hatten Die Fälle sind mit den ausgesprochenen Strafen benannt bei Hannigan, S. 118 f. Lediglich in einem der dort benannten Fälle (R v. Goodman, nicht veröffentlicht) wurde eine Freiheitsstrafe, die nicht gleichzeitig auf Bewährung ausgesetzt wurde, ausgesprochen. S. auch Stamp/Welsh in Stamp/Welsh S.92; White in The Company Lawyer 1995, S. 164.

265 The Company Lawyer 1997, S. 288.

266 Zu unveröffentlichten Entscheidungen s. The Company Lawyer 1997, S. 20

267 Zur Gesetzgebungsgeschichte in Großbritannien s. Hannigan S. 14 f; Brazier S.89 f.

268 Sect. 25-32, Companies Act of 1967; Sect. 24-27, Companies Act of 1976.

269 City Code on Takeovers and Mergers, März 1968.

270 Bereits 1973 und 1978 waren auf Initiative der Stock-Exchange und des Take-Over Panels Gesetzesinitiativen gestartet worden, die sich jedoch in den Parlamentsdiskussionen verloren, hierzu Hannigan S. 14; Ashe/ Counsell S.43.

271 Part V des Companies Act 1980 (Commencement) Order 1980 (SI 1980 No 745), in Kraft seit dem 23.06.1980.

geschaffen[272]. In den Jahren zwischen 1980 und 1985 wurden hiernach 284 Insiderfälle untersucht[273].

Die so bestehenden Vorschriften wurden ergänzt im Company Securities (Insider Dealing) Act 1985[274] und im Financial Services Act von 1986[275].

Der Company Securities (Insider Dealing) Act 1985 (im Folgenden kurz: CSIDA 85) definierte insgesamt 12 verschieden Verbote[276], in Bezug auf den hier relevanten Fragenkreis waren entscheidend die Verbote des Handelns[277] auf der Basis von Insiderinformationen, sowie des Empfehlens[278] und des Verbreitens[279] von Insiderinformationen.

Zwar ist der CSIDA 85 durch den späteren CJA 93 ersetzt worden (s.u.), gleichwohl ist die Darstellung der Primär- und Sekundärinsider nach dem CSIDA 85 insofern für diese Arbeit von Interesse, als daß es gerade die bestehende englische Regelung war, die maßgeblich auf die EG-Richtlinie und damit auf den Ursprung des WpHG Einfluß genommen hat[280].

Der CSIDA 85 unterschied zwar wie auch schon der Companies Act 1980 tatbestandlich zwischen den Primärinsidern und den Tipempfängern, die oben aufgeführten Handlungen waren jedoch für beide Insidergruppen gleichermaßen

---

272 Hierzu eingehend s. z.B. Sugarmann/Ashe in The Company Lawyer 1981, S. 13 f m.w.N. in FN 2. Branson in American Business Law 82 S. 342 f vergleicht die dortige Insiderregelung mit der des amerikanischen Insiderrechts.

273 Heldmann in ZRP 90, S.396; zur Frage der Überwachung der Vorschriften s. Pscherer/O'Connor in Das Wertpapier 91, S.1249 f.

274 Abgedr. in The Public General Acts and General Synod Measures (Law Reports) 1985, S.645 f.

275 Abgedr. in The Public General Acts and General Synod Measures (Law Reports) 1986, S.2045 f.

Dieser verschärfte die insiderrechtlichen Bestimmungen hinsichtlich der Verfolgungsmöglichkeiten und führte berufsständische Systeme ein (Bildung des Securities and Investment Board (SIB) als übergeordnete Organisation, die die Gesamtinteressen verfolgt sowie der einzelnen Self-Regulating Organisations (SRO), die jeweils einen Berufsstand bzw. ein Marktsegment repräsentieren), Hannigan, S. 154 f; Brazier S. 166 f. Siehe auch FN 368.

276 Aufgelistet z.B. bei Crystal/Atherton in Gaillard, S.178.

277 Sec. 1 (1), 1(2) CSIDA 85 für den Primärinsider, Sec. 1 (3), 1(4) CSIDA 85 für den Tippee.

278 Sec. 1(7) und 5(1)(a) CSIDA 85 für Primär- und Sekundärinsider.

279 Sec. 1(8) und 5(1)(b) CSIDA 85 für Primär- und Sekundärinsider.

280 S. Stellungnahme des Wirtschafts- und Sozialausschusses der EG in ABl EG 1988 Nr. C 35/22 unter allg. Bemerkung 1.2. *"Es ist daher verständlich, daß sich die Kommission bei ihrem Richtlinienvorschlag an der britischen und französischen Gesetzgebung orientiert hat, auch wenn sie dabei über die britische hinausgeht, was gewisse Fragen [...] aufwirft."*

verboten[281]. Die Differenzierung zwischen Primär- und Sekundärinsidern führte daher nicht zu einer Unterscheidung in Bezug auf die den Insidern verbotenen Handlungen.

a) Primärinsider

Dabei definierte der CSIDA 85 die Primärinsider wie folgt (Sec. 1 (1), 9 CSIDA 85):
Kern der Primärinsiderdefinition war das Merkmal der Verbundenheit der betroffenen Person mit dem Emittenten (oder mit einem verbundenen Unternehmen), das zum Zeitpunkt des Besitzes der Insiderinformation oder innerhalb eines Zeitraums von 6 Monaten vorher vorgelegen haben mußte[282].

Dabei wurde bezüglich der "Verbindung" (connected) danach differenziert, ob es sich um einen "director" des Emittenten bzw. eines verbundenen Unternehmens handelte[283] oder um eine andere Person[284].

- War der Insider „director“ des betroffenen oder eines verbundenen Unternehmens, wurde er ohne weitere Erfordernisse als Primärinsider behandelt[285].
- In den anderen Fällen war der Betroffene nur dann Primärinsider, wenn zwischen ihm und dem betroffenen Unternehmen eine berufliche oder geschäftliche Beziehung[286] bestand und von einer Person in der Position des

281 Ashe/Counsell S. 60.

282 Sec. 1(1) CSIDA 1985 „*... an individual who is, or at any time in the preceding 6 months has been, knowingly connected with a company shall not deal ...*“.

283 Sec. 9 CSIDA 1985 „*For purposes of this Act, an indivdual is connected with a company if, but only if - (a) he is a director of that company or a related company, or (b) ...*“.

284 S. 9 CSIDA 1985 „*... (b) he occupies a position as an officer (other than a director) or employee of that company or a related company or a position involving a professional or business relationship between himself (or his employer or a company of which he is director) and the first company or a related company which in either case may reasonably be expected to give him access to information which, in relation to securities of either company, is price sensitive information, and which it would be reasonable to expect a person in his position not to disclose expect for the proper performance of his functions.*“

285 Die Stellung der Direktoren im Insiderrecht unter dem CSIDA 1985 behandeln Loose/Yelland/ Impey S.277 f.

286 Gemeint war eine vertragliche Beziehung zwischen Emittenten und Insider bzw. zwischen Emittenten und Arbeitgeber des Insider (oder jeweils dem verbundenen Unternehmen), s. Mitchell S.233; Sugarmann/Ashe in The Company Lawyer 1981, S.16.

Das Vertragserfordernis ergibt sich im Umkehrschluß auch daraus, daß bei Übernahmeangeboten die Personen nach der Regelung des Sec. 1 (5) CSIDA 85 auch bezüglich der Targetgesellschaft Primärinsider sind. Diese ausdrückliche Regelung erklärt sich daraus, daß in der dort behandelten Situation kein Vertragsverhältnis zur betroffenen Targetgesellschaft vorliegt und diese Fälle als Hauptanwendungsgebiet des Insiderrechts sonst nicht vom Primärinsiderbegriff umfaßt wären.

Betroffenen erwartet wurde, daß dieser Zugang zu Insiderinformationen hatte[287] und daß er diese nur zur ordnungsgemäßen Erfüllung seiner vertraglichen Pflicht offenbaren würde[288]. Maßgebliches Kriterium war hiernach die Vertraulichkeitsbeziehung zum Unternehmen[289].

Hinsichtlich der subjektiven Seite war Vorsatz erforderlich, insbesondere auch bezüglich der Frage der Verbindung zum Emittenten[290].

Ohne diese soeben beschriebene Verbindung zum Emittenten wurden als Primärinsider noch 2 Sondergruppen erfaßt: dieses waren zunächst öffentlich Bedienstete (Sec. 2, 16 CSIDA 85[291]), sowie Personen, die ein Übernahmeangebot planen oder durchführen[292] in Bezug auf die Insiderinformation bezüglich der zu übernehmenden Gesellschaft (Sec. 1(5) CSIDA 85)[293].

Zusammenfassend läßt sich feststellen, daß das Kernstück dieser Regelung aus folgenden 2 Punkten bestand:

- *Der Betroffene mußte eine Verbindung zum Emittenten unterhalten.*
- *Eine objektive Betrachtung bei sämtlichen Primärinsidern mit Ausnahme der eingangs erwähnten Direktoren mußte erwarten lassen, daß diese in ihrer Position Zugang zu Insiderinformationen hatten und daß diese die Information entsprechend ihrer Beziehung zum Unternehmen vertraulich behandeln würden.*

b) Fallgruppen:

Zusammenfassend waren danach folgende Gruppen Insider:

---

287 Diese Frage wurde anhand objektiver Wertungen beantwortet, s. Suter S.91.

288 S. hierzu Crystal/Atherton in Gaillard S.175; Suter S. 90 f; Mitchell S.233.

289 Barc, Bowen, Braune S. I20/4; Ashe/Counsell S. 78 messen in diesem Zusammenhang „Chinese Walls" strafausschließende Wirkung zu.

290 Mitchell S. 233.

291 Im Gegensatz zu den anderen Primärinsiderdefinitionen des CSIDA 1985 enthält hierbei die Definition keine zeitliche Restriktion; zu dieser Teilgruppe s. z.B. Ashe/Counsell S.79 Eine genaue Auflistung der betroffenen öffentlichen Bediensteten findet sich dort auf S.81.

292 S. Sec. 14 CSIDA 85.

293 Diese Erweiterung war notwendig, da in diesen Fällen das Erfordernis der Verbindung zum emittierenden Unternehmen, hier also die Verbindung zum Target-Unternehmen, nicht erfüllt wäre.

Wenn die Person in diesem Fall zu der übernehmenden Gesellschaft doch eine Beziehung unterhält, ist sie selbstverständlich bereits Primärinsider nach der vorhergehenden Definition, s.auch Crystal/Atherton in Gaillard S.175.

- Der Vorstand der betroffenen Gesellschaft und die Vorstände der verbundenen Gesellschaften[294]
- Die Mitarbeiter der betroffenen und der verbundenen Gesellschaften, sofern ihre Tätigkeit den Umgang mit vertraulichen Informationen erwarten läßt[295]
- Anwälte, Underwriter, Berater[296]
- Bieter bei einer Übernahme[297]
- Öffentlich Bedienstete[298]

Keine Insider waren danach insbesondere

- Anteilseigner unabhängig von der Größe ihrer Beteiligung[299]
- Journalisten und Investmentanalysten, sofern diese keine vertraglichen Beziehung zum Emittenten unterhalten[300]
- Mitarbeiter und Dritte, deren Beruf bzw. vertragliche Beziehung üblicherweise keinen Kontakt zu Insiderinformationen mitbrachte, z.B. Hausmeister[301]
- Market-maker[302]
- juristische Personen[303].

c) Tippees

Tippees wurden definiert als Personen, die eine Insiderinformation direkt oder indirekt von einem Primärinsider erhalten[304] haben und die wissen oder hätten wissen sollen, daß dem Primärinsider diese Information aus seiner Verbindung zum Emittenten heraus bekannt war und daß man von diesem Primärinsider erwartete, daß er die Insiderinformation nicht veröffentlichen werde außer zur ordnungsgemäßen Erfüllung seiner Pflichten (Sec. 1(3) CSIDA 1985)[305].

---

294 Ashe/Counsell S. 56.

295 Mitchell S. 233

296 Ashe/Counsell S. 77.

297 Ashe/Counsell S. 79.

298 Mitchell S. 245 f; Ashe/Counsell S. 80 f.

299 Ashe/Counsell S. 76; Mitchell S. 233.

300 Mitchell S. 233.

301 Ashe/Counsell S. 77.

302 Mitchell S. 246; Ashe/Counsell S. 109.

303 Ashe/Counsell S. 73; Mitchell S. 229.

304 Der Begriff "erhalten" (engl. Wortlaut: „obtain“) wurde in dem Verfahren R v. Fisher (1988 4 BCC 360) von dem erkennenden Richter dahingehend ausgelegt, daß der Empfänger seinerseits Aktivitäten in Bezug auf den Erhalt der Information verbreitet haben muß, hierzu s. z.B. Ashe/Counsell S.82 und 93 f; Hannigan S. 87; dies. in JIBL 89, S.12 f.

305 Im Fall des Bekanntwerdens eines Übernahmeangebots bzw. eines entsprechenden Plans reichte es, wenn der Sekundärinsider die Insiderinformation von dem Übernehmenden erhalten hatte und er wußte, daß es eine Insiderinformation war (Sec. 1(6) CSIDA 1985).

Die Kritik an dieser gesetzlichen Reglementierung der Primär- und Sekundärinsider ging vorrangig dahin, daß die Durchsetzbarkeit aufgrund der Vielzahl von Tatbestandselementen, deren Vorliegen bewiesen werden mußte, nicht hinreichend gegeben war[306], zudem fällt auch negativ die Unübersichtlichkeit dieser Regelung ins Gewicht[307].

3) Der Criminal Justice Act 1993, Part V Insider Dealing

1993 setzte Großbritannien die EG-Richtlinie mit dem Criminal Justice Act 1993[308] (im Folgenden: CJA 93), Part V Insider Dealing, Secs 52-64 in nationales Recht um[309]. Die bis dahin bestehende gesetzliche Regelung des CSIDA 1985 wurde hierdurch ersetzt.

Konzeptionell baut sich der CJA 93 wie folgt auf[310]:
Der CJA 93 definiert zunächst in Sec. 52 drei strafbewehrte Verbote, nämlich das Handelsverbot (Dealing) in Sec. 52 (1), das Empfehlungsverbot (Encouraging[311]) in Sec. 52 (2)(a) und das Veröffentlichungsverbot (Disclosing) in Sec. 52 (2)(b)[312].

---

306 Duderstadt in Journal of Financial Crime 1996, S.105; Mitchell S. 241; Naylor in The Company Lawyer 1990, S.58; White in Rider/Ashe S.60; zur entsprechenden Kritik an der Regelung im Companies Act 1980 s. Sugarman/Ashe in The Company Lawyer 1981 S.19.

307 Sugarmann/Ashe in The Company Lawyer 1981, S. 13 und 19 zum in den entscheidenden Passagen äquivalenten Companies Act 1980; Morse S. 11042.

Die Regelung des CSIDA 85 enthielt allein 12 unterschiedlich ausformulierte Verbote, aufgelistet z.B. bei Crystal/Atherton in Gaillard S.178.

308 The Criminal Justice Act 1993 (Commencement No 5) Order 1994 (SI No 242).

309 Die Insiderregelungen sollten ursprünglich als Part IV des geplanten „Criminal Justice Bill" eingefügt werden, hierzu s. Dine in The Company Lawyer 1993, S.61 f.; zum Gesetzgebungsverfahren s. insbs. Wotherspoon in The Modern Law Review S. 419 f; Hannigan S.15 f. sowie ohne Autorenangaben die Artikel in The Company Lawyer Digest 1993, S.36 und 116.

310 Barc/Bowen/Braune S. I20/1. Der Text ist auszugsweise abgedruckt im Anhang.

311 „Encouraging" hat eine weitere Bedeutung als die im CSIDA 85 benutzten Worte „Counsel" und „procure", die genaue Bedeutung von „encourage" ist in der englischen Lehre noch nicht dargelegt, s. Hannigan S.101. Es soll jedenfalls auch z.B. einen Hinweis „Kaufen Sie den Wert XY" ohne Nennung weiterer Einzelheiten mitumfassen, s. Ashe/Counsell S.90.

Zur näheren Vergleichbarkeit in Bezug auf die deutsche Umsetzung und zur Klarheit wird bei der Übersetzung weiterhin „Empfehlen" benutzt, auch wenn die eigentliche Bedeutung von „Encourage" weiter ist.

312 Die betroffenen Wertpapiere und Märkte werden im Insider Dealing (Securities and Regulated Markets) Oder 1994 (SI 1994 No 187) und Insider Dealing (Securities and Regulated Markets)(Ammendment) Order 1996 (SI 1996 No 1561) aufgeführt.

Im Anschluß definiert der CJA 93 verschiedene Verteidigungsmöglichkeiten[313], wobei diese wiederum in allgemeine und daher grundsätzlich für jeden gültige unterteilt werden (Sec. 53 (1) bis(3)) und in spezielle (Schedule 1), nur auf bestimmte Berufsgruppen bzw. spezifische Situationen abstellende Möglichkeiten[314]. Die Beweislast hinsichtlich dieser Verteidigungsvorbringen liegt, wie sich aus dem gewählten Wortlaut ergibt, beim Beschuldigten[315].

An diesen vorgezogenen (allgemeinen) Teil der Verbote und der Verteidigungsmöglichkeiten schließen sich die Definitionen einzelner Begriffe an, darunter die Definition der „Inside Information" (Sec. 56) sowie der „Insiders" (Sec. 57).

Im Vergleich zum deutschen WpHG ist die Umsetzung daher gesetzestechnisch erheblich aufwendiger gestaltet.

Die Strafandrohung reicht (im Fall einer Anklage) von in der Höhe nicht begrenzter Geldstrafe bis zu 7 Jahren Freiheitsstrafe (Sec. 61 (1)(b)), sie differenziert nicht zwischen Primär- und Sekundärinsidern[316].

Überwacht werden die Einhaltung der Regeln vom Department of Trade and Industry, das seinerseits entscheidet, ob weitere Schritte, insbesondere die Abgabe zur Erhebung der Anklage, erfolgen sollen[317].

a) Gesetzeszweck

Hinsichtlich des Gesezteszweckes der Insidergesetzgebung kann im wesentlichen auf die unten ab Seite 97 aufgeführte Diskussion zum Zweck der EG-Richtlinie verwiesen werden, da der CJA 93 diese umsetzte. Festzuhalten für das englische Recht bleibt, daß hier ein grundsätzlicher Wandel im Verständnis stattgefunden hat, der sich auch in der Umsetzung der Richtlinie offenbart.

Ziel des alten Rechts war, im Vertrauensverhältnis zum Emittenten stehende Personen davon abzuhalten, die ihnen bekannten vertraulichen Informationen zu nutzen. Das Insiderrecht wurde daher als „company law" verstanden[318] Die Umset-

313 Hierzu generell Brazier S.143 f.

314 Sec. 53 (4) verweist auf Schedule 1, der in Nr. 1 die Market Maker erfaßt, in Nr. 2 bis 4 Marktinformationen und in Nr.5 die Preisstabilisation. S. hierzu z.B. Counsell in Rider/Ashe S.92 f.; Herrington/Glover in Wegen/Assmann S.51 f; Hannigan S. 109 f, Davies S. 470 f.

315 Davies S.470; White in The Company Lawyer 1995, S.166; Dine in Rider/Ashe S.10.

316 S. auch Weinberg Band I S.3245 f; Morse S. 11088.

317 Barc/Bowen/Braune I20/16 f.; Hannigan S. 20 f; Morse S. 11089 f jeweils auch zu den Möglichkeiten der Durchsetzung bei der Ermittlung. Die Erfolge des DTI werde bisher eher verhalten beurteilt. Zur Erklärung, warum das DTI häufig die Verfahrensverfolgung einstellt, wird insbesondere auf die hohen Beweisanforderungen und auf den irreparablen Schaden im Fall der fehlerhaften Anklage verwiesen, Barc/Bowen/Braune a.a.O.

318 Davies in OJLS 1991, S. 93.

zung erfolgte durch das oben dargestellte Erfordernis der Verbindung zum Emittenten[319].

Nunmehr ist bezweckt der Schutz der Funktionalität des Marktes[320]. Dieser Wechsel wurde als Übergang vom „company law“ zum „securities markets“-Ansatz gewertet[321]. Dabei wird das Vertrauen der Anleger als grundsätzliche Voraussetzung für einen funktionierenden Markt angesehen; insoweit wird der Wechsel in der Betrachtung auch als durch die EU-Direktive bedingt angesehen[322].

b) Die Handlungsverbote

Bei den Handlungsverboten ist mit Hinblick auf das WpHG der gemeinsame Ursprung in der EU-Direktive offensichtlich. Auch im englischen Recht sind verboten (Sec 52 und 55 CJA 93)[323]

- (a) das Kaufen und Verkaufen von Wertpapieren (unter Einschluß von Umgehungsgeschäften),
- (b) das Empfehlen und
- (c) die Weitergabe von Insiderinformationen[324].

Bereits hier ist hervorzuheben, daß im englischen Recht sämtliche Handelsverbote sowohl für die Primär- als auch für die Sekundärinsider gelten. Großbritannien hat damit von der Verböserungsmöglichkeit nach Art 6 der EG-Richtlinie Gebrauch gemacht und die Verbote für den Sekundärinsider nicht wie in Deutschland auf das Handelsverbot begrenzt, sondern die Sekundärinsider auch mit den weiteren Verboten belegt[325].

(a) Hinsichtlich des Kauf- und Verkaufverbotes ist hervorzuheben, daß Umgehungsgeschäfte ebenfalls eingeschlossen sind, indem nicht nur der Kauf/Verkauf im eigenen Interesse, sondern auch für andere verboten sind[326].

---

319 Morse S. 11042.

320 S. zur Begründung des Regierungsentwurfs Anthony Nelson, Economic Secretary to the Treasury, in House of Commons Standig Committee B, Criminal Justice Bill (Lords), fourth Sitting (10.06.1993), col. 164: „ The purpose of the legislation is to ensure confidence in the market in ist broadest sense“; s. auch Morse S. 11042.

321 Davies in OJLS 1991, S. 93.

322 Hannigan S. 9.

323 Die Gesetzestexte sind abgedruckt im Anhang.

324 Ashe/Counsell S. 90; Barc/Bowen/Braune S. I2o/8 f; Hannigan S. 91 f. Der CJA 93 baut damit auf den Verboten des CSIDA 85 auf, Morse S. 11043.

325 Morse S. 11079; Ashe/Counsell S. 60. Man folgte damit der Tradition des CSIDA 85, der ebenfalls mit Blick auf die Verbote nicht zwischen Primär- und Sekundärinsidern differenzierte.

326 Barc/Bowen/Braune S. I20/8; Hannigan S.92.

(b) Beim Empfehlungsverbot setzt die Strafbarkeit des Betroffenen voraus, daß dieser davon ausging, daß der Empfänger die Empfehlung in einem Wertpapiergeschäft umsetzen würde[327]. Dabei braucht der andere nicht zu erkennen, daß es sich um eine Insiderinformation handelt und die Empfehlung braucht sich insbesondere auch nicht in einem konkreten Geschäft niedergeschlagen zu haben[328].
(c) Die Mitteilung der Insiderinformation schließlich ist nur strafbar, wenn sie nicht im Rahmen der ordentlichen Ausübung der jeweiligen Aufgabe etc. erfolgt („... otherwise than in the proper perfomance of the functions of his employment, office or profession..." sec. 52 Abs 2b CJA).

c) Die Verteidigungsmöglichkeiten

In den Fällen, in denen eine Handlung grundsätzlich unter einen der Verbotstatbestände fällt, sieht das Gesetz für konkret formulierte Situationen einzeln ausgestaltete Verteidigungsmöglichkeiten vor. Der englische Gesetzgeber hat damit besondere Situationen straffrei gestellt, sofern der Betroffene deren Voraussetzungen beweisen kann[329].

Die Verteidigungsmöglichkeiten können grob unterteilt werden in generelle Verteidigungsvorbringen und in Spezielle. Ferner ist danach zu differenzieren, gegenüber welchem Verbot sie eingewandt werden können (Kaufen/Verkaufen = a; Empfehlen = b; Mitteilen = c).

Bei den generellen Vorbringen handelt es sich um Folgende[330]:

- das Vorbringen, die Handlung habe nicht zu einen Gewinn (bzw. Verlustvermeidung) auf der Basis des Insiderwissens führen sollen[331] (a,b,c)(Sec. 53 1a, 2a, 3 b). Im Kern geht es hier darum, daß der Betroffene eine besondere Motivationslage, die ihn zu der Handlung veranlaßt hat, behauptet.

  Beispiel: A verkauft Anteile obwohl die Insiderinformation den Verkauf nahelegt[332].

- das Vorbringen, der Betroffene konnte annehmen, die Information sei bereits so hinreichend veröffentlicht, daß derjenige, mit dem das Geschäft zustandekommt, nicht benachteiligt werden würde (a,b)(Sec. 53 1b, 2b). Gemeint sind hier die Fälle der Informationsgleichheit.

---

327 Barc/Bowen/Braune S. I20/10.

328 Morse S. 11082.

329 Morse S. 11084; Hannigan S. 104.

330 S. Ashe/Counsell S. 111 f; Morse S. 11084 f; Hannigan S.105 f.

331 Im Fall des Mitteilungsverbotes bedeutet dies konkret, der Betroffene ging zwar davon aus, es werde zu einem Geschäft kommen, in diesem Geschäft werde sich jedoch nicht die Insiderkenntnis zum Vor- oder Nachteil auswirken.

332 Vorgebracht in der Diskussion zum Gesetzesentwurf; s. Hannigan S. 106.

Beispiel: Die A PLC will die B PLC übernehmen, das Vorhaben ist allen beteiligten Personen bekannt. Die Anwälte beider Gesellschaften verhandeln über die Einzelheiten. Hier sind beide Parteien auf einem identischen Informationsstand und die Verhandlungen und auch der anschließende Kauf sind daher erlaubt[333].

- das Vorbringen, der Betroffene hätte die Handlung auch ohne Insiderkenntnis vorgenommen (a,b)(Sec. 53 1c,2c).

  Beispiel: Ein Darlehen von A ist fällig, er muß zur Rückführung seinen Wertpapierbestand verkaufen. Als weiteres Beispiel kann der Fall aufgeführt werden, daß A seinem Vermögensverwalter, der die Insiderkenntnis hat, eine feste Order erteilt hatte[334].

- das Vorbringen, der Betroffene habe nicht angenommen, daß ein anderer auf der Basis seiner Information handeln wollte (c)(Sec. 53 3a).

  Beispiel: Hier wird als Beispiel aufgeführt der Fall, in dem ein Anwalt einen anderen Anwalt die Information mitteilt und dabei davon ausgeht, dieser werde aufgrund der Insiderhandelsverbote nicht handeln.[335]

Die speziellen, nur für konkrete Situationen bzw. Berufsgruppen geltende, Verteidigungsvorbringen sind wie folgt aufzuführen[336]:

- Verteidigungsvorbringen für Market-maker (a,b)(Schedule 1 § 1 (1). Hier muß der Market-maker bzw. sein Mitarbeiter nachweisen, er habe gutgläubig, d.h. entsprechend den berufsüblichen Verhalten[337], im Rahmen seiner Tätigkeit gehandelt.

- Verteidigungsvorbringen in den Fällen, in dem der Betroffene die entsprechende Markt-Information selbst schafft (a,b)(Schedule 1 § 2 bis 4). Im Wesentlichen geht es hier darum, in Übernahmefälle dem Übernehmer bzw. Verkäufer Handlungen zu ermöglichen, in dem die Insidertatsache in der Handlung selbst hervortritt und die zur Durchführung des Vorhabens erforderlich sind. Zu beachten ist jedoch, daß dieses Vorbringen für das Verbot des Mitteilens nicht gilt.

  Beispiel: Die X PLC hat entschieden, ein Übernahmeangebot zur Übernahme der Y PLC vorzubereiten. Der Vorstand beauftragt die Merchant-Bank, Anteile zu kaufen, um eine Plattform für die Plazierung des Angebotes vorzubereiten.

---

333 Beim Empfehlen ist es ausreichend, wenn zum Zeitpunkt der Umsetzung in einer Handlung die Informationsgleichheit vorliegt; Barc/Bowen/Braune S. I20/11.

334 Barc/Bowen/Braune S. I20/13; Morse S. 11085.

335 Barc/Bowen/Braune S. I20/13.

336 Morse S. 11086 f.

337 Morse S. 11087.

Hier ist die Auftragserteilung und der anschließende Kauf von diesem Verteidigungsvorbringen gedeckt[338].

- Handeln im Rahmen der Regeln der „Price Stabilisation“ (a,b)(Schedule 1 § 5). Gemeint sind die Fälle, in denen zur Kurssicherung nach dem Financial Service Act, sec. 48 (2)(i) gehandelt wird[339].

Zusammenfassung: Die Linie, die in der Regelung der Verteidigungsmöglichkeiten zum Ausdruck kommt, geht dahin, daß an sich verbotene Insiderhandlungen dann erlaubt sein können, wenn sich die Insiderinformation als solche nicht oder nicht zum Vorteil des Kenntnisträgers in dem Geschäft niederschlägt. Es ist jedoch erforderlich, anhand einer Prüfung des jeweiligen Einzelfalles festzulegen, ob die konkret in Frage stehende Handlung unter eine der Verteidigungsmöglichkeiten fällt und auch vom Betroffenen bewiesen werden kann, wobei die Grenzen der einzelnen Möglichkeiten aufgrund der fehlenden Rechtsprechung nicht abschließend geklärt sind.

d) Insidertatsachen

Die Definition der Insidertatsache ist im CJA 93 sehr komplex gelöst worden. Die Merkmale lassen sich auf folgende vier Komponenten zusammenfassen[340]:

(a) Bezug zu einzelnen Wertpapieren bzw. Emittenten: Der CJA definiert die Information als „...information which (a) relates to particular securities or to a particular issuer of securities or to particular issuers of securities and not to securities generally or to issuers of securities generally; ...“. Danach sind insbesondere Marktinformationen, die sich auf den Markt als Ganzes und nicht auf einen abgrenzbaren Teil beziehen, keine Insiderinformationen[341].

(b) Weiter muß die Information „specific or precise“ sein. Dabei reicht die Erfüllung eines der beiden Begriffe. Während mit „präzise“ eine exakte und genau definierte Information gemeint ist, stellt „spezifisch“ auf den identifizierbaren Gegenstand ab (als Beispiel ist die Meldung, die A PLC werde ihre Gewinne erhöhen, eine spezifische, nicht aber eine präzise Information)[342].

(c) Ferner darf die Information nicht veröffentlicht sein. Der entsprechende Abschnitt führt sodann 4 Situationen auf, in denen jeweils die Information bereits

338 Barc/Bowen/Braune S. I20/15.

339 Morse S. 11088.

340 Morse S. 11046 f; Barc/Bowen/Braune S. I20/15 f; Hannigan S. 59 f.

341 Barc/Bowen/Braune S. I20/5; Duderstadt in Journal of Financial Crime 1996, S. 105; Morse S. 11046; .

342 Morse S. 11047; Hannigan S. 63 unter Aufführung der Diskussionen in den Parlamentsdebatten.

veröffentlicht ist; die Aufzählung ist nicht abschließend[343]. Anschließend führt der Abschnitt 5 Situationen auf, in denen die Information, obwohl die vorher genannten 4 Situationen nicht vorliegen, als öffentlich gelten kann[344].

(d) Schließlich muß die Information voraussichtlich einen erheblichen („significant") Einfluß auf den Kurs eines Wertpapiers haben[345].

e) Die Insiderbegriffe

Die Definition der Insider lautet in Sec. 57 des CJA:

57.- (1) For the purposes of this Part, a person has information as an insider if and only if -
(a) it is, and he knows that it is, inside information, and
(b) he has it, and he knows that he has it, from an inside source.
(2) For the purposes of subsection (1), a person has information from an inside source if and only if -
(a) he has it through -
(i) being a director, employee or shareholder of an issuer of securities; or
(ii) having access to the information by virtue of his employment, office or profession; or
(b) the direct or indirect source of his information is a person within paragraph (a).

Die Insider werden dementsprechend in der englischen Literatur[346] in 3 Gruppen geteilt:

---

343 Sec. 58 (2) (a)-(d) Danach liegt eine bereits öffentlich bekannte Information vor, wenn die Information entsprechend
-den Regeln eines geregelten Marktes zur Information der Markteilnehmer veröffentlicht ist oder
-in öffentlichen Medien veröffentlicht ist oder
-für die professionellen Marktteilnehmer zugänglich ist oder
-von Informationen stammt, die ihrerseits veröffentlicht sind.

344 Die Gerichte hätten hier anhand der Fakten eine Entscheidung zu treffen, ob die Information als veröffentlicht zu behandeln wäre; s. Morse S. 11048.
Sec 58 (3) (a)-(e):
-die Information ist aufgrund eigener Fähigkeiten ermittelbar
-die Information ist einem Teil der Allgemeinheit und nicht der Allgemeinheit als Ganzem bekannt gemacht
-die Information ist aufgrund von Beobachtungen ermittelbar
-die Information ist nur gegen Bezahlung veröffentlicht
-die Information ist nur außerhalb Großbritanniens veröffentlicht.

345 S. zur Diskussion der Erheblichkeit die Ausführungen zu der entsprechenden Norm im WpHG ab S. 185.

- *die „eigentlichen" („true") Primärinsider (Sec. 57(2)(a)(i) CJA)*
- *die temporären Insider, bei denen auf den Zugang zur Insidertatsache und nicht auf die Beziehung zum Emittenten abgestellt wird (Sec. 57 (2)(a)(ii) CJA)*
- *und die Tippees (Sec. 57 (2)(b) CJA).*

(a) True Insider

Im Unterschied zum CSIDA fallen nunmehr auch die Anteilseigner unter den Begriff der Insider[347]. Ferner kommt es bei den Arbeitnehmern nicht auf deren konkretes Arbeitsverhältnis an[348]. Ausweislich des Wortlautes sind danach die Vorstandsmitglieder, die Arbeitnehmer und die Anteilsinhaber (ohne Berücksichtigung ihrer Beteiligung[349]) Insider.

Dabei braucht sich die Insiderinformation nicht auf das eigene Unternehmen zu beziehen, sondern kann auch ein Drittunternehmen betreffen[350]. Jedoch muß eine kausale Beziehung zwischen ihrer jeweiligen Eigenschaft und der Kenntnis der Insiderinformation bestehen („..through being a director...")[351].

(b) Temporary Insider

Als wesentliche Veränderung gegenüber der vorherigen rechtlichen Regelung[352] ist feststellbar, daß der Begriff der Verbundenheit mit dem betroffenen Unternehmen abgeschafft wurde[353].

Diese Verbundenheit wurde ersetzt dadurch, daß lediglich auf den Zugang zur Insiderinformation abgestellt wird[354], wobei die genaue Art und Weise des Zugang („by virtue of") nicht abschließend geklärt ist. Hier wird teilweise auf die reine Kausalität [355] abgestellt, teilweise wird jedoch eine weiter einschränkende Auslegung propagiert[356]. Auf diesen Punkt wird im Rahmen der Auseinandersetzung mit der deutschen Parallelbestimmung (s. ab Seite 133) näher eingegangen.

---

346 S.z.B. Ashe/Counsell S.91 f; Ashe in Rider/Ashe S. 76.

347 Ashe/Counsell S. 91; Hannigan S. 80.

348 Hannigan S. 79.

349 Hannigan S. 80.

350 Barc/Bowen/Braune S. I20/4; Morse S. 11050.

351 Ashe/Counsell S. 91; Hannigan S. 79.

352 S. zu den Hauptunterschieden White in Rider/Ashe S.60; ebenfalls beide Regelungen vergleichend Ashe/Counsell S.56 - 64.

353 Morse S. 11050; Hannigan S. 78.

354 White (in The Company Lawyer 1995, S. 163) vergleicht diese Änderung damit, daß es nunmehr in der City nicht mehr entscheidend ist, wen man kennt, sondern was man weiß.

355 Ashe/Counsell S. 91 f; Hannigan S. 82.

356 Morse S. 11050: Personen, die „incidentally" Zugang haben (wie z.B. eine Reinigungsfrau), sollen nicht hierunter fallen; Dine in The Company Lawyer 1993, S. 62; Wotherspoon in The Modern Law Review 1994, S. 426

Weitgehende Einigkeit besteht, daß es keiner Verbindung des Insiders zu dem betroffenen Unternehmen bedarf[357].

Daher sei darauf hingewiesen, daß damit der CJA 93 in wesentlichen Teilen gerade bei der Darstellung des Umfanges der Insidergruppen weiter ist als der CSIDA 85[358], so daß die dazu ergangene Rechtsprechung und Literatur in Bezug auf die Insidergruppen nur begrenzt übertragbar ist.

(c) Tippees

Bei den Tippees kommt es nach der Gesetzgebung darauf an, daß die Information mittel- oder unmittelbar von einem Primärinsider stammt. Die Länge der Informationskette spielt keine Rolle[359]. Der Vorsatz des Tippees muß sich darauf beziehen, daß die Information direkt oder indirekt von einem Primärinsider stammt[360]. Wie der Tippee die Kenntnis von der Insiderinformation erlangt hat, spielt ebenfalls keine Rolle; er braucht sie daher nicht direkt von einem Primärinsider mitgeteilt bekommen zu haben und braucht auch die Identität des Primärinsiders nicht zu kennen[361].

f) Fallgruppen

Danach können als Primärinsider aufgeführt werden:

- die Vorstandsmitglieder, unabhängig davon, ob sich die Information auf ihr eigenes oder ein fremdes bezieht;
- die Anteilsinhaber;
- die Angestellten des betroffenen Unternehmens;
- Anwälte, Angestellte einer Werbeagentur, Bankangestellte[362] als Beispiel für Personen mit vertraglicher Beziehung zum betroffenen Unternehmen
- öffentlich Bedienstete, Journalisten als Beispiel für Personen ohne vertragliche Beziehung zum Emittenten

Keine Insider sind insbesondere Juristische Personen[363]

---

357 Barker/Blin in Mitchell S. II 167; Barc/Bowen/Braune S. I20/4; Ashe/Counsell S. 91; Morse S. 11050; Dine in The Company Lawyer 1993, S. 62; Wotherspoon in The Modern Law Review 1994, S. 426.
A.A.: Tridimas in I.C.L.Q. 1991, S. 926.

358 So auch Hannigan S.78.

359 Morse S. 11050.

360 Ashe/Counsell S. 92.

361 Morse S. 11051, 11052.

362 Morse S. 11050

363 Barker/Blin in Mitchell S. II, 166; Ashe/Counsell S. 91; Barc/Bowen/Braune S. I20/3; Morse S. 11043.

4) Weitere insiderrechtliche Regelungen

Dieses strafbewehrte Insiderrecht stellt in England lediglich einen Ausschnitt des gesamten Insiderrechts dar.

Neben dem CJA 93 gelten noch zahlreiche weitere Regelungen, die durch das Tätigwerden in dem entsprechenden Teilbereich bzw. mit ihrer Anerkennung Anwendung finden[364].

Diese weiteren Regeln sind insbesondere:

- "City Code on Takeovers and Mergers"[365],
- die Regeln der Londoner Börse ("Yellow Book[366], Model Code"[367])
- die im Zuge des Financial Service Act 1986 eingeführten diversen „self-regulatory organisations“[368] mit ihren eigenen berufsständischen Regeln.

Diese Regelungen haben bereits vor Schaffung der spezialgesetzlichen Insiderregelung bestanden, die betroffenen Personenkreise sind entsprechend dem jeweils geregelten Teilbereich enger definiert als im CJA 93. Hinsichtlich des Verhältnisses der Regelungen zueinander ist festzustellen, daß das Handeln im Rahmen der jeweiligen Regelungen grundsätzlich keine Auswirkungen auf die Strafbarkeit nach dem CJA 93 hat[369].

---

364 Im Investment-Business-Bereich bedarf es einer entsprechenden Erlaubnis, die durch die SIB bzw. die entsprechenden SROs erteilt wird; Hannigan S. 155.

365 S. hierzu Hannigan S. 180 f; Brazier S. 216 f; Weinberg Band II S.7001 f; White in The Company Lawyer 1995, S.168 (auch zu der Frage, warum der Code neben dem CJA noch weiter besteht).

366 Hierzu s. Hannigan S. 192 f sowie die Darstellung von Atkinson.

367 S. Stamp/Welsh in Stamp/Welsh S.118; Crystal/Atherton in Gaillard S.182 f.; Davies S. 453 f.; Morse S. 11099; der Model Code ist abgedruckt bei Hannigan, S. 236 f.

368 S. insbesondere The Security an Futures Authority SFA-Rule 5.46 (1) und The Investment Management Regulatory Organisation IMRO-Rule 3.14. Diese sind hinsichtlich der betroffenen Personenkreise aufgrund der spezifischen Situationen jeweils erheblich enger.

Hierzu s. Stamp/Welsh in Stamp/Welsh S.124 f.; Crystal/Atherton in Gaillard S.171 f; Hannigan S.158 f; Barker/Blin in Mitchell S. II 173 f.

Als Oberorganisation tritt der SIB (Securities and Investments Board) auf, der faktisch sämtliche Belange des Investment-Bereichs organisiert und reguliert. Unter dem SIB stehen die einzelnen, nach Berufsgruppen bzw. Marktsegmenten sortierten SRO´s. Nach einer Kurzmeldung in The Company Lawyer 1997, S.207 soll jedoch der SIB die Funktion der SRO´s mittelfristig übernehmen.

369 So stellt auch das Verhalten nach den Regeln des City Code on Takeovers and Mergers kein Verteidigungsvorbringen in den Verfahren nach dem CJA 93 dar; s. White in Rider/Ashe S.69; ders in The Company Lawyer 1995, S.168.

D. Die Insiderrechts-Entwicklung in der Schweiz

Auch in den Schweizer Wertpapiermärkte sind einige Insiderfälle bekannt geworden[370]. In den Jahren 1989 bis 1996 wurden in Zürich (eine von 3 Börsen) 33 Vorabklärungsverfahren durchgeführt, von denen 14 mit einer Strafuntersuchung endeten (davon kam es bei 3 zu einer Anklageerhebung, bei einem zu einer Verurteilung)[371].

1) Entstehungsgeschichte des Art. 161 SchwStGB

In der Schweiz setzte die wissenschaftliche Diskussion Anfang der 70er Jahre ein. Hier bestand, ähnlich der deutschen Lösung, zunächst ein System der freiwilligen Anerkennung, welches auch noch in den 80er Jahren zum Teil in der Literatur auf Zustimmung stieß[372]. Jedoch gab es auch bereits in den 70er Jahren Stimmen in der Literatur, welche Vorschläge zur Schaffung einer Strafrechtsinsidernorm unterbreiteten[373].

Die Rechtslage in der Schweiz ermöglichte bis dahin lediglich die Bestrafung des Insiders, der sein Insiderwissen weitergab. Für ihn kam Art. 162 SchwStGB (Verletzung des Fabrikations- und Geschäftsgeheimnisses) in Betracht[374]. Der

---

370 Aus der Zeit vor Inkraftreten des Art 161 SchwStGB sind zu nennen die Fälle Durand & Huguenin AG/Sandoz (s. Forstmoser in ZGR 89, S.125 m.w.N. in FN 3); Brown Boverie &Cie/Maschinenfabrik Oerlikon; Nestlé/Ursina-Franck. Weitere Fälle bei Forstmoser, S.7 u. 8.; ders. in ZGR 89, S.125 f; Fellmann S.18-21; Krauskopf in WuR 86, S.167.

Nach Inkrafttreten der Insiderstrafrechtsnorm des Art 161 SchwStGB am 01.07.88 ist beispielhaft auf Sandoz/Genetic Therapy zu verweisen; s. Handelszeitung vom 30.04.97, S.5. Peter zählt allein für den Zeitraum Juni 88 bis Juni 90 21 Fälle auf, wobei 2/3 auf Unternehmensübernahmen und Fusionen entfallen, S.51-56.

371 Handelszeitung vom 30.04.97, S.5; Neue Züricher Zeitung vom 13./14.7.96, S.19; Nobel in Finanzmarktrecht S. 568.

372 Waser hielt dieses System zwar für verbesserungsfähig, stand dem System jedoch grundsätzlich positiv gegenüber (S.94). Er formulierte dementsprechend auch keinen strafrechtlichen Lösungsvorschlag, sondern ein auf freiwilliger Anerkennung basierendes System (S.161); Nobel bevorzugte ein zivilrechtliches System auf Schadensersatzbasis, welches aus prozessualer Sicht u.U. einer flankierenden Strafnorm bedurft hätte, Nobel in SJZ 83, S.141.

373 Kramis z.B. schlug vor, die Insider nicht vom Personenkreis, sondern vom Wissen des Täters her abzugrenzen, da eine Abgrenzung vom Täterkreis her entweder zu großen Strafbarkeitslücken oder aber zu einer unpräzisen Formulierung führe (S.76). Da er die Weitergabe der Information nicht unter Strafe stellen wollte, unterschied er auch nicht zwischen Primär- und Sekundärinsidern (S.103); weitere Strafbestimmungsforderungen z.B. bei Forstmoser S.59; Fellmann S.319 f.

374 Nobel in SJZ 83, S.123 f.

Insider jedoch, der selbst sein Insiderwissen nutzte, blieb straffrei[375]. Andere Straftatbestände, z.B. der Betrug, waren regelmäßig nicht einschlägig[376].

Maßgeblichen Einfluß bei der Schaffung einer gesetzlichen Lösung hatten ab November 1981 die USA[377], da diese Auskünfte über Transaktionen an amerikanischen Börsen verlangte, die die Schweizer Banken mit Blick auf die fehlende Strafbarkeit in der Schweiz nicht leisten durften. Am Ende einer zähen Auseinandersetzung einigte man sich in einem Memorandum of Understanding zwischen den Regierungen vom 31.08.82[378] und der Konvention XVI zwischen den Mitgliedsbanken der Bankiervereinigung[379] . Gleichzeitig wurde jedoch eine Expertengruppe mit der Ausarbeitung eines Gesetzesvorschlags beauftragt. Im November 1983 wurde ein Vorentwurf veröffentlicht[380], der den Tipnehmer nicht unter Strafe stellte, er enthielt neben dem strafrechtlichen Teil auch aktienrechtliche Bestimmungen. Diesem Vorentwurf folgte ein veränderter Entwurf des Bundesrates am 01.05.1985[381], wobei die Strafbarkeit des Tipnehmers eingeführt und die zivilrechtlichen Normen rausgenommen wurden[382].

Durch BG vom 18.12.1987 wurde schließlich der heutige Art. 161 StGB[383] eingeführt[384], welcher seit dem 01.07.1988 in Kraft ist[385]. Aufgrund dieser

375 S. Botschaft über die Änderung des Schweizerischen Strafgesetzbuches (Insidergeschäfte) vom 01.Mai 1985, BBl 1985 II, S.69 f. (zitiert Botschaft), S.72.

376 Grundsatzentscheidung zum Betrug in BGE 109 Ib 54; hierzu auch Schmid in SAG 88, S.136 f

377 S. zum Ganzen die anschauliche Darstellung bei Peter S. 4 f; sowie Strebel S. 4 f. und Krauskopf in WuR 86, S.166 f.

378 Deutsche Übersetzung bei Nobel in S.131 ff; inhaltliche Darstellung bei Nobel in SJZ 83, S.138.

379 Abgedr. bei Wiegand S.313 ff.; inhaltliche Darstellung Nobel in SJZ 83, S.138 f.

380 Text abgedruckt in der Botschaft, S.88 Nr. 5 und bei Schmid RN 57.

381 S. Botschaft über die Änderung des Schweizerischen Strafgesetzbuches (Insidergeschäfte) vom 01.Mai 1985, BBl 1985 II, S.69 f. (zitiert Botschaft).

382 Strebel S. 4; Forstmoser in ZGR 89, S.137; Krauskopf in WuR 86, S.168.

383 Abgedr. in Systematische Sammlung des Bundesrechts, Loseblattsammlung, Stand 06.96 Nr. 311.0; gegenüber dem Entwurf des Bundesrates (Botschaft BBL 1985 II, S.90 f) erfolgte in Abs. I eine lediglich sprachliche Änderung, Abs. 3 wurde jedoch zusätzlich eingeführt.

384 Dickersbach, S.213.

385 Das Börsengesetz (Bundesgesetz über die Börsen und den Effektenhandel, BBl 95, Bd.2 S. 419 ff.), welches durch die Bundesversammlung der Schweizerischen Eidgenossenschaft am 24.03. 1995 beschlossen wurde, schuf oder veränderte demgegenüber keine Regelung, die unmittelbar den hier relevanten Teil des Insiderrechts betrifft. Der Vollständigkeit halber sei erwähnt, daß nunmehr durch Schaffung des Art. 161bis (eingefügt durch das BG über die Börsen und den Effektenhandel vom 24.03.1995, in

Entstehungsgeschichte der Norm wird sie auch häufig als "lex americana" bezeichnet[386].

2) Der Gesetzeszweck

Das genaue Schutzgut des Art. 161 SchwStGB läßt sich nur schwer bestimmen. Die als h.M. zu bezeichnende Auffassung, die sich insbesondere auch durch die offizielle Botschaft über die Änderung des Schweizerischen Strafgesetzbuches gestärkt weiß, schreibt Art. 161 SchwStGB mehrere, durchaus verschiedene Schutzgüter zugleich zu, die kumulativ vorliegen sollen[387].

Hierbei handelt es sich zunächst um die Chancengleichheit im Börsenhandel und die Funktionsfähigkeit des Marktes[388]. Der Zusammenhang dieser Schutzrichtungen ist offensichtlich[389]. Für das Verständnis des Schweizer Insiderrecht von maßgeblicher Bedeutung ist jedoch, daß die jeweils in Frage stehenden Handlung zudem einen Vertrauensmißbrauch gegenüber dem Unternehmen darstellen muß[390]. Gerade der Schutzzweck des Vertrauensmißbrauchs gegenüber dem Unternehmen wird danach die rechtsvergleichende Betrachtung maßgeblich beeinflussen.

Die Auslegung der Tatbestandsmerkmale des Schweizerischen Insiderrechts orientiert sich daher kumulativ daran, daß die jeweilige Auslegung alle drei Schutzzwecke zu berücksichtigen hat[391]. Die Insiderstrafnorm im Schweizer

---

Kraft seit 01.02.97) auch die bewußte Kursmanipulation, d.h. die Verbreitung irreführender Informationen, ausdrücklich in einem eigenen Tatbestand geregelt ist.

386 Strebel S. 4 ff; Schmid S. 12; Böckli S.32; Trechsel S. 1 zu StGB 161. Bemerkenswert ist, daß die Botschaft (BBL 1985 II S.69 f) die Problematik der Rechtshilfe in Bezug auf die USA bereits auf ihrer zweiten Seite ausführlich darlegt, dieser Vorwurf somit nicht von der Hand zu weisen ist. Zur Vermeidung weiterer Rechtshilfekonflikte auch nach Einführung des Art.161 SchwStGB wurde eine neues Memorandum of Understanding verfaßt, s. BBl 1988 II, S. 394 ff.

387 Stratenwerth § 22 RZ 15; Schmid RN 76; Schmid/Rehberg S. 255.

388 Botschaft, S.71,78,84; Krauskopf in WuR 86, S.170; Peter in SZW 93, S.235; Forstmoser in ZGR 89, S.140; Nobel in Finanzmarktrecht S. 566; Wolf S. 31; Böckli S.29, 33, der allerdings die Chancengleichheit deutlich hervorhebt.

A.M. z.B. Trechsel, RZ 2 zu Art. 161, der nur auf die Chancengleichheit der Anleger abstellt. Stratenwerth sieht den Strafzweck darin, auf "superioren" Wissen basierenden Handel zu unterbinden, d.h. auf Wissen, welches die Person aus seiner beruflichen Stellung heraus erhalten hat und zu dem andere keinen Zugang haben, FS Vischer S.671.

389 Böckli S. 29; Hofstetter S. 69.

390 S. die in FN 387 und 388 genannte h.M.

391 S. eindrucksvoll die Auslegungsüberlegungen von Nobel in „Aktuelle Rechtsprobleme ... 1993“ S. 110.

Recht dient damit nicht eigentlich dem Schutz individueller Rechtsgüter, diese werden vielmehr nur als Reflex des Schutzes allgemeiner Rechtsgüter tangiert[392].

3) Die Primär- und Sekundärinsider in Art. 161 SchwStGB

Eine Übersicht des Schweizer Insiderrechts bezüglich des in der vorliegenden Arbeit behandelten Komplexes der Primär- und Sekundärinsider offenbart, daß die Insider regelmäßig über eine qualifizierte Beziehung zu ihrem Unternehmen verfügen müssen[393].

So charakterisiert die Botschaft Art. 161 wie folgt: "*Insidergeschäfte tätigt, wer sich oder einem andern einen Vermögensvorteil schafft, indem er vertrauliche Informationen ausnützt,* ***über die er aufgrund besonderer Beziehungen zu einem Unternehmen verfügt*** *und die bei Bekanntwerden bestimmte Wertschriftenkurse erheblich beeinflussen können.* "[394] (Hervorhebung vom Bearbeiter).

Es sollen vorrangig Personen erfaßt werden, die innerhalb des Unternehmens bevorzugten Zugang zu Informationen haben. Hierin wird der dem Schweizer Insiderverständnis mit zugrundeliegende und häufig bemühte Vorwurf des Vertrauensmißbrauchs gegenüber dem Unternehmen deutlich, weil das Unternehmen gerade dem hier angesprochenen Personenkreis im hohen Maße Vertrauen entgegengebracht hat. Das Erfordernis der qualifizierten Stellung als Geheimnisträger im Unternehmen verhindert, daß jeder Arbeitnehmer im Unternehmen Primärinsider wird[395].

Interne Insider sind demnach die Mitglieder des Verwaltungsrats, der Geschäftsleitung und der Revisionsstelle, die Arbeitnehmer, die eine qualifizierte Stellung als Geheimnisträger im Unternehmen innehaben[396], sowie jeweils die Hilfspersonen[397] dieser Insider. Auch lediglich faktisch mit Organfunktionen Betraute werden einbezogen[398]

Ausgehend hiervon wird der Kreis der Primärinsider enumerativ auf die Beauftragten[399] des Unternehmens und auf die Mitglieder einer Behörde oder

392 Dickersbach S.214.

393 Schubarth/Albrecht Art 161 RZ 10; Schmid RN 81,82.

394 Botschaft S.71.

395 Schmid RN 81, 117.

396 Schmid RN 81.

397 Gemeint sind hier nur die direkten Mitarbeiter der betreffenden Führungskräfte wie z.B. die Chef-Sekräterin, der Assistent; hierzu Schmid RN 117; Stratenwerth § 22 RN 27; De Gottrau in Revue de droit des affaires 93, S.574.

398 StGB-Schmid/Baur Art 161 RN 4.

399 Hierzu z.B. Strebel S. 31 f; De Gottrau in Revue de droit des affaires 93, S. 574. Hofstetter S. 120 f. führt entsprechend den einzelnen Berührungspunkten einer Bank mit

Beamte ausgedehnt. Dabei muß zwischen den Beauftragten und der Gesellschaft ein Vertragsverhältnis[400] bestehen, aus dem heraus der Beauftragte zur Verschwiegenheit verpflichtet ist[401].

Im Rahmen einer geplanten Verbindung zweier AG sind die vorstehend beschriebenen Personengruppen beider Gesellschaften Primärinsider[402].

Die Sekundärinsider passen vordergründig nicht in dieses Verständnis des Insiderrechts, da sie keine direkte Verbindung zu einem Unternehmen unterhalten müssen und dementsprechend auch über keine Vertrauensbeziehung hierzu verfügen. Hier wird dieser Verbindungsmangel dadurch kompensiert, daß sie um die Verbindung des Primärinsiders zu einem Unternehmen und um die mißbräuchliche Preisgabe der Information wissen müßen[403]. Sekundärinsider ist im Schweizerischen Recht derjenige, der eine Insidertatsache von einem Primärinsider mittelbar oder unmittelbar mitgeteilt erhält (Art. 161 Nr. 2 SchwStGB), wobei die Alternative „mittelbar" zur Erfassung des Kettentips eingeführt wurde[404]. Es bedarf daher einer tatbestandsmäßigen und rechtswidrigen Vortat[405]. Aufgrund der fehlenden Vertrauensstellung wird ihre Tat als weniger strafwürdig angesehen, was sich in einer gegenüber den Primärinsidern milderen Strafdrohung ausdrückt[406].

Insiderinformationen, beispielhaft die in Frage kommenden Insider der einzelnen Bankabteilungen auf.

400 Nicht notwendig ein Auftragsverhältnis, wie der Wortlaut nahelegen würde, s. Schmid RN 94; Schubarth/Albrecht Art 161 RN 48; Strebel S. 32.

401 StGB-Schmid/Baur Art 161 RN 4; Schmid RN 96; Strebel S.32, Hofstetter S. 90; ähnlich Schubarth/Albrecht Art 161 RN 48. Die Wahrung des Geschäftsgeheimnisses muß zum Wesen der vertraglichen Beziehung gehören; Schmid RN 126.

402 Nach der Rechtsprechung in BGE 118 Ib 454 reicht eine Beteiligung von 14,2 %; die jedoch in der Literatur auf Ablehnung stößt, s. StGB-Schmid/Baur Art 161 RN 8.

403 Botschaft S.84.

404 Schmid RN 292 f.

405 H.M., s. StGB-Schmid/Baur Art 161 RN 22; Schmid S. 148 RN 295 f; Schmid/Rehberg S. 258; Schubart/Albrecht RN 124 zu Art. 161; De Gottrau in Revue de droit des affaires 93, S. 575; Trechsel Art. 161 RN 24; Böckli S. 113 f; Peter in SZW 93, S. 235; Stratenwerth § 22 RN 38; Nobel in Finanzmarktrecht S. 567. Es reicht allerdings nach einer Auffassung, daß dem Tipnehmer die Schlüsse aus der Tatsache mitgeteilt werden, Schmid RN 296; dagegen Stratenwerth § 22 RN 38.

Das Bundesgericht hat in dem Fall Société Génèral (BGE 118 Ib 448,456) demgegenüber entschieden, daß eine Verurteilung des Tipnehmers keine Treuepflichtverletzung eines Insiders voraussetze. Die SKA-Entscheidung (BGE 119, Band IV, S.38 f; s. FN 351 wird jedoch als Anpassung des Bundesgerichts an die nahezu einmütige Literaturmeinung gewertet; s. z.B. Peter in SZW 93, S. 235; Nobel in Finanzmarktrecht S. 567.

406 Botschaft S.84. Den Primärinsidern droht gemäß Art. 161 Nr. 1 SchwStGB in der Höhe unbegrenzte Gefängnisstrafe oder Busse, bei den Sekundärinsidern ist die Dauer der Gefängnisstrafe auf maximal 1 Jahr begrenzt (Art. 161 Nr. 2 SchwStGB).

Zufällig erlangtes Insiderwissen kann von einem Outsider ohne Verstoß gegen Art 161 SchwStGB verwertet werden[407]. Hierin zeigt sich, daß Art 161 SchwStGB nicht bloß eine reine Kapitalmarktnorm ist, sondern eine „Zwitternorm", die nur dann Anwendung findet, wenn gleichzeitig ein Insider das Vertrauen seines Unternehmens mißbraucht[408].

4) Die verbotenen Handlungen

Die verbotenen Tathandlungen sind für den Primärinsider das „Ausnützen" der Kenntnis, das inhaltlich mit dem Kauf oder Verkauf von Wertpapieren gleichzusetzen ist[409], sowie das „Zur Kenntnis bringen"[410]. Dabei muß die Handlung jeweils zu einem Vermögensvorteil beim Primärinsider oder bei einem anderen geführt haben[411].

Beim Sekundärinsider ist als Tathandlung nur das „Ausnützen" umfaßt, wobei hier angesichts der gewollten Strafbarkeit des Kettentips auch die Weitergabe strafbar ist, sofern diese nur zu einem Vermögensvorteil beim Tipnehmer oder einem anderen führt[412].

5) Die Insidertatsachen und die Erheblichkeit der Kursbeeinflussung

Die aktuelle Schweizerische Insiderrechtsdiskussion dreht sich vorrangig um die Frage der Insidertatsache. Gem. Art 161 Nr. 3 SchwStGB sind Tatsachen die bevorstehende Emission neuer Beteiligungsrechte, eine Unternehmensverbindung oder ein ähnlicher Sachverhalt von vergleichbarer Tragweite.

Hierunter werden solche Sachverhalte verstanden, die auf die Organisationsstruktur oder die Ertrags- bzw. Vermögenslage derart einwirken, daß nach

---

407 BGE 119 IV 43.

408 Nobel in Finanzmarktrecht S. 567.

409 Böckli S.70, Schmid RN 241; Stratenwerth § 22 RN 31. Durch die Einbeziehung des Vorteils beim Anderen soll hierunter auch die Empfehlung ohne Nennung der Insidertatsachen an einen Dritten fallen, sofern dieser dann ein Wertpapiergeschäft tätigt, Schmid RN 253.

410 Böckli bezeichnet diese Alternative als „Ausplauder-Delikt", S.71. Umfaßt wird der Verkauf des Tips oder die unentgeltliche Weitergabe mit anschließenden Vermögensvorteil beim Dritten. Nach Schmid RN 253 fällt hierunter auch die Empfehlung ohne Angabe der Tatsache, sofern sie nicht bereits als vom „Ausnützen" umfaßt angesehen wird.

411 Anderweitig kommt Versuch in Betracht; Hofstetter S. 98.

412 Anderweitig käme Versuch in Betracht, Schmid RN 352 f.

allgemeiner Erfahrung die Bewertung des betroffenen Unternehmens maßgeblich beeinflußt werden[413].

In dem Fall Royal Trust Bank war Grundlage der Untersuchungen ein Dividendenausfall bzw. eine negative Geschäftsentwicklung. Dort wurde festgestellt, daß der Fall nicht entfernt mit einer Emission oder mit einer Fusion vergleichbar und daher keine Insidertatsache sei[414].

Das Tatbestandsmerkmal der Erheblichkeit wird in der Lehre erst dann als erfüllt betrachtet, wenn im Zeitpunkt der Tat ein Kursausschlag von wenigstens 10 % z u erwarten war[415]. Die Grenze wird teilweise sogar deutlich höher angelegt[416].

Bewertet man Art. 161 SchwStGb an den erzielten Erfolgen[417], (und läßt insofern die generalpräventive Wirkung der Insiderstrafnorm unbeachtet[418]), so hat sich die Norm in der Praxis weitgehend als zahnloser Tiger erwiesen, was vorrangig auf Beweisprobleme zurückgeführt wird[419].

---

413 StGB-Schmid/Baur Art 161 RN 13.

414 S. hierzu Nobel in „Aktuelle Rechtsprobleme ... 1993" S. 106.

415 Schmid RN 227; Schubarth RN 73 zu Art 161; Trechsel RN 18 zu Art 161; Nobel in „Aktuelle Rechtsprobleme ... 1993" S. 107.

416 StGB-Schmid/Baur Art 161 RN 16: bei Aktien 20 %; bei festverzinslichen Obligationen 5 %.

417 S.oben S. 83.

418 Auf diese prophylaktische Wirkung weist zutreffend Nobel in „Aktuelle Rechtsprobleme ... 1993" S. 112 hin.

419 Neue Züricher Zeitung v. 13./14.7.96, S.19.

III. Teil Die Tatbestandsmerkmale der Primär- und Sekundärinsider

A. Vorüberlegungen

§ 13 und § 14 WpHG werden häufig als Normen bezeichnet, die sich durch eine Vielzahl verschiedener unbestimmter Rechtsbegriffe auszeichnen. Es ist daher erforderlich, sich zunächst Klarheit über die anzuwendenden Auslegungsgrundsätze zu verschaffen, um sich bei der Auslegung an den so herausgearbeiteten Regeln orientieren zu können. Dabei ist von Bedeutung, daß das WpHG auf europäischem Recht fußt und die EG-Insiderrichtlinie umsetzt.

Anschließend wird, der gesetzlichen Darstellung folgend, bei der Auslegung der Tatbestandsmerkmale mit den Primärinsidern begonnen[1]. § 13 WpHG differenziert in der Definition der Primärinsider zwischen den unterschiedlichen personenbezogenen Merkmalen in Nr. 1 bis 3 und den weiteren, für alle Primärinsider notwendigen gemeinsamen Merkmalen des ersten Absatzes.

In der folgenden Darstellung wird vorrangig der personenbezogene Bereich problematisiert.

1) Grundsätze der Auslegung des durch die EG-Richtlinie angeglichenen nationalen Rechts

Mit dem WpHG ist die EG-Insider-Richtlinie in nationales Recht umgesetzt worden[2].

Allgemein anerkannt ist, daß die Auslegung der Bestimmungen des umgesetzten nationalen Rechts zunächst von denselben Grundsätzen auszugehen hat wie die Auslegung sonstiger Rechtsvorschriften[3], jedoch gilt nach der Rechtsprechung des EuGH bei angeglichenen Recht die Besonderheit, daß diese richtlinienkonform auszulegen sind[4].

---

1 Zwar kann die Gruppe der Sekundärinsider als Auffangtatbestand der Insider betrachtet werden, da die beherrschenden Auslegungsprobleme jedoch im Bereich der Primärinsider angesiedelt sind soll hiermit begonnen werden.

2 Die EG-Richtlinien beruhen in ihrer Rechtsetzung auf dem Grundsatz der Zweistufigkeit, d.h. daß den Bürger die Regelung der Richtlinie grundsätzlich nur über die Umsetzung durch das nationale Recht trifft; EuGH-Urteil (Johnston) Slg. S.1651, Nr. 51.

3 Everling in ZGR 92. S.378.

4 EuGH-Urteil (von Colson und Kamann) Slg.S.1891 = NJW 84, S. 2021; EuGH-Urteil (Marleasing) Slg. S.I 4135= DB 1991, S.157 f.; s. auch Everling in ZGR 92, S.378; Jarass in EuR 91, S.211; Bleckmann in NJW 82, S.1179; Behrens in EuZW 94, S. 289; Cooper in EuZW 96, S. 385; im Ergebnis a.A. di Fabio in NJW 90, S.947 (s.auch unten FN 9).

Methodisch wird das nationale Recht unter voller Ausschöpfung des Beurteilungsspielraums, den das nationale Recht einräumt, in Übereinstimmung mit den Anforderungen des Gemeinschaftsrechts ausgelegt[5].

Es sind somit die herkömmlichen Auslegungsmethoden[6] nach dem Wortlaut, der Entstehung, dem Zusammenhang und dem Sinn auf das nationale Gesetz anzuwenden. Dabei werden jedoch die einzelnen Methoden mit Blick auf die Besonderheit, daß eine EG-Richtlinie umgesetzt wird, modifiziert[7]. So ist insbesondere hinsichtlich der Entstehungsgeschichte und dem Willen nicht allein auf den nationalen Gesetzgeber, sondern, jedenfalls dann, wenn sich der Wille des nationalen Gesetzgebers nicht als für die Ausgangsproblematik zweifelsfrei ermittelbar darstellt, auch auf die zugrundeliegende Richtlinie abzustellen[8]. Im Anschluß wird die so gewonnene Auslegung des nationalen Rechts auf ihre Richtlinienkonformität überprüft[9] (wobei durch die Modifikation der

---

Streitig ist in diesem Zusammenhang insbesondere, ob der Grundsatz der richtlinienkonformen Auslegung den anderen Auslegungsmethoden vorgeht, dafür Schneider in EuZW 95, S. 653; dagegen Brechmann S. 250 f; di Fabio in NJW 90 S. 947.

Die deutschen Gerichte handhaben die richtlinienkonforme Auslegung restriktiv, s. hierzu Brechmann S. 126.

5 EuGH-Urteil (von Colson und Kamann ./. Land Nordrhein-Westfalen) Slg. 1984 S.1891, Nr. 28.; S. auch Everling in ZGR 92, S.382.

6 Zu ihnen s. Larenz S.312 f; Fikentscher S. 125 f und S.659 f; BVerfGE 1, 299, 312.

7 Ähnlich Brechmann S.260 f.

8 Ähnlich Everling in ZGR 92, S.381; Lutter in JZ 92, S.598.

9 Brechmann bezeichnet dies als die Zweistufigkeit des Auslegungsverfahrens, da die Problematik nach der nationalen (modifizierten) Methodik und nach der Richtlinienmethodik ausgelegt wird.

Es ist methodisch umstritten, ob die richtlinienkonforme Auslegung eine eigene Auslegungsmethode ist und dementsprechend neben bzw. nach den anderen Methoden zur Anwendung kommt (so im Ergebnis Lutter in JZ 92, S.605, FN 133) oder ob die richtlinienkonforme Auslegung sich bereits auf jede einzelne Auslegungsmethode auswirkt (s. Hommelhoff in AcP 92, S.96 f).

Eine hiervon divergierende Ansicht (Di Fabio in NJW 90, S. 953) will bei umgesetzten Richtlinien zwar in die Auslegungsfindung hinsichtlich des nationalen Rechts Inhalt und Zielsetzung der Richtlinie einfließen lassen, im übrigen aber keine Überprüfung der Auslegung auf Richtlinienkonformität vornehmen. Di Fabio stellt dabei argumentativ maßgeblich auf Kollisionsprobleme der Richtlinie mit Verfassungsprinzipien ab, ein Aspekt, der im Rahmen der Umsetzung des WpHG zu vernachlässigen ist.

In dieser Arbeit wird der Ansatz verfolgt, die Richtlinienkonformität bereits dort einfließen zu lassen, wo die Auslegungsmethodik von der Richtlinienabstammung bestimmt ist, mithin bei der historischen Methode und in Ansätzen auch bei der teleologischen Methode, wobei die Besonderheiten der Umsetzung in ein Strafgesetz zu beachten sind (dazu FN 14). Insbesondere die Wortlaut bzw. Grammatikmethodik und teilweise die Systematik ergeben sich jedoch aus der nationalen Umsetzung, so daß diese national interpretiert werden und im Anschluß eine Überprüfung der Gesamtauslegung,

Auslegungsmethoden die Richtlinienbetrachtung bereits in die Auslegung des nationalen Rechts eingeflossen ist), womit es seinerseits der Auslegung der Richtlinie bedarf[10,11]. Die Grenze der richtlinienkonformen Auslegung wird dabei allgemein durch den Wortlaut und den Sinn der nationalen Regelung definiert[12].

Dieser Grenze kommt in Anbetracht dessen, daß das WpHG strafrechtliche Sanktionen definiert, besondere Bedeutung zu, sie muß insofern sogar erweitert

---

sofern die Richtlinienkonformität zweifelhaft ist, an der Richtlinie vorgenommen wird. Hiermit wird dem Charakter der Umsetzung einer Richtlinie durch ein nationales Gesetz gerade im Unterschied zur Wirkung und Interpretation einer EG-Verordnung Rechnung getragen.

10 Lutter in JZ 92, S.598.

Methodisch werden EG-Richtlinie wie folgt ausgelegt (siehe zum ganzen die weiterführende Literatur von Lutter in JZ 1992, S.598 f; Bleckmann in ZGR 92, S. 366 f; ders. in NJW 82, S. 1177 f; Everling in ZGR 92, S. 376 f; Immenga in ZBB 95, S. 199):

Ausgangspunkt ist die wörtliche bzw. grammatikalische Auslegung, wobei diese Auslegung aufgrund des notwendigen Vergleichs aller verbindlichen sprachlichen Fassungen mit besonderen Schwierigkeiten behaftet ist (EuGH, Urteil vom 06.10.1982, Rs 283/81, C.I.L.F.I.T./Ministero della Sanità, Slg 1982 3417, 3430 (Entscheidungsgründe 17 und 18). Besonderer Bedeutung kommt der teleologischen, d.h. am Ziel und Zweck der Richtlinie orientierten Auslegung zu (s. insofern Art. 189 EGV; vgl. zudem EuGH Urteil (Hamlin Electronics) Slg 1991, I-2333, 2351 (Entscheidungsgrund 11); EuGH-Urteil (Kommission ./. Deutschland) Slg 1985 S.2655 f, 2668). Daneben führt der EuGH ergänzend systematischen Auslegungsansätze auf und greift zudem auf die historische Auslegungsmethode zurück, indem Vorarbeiten und Entstehungsgeschichte der Norm in die Überlegungen einbezogen werden (EuGH-Urteil vom 10.12.1985, Rs 290/84, Hauptzollamt Schweinfurt/Mainfrucht Obstverwertung, Slg 1985, 3909, 3930 (Entscheidungsgrund 27). Gerade die historische Methode wird aufgrund der Besonderheiten des EG-Rechtsetzungsverfahrens jedoch regelmäßig nur zur Unterstützung der bereits durch andere Auslegungsmethoden gewonnen Ergebnisse hinzugezogen (Lutter in JZ 92, S.599). Schließlich wird ferner auf die Interpretation der Umsetzung in den Ländern durch die dortigen Gerichte geachtet. Nicht herangezogen werden hingegen einseitige Erklärungen der Länder, die diese zum Protokoll des Rates gegeben haben; als sehr zweifelhaft und dementsprechend mit der notwendigen Zurückhaltung wird der Rückgriff auf die Herkunft der jeweiligen Norm erachtet (s. Lutter in JZ 92, S.602).

11 Verfahrensrechtlich ist in Gerichtsverfahren, in denen es um die Auslegung oder Gültigkeit des Gemeinschaftsrechts geht, die entsprechende Frage dem EuGH vorzulegen, wobei das nationale Gericht seinerseits die Folgerungen aus der Antwort zieht. Näheres zu den Verfahrensfrage s. Everling in ZGR 92, S.389 mit weiterführender Literatur in FN 54.

12 Everling in ZGR 92, S.388; Jarass in EuR 1991, S. 218; Brechmann S. 126 stellt heraus, daß die deutsche Rechtsprechung bisher die so beschriebenen Grenzen besonders betonte.

a.A. Lutter in JZ 92 S. 604 FN 135, der dort allerdings auf die Passagen seines Aufsatzes verweist, die den Fall behandeln, in dem der Bürger besser gestellt ist durch die Auslegung nach der Richtlinie als nach dem nationalen Gesetz. In diesem Fall wird sich in den Meinungen jedoch kein Widerspruch ergeben, sondern nur in den Fällen, in denen die Richtlinie den Bürger gegenüber dem nationalen Gesetz beschweren würde.

werden. Die Grenzen aus dem nationalen Recht[13], die sich bei der Umsetzung strafrechtlicher Normen einer Richtlinie ergeben, müssen vielmehr definiert werden einerseits durch den nationalen Wortsinn sowie den Willen des nationalen Gesetzgebers, daneben aber auch durch das Analogieverbot und den Bestimmtheitsgrundsatz nach Artikel 103 Abs. 2 GG[14].

Ist eine Vorschrift nicht gemeinschaftsrechtskonform auslegbar, so darf diese nicht angewendet werden[15]. Vielmehr kann sich der Bürger im Verhältnis des Staates zu ihm direkt auf die Richtlinie berufen, sofern sich hieraus eine für ihn günstige Rechtsposition ergibt und die Richtlinie klar und unbedingt (also ohne Spielraum für das umsetzende Mitgliedsland) formuliert ist[16]. Eine unmittelbare Wirkung zu Lasten des Bürgers scheidet hingegen jedenfalls im strafrechtlichen Geltungsbereich aus[17].

Es herrscht weitgehend Einigkeit, daß in Bezug auf die Auslegungsmethoden die teleologische Auslegung, also die Orientierung an den Zielen des Gemeinschaftsrechts, im Vordergrund zu stehen hat.

Im Verhältnis EG-Insiderrichtlinie zum WpHG bedeutet dies, daß nach folgenden Fallgestaltungen zu differenzieren ist:

- Enthält die Auslegung der EG-Richtlinie eine für den Betroffenen günstigere Rechtsposition als die Auslegung des WpHG, so ist auf die Regelung in Art. 6 der EG-Richtlinie abzustellen, wonach der Mitgliedsstaat strengere Vorschriften erlassen durfte (Verböserungsmöglichkeit). Die EG-Richtlinie

---

13 Die Grenzen aus dem Gemeinschaftsrecht (hierzu EuGH-Urteil (Kolpinghuis Nijwegen) Slg. 1987, S. 3986), insbesondere das Rückwirkungsverbot, werden bei dem WpHG nicht von Bedeutung sein.

14 Brechmann S. 110 f mit w.N. in FN 155.

15 EuGH-Urteil (Murphy) Slg.S.673, Nr. 11. Siehe auch für den strafrechtlichen Bereich BGHSt. 37, 168, 175.

Die Methodik ist vergleichbar mit der verfassungskonformen Auslegung von Gesetzen nach der Interpretation des BVerfG, dem es im Ergebnis darum geht, das Gesetz nicht für verfassungswidrig zu erklären, solange eine Auslegung möglich ist, die im Einklang mit dem Grundgesetz steht und das Gesetz bei der so festgelegten Auslegung sinnvoll bleibt; BVerfGE 2,266,282; 83, 201, 214; s. auch Everling in ZGR 92, S.382; Lutter in JZ 92, S.604.

16 EuGH-Urteil (van Duyn) Slg. 1974, S.1337 f = NJW 1975, S.2165; EuGH-Urteil (Auer II) Slg. 1983 S.2727 f = NJW 84. S.2022 f; EuGH-Urteil (Ursula Becker), Slg. 1982 S.53, Nr. 19; Lutter in JZ 92 S. 597 f.; Everling in ZGR 92 S.377. Im Verhältnis der Bürger untereinander wirkt hingegen gibt es keine direkte Wirkung der EG-Richtlinie (s. EuGH-Urteil (El Corte Inglés SA/Cristina Blázquez Rivero) v. 07.03.96, abgedr. in EuZW 96, S. 236).

Lutter in JZ 92, S.598 weist zurecht daraufhin, daß es sich hierbei mithin nicht um die Frage der Auslegung, sondern die Frage nach dem anwendbaren Recht handelt.

17 Brechmann S. 110 m.w.N. in FN 154.

stellt insofern nur das Mindestmaß an insiderrechtlicher Regelung dar. Es gilt dann mithin die Auslegung des WpHG.

- Ergibt hingegen die Auslegung des WpHG eine für den Betroffenen günstigere Auslegung als die der EG-Richtlinie, so ist zu fragen, ob auch eine Auslegung des WpHG darstellbar ist, die im Einklang mit der Richtlinie steht. Grenze ist hierbei Wortlaut und Sinn des WpHG. Ist eine solche Auslegung noch vom WpHG gedeckt, so käme diese so gewonnene Auslegung zur Anwendung[18]. Anderenfalls verstieße das WpHG zwar gegen die Richtlinie, wäre jedoch hier als die günstigere Norm anzuwenden, da der Bürger in seinem Vertrauen auf die Gültigkeit des WpHG, jedenfalls soweit es ihm eine günstige Rechtsposition einräumt, geschützt werden muß[19].

2) Die ratio legis des Insiderrechts

Durch die erstmalig erfolgte gesetzliche Kodifikation des Insiderrechts in Deutschland ist unter die ausgreifende Diskussion des Für und Wider einer gesetzlichen Regelung ein Schlußstrich gezogen worden[20]. In den 60er Jahren hatte, losgelöst durch die Arbeit von Manne[21], eine Diskussion dahingehend begonnen, daß Insiderhandel keinem Anleger schade (victimless crime), sondern vielmehr seinerseits zur Annäherung des tatsächlichen Kurses eines Wertpapiers an den inneren Wert des Wertpapiers beitrage[22]. Wenn auch dieser Frage in Anbetracht der gesetzlichen Entscheidung für die Strafbarkeit von Insiderhandel im Rahmen dieser Arbeit nicht weiter nachgegangen wird, so ist diese Diskussion gleichwohl grundsätzlich bei der Auslegung der einzelnen Merkmale der Straftatbestände zu erinnern[23].

---

18 Europarechtlich wird hierbei von der Vermutung, der nationale Gesetzgeber habe die Richtlinie korrekt und vollständig umsetzen wollen, gesprochen; hierzu Jarass „Richtlinienkonforme bzw. EG-rechtskonforme Auslegung nationalen Rechts“ in EuR 91, S. 211 f, S.217; Lutter in JZ 92 S. 598.

19 So auch Brechmann S. 110, Cahn in ZHR 162 S. 3 f.

20 S.z.B. Hopt in Baetge (Hrsg.) S. 1 f; ders. in AG 95, S.353 f; Rudolph in BFuP 94, S. 114 f; Magnus in ZgesKW 94, S. 543 f; Schneider in DB 93, S.1429 f; aus jüngster Zeit Hausmanninger S.5 f; Pananis S. 9 f; Hartmann S. 21 f.

21 Manne, Insider Trading and the Stock Market 1966. S. z.B. neben der o.g. Literatur für den englischen und amerikanischen Raum die Literaturnachweise bei Hannigan, S. 6 FN 21; McVea in Legal Studies 1995, S.390 f.

22 Eine Zusammenfassung dieser ökonomischen Diskussion findet sich z.B. bei Pananis S. 9 f und Nerlich S. 30 f. Nach Nerlich ist eine Insiderregelung hinsichtlich der Punkte „Schädigung der Anleger und Informationseffizienz“ nicht erforderlich. Die Notwendigkeit eines Insidergesetzes ergibt sich vielmehr aus der Erwartungshaltung an den Finanzmärkten, Nerlich S. 46.

23 Zu dieser Wirkung der Diskussion s. auch Nerlich S. 29 f; Hartmann S. 21.

Insbesondere zur Auslegung der einzelnen Tatbestandsmerkmale der Insiderbegriffe bleibt es jedoch notwendig, sich über den Zweck der gesetzlichen Regelung Klarheit zu verschaffen[24], weshalb, da die teleologische Auslegungsmethodik bei sämtlichen Auslegungsproblemen zu erörtern ist, diese Überlegung an den Anfang der weiteren Darstellung gestellt wird.

Losgelöst von der im weiteren dargestellten Problematik der Bestimmung des Gesetzeszwecks des WpHG darf nicht übersehen werden, daß das deutsche WpHG auch und vor allen Dingen der Umsetzung der EG-Richtlinie dient. Der Anstoß zur Schaffung des Gesetzes ist aus der in der Richtlinie festgeschriebenen Umsetzungspflicht gekommen[25], ohne die entsprechende Richtlinie wäre unter Umständen auch heute noch das Insiderrecht nicht kodifiziert in Deutschland. Gerade diese Herkunft darf daher bei der Auslegung des WpHG (dieses gilt genauso für die Umsetzung der Richtlinie in den anderen EG-Staaten, z.B. bei der Auslegung des Criminal Justice Act 1993 in Großbritannien) nicht vernachlässigt werden[26]. Es ist daher geboten, zunächst auf den Gesetzeszweck der EG-Richtlinie einzugehen.

a) Der Gesetzeszweck der EG-Richtlinie

Die Bestimmung von Gesetzeszwecken im Insiderrecht fällt generell schwer, weil die übliche Methodik, den Zweck aus dem Schutz des Geschädigten einer Handlung abzuleiten, im Insiderrecht Bedenken unterliegt[27]. Am anonymen Wertpapiermarkt kann generell davon ausgegangen werden, daß der Insider auf die konkrete Entscheidung des Gegenparts seines Geschäfts keinen Einfluß genommen hat. Regelmäßig ist es vielmehr so, daß die entsprechende Wertpapierorder des anderen Teil des Insidergeschäfts auch so ausgeführt worden wäre, wenn der Insider nicht am Markt tätig gewesen wäre[28].

24 So schreibt Claussen zum WpHG in „Insiderhandelsverbot ...", S.4: "Damit diese Auslegung sachgerecht erfolgt, muß über den Normzweck Klarheit bestehen; ohne Kenntnis vom Normzweck sind unbestimmte Rechtsbegriffe nicht definitionsfähig."

25 So auch Duderstadt in Journal of Financial Crime 1996, S.106.

26 So auch Duderstadt in Journal of Financial Crime 1996 S.107.

27 Grunewald in ZBB 90, S. 129.

28 Ausnahmsweise führt das Handeln des Insiders dann doch zu einem spürbaren Unterschied und damit zu einem Schaden beim Gegenpart, wenn dieser einen limitierten Auftrag erteilt hat und das Limit nur durch die Order des Insiders, der ggfls. aufgrund seines Insiderwissens bereit ist, auch Kurse zu bezahlen, die außerhalb der gehandelten Spanne liegen, erreicht wird. Eine weitere Möglichkeit liegt darin, daß ein Kursmakler durch sein Insiderwissen über die Orderlage unlimitierte Aufträge nutzt, um Eigengeschäfte zu überhöhten Kursen durchzuführen, die am Markt nicht gezahlt werden würden; s. zu diesem unter dem WpHG aufgetretenen Fall BAWe Jahresbericht 1996, S. 17 und FN 411.

Man spricht insofern von einem „Victimless Crime“[29].

Es bedarf daher einer allgemeinen Betrachtung, welche Schutzzwecke[30] generell in Frage kommen, die anschließend in Anlehnung an die grundsätzliche Auslegung einer EG-Richtlinie insbesondere unter Berücksichtigung der Begründung (Präambel), der Entstehung sowie des Wortlauts der Richtlinie auf ihre Verwirklichung in der Richtlinie gewürdigt werden.

In Betracht kommen, insofern sei auf die langjährige auch internationale Diskussion der Frage des Schutzzweckes der EG-Richtlinie verwiesen :

1. der Schutz der Funktionsfähigkeit der Wertpapiermärkte[31],
2. der Schutz der Chancengleichheit der Teilnehmer in dem Sinne, daß kein Marktteilnehmer bei seinem Handlungsentschluß einen Informationsvorsprung nutzen darf,
3. der Individualschutz der Anleger[32],
4. der Schutz des Emittenten[33].

Die wohl h.M.[34] sieht primär den Funktionsschutz der Märkte als Schutzzweck, stellt aber entweder ergänzend oder zumindest als Reflex auch auf die Chancengleichheit der Anleger[35] und den individuellen Anlegerschutz ab[36].

---

29 Diese These wurde 1966 aufgestellt von Manne in „Insider Trading and the Stock Market“ und wird seitdem insbesondere bei der Frage des „ob“ der Strafbarkeit von Insiderhandel aufgeführt, s. Hopt in CMLR 90. S. 52; ders. in AG 95, S. 355; aus der amerikanischen Literatur ferner Hazen S. 835 FN 5 mit zahlreichen Nennungen.

Gegen dieses Argument läßt sich insbesondere argumentieren, Opfer sei die Gesellschaft als Ganzes, s. White in Rider/Ashe, S.57. Bei den Beratungen zur EG-Richtlinie wurde dieses Argument vom Ausschuß für Wirtschaft, Währung und Industriepolitik gesehen und ausdrücklich abgelehnt, s. Hoon-Bericht (s. FN 82) PE-Dok. A2-0055/88 S. 14.

30 Nicht verkannt werden darf in diesem Zusammenhang, daß die EG-Richtlinie über den nachstehend angeführten Schutzzwecken weiteren Zwecken diente, beispielsweise der Vereinheitlichung der Rechtsordnungen und der Anpassung an einen gemeinsamen Standard. Diese Fragestellungen werden sich jedoch regelmäßig bei der Auslegung der Tatbestandsmerkmale des Insiderrechts insbesondere in Bezug auf die Differenzierung der Primär- und Sekundärinsider nicht auswirken.

31 Das Vertrauen der Anleger, das ausdrücklich im 4. Erwägungsgrund der Präambel seinen Niederschlag gefunden hat, wird demgegenüber nur als Sammelbegriff betrachtet. Wollte man den Vertrauensbegriff als Zweck für die Auslegung bestimmter Begriffe heranziehen, so wäre zu fragen, worauf die Anleger konkret vertrauen. Die Antwort wird jedoch in den ersten 3 aufgeführten Gesetzeszwecken bereits repräsentiert, so daß dem Vertrauen keine eigenständige Bedeutung zukommt.

32 Grunewald in ZBB 90, S. 129 differenziert noch zwischen den Anlegern auf derselben Marktseite und denen auf der Gegenseite, sieht im Ergebnis aber beide nicht als Schutzzweck an.

33 S. insofern Hausmanninger S. 6 bis 27.

1. In Bezug auf den Funktionsschutz des Wertpapiermarktes[37] ist zwar zu bedenken, daß der Insiderhandel als solcher bereits seit einem Jahrhundert vorkommt, den Wertpapiermärkten hierdurch allerdings keine spürbare Belastung entstanden ist[38]. Dem ist jedoch entgegenzuhalten, daß dieses Argument auf die Frage der generellen Strafbarkeit von Insiderhandel abstellt, die aber in Anbetracht der gesetzlichen Lösung bei der Schutzzweckfindung ausgeklammert werden sollte.

Abzustellen ist vielmehr zunächst auf die Begründung[39], konkreter auf die Einführungen in der Präambel, in der die Gründe, warum die Richtlinie eingeführt wurde, aufgeführt sind. Dort ist ausdrücklich das Funktionieren des Sekundärmarktes angesprochen[40], es wurde im übrigen auch in den Vorarbeiten zur Richtlinie betont[41]. Hervorzuheben und besonders erwähnenswert ist, daß die Bedeutung dieses Schutzzwecks für die Richtlinie schon durch die prominente Stelle zu Beginn der Präambel unterstrichen wird. Dementsprechend ist mit der h.M. [42] der Funktionsschutz der Wertpapiermärkte jedenfalls ein Schutzzweck der Richtlinie. Da der Funktionsschutz des Marktes jedoch ein grundsätzliches

---

34 Hopt spricht sich in ZGR 91, S.28 dafür aus, daß die EG-Richtlinie im Sinne der amerikanischen Misappropriation-Theorie (s.u. 53 f.) zu verstehen sei, wonach der Schutz des berechtigten Informationsbesitzes Zweck der Richtlinie sei.

35 S. Claussen in ZBB 92, S.78; Schödermeier/Wallach in EuZW 90 S. 122; von Rosen in ZgesKW 89 S.658; Hannigan in JIBL 89, S. 11; Hübscher in Büschgen/Schneider S. 331.

36 S. Hausmanninger S.150 f; Schödermeier/Wallach in JIBL 89, S.234.

37 Der Bezug zum Kapitalmarkt kommt u.a. auch in dem Wechsel der Rechtsgrundlage der Richtlinie zum Ausdruck. Während der Entwurf der Richtlinie (ABlEG Nr. C 153/8 vom 11.06.87) diese noch auf Art. 54 Abs. 3 Buchstabe g EWG-Vertrag, und damit auf eine Grundlage, die die Basis des Unternehmensrechts bildet, stützte, wird in der verabschiedeten Fassung auf Art. 100 a EWG-Vertrag, und damit auf eine marktorientierte Grundlage. Hierzu s. auch Tippach S. 7 f.

38 Grunewald in ZBB 90, S.130; Pfister in ZGR 81, S.338.

39 Zu ihrer Bedeutung für die EG-Richtlinien-Auslegung s. Lutter in JZ 92, S. 600.

40 Vgl. Präambel, 2. und 3. Erwägungsgrund:
„Der Sekundärmarkt für Wertpapiere spielt bei der Finanzierung der Wirtschaftssubjekte eine wichtige Rolle. Damit dieser Markt seine Aufgabe effizient wahrnehmen kann, müssen alle für dessen reibungsloses Funktionieren zweckdienlichen Maßnahmen getroffen werden." S. auch 6. Erwägungsgrund, wonach „Insider-Geschäfte ... [können] ... das reibungslose Funktionieren des Marktes beeinträchtigen."

41 Begründung ursprünglicher Kommissionsvorschlag (FN 82) KOM (87) 111 end. S.2 und 4; Hoon-Bericht (s. FN 82) PE Dok. A2-0055/88 S 11.

42 Claussen in ZBB 92, S.78; Hübscher in Büschgen/Schneider S. 331; von Rosen in ZgesKW 89 S.658; Ernst in WM 90 S.461; Hannigan in JIBL 89, S. 11; Welter in Büschgen/Schneider S. 319; Davies in OJLS 91, S. 102 f.; Wolf S. 14; Schäfer in Schäfer Vor § 12 WpHG RN 13; zweifelnd: Grunewald in ZBB 90, S.130, die sich aber in der Zusammenfassung a.a.O. S. 133 für den Funktionsschutz als Zweck ausspricht.

Problem ist und nicht lediglich der Insidergesetzgebung obliegt, ist zur näheren Verdeutlichung, insbesondere auch zur praktischen Handhabung bei der teleologischen Auslegung, das Vertrauen der Anleger, welches ausweislich der Begründung die entscheidende Voraussetzung des reibungslosen Funktionierens des Marktes ist[43], heranzuziehen. Dieses erweist sich als greifbareres Kriterium.

2. Hinsichtlich der Chancengleichheit gilt es zunächst deutlich zu machen, daß nicht die Herstellung eines Informationsgleichstandes bei allen Marktteilnehmern Ziel des Insiderrechts sein kann. Ein solches Ziel kann allenfalls mit den Publizitätsregelungen verfolgt werden. In Bezug auf das Insiderrecht kommt es vielmehr darauf an, die Chancengleichheit beim Zugang zu der Information zu wahren[44] und insbesondere die Ausnutzung eines Informationsvorsprungs zu verhindern[45].

Die Chancengleichheit der Anleger fokussiert auf die Anleger als Gruppe, nicht auf den einzelnen Anleger. Sie hat, im Gegensatz zu dem oben behandelten Funktionsschutz, keinen ausdrücklichen Einzug in die Begründung gefunden[46].

Allerdings legt der 5. Erwägungsgrund[47], indem er auf die Zusicherung, daß die Anleger gleichgestellt sind, abstellt, den Einbezug sprachlich nahe. Hierin wird zudem deutlich gemacht, daß das Insiderrecht nicht einem Angleich im Informationsstand dient, sondern lediglich dem Mißbrauch von einem Informationsvorsprung. Historisch spricht für den Einbezug der Chancengleichheit auch, daß sowohl die Kommission in ihrer Begründung zum ursprünglichen Richtlinienvorschlag[48] als auch der Wirtschafts- und Sozialausschuß bei seiner Stellungnahme zum ursprünglichen Vorschlag diesen Zweck ausdrücklich erwähnt haben[49]. Danach ist von einem Schutzzweck der Chancengleichheit der Anleger auszugehen.

---

43 Präambel der EG-Richtlinie, 4. Erwägungsgrund.

44 Hopt in FS Heinsius, S.290; Rudolph in BFuP 94, S.117; Leistner in ZRP 1973, S.202.

45 So auch Pananis in WM 97, S.460.

46 Hierfür im Sinne der Chancengleichheit im Informationsstand, was auf eine Übertragung der Philosophie der „Disclose or Abstain"-Regeln (hierzu s. S.48 f.) aus dem amerikanischen Recht hinausläuft, anscheinend Grunewald in ZBB 90, S.130; a.A. Tippach S. 24 f. Die Chancengleichheit bedeutet nicht, daß beide Teilnehmer über dieselben Informationen verfügen, sondern lediglich, daß beide Teilnehmer dieselben Möglichkeiten haben, sich zu informieren und keiner auf eine Quelle zugreifen kann, die nicht öffentlich ist.

47 Der fünfte Erwägungsgrund lautet: *„Dieses (Anleger)Vertrauen beruht unter anderen auf der den Anlegern gegebenen Zusicherung, daß sie gleichgestellt sind und daß sie gegen die unrechtmäßige Verwendung einer Insider-Information geschützt werden."*.

48 Begründung ursprünglicher Kommissionsvorschlag (hier: II. Teil FN 82) S. 1 und 2.

49 WSA-Stellungnahme (hier: II. Teil FN 82) S. 35/22.

Gleichwohl ist das Zusammenspiel des 3. („Damit dieser Markt ...") mit den nachfolgenden, insbesondere dem 4. und 5. Erwägungsgrund zu beachten. Die Formulierung des 3. Grundes („... müssen alle für dessen reibungsloses Funktionieren zweckdienlichen Maßnahmen getroffen werden.") verdeutlicht, daß die nachfolgenden Ausführungen lediglich der Erreichung dieses Oberziels dienen[50]. Die Funktionsfähigkeit des Marktes ist nach dem Aufbau der Begründung als die Summe mehrerer untergeordneter Teilaspekte zu verstehen, so daß sich, käme es bei einer Auslegung auf eine Entscheidung zwischen den Schutzzwecken „Funktionieren des Marktes" und „Chancengleichheit" an, der Marktschutz durchsetzen würde und die Chancengleichheit als Zweck zur Erreichung des übergeordneten Zwecks zu verstehen ist.

3. Auch der Anlegerschutz verstanden als Schutz des Individuums ist nicht ausdrücklich erwähnt.

Die Erwägungsgründe 4. und 5. der Richtlinie, die die Anleger ausdrücklich ansprechen, betreffen sprachlich vielmehr die Anleger als Kollektiv. Für den Einbezug des Individualschutze spricht allerdings, daß gerade der Satzteil *„... und daß sie* [die Anleger] *gegen die unrechtmäßige Verwendung einer Insider-Information geschützt werden."* erst im Zuge des Gesetzgebungsverfahrens zugefügt wurde[51]. Gerade dieser Teil macht deutlich, daß auch der Kollektivschutz nur durch den Einzelschutz transferiert wird. Zudem führt auch der WSA in seiner Stellungnahme ausdrücklich den „Sparerschutz"[52] auf.

Demgegenüber ergibt die Durchsicht des Richtlinieninhalts, daß dieser in der Formulierung der Sekundärinsider durch den Bezug auf die Abstammung der Insiderinformation von einem Primärinsider eine Norm enthält, die nicht in das System des Individualschutzes paßt. Wollte die Richtlinie wirklich auch den Individualschutz als eigenen Schutzzweck erreichen, so wäre eine Generalklausel notwendig, die den Handel im eigenen und fremden Namen verbietet, sobald man Kenntnis einer Information hat. Unterstellt, der Insiderhandel würde tatsächlich

---

50 I.E. ebenfalls Welter in Büschgen/Schneider S. 320. Tippach stützt seine Erwägungen vorrangig auf den 4. und 5 Erwägungsgrund, die jedoch für sich betrachtet eher eine hierarchische Gleichheit der Zwecke indizieren. Er kommt zu dem Ergebnis, daß der Anlegerschutz nur als Reflex des Funktionsschutzes betroffen ist, und nicht einen eigenen Schutzzweck darstellt. Diese Ansicht ist insbesondere im Vergleich mit den Schutz des Emittenten, den Tippach gleichbehandelt wissen will (S. 26), abzulehnen. In den Erwägungsgründen zu 3., 4. und 5. wird deutlich, daß der Anlegerschutz eine andere Bedeutung genießt als den reinen Reflex des Funktionsschutzes, er ist nämlich vielmehr Voraussetzung und damit als eigener Schutzzweck, wenn auch von untergeordneter Rolle, anzuerkennen.

51 Vergleiche den Wortlaut des ursprünglichen Kommissionsvorschlag und den jetzigen Wortlaut der Richtlinie (siehe beide II. Teil FN 82).

52 „WSA-Stellungnahme" (II. Teil FN 82), S. 35/22.

den anderen Teil einer Transaktion schädigen, so müßte der Schutz beim reinen Besitz der Insiderinformation ansetzen.

Der Individualanlegerschutz ist danach vom Schutzzweck der Richtlinie nicht umfaßt[53].

Allerdings sei darauf hingewiesen, daß der Anlegerschutz ohnehin ein Reflex der Funktionsschutzes des Marktes ist[54] und auch ohne ausdrückliche Benennung dieser Schutzzweck mittelbar erreicht wird. Teilweise wird sogar angenommen, der Funktionsschutz des Marktes wäre ohne Anlegerschutz nicht möglich[55].

4. Diese soeben behandelten möglichen Schutzzweckrichtungen 1-3 haben gemeinsam, daß sie wörtlich oder aber sinnverwandt in der Begründung der Richtlinie angesprochen werden[56]. Der Emittentenschutz[57] hingegen ist weder in den Vorarbeiten erwähnt worden[58] noch hat er Eingang in den Wortlaut der Begründung gefunden[59]. Das Wortlautargument aus der Begründung spricht generell dagegen, daß diesem Schutzzweck Gültigkeit zukommt. Dieses Wortlautargument könnte kompensiert werden, sofern aus dem Gesamtinhalt der Richtlinie heraus der Schutz des Emittenten herleitbar ist.

Nach der hier vertretenen Auffassung[60] und auch der h.M.[61] unterfallen die Marktinformation dem Informationsbegriff des Artikel 1 Ziffer 1. Die Ausdehnung auch auf die Marktinformationen ist dabei insbesondere unter den

---

53 So auch Caspari in ZGR 94, S.533; Grunewald in ZBB 90, S. 129; a.A. Schödermeier/Wallach in JIBL 89, S.234; Hopt in ZHR 95, S. 159; von Rosen in Die Bank 95, S. 11.

Als weiteres Argument gegen den Einbezug dieses Schutzzweckes kann aufgeführt werden, daß Welter, der als Hauptverwaltungsrat der EG-Kommission „Börsen und Wertpapiere" an dem Kommissionsvorschlag mitgearbeitet hat, in Büschgen/Schneider S.317 den Schutz des einzelnen Anlegers als Ziel der Aktivitäten der EG auf dem Gebiet der Wertpapiere ausdrücklich aufführt, diesen jedoch a.a.O. S. 319 bei seiner Darstellung der Gründe der Kommission für die Insider-Initiative unberücksichtigt läßt.

54 So auch Hausmanninger S. 74, 152; Hopt „Insider Regulation and Timely Disclosure „S.16; Assmann in ZGR 94 S. 449; Wolf S. 16.

55 S. Hopt in WM-Festgabe Hellner, S.29; ders. in ZGR 91, S.26; Hausmanninger S.152.

56 Erwägungsgründe 1 bis 6. Die weiteren Erwägungsgründe konkretisieren gleich einem Kommentar bestimmte Regelungen aus dem Inhalt der Richtlinie.

57 S. zur rechtstheoretisch Herleitung aus der Treuepflicht eines Informationsinhabers gegenüber dem Emittenten herleiten Lutter in ZHR 1989, S. 458.

58 S. Hausmanninger S. 153.

59 So auch Tippach S. 26. Andere Beispiele von EG-Richtlinie benennen hingegen diese Schutzzweck ausdrücklich, s. „Vorschlag für eine dreizehnte Richtlinie des Europäischen Parlaments und des Rates auf dem Gebiet des Gesellschaftsrechts über Übernahmeangebote", ABl Nr. C 162 v. 06.06.96, S.5.

60 S. hierzu S. 181 f.

61 S. die in FN 411 aufgeführte h.M.

Gesichtspunkt der Erreichung des weiteren, bereits besprochenen Schutzzweckes des Vertrauens der Anleger erforderlich. Die Marktinformationen aber stehen gerade nicht in einem Verhältnis zum Emittenten, daß aus dieser inhaltlichen Ausfüllung der Insidervorschriften auch der Schutz des Emittenten herleitbar wäre. Da der Emittentenschutz nicht eindeutig inhaltlich umgesetzt worden ist, verbleibt es bei dem Wortlautargument, wonach der Emittentenschutz nicht bezweckt ist[62].

Zusammenfassend bezweckt die Insiderrichtlinie danach den Schutz der Funktionsfähigkeit der Wertpapiermärkte als das übergeordnete zu schützende Interesse. Dieser Schutz wird jedoch nur durch die Chancengleichheit der Anleger im Sinne der Gleichheit hinsichtlich der Möglichkeit der Informationsbeschaffung erreicht, weshalb dieser Aspekt als untergeordneter Zweck der Richtlinie zu begreifen ist. Die Auslegung hat sich danach an beiden Schutzzwecken zu orientieren, wobei sich in Konfliktfällen der Schutzzweck des Funktionsschutzes durchsetzt.

b) Der Gesetzeszweck des WpHG

Die Analyse des Gesetzeszweckes orientiert sich grundsätzlich am Willen des nationalen Gesetzgebers und hat im Rahmen der richtlinienkonformen Auslegung den Gesetzeszweck der EG-Richtlinie zu berücksichtigen[63].

Zunächst kann auch hier auf die oben auf S. 97 angeführten in Frage kommenden möglichen Gesetzeszwecke abgestellt werden.

1. Danach ist auch im WpHG der Funktionsschutz der Wertpapiermärkte vom Insiderrecht bezweckt[64]. Abzustellen ist auf die Begründung, in der die Funktionsfähigkeit der Märkte mehrfach, insbesondere auch ausschließlich in Bezug auf das Insiderrecht[65], benannt ist[66]. Auch hier sei auf die besondere

---

62 Im Ergebnis ebenso Grunewald in ZBB 90, S. 129 f.; Hausmanninger S. 150; Davies in OJLS 91, S. 103; ähnlich Hopt in ZGR 91, S. 28, der feststellt, daß es auf eine Treuepflicht gegenüber dem Emittenten nach den Beratungen zur EG-Richtlinie nicht ankommen sollte.

63 Siehe zu diesem methodischen Ansatz S.92.

64 Claussen in AG 97, S. 307; Hopt in ZHR 95, S. 159; ders. in Schimansky/Bunte/Lwowski § 107 RN 4; Kümpel „Bank- und Kapitalmarktrecht" RN 16.64 f; ders. in WpHG S. 49; Assmann in AG 97, S.50; ders. in AG 94, S. 203; ders. in Assmann/Schneider 2. Aufl. Vor § 12 RN 43 a; zur Megede in Assmann/Schütze 2. Aufl. § 14 RN 15; Ransiek in DZWir 95, S. 54; Caspari in ZGR 94, S. 532; Heisterkamp in DZWir 94, S. 519; Cahn in ZHR 162, S. 2; Schäfer in Schäfer Vor § 12 WpHG RN 15; Finanzausschußbericht in BT-Drucks. 12/7918 S. 100; Nerlich S. 57; Wolf S. 18; Pananis S. 44.

65 Mit dem Zweiten Finanzmarktförderungsgesetz sind neben dem Insiderrecht eine Reihe weiterer Änderungen vorgenommen worden, so ist insbesondere auch im WpHG die Transparenzrichtlinie der EG (ABlEG Nr. L 334/30) umgesetzt worden. Die in der Begründung aufgeführten Bemerkungen (insbesondere die Vorbemerkungen) müssen

Bedeutung dieses Zwecks für den Gesetzgeber hingewiesen, der durch die Aufführung des Funktionsschutzes zu Beginn bereits in den Vorbemerkungen hervortritt und sich bei den Insiderbemerkungen wiederholt[67].

2. Bezüglich der Chancengleichheit der Anleger wiederholt der nationale Gesetzgeber[68] nahezu wörtlich die Formulierung der EG-Präambel[69]. Dort wurde auch aus der entsprechenden Formulierung gefolgert, daß hierin die Chancengleichheit der Anleger als ein Schutzzweck, der jedoch gegenüber dem Funktionsschutz nachrangig ist, zum Ausdruck kommt[70]. In der Begründung des WpHG wiederholt sich das zwischen den einzelnen Zwecken bestehende Gefälle, indem die Stufigkeit durch die Darlegung, welche weiteren Zwecke jeweils zur Erreichung des nächsthöheren erforderlich sind, aufgeführt ist[71].

3. Der Individualschutz wurde als Schutzzweck der EG-Richtlinie abgelehnt[72]. Die deutsche Begründung orientiert sich an dem 5. Erwägungsgrund der EG-Richtlinie. Dort wurde dieser Schutzzweck jedoch nicht aus sprachlichen Gründen abgelehnt, sondern weil in der EG-Richtlinie der an dieser Stelle nicht eindeutige Gesetzgeberwille nicht durch eine entsprechende inhaltliche Begründung unterstützt wurde[73]. Die Ausformulierung des Sekundärinsidertatbestandes in Artikel 4 der Richtlinie legte vielmehr den Schluß nahe, der EG-Gesetzgeber habe diesen Zweck nicht erreichen wollen.

Argumentativ wird gegen den Einbezug des Individualschutzes zunächst aus der Entstehungsgeschichte des WpHG die Darstellung des Finanzausschusses angeführt[74]. Dieser hat in der Begründung zu seinen Beschlußempfehlungen zu § 4 Absatz 2 WpHG ausgeführt, daß der Schutz des einzelnen Anlegers nur ein

---

daher sorgfältig darauf überprüft werden, inwieweit sie sich auf den insiderrechtlichen Teil des WpHG beziehen.

66 BR-Drucks. 793/93 S. 101 und S. 174 (dort zu § 31 WpHG-Vorschlag, der in § 38 WpHG umgesetzt worden ist).

67 BR-Drucks. 793/93 S. 100 und S. 101.

68 Im englischen Recht wird der Schutzzweck herkömmlich in dem Vertrauen der Anleger in die Fairneß des Marktes gesehen, s. White in Rider/Ashe S.57.

69 S. BR-Drucks. 793/93 S. 102 und EG-Richtlinie in WM 89, S. 1829 (5.Begründung).

70 Siehe oben S. 99. Die Begründung zum WpHG-Entwurf spricht die Chancengleichheit ausdrücklich bei den Ausführungen zu §14 an, BT-Drucks. 12/6679 S. 47.

71 BR-Drucks. 793/93 S. 101 und S. 102.; in diesem Sinne Assmann in AG 94, S. 202. Demgegenüber wird dieser Zweck in der Literatur auch als Unterpunkt des Funktionsschutzes gesehen, s. z.B. Caspari in ZGR 94, S. 533; Kümpel „Bank- und Kapitalmarktrecht" RN 16.66; Heisterkamp in DZWir 94, S. 519.

72 Siehe oben S. 101.

73 Siehe oben S. 101.

74 Kümpel „Bank- und Kapitalmarktrecht" RN 16.70.

Rechtsreflex des Schutzes der Funktionsfähigkeit der Wertpapiermärkte sei[75]. Zur Wertung dieser Argumentation ist es notwendig, zu untersuchen, an welchen Stellen und mit welchem Hintergrund der Finanzausschuß den Individualschutz ablehnt. Die Ablehnung ist einerseits ausdrücklich aufgeführt bei der Frage, ob das BAWe auch im privaten Interesse oder ausschließlich im öffentlichen Interesse (so der jetzige § 4 Abs. II WpHG) tätig ist. Zudem läßt sich die Ablehnung des Ausschusses aus der Verneinung des Schutzgesetzcharakters von § 15 WpHG herleiten[76].

Beide Ablehnungen sind jedoch aus dem speziellen Inhalt der sie betreffenden Norm heraus zu erklären. Die Regelung des § 4 Abs. II WpHG beruht auf den Erfahrungen, die man mit der Börsenaufsicht im KWG gemacht hat; sie dient dazu, fiskalische Ansprüche gegen das BAWe abzuwehren[77]. Die Regelung des § 15 Abs. 6 WpHG wurde eingeführt, um Sanierungsmaßnahmen bei börsennotierten Unternehmen zu ermöglichen. Diese Begründung des § 15 Abs. 6 WpHG wird vom Finanzausschuß mehrfach aufgeführt[78].

Die Ablehnung des Individualschutzes wird daher an zwei bestimmten Normen konkretisiert, deren Individualschutz nicht hinnehmbare Folgen mit sich gebracht hätten. Die Frage, ob die Insiderregelungen des WpHG den Schutz des individuellen Anlegers bezwecken, betreffen sie hingegen nicht. Die Ausführungen des Finanzausschusses können danach nur als eine Meinung betrachtet werden, zumal bei den insiderrechtlichen Vorschriften durch die Ausführungen des Finanzausschusses keine Änderungen vorgenommen worden.

Ferner wird gegen den Einbezug des Individualschutz § 12 WpHG angeführt. § 12 WpHG bezieht Wertpapiere, die nur an Börsen in Drittstaaten oder an keiner Börse gehandelt werden, nicht in die Insiderregelung ein. Eine solcher Einbezug sei aber zum Individualschutze notwendig[79]. Dem ist das Verständnis der Stufigkeit der Schutzzwecke entgegenzuhalten, wonach die Schutzzwecke, die unterhalb des Funktionsschutzes angesiedelt sind, zu dessen Erreichung dienen. Dann aber kann nur der Individualschutz, der die im WpHG definierten und vom Funktionsschutz erreichten Märkte betrifft, bezweckt sein.

---

75 Finanzausschußbericht in BT-Drucks. 12/7918 S. 100 zu § 4 neuer Absatz 2.

76 Finanzausschußbericht in BT-Drucks. 12/7918 S. 102 zu § 15 Absatz 6. Auch Kümpel „Bank- und Kapitalmarktrecht" RN 16.70 und Caspari in ZGR 94, S. 534 führen § 15 Abs. 6 an.

77 S. Hopt in ZHR 95, S. 158.

78 Finanzausschußbericht in BT-Drucks. 12/7918 S. 96 und S. 102. Unterstützt wird diese Sichtweise dadurch, daß diese Regelung gleichzeitig auch für die Börsenaufsichtsbehörde durch den Bundesrat vorgeschlagen wurde (jetzt § 1 IV BörsenG), s. zur Begründung Stellungnahme des Bundesrates, BR-Drucks. 793/1/93 S. 9.

79 Kümpel „Bank- und Kapitalmarktrecht" RN 16.70; ders. in WpHG S. 51; Caspari ZGR 94, S.533; Wolf S. 18; Pananis S. 43.

Heranzuziehen ist vielmehr, daß gegenüber der EG-Richtlinie argumentativ zwei wesentliche Veränderungen in Bezug auf die nationale Gesetzgebung vorliegen: einerseits kommt in den Erläuterungen zu der Strafvorschrift zum Ausdruck, daß der Gesetzgeber den Anlegerschutz nicht als Kollektivschutz, sondern als Schutz des Einzelnen betrachtet. Dort ist ausgeführt[80]: *„Die Gefahren, die von Insiderverstößen für die Funktionsfähigkeit der Börse und den Vermögensinteressen einzelner Anlagen durch Beeinträchtigung oder Gefährdung ausgehen, erfordern deshalb einen verstärkten strafrechtlichen Schutz."* Diese Stelle hat der Bundesrat in seiner Stellungnahme zum WpHG-Entwurf bei dem Antrag, eine Versuchsstrafbarkeit einzuführen, dahingehend präzisiert, daß er von den *Gefahren „... und für die Vermögensinteressen einzelner Anleger"* durch Insiderverstöße sprach[81]. Somit stellt sich die Begründung des nationalen Gesetzgebers und damit der Gesetzgeberwille als eindeutiger dar als der der EG-Richtlinie.

Zudem ist der Gesetzgeberwille im nationalen WpHG auch erkennbar inhaltlich umgesetzt worden. Ausweislich des Gesetzestextes ist Tatbestandsvoraussetzung beim Sekundärinsider nur die reine Kenntnis der Insidertatsache (§ 14 II WpHG)[82]. Wird aber jedem, der Kenntnis einer Insidertatsache hat, das Handeln in den entsprechenden Papieren für sich und andere verboten, so entspricht dies der Reichweite, die zum Schutz der einzelnen Anleger erforderlich ist. Durch die Regelung des § 14 Abs 2 WpHG ist jedes Geschäft mit Insiderkenntnis ohne weitere Voraussetzung untersagt.

Schließlich wird gegen den Schutz des einzelnen Anlegers die These aufgeführt, der jeweilige Vertragspartner des Insiders erleide keinen Schaden, da er seinen Kauf- bzw. Verkaufsentschluß unabhängig vom Insiderwissen des Insiders bereits gefaßt habe[83]. Insofern sei auf die „hypothetische Kausalität" abzustellen, wonach der Dritte das Geschäft bei hinreichenden Umsatzvolumen mit einem anderen als dem Insider zu denselben Bedingungen getätigt hätte. Diese Argumentation vermischt jedoch die Frage, ob bei dem konkreten Geschäft der einzelne Käufer bzw. Verkäufer tatsächlich geschädigt ist mit der Frage, ob der Einzelne bei einem Insidergeschäft geschädigt werden kann. Für den Gesetzgeber kommt es nicht auf die Beantwortung der ersten, sondern der zweiten Frage an.

---

80 BR-Drucks. 793/93 S. 174. So auch Ransiek in DZWir 95, S.54 FN 6; Götz in DB 95, S. 1949. Diese Gesetzesbegründung spricht auch gegen das von Kaiser in WM 97, S.1560 angeführte Argument, wonach in der Gesetzesbegründung zu § 264 a StGB das individuellen Vermögen und das Vertrauen in das Funktionieren des Kapitalmarktes erwähnt seien.

81 BT-Drucks. 12/6679, S. 95 (Nr. 6). die Bundesregierung hat bei der Gegenäußerung auf die zuvor zitierte Stelle verwiesen und damit ihrerseits den individuellen Anlegerschutz betont, BT-Drucks. 12/6679 S. 102 (zu Nr. 6). Insofern geht der Vergleich mit anderen Richtlinien, wie von Nerlich (S. 53) aufgeführt, fehl.

82 Siehe hierzu S. 165.

83 Pananis S. 27 f; siehe hierzu auch die in den FN 27 und 29 Benannten.

Das aber ein Anleger bei einem Insidergeschäft geschädigt werden kann, ist zu bejahen. Hier ist auf limitierte Orders zu verweisen, die nur durch den Auftrag des Insiders zur Ausführung gelangen[84].

Da somit bei abstrakter Betrachtung ein Schaden des einzelnen Anlegers möglich ist, ist unter Berücksichtigung des oben aufgeführten Gesetzgeberwillens und der Umsetzung in § 14 Abs 2 WpHG der Schutz des einzelnen Anlegers von den Insidervorschriften des WpHG bezweckt[85]. Vorrangig wird der Schutz der

---

84 Dieses erkennt auch Pananis S. 31 m.w.N., stellt hierzu jedoch fest :"Als Anknüpfungspunkt einer gesetzlichen Regelung scheiden die Fälle limitierter Ordererteilung daher aus."

85 Z.B. Götz in WM 95, S.1949; Ransiek in DZWir 95, S.54; Heisterkamp in DZWir 94, S. 519; von Rosen in Die Bank 95, S. 11; Hopt in Schimansky/Bunte/Lwowski §107 RN 4; Claussen in AG 97, S. 307; Assmann in Assmann/Schneider 2.Aufl. Vor § 12 RN 43 a; ders. in AG 94 S. 204 und 250, dort jedoch weitgehend auf die Frage der Anspruchsableitung abstellend und eine Orientierung an den einzelnen Normen propagierend.

a.A. Kümpel „Bank- und Kapitalmarktrecht" RN 16.67; ders. in WpHG S. 50 f. (Kümpel in WM 93, S. 2025 sprach anläßlich der Vorbereitungen zum WpHG noch von dem doppelten Schutzzweck Anlegerschutz und Funktionsschutz); zur Megede in Assmann/ Schütze 2. Aufl. § 14 RN 15; Kaiser in WM 97, S.1560; Nerlich S. 54.

Im deutschen WpHG spitzt sich diese Fragestellung des Schutzzweckes vielfach auf die Frage zu, ob § 14 WpHG ein Schutzgesetz nach § 823 II BGB ist; s. hierzu Assmann/ Cramer in Assmann/ Schneider § 14 RZ 107, ders. in AG 94, S. 250; Kümpel „Bank- und Kapitalmarktrecht" RN 16.71; Kaiser in WM 97, S.1559 f; Steinhauer S. 105 f.

Diese Fragestellung ist, will man den Gesetzeszweck bei der teleologischen Auslegung als ein Auslegungsargument für eine bestimmte Auslegung eines streitigen Tatbestandsmerkmals nutzen, zu eng (so auch Hopt in Schimansky/Bunte/Lwowski §107 RN 5). Insofern ist heranzuziehen, daß eine strafrechtliche Regelung des Insiderrechts auch erstrebenswert war, weil die zivilrechtlichen Mittel, die dem Einzelnen zur Verfügung standen, dem Insiderhandel nicht gerecht werden konnten. Durch den hier aufgezeigten Schutzzweck ist nach Ansicht des Autors die Frage nach dem Schutzgesetzcharakter des § 14 WpHG im Sinne von § 823 II BGB nicht abschließend beantwortet. Die Beantwortung dieser Frage müßte vielmehr auch ermitteln, ob dem Gesetzgeberwillen zu entnehmen ist, daß dieser die Schaffung eines individuellen Schadensersatzanspruchs erstrebt hat (BGHZ 46, S. 23; BGH WM 1991, S. 2090). Der Autor meint zu diesem konkreten Fragenkomplex, daß das Zivilrecht grundsätzlich allein, ohne Hinzuziehung der Strafnorm des § 14 WpHG, die Frage nach dem Schadensersatzanspruch lösen muß. Hinzuweisen ist darauf, daß am Wertpapiermarkt zwischen Käufer und Verkäufer kein persönlicher Kontakt besteht, womit Aufklärungspflichten restriktiv zu sehen sind (hierin liegt der einschneidende Unterschied zu den von der Rspr. entschiedenen Fällen (z.B. BGH in NJW 82, S. 1386), in denen der Verkäufer einer Ware von sich aus über Mängel etc. aufklären muß). Gegen einen solchen Gesetzgeberwillen spricht zudem, daß bei den Beratungen zur EG-Richtlinie eine Schadensersatzpflicht ausdrücklich durch den Hoon-Bericht (s. II. Teil FN 82) S. 9 vorgeschlagen und nicht umgesetzt worden ist. Angesichts dieser EG-Richtlinie hätte es nahegelegen, bei einem entsprechenden Gesetzgeberwillen diese Frage ausdrücklich zu klären.

einzelnen Anleger jedoch durch die Publizitätspflicht des § 15 WpHG erreicht, da diese das Informationsungleichgewicht der Beteiligten beseitigt.

4. Demgegenüber wird auch im WpHG der Emittent[86] nicht geschützt.

Der hier angesprochene Schutzzweck hat, insofern sei auf die Ausführungen zur EG-Richtlinie verwiesen[87], keinen Eingang in die Gesetzesbegründung gefunden. Dementsprechend bedürfte es einer zweifelsfreien Herleitung aus dem Inhalt der insiderrechtlichen Vorschriften des WpHG heraus, der jedoch in Anlehnung an die Argumentation zur EG-Richtlinie abzulehnen ist (siehe oben ab S. 101).

Allerdings ist nach der hier vertretenen Auffassung zur Auslegung der Merkmale der dritten Gruppe der Primärinsider, wonach es einer vertraglichen oder gesetzlichen Verbindung zwischen Primärinsider und Informationsträger bedarf (s. hierzu S. 161), nicht verkennbar, daß der Emittent und der Informationsinhaber jeweils auch als Rechtsreflex geschützt werden. Gleichwohl sind beide nicht als separat geschütztes Rechtsgut anzusehen, da ihr Schutz sich gerade aus der an den oben dargestellten Rechtsgütern orientierenden teleologischen Auslegung ergibt. Ihr Schutz ist damit Rechtsfolge des Schutzes des anderen Rechtsgüter, sie sind damit nicht selbst geschütztes Rechtsgut.

B. Personenbezogene Merkmale

1) Primärinsider

Als Primärinsider sollen grundsätzlich die Personen vom Gesetz erfaßt werden, die einen unmittelbaren Zugang zur Insiderinformation haben und mit solchen besonders leicht bis nahezu unvermeidbar in Berührung kommen. Die mißbräuchliche Verwertung oder Weitergabe von Insidertatsachen liegt bei ihnen besonders nahe[88].

Im WpHG werden, im Gegensatz zu anderen Insiderrechtsordnungen, die Primärinsider nicht lediglich gesellschaftsbezogen definiert[89]. Zwar stellen § 13 I Nr. 1 und 2 WpHG auf die Stellung der natürlichen Person zum Emittenten ab, man kann insofern von der Statusbezogenheit dieser beiden Primärinsidergruppen sprechen. § 13 I Nr. 3 WpHG hingegen unterstellt auch solche Personen dem Primärinsiderbegriff, die aufgrund ihres Berufes, ihrer Aufgabe oder ihrer

86 So auch Caspari in ZGR 94, S.533; Loesche S. 30; Nerlich S. 60. Pananis S. 22 und Lücker S. 28 f argumentieren hier im wesentlichen damit, daß dem Emittenten kein direkter materieller Schaden entsteht und daß das Bestimmungsrecht, über eigene Geheimnisse zu verfügen, durch die Publizitätspflichten des WpHG nicht geschützt, sondern gerade eingeschränkt wird.

87 Siehe oben ab S. 101.

88 Assmann in AG 94, S.238.

89 Assmann in AG 94, S.202.

Tätigkeit von der Insidertatsache Kenntnis erlangen. Hiermit werden auch, neben gesellschaftsinternen Personen, aus der Sicht der Gesellschaft externe Personen in den Kreis der Primärinsider einbezogen. Die Berücksichtigung dieser gesellschaftsfremden Personen entspricht der Regelung des Art. 2 I 3. Spiegelstrich der EG-Richtlinie.

Zu berücksichtigen bei der Darstellung der einzelnen Begriffsmerkmale und Gruppen ist, daß die personenbezogenen Merkmale des § 13 WpHG so angelegt sind, daß sie sich überlagern können, und eine Person ggfls. aufgrund unterschiedlicher Kriterien als Primärinsider zu betrachten ist[90].

a) Organmitglieder und persönlich haftende Gesellschafter des Emittenten § 13 I Nr. 1 1.Alt. WpHG

Gesetzespolitisch betrachtet sind die Organmitglieder[91] und persönlich haftenden Gesellschafter des Wertpapieremittenten eine unproblematische Gruppe, jedes Insiderrecht[92] bezieht diese Gruppe als Insider ein[93]. Diese Gruppe erhält im modernen Management typischerweise zuerst die Information bzw. erzeugt diese sogar selbst, daher ist ihre Aufnahme als Primärinsider zwingend[94].

(1) Die Primärinsider nach § 13 Abs. 1 Nr. 1 WpHG in den weiteren Rechtsordnungen

Das amerikanische Gesellschaftsrecht kennt die Trennung zwischen Vorstand und Aufsichtsrat nicht. Die directors und officers als Beaufsichtigungs- und Leitungsorgan sind bereits nach der „Fiduciary-Duty-Theorie" als sog. Traditionelle Insider als Primärinsider anerkannt[95].

Im englischen Recht waren die directors schon unter dem CSIDA 85 ohne weitere Erfordernisse Primärinsider[96]. Nunmehr sind die directors in den Fällen, in denen

---

90 Assmann in Assmann/Schneider 2. Aufl. § 13 RZ 5; Schäfer in Schäfer § 13 WpHG RN 8.

91 S. hierzu speziell Schröder in NJW 94, S.2879 f.

92 Auch die auf vertraglicher Anerkennung basierenden IHR sahen diese Gruppe als Insider vor, s. zur Megede in Assmann/Schütze 1.Aufl. § 14 RZ 25.

93 Will in Hopt/Will S.69.
Rechtsprechungsbeispiele für diese Gruppe aus dem englischen Recht sind (s. Hannigan S. 78):
R v Dickinson, nicht veröffentlicht, erwähnt in 3 The Company Lawyer 1982, S.185; R v Naerger, nicht veröffentlicht, erwähnt in The Guardian vom 30.04.1986; R v Cross, nicht veröffentlicht, erwähnt in The Independent vom 25.11.1988 und Financial Times vom 26.01.1990.

94 Claussen in ZBB 92, S.270

95 S. oben II. Teil FN 197 f.

96 S. oben II. Teil FN 285.

sie die Insiderinformation kausal aus ihrer Eigenschaft als director erhalten, nach Sec. 57 (2) (a) CJA 93 ebenfalls Primärinsider.

Das Schweizer Insiderrecht schließlich unterwirft in Art. 161 SchwStGB ausdrücklich die Verwaltungsrats- und Geschäftsleitungsmitglieder den Insiderhandelsverboten.

(2) Die Primärinsider nach § 13 Abs. 1 Nr. 1 WpHG

Zunächst ist die Frage zu beantworten, wer genau die Voraussetzungen dieser Primärinsideralternative erfüllt.

Bei einer AG[97] sind Primärinsider im Sinne des § 13 I Nr. 1 1.Alt. WpHG[98]:
- der Vorstand,
- der Aufsichtsrat[99].

Dabei sind bezüglich des Vorstandes der AG auch die Stellvertreter gem. § 94 AktG mit einzubeziehen[100]. Die Ersatzmitglieder der einzelnen Aufsichtsratsmitglieder hingegen fallen nicht unter diese Insideralternative[101], da es bei ihnen an einer dem § 94 AktG entsprechenden Gleichstellung fehlt. Sie werden vielmehr erst zum Aufsichtsratmitglied, wenn das eigentliche Mitglied vor Ablauf seiner Amtszeit wegfällt (§ 101 III S. 2 AktG), die gesetzliche Regelung die Aufsichtsratsmitglieder betreffend gilt daher vorher für sie im Gegensatz zu den Stellvertretern der Vorstände nicht[102].

Bei einer GmbH ist es der Geschäftsführer, nicht aber die Gesellschafterversammlung, selbst wenn sie weisungsbefugt ist, da ihr insofern kraft Gesetz weder eine Geschäftsführungs- noch eine Aufsichtsfunktion zukommt[103]. Einer am Telos orientierten Ausdehnung des Tatbestands[104] steht entgegen, daß die Gesellschafterversammlung bereits von sich aus Organ ist. Da sie jedoch gleichwohl nicht bei den weiteren in § 13 I Nr. 1 WpHG aufgeführten Organen erwähnt wurde, ist der Gesetzgeberwille eindeutig.

Bei den Personengesellschaften sind es, hier ist auf das gesetzliche Leitbild der Selbstorganschaft abzustellen, die geschäftsführenden Gesellschafter.

---

97 Vorstand und Aufsichtsrat wurden auch bereits von Art 82 Europäische AG-Vorschlag 1970 mitumfaßt, hierzu s.S.35.

98 Assmann in Assmann/Schneider 2. Aufl. § 13 RZ 7.

99 Speziell zum Aufsichtsrat und Insidergeschäften s. Fleck in FS Heinsius, S.101.

100 So schon zu den IHR 1970 Rümker in BB 72, S.1208.

101 Selbstverständlich können sie jedoch je nach Lage des Falls Primärinsider entsprechend § 13 I Nr. 3 WpHG sein.

102 Rümker in BB 72, S.1208.

103 Zudem sind Gesellschafter Primärinsider nach § 13 I Nr. 2 bzw. § 13 I Nr. 3 WpHG.

104 Von der Grundkonstellation her liegt eine Parallelität zu den fakultativen Organen vor, hierzu s. S. 112.

Zu den persönlich haftenden Gesellschaftern zählt auch der persönlich haftende Gesellschafter der KGaA.

Nicht erforderlich für die Mitglieder des Geschäftsführungsorganes ist, daß Alleinvertretungsmacht besteht, es reicht, daß ein Vorstandsmitglied die Gesellschaft nur zusammen mit einem Prokuristen vertreten darf (es gelten die zu § 30 OWiG entwickelten Grundsätze)[105].

Keine Primärinsider nach § 13 I Nr. 1 WpHG hingegen sind Liquidatoren und Insolvenzverwalter, die sich jedoch, sofern sie ein Insiderhandelsverbot verletzen, nach § 13 I Nr. 3 WpHG strafbar machen[106].

(a) Kausalität zwischen der Organstellung und dem Insiderwissen

(i) Erfordernis der Kausalität

Gemäß § 13 I Nr. 1 WpHG muß der Insider die Kenntnis der Tatsache *"als Mitglied ..."* erlangt haben. Fraglich ist daher, insbesondere wenn man die differierenden Wortlaute aus § 13 I Nr. 2 und 3 WpHG heranzieht (*"aufgrund seiner Beteiligung...";"aufgrund seines Berufes.."*), ob jegliche Kenntnis der Insidertatsache reicht, oder ob ein Kausalitätserfordernis zur Organstellung zu fordern ist[107].

Im amerikanischen Recht wird diese Frage strittig behandelt. Nach Ansicht der SEC reichen auch außerhalb der Eigenschaft als director erworbene Kenntnisse aus, die Primärinsiderstellung zu begründen[108].

Meller lehnt das Kausalitätserfordernis bei den Primärinsider nach § 13 Abs. 1 Nr. 1 WpHG mit Blick auf den Schutzzweck der Funktionalität der Kapitalmärkte und des Vertrauens der Anleger ab[109]. Gerade bei dieser Primärinsider könnten Insidergeschäfte besonders vertrauensschädigend wirken. Nach seiner Auffassung bedarf es daher zwar nicht eines Ursachenzusammenhangs, zufällig erlangte Kenntnis soll jedoch gleichwohl nicht ausreichend sein[110].

---

105 Assmann in Assmann/Schneider 2. Aufl. § 13 RZ 7.

106 Diese Auffassung stellt auf die Amtstheorie an, die derzeit noch von der Rechtsprechung angewendet wird, s. BGHZ 32,114,118; 35, 180 f; 88, 331 f. Demgegenüber wird die Organtheorie (hierzu K. Schmidt S. 337 f m.w.N. in FN 136) hier zu einem anderen Ergebnis kommen. Da die betroffenen Personen ohnehin Primärinsider nach der 3. Gruppe sind, bedarf es keiner intensiven Auseinandersetzung mit diesem Theorienstreit.

107 Weber in BB 95, S. 158; Claussen in DB 94, S. 27; die amtl.Begründung enthält hierzu keine Aussage.

108 SEC v. Finamerica Corp. Sec. Reg. & L.Rep. (BNA) No. 594, A-5 (D.D.C. 11.03.1981), so auch Wang/Steinberg S. 321-322.

A.A.: Langevoort S. 76; Loss/Seligman S. 3587 dort FN 315.

109 Meller S. 337 f.

110 Meller S. 338.

Zunächst ist festzustellen, daß der sprachliche Unterschied der 1., 2. und 3. Alternative nicht zwingend eine inhaltliche Unterscheidung deckt, da die sprachlichen Unterschiede sich auch aus der Satzstellung bzw. aus dem Satzaufbau ergeben könnten[111].

In Bezug auf die teleologische Betrachtung ist ein Unterschied in der Behandlung der ersten und zweiten Gruppe nicht erkennbar. Das Vertrauen des Anlegers wird bei beiden Gruppen beidermaßen erschüttert, wenn über Insidergeschäfte dieser Gruppen berichtet wird. Richtigerweise ist hinsichtlich der Auslegung zu fragen, weshalb diese Gruppe von Insidern gegenüber den Sekundärinsidern einem verschärften Handelsverbot unterliegen soll.

Auszugehen ist von der Unterscheidung in den Rechtsfolgen, nämlich das die Primärinsider strengeren Verwertungsverboten unterliegen. Eine an den Zwecken des WpHG[112] orientierte Argumentation muß darauf abstellen, daß bei den Primärinsidern die Wahrscheinlichkeit größer ist, mit Insiderinformationen in Berührung zu kommen und daß bei ihnen dadurch die Gefahr, zur Ungleichgewichtung in der Informationslage im Markt durch Verbreitung der Information oder durch Empfehlungen beizutragen, höher ist[113]. Man kann insofern von dem erhöhten Gefährdungspotential als Unterscheidungsmerkmal sprechen.

Da diese erhöhte Gefährdung nur dann eintritt, wenn die Kenntnis der Insiderinformation kausal durch die Organstellung erworben wurde, ist § 13 I Nr. 1 WpHG auch im Sinne der Forderung nach einem Kausalitätserfordernis zwischen Kenntniserlangung und Organstellung auszulegen[114].

---

111 Ähnlich Weber in BB 95, S. 159. So hat die EG-Richtlinie in Artikel 2 Absatz 1 sogar drei verschiedene Formulierungen gewählt („als Mitglied", „durch ihre Beteiligung" und „aufgrund ihrer Arbeit").

112 Es bedarf nicht der Herbeiziehung der Erwägungen zur EG-Richtlinie, da diese es den Mitgliedstaaten in Artikel 6 gerade freistellte, die Verbote auszudehnen und sich die konkrete Rechtsfolgenunterscheidung somit erst aus dem nationalen Gesetz ergibt.

113 Denkbar wäre insofern, daß das WpHG auch unterstellt, daß durch die größere Wahrscheinlichkeit mit Insiderinformationen in Berührung zu kommen, auch die Möglichkeiten der geldwerten Nutzung einer Insiderinformation besser sind. Da jedoch einerseits § 14 I Nr. 2 und 3 WpHG nicht an den Vorteil beim Insider anknüpfen (siehe unten S. 191) und andererseits in § 13 Absatz 1 auch Gruppen erfaßt werden (z.B. die Kleinaktionäre; hierzu s. S. 119), die in den seltensten Fällen tatsächlich mit Insiderinformationen in Berührung kommen, kann diese Erwägung nur hilfsweise zur Unterstützung herangezogen werden.

114 So auch Weber in BB 95, S.159; Nerlich S. 75; Schäfer in Schäfer § 13 WpHG RN 16. Im Ergebnis ebenso auf der Basis des Wortlauts der EG-Richtlinie, der in der deutschen Fassung identisch ist, Hausmanninger S.161.

(ii) Anforderungen an den Überführungsbeweis

Davon zu unterscheiden ist die Frage, welche Anforderungen an den Überführungsbeweis zu stellen sind. Hierbei ist insbesondere streitig, ob der Beweis des ersten Anscheins[115] gegen die Organmitglieder spricht, daß die Kenntnis der Insiderinformation durch ihre Organmitgliedschaft erlangt wurde, oder ob auch ihnen konkret nachgewiesen werden muß, ob die Kenntnis als Mitglied des Organs erlangt wurde[116].

Der Wortlaut des Gesetzes (*"... 1. als Mitglied ..."*), der sprachlich keinen Schluß auf eine gewollte Änderung der geltenden Beweisregelungen stützt, spricht dafür, daß auch das Kausalitätserfordernis dem angeklagten Organmitglied voll nachgewiesen werden muß[117]. Gleichwohl ist nicht zu verkennen, daß in einem Prozeß gegen ein Organmitglied oder gegen einen persönlich haftenden Gesellschafter im Rahmen der freien Beweiswürdigung der Richter von sich aus diese Kausalität unterstellen wird, wenn nicht der Angeklagte durch seine Einlassung erhebliche Zweifel hervorzurufen vermag. Insofern werden den äußeren Umständen, insbesondere dem zeitlichen Zusammenhang zwischen der Möglichkeit der Kenntniserlangung und dem konkreten Wertpapiergeschäft, daneben aber auch den üblichen wertpapierbezogenen Tätigkeiten des Betroffenen, erhebliche Bedeutung zukommen.

(b) Mitglieder eines fakultativen Organs

Mitglieder eines Organes, welches gesetzlich nicht vorgeschrieben sondern freiwillig gebildet wurde, fallen nach wohl h.M. jedenfalls dann unter § 13 I Nr. 1 1.Alt. WpHG, wenn dem Organ aufsichtsrechtliche Befugnisse zustehen und es

---

115 Dieser Begriff entstammt dem Zivilrecht, im Strafrecht sollte man besser von Anzeichenbeweis bzw. Beweisvermutung sprechen; s. hierzu Kleinknecht/Meyer-Goßner § 261 RN 23 u. 25.

116 Dafür: Weber in BB 95, 158;Assmann in Assmann/Scheider § 13 RZ 13; wohl auch Ransiek in DZWir 95, S.57; eher zweifelnd Claussen, DB 94 S.27.

117 Hausmanninger S. 177 führt hierzu aus, daß WpHG beinhalte keine Mißbrauchsvermutung.
Im amerikanischen Recht ist derzeit streitig, ob aus der Kenntnis der Information auf die Kausalität geschlossen werden darf; s. hierzu U.S. v. Teicher, 987 F.2d 112,119 (2d Cir. 1993) einerseits und SEC v. Adler, 135 F.3d 1325 (11th Cir. 1998) andererseits; s.auch Bloomenthal S. 1223 f; Loss/ Seligman in Fundamentals (99 Suppl.) S. 786 FN 80. Die SEC nimmt diesen Rechtsstreit zum Anlaß und bereitet eine neue Rule 10b5-1 vor, wonach grundsätzlich davon ausgegangen werden soll, daß der Besitz die Kausalität indiziert. Von dieser Regel werden sodann vier Ausnahmen (z.B. wenn ein Vertrag erfüllt oder auf der Basis eine vorherigen Plans gehandelt wurde) manifestiert; s. Proposed Rule 10b5-1 abrufbar im Internet unter http://www.sec.gov/rules/proposed/34-42259.htm.

somit entsprechender Verantwortlichkeit ausgesetzt ist[118]. Diskutiert wird dieses Problem vorwiegend hinsichtlich des fakultativ gebildeteten Aufsichtsrates bei GmbHs, die nicht den Mitbestimmungsgesetzen unterfallen.

Der Gesetzeswortlaut gibt hierzu keinen zwingenden Aufschluß[119].

Demgegenüber spricht der Zweck, in den Fällen, in denen einem solchen Organ aufsichtsrechtliche Befugnisse zustehen, dafür, sie auch insiderrechtlich dem gesetzlichen Aufsichtsorgan anzugleichen, da sie aufgrund der Gleichstellung in der Praxis mit denselben Informationen in Berührung kommen wie die Mitglieder eines gesetzlichen Organs[120]. Insofern kann auch hier der schon angeführte Argumentationsstrang des erhöhten Gefährdungspotentials (oben S. 111) herangezogen werden.

Diese Diskussion sollte jedoch nicht überbewertet werden, weil die Mitglieder des freiwillig bestellten Organs jedenfalls Primärinsider nach § 13 I Nr. 3 WpHG wären[121].

(c) Mitglieder eines faktischen Organs

Weniger diskutiert wird die Frage, wie solche Personen zu behandeln sind, die lediglich einem faktischen Gesellschaftsorgan angehören. Gemeint sind hier die Fälle, in denen die Bestellung fehlerhaft erfolgte, sie aber dennoch als Organ aufgetreten und tätig geworden sind[122].

Assmann[123] differenziert zwischen den zivilrechtlichen und den strafrechtlichen Folgen etwaigen Handelns. Bei fehlerhafter Bestellung (faktisches Gesellschaftsorgan) unterliege die Person zivilrechtlich dem Verbot des § 14 Nr. 1-3 WpHG. Dieses Verbot sei für etwaige Schadensersatzansprüche relevant. Strafrechtlich seien sie jedoch als Sekundärinsider zu behandeln, da es an einer § 14 III StGB vergleichbaren Vorschrift fehle, nach der die Regeln über die Vertretung ohne Rücksicht auf die Wirksamkeit des Bestellungsaktes eintreten würden.

---

118 Hopt in ZGR 1991, S.36; ders. in Schimansky/Bunte/Lwowski §107 RN 9; Assmann in AG 94, S.238;ders. in ZGR 94, S.505; Rellermeyer (zitiert Hopt) in WM 95, S.1982; Zur Megede in Assmann/Schütze 2.Aufl. § 14 RN 34; Schäfer in Schäfer § 13 WpHG RN 11; Arbeitskreis Deutsche Börse AG in WM 94, S.2039; Meller S. 334.

119 Rechtshistorisch wurden die Mitglieder eines Beirates nicht als Insider i.S. der IHR angesehen, diese Personen konnten sich jedoch selbstverständlich freiwillig gegenüber der Gesellschaft zur Anerkennung der IHR verpflichten (Rümker in BB 72, S.1208).

120 Lücker S. 44; Hausmanninger S.161 zur EG-Richtlinie.

121 Assmann in Assmann/Schneider 2. Aufl. § 13 RZ 8.

122 K. Schmidt S.425.

123 Assmann in Assmann/Schneider 2. Aufl. § 13 RZ 8; ihm folgend z.B. Nerlich S. 74; Schäfer in Schäfer § 13 WpHG RN 12.

Zuzustimmen ist Assmann darin, daß eine Anwendung der Regeln des § 14 StGB nicht in Frage kommt[124]. Eine direkte Anwendung des § 14 StGB scheidet aus, da § 14 StGB lediglich dazu dient, Verbotstatbestände, die sich an einen Normadressaten wenden, auf dessen Vertreter auszudehnen[125]. Der Verbotstatbestand des § 14 WpHG i.V.m. § 13 I Nr. 1 WpHG wendet sich aber nicht an die vertretene juristische Person, sondern nur an die natürliche Person selbst; es bedürfte daher einer analogen Anwendung, die aber zu Lasten des Täters im Strafrecht verboten ist.

Jedoch verkennt Assmann, daß es bei der Frage der Strafbarkeit von faktischen Organen nicht um eine analoge und damit verbotene Anwendung von Strafnormen geht, sondern vielmehr um auslegungsbedürftige Normanwendung[126]. So hat bereits das Reichsgericht entschieden, daß eine Person, die trotz fehlerhafter Bestellung im Tatsächlichen die Stellung eines Organs eingenommen hat, Organ im Sinne der Verbotsnorm ist[127]. Diese Rechtsprechung des Reichsgericht ist frühzeitig vom BGH übernommen und bis heute weitergeführt worden[128]. Dementsprechend sind Personen, die zwar aufgrund fehlerhafter Bestellung keine gesellschaftsrechtliche Organstellung hatten, tatsächlich eine solche jedoch einnahmen, im Rahmen der Bankrottstraftaten (§§ 283f StGB), der Untreue (§ 266 StGB), des Gründungsschwindels (§ 82 GmbHG) und des unterlassenen Konkursantrages (§ 84 GmbHG) strafrechtlich als Organ behandelt worden[129].

Mit dem BGH kommt es somit zunächst auf die Auslegung an, es ist daher zu fragen, welchen Sinn und Zweck der fragliche Straftatbestand erfüllen soll[130].

Danach ist in Bezug auf den Insiderhandel ein Unterschied zwischen "echten" und faktischem Organ mit dem Sinn der Vorschrift nicht vereinbar. Bei beiden Organen ist vielmehr das Gefährdungspotential aufgrund der gleich hohen Wahrscheinlichkeit, mit Insiderinformationen in Kontakt zu kommen, identisch und damit die Gefahr, Insiderkenntnisse zu mißbrauchen, gleich groß. Sowohl der Zweck des Funktionsschutzes des Wertpapiermarktes, der Chancengleichheit der Anleger als auch der Schutz des einzelnen Anlegers sprechen dafür, daß diejenigen Personen, die im gleichen Maße Kenntnis von Insidertatsachen erlangen können, auch gleich im Sinne der Insiderstrafnorm behandelt werden.

---

124 So auch Lücker S. 37 f.

125 Zum Anwendungsbereich des § 14 StGB s. Dreher/Tröndle § 14 RZ 1 a.

126 So auch K. Schmidt S.426.

127 RGSt 16, 269, 270 f

128 S. nur BGHSt 3, 32 f.

129 Fuhrmann in FS Tröndle S.147.

130 Fuhrmann in FS Tröndle S.148.

Zur EG-Richtlinie, deren Umsetzung das WpHG darstellt, wurde ebenfalls die Auffassung vertreten, Art. 2 (I) erfasse nicht lediglich die de jure-Organe, sondern, da die entsprechende Regelung gerade auf diejenigen abstellt, die die Gewalt im Unternehmen ausüben, auch die de facto-Organe[131].

Zusammenfassend umfaßt der Begriff des Organs im Sinne des § 13 I Nr. 1 WpHG im Rahmen der Auslegung auch die faktischen Organe, die Grenze zur verbotenen Analogie wird nicht überschritten[132].

Rechtsvergleichend wird im Schweizer Recht bei der Diskussion der Primärinsider die erste Gruppe (Art. 161 Nr. 1 SchwStGB)[133] auch auf solche Personen ausgedehnt, die de facto die Gesellschaft beherrschen oder aber auf ihre Entscheidung wesentlichen Einfluß haben[134]. Genannt werden hierfür Mehrheits- oder Alleinaktionäre, die nach dem Wortlaut des Schweizer Rechts im Gegensatz zum deutschen Recht (s. § 13 I Nr. 2 WpHG) keine Primärinsider wären. Die Ausdehnung wird mit dem Grundgedanken des Kreises der Insider begründet, wonach es der privilegierte Zugang zu Informationen ist, der das Verwertungsverbot begründe[135]. Im Schweizer Insiderrecht werden auch solche Beauftragten als Primärinsider angesehen, deren Rechtsverhältnis zur Gesellschaft nichtig ist[136].

(d) Weitere Einzelfragen im Zusammenhang mit § 13 I Nr. 1 WpHG

Hinsichtlich der Frage, für welchen Zeitraum eine Person Primärinsider nach dieser Alternative ist, ist zwischen dem Beginn und dem Ende der Organ-/Gesellschafterstellung zu differenzieren.

---

131 Tridimas in I.C.L.Q. 1991, S.924 und 925, Haumanninger S. 161.

Art 1 Abs 2 des geänderten Richtlinienvorschlags enthielt noch folgende Formulierung: *„Sofern es sich bei den in Absatz 1 genannten Personen um Gesellschaften oder andere juristische Personen handelt, gilt das dort ausgesprochene Verbot für ihre gesetzlichen und faktischen Geschäftsleiter.“*(ABl EG 1988 Nr C 277/14).

132 So im Ergebnis auch Lücker S. 40.

133 Hierzu s. oben bei der Darstellung des Schweizer Rechts S. 86.

134 Schubarth/Albrecht Art 161 RN 43 f; Schmid N 89; Böckli S.37.

135 Stratenwerth, § 22 RZ 27; Schubarth/Albrecht Art 161 RN 42.

Das hiergegen einzuwerfende Argument, daß diese Schweizer Sichtweise vorrangig auf deren Ansatz des Vertrauensmißbrauchs basiere und hinsichtlich des Vertrauensmißbrauchs die faktischen und die echten Organe allerdings gleichzustellen sind, kann entkräftet werden. Im Schweizer Recht sind nämlich ausdrücklich auch die Beamten, bei denen regelmäßig keine Vertrauensbeziehung vorliegen wird, benannt. Hierunter fallen aber auch solche Personen, die lediglich vorübergehend eine amtliche Funktion ausüben (Art. 110 Ziff. 4 SchwStGB), es wird somit ebenfalls auf die faktische Ausübung und nicht auf die eigentliche streng-formalistische Position abgestellt.

136 Strebel, S.32.

Die Insiderstellung aufgrund der Organstellung bzw. der Stellung als persönlich haftender Gesellschafter kann, insofern sei auf die o.g. Grundsätze bzgl. der faktischen Organe verwiesen[137], bereits vor der Vollziehung des Bestellungsaktes hervorgerufen werden, wenn nämlich die fragliche Person sich bereits vorher als Organ/Gesellschafter geriert. Mit dem Vollzug der Bestellung (§ 84 AktG, § 6 GmbHG) spätestens ist die Person potentieller Primärinsider.

Die Insiderqualifikation endet nicht automatisch mit der Beendigung des Amtes, sondern erst, wenn die aus der Organstellung heraus geflossene Information öffentlich wird[138]. Hier ist der Wortlaut, der lediglich auf die Kenntnis abstellt und keine zeitliche Einschränkung außer der, daß man bei der Kenntnis Organmitglied gewesen sein muß[139], enthält, eindeutig[140]. Dementsprechend bedurfte es keiner ausdrücklichen Hervorhebung, wie sie in der dem Insiderrecht verwandten Norm des § 9 KWG durch die Formulierung „*... auch wenn sie nicht mehr im Dienst sind oder ihre Tätigkeit beendet ist.*" benutzt wurde[141].

Emittentenfremde Organmitglieder unterliegen, sofern sie nicht Organmitglieder eines verbundenen Unternehmens sind, nicht dem Primärinsiderbegriff nach § 13 I Nr. 1 WpHG[142].

Ein Organmitglied der Gesellschaft A ist daher nicht Primärinsider nach § 13 I Nr. 1 WpHG hinsichtlich seines Wissens um Insidertatsachen der Gesellschaft B,

---

137 Siehe oben S. 113.

138 Weber in BB 95, S.159; Lücker S. 41; Schubarth/Albrecht Art 161 RN 40 sowie Botschaft BBL 85 II S.83 je zum Schweizer sowie Wang/Steinberg S.294 f. zum amerikanischen Recht.

139 Eine solche enthielt z.B. s1(1) des Company Securities (Insider Dealing) Act 1985, indem darauf abgestellt wurde, daß die betreffende Person eine entsprechende Beziehung zum Unternehmen jetzt oder in den letzten sechs Monaten hatte.

140 So auch mit Blick auf den dortigen Wortlaut für das englische Recht Davies S.468.

141 Ergänzend sei auf die Auslegung zu § 1 Nr. 1 Satz 1 IHR 1988 verwiesen, wonach "zu keinem Zeitpunkt" verbotenen Geschäfte abgeschlossen werden durften. Danach wirkte die Insidereigenschaft bzgl. der Informationen, die im ursächlichen Zusammenhang mit der früheren Tätigkeit standen, beim Ausscheiden aus dem Unternehmen fort; s. zur Megede in Assmann/Schütze (Hrsg.) Handbuch des Kapitalanlagerechts 1.Aufl. § 14 RZ 31 sowie Erläuterungen der Arbeitsgemeinschaft der deutschen Wertpapierbörsen, abgedr. in Baumbach/Hopt (16) Insiderhandels-Ri 2.

142 Nerlich S. 76; Pananis S. 124; Schäfer in Schäfer § 13 WpHG RN 14; zur EG-Richtlinie Schödermeier/Wallach in JIBL 89, S.234. Man kann insofern von Konnexität zwischen Täter und Titel sprechen, s. Strebel, S.35.
Zu bedenken ist jedoch, inwiefern sie Primärinsider nach der dritten Gruppe sind, hierzu s. S. 147.

es sei denn es handelt sich hierbei um verbundene Unternehmen. Auch hier ist der Wortlaut (*"als Mitglied des ... Organs des Emittenten"*) eindeutig[143].

Dieser Punkt kann als gefestigt betrachtet werden, da der BGH in seinem "Auslieferungsbeschluß" vom 17.09.96[144] § 13 I Nr. 3 WpHG und nicht § 13 I Nr. 1 WpHG für maßgeblich hielt[145]. Der Verfolgte war Aufsichtsratmitglied einer schweizerischen AG und hatte in dieser Funktion erfahren, daß seine AG eine andere AG übernehmen wollte. Bei diesem Sachverhalt stellte der BGH zur Beurteilung der Frage, ob der Verfolgte sich nach dem WpHG strafbar gemacht hätte, nur auf § 13 I Nr. 3 WpHG ab und bejahte die Strafbarkeit[146]. Damit ist gleichzeitig unterstellt, daß § 13 I Nr. 1 WpHG nicht einschlägig ist. Da der Verfolgte nicht Aufsichtsratmitglied des Emittenten war, bei dem diese Information zu erheblichen Kursveränderungen geführt hätte, hat der BGH in diesem Fall zu Recht auf § 13 I Nr. 3 WpHG abgestellt[147].

b) Am Kapital des Emittenten Beteiligte § 13 I Nr. 2 WpHG

Auch diese Gruppe von Primärinsider ist in den meisten Insiderrechtsordnungen anerkannt. Gleichwohl bestehen bei der Ausgestaltung der Tatbestandsvoraussetzungen erhebliche Unterschiede.

---

143 So auch Assmann in ZGR 94, S.505; Weber in BB 95, S.159; Immenga in ZBB 95, S.200; Meller S. 336; a.A. Dickersbach S. 136.

Im derzeit gültigem englischen Criminal Justice Act 1993 hingegen ist der Wortlaut weiter gefaßt und schließt die Organe irgendeines Emittenten ein; s. Hannigan S. 77 FN 65; Weinberg Band I S. 3248; Davies S.465 FN 15.

Sec 57 (2) CJA:....

(a) he has it through -

*(i) being a director, employee or shareholder of **an** issuer of securities; ....*" [Hervorhebung durch den Bearbeiter]

Demnach wäre in Großbritannien der Vorstand der A-AG bei einer von der A-AG geplanten Übernahme der B-AG auch in Bezug auf die B-AG, bei der sich die Übernahme im Kurs widerspiegeln wird, Insider. Der Unterschied zum deutschen Recht ist jedoch vernachlässigbar, da im deutschen Recht diese Organmitglieder nach § 13 I Nr. 3 WpHG Primärinsider sind (s. S. 147 f.).

144 BGH Beschluß vom 17.9.96, 4 ARs 21/95, abgedr. in WM 97, S.138 f. Der Sachverhalt ist dargestellt oben S.32.

145 BGH a.a.O. S.140.

146 In dem BGH-Beschluß kam es jedoch auf diese Frage im Ergebnis nicht an, da auf die Strafbarkeit zum Tatzeitpunkt abzustellen war, zu diesem Zeitpunkt (1989) jedoch das WpHG noch nicht in Kraft war.

147 Ergänzend sei darauf hingewiesen, daß dieses auch der Auslegung zu Art 161 SchwStGB entspricht; s. Strebel S. 35; Schmid N 133.

Zur Ausnahme bei geplanten Unternehmensverbindungen zweier Aktiengesellschaften s. Art. 161 Ziffer 4 SchwStGB.

(1) Die Primärinsider nach § 13 Abs. 1 Nr. 2 WpHG in den weiteren Rechtsordnungen

Im amerikanischen Insiderrecht sind die Anteilsinhaber nach der „Fiduciary-Duty-Theorie" als Insider anerkannt, sofern sie eine kontrollierende Stellung innehaben[148]. Die Grenzen, ab wann eine kontrollierende Anteilsinhaberschaft vorliegt, sind nicht hinreichend geklärt; bei einer lediglich 14 %igen Beteiligung wurde die Insidereigenschaft abgelehnt[149].

Im englischen Recht wurden die Anteilseigner unabhängig von der Höhe ihrer Beteiligung nach dem CSIDA 1985 nicht als Primärinsider angesehen. Dieses wurde durch den CJA 93 geändert. Bei der Umsetzung der EG-Richtlinie ist im Rahmen des Gesetzgebungsverfahrens über die Frage, ob eine Mindestbeteiligung eingeführt werden soll, diskutiert worden[150]. Im Ergebnis wurde die Einführung einer solchen Mindestbeteiligung abgelehnt[151].

Demgegenüber sind die Aktionäre im Schweizer Insiderrecht keine Insider[152]. Schmid verweist darauf, daß allenfalls ein Großaktionär Primärinsider sein kann, sofern er dank seines Einflusses materieller Geschäftsführer ist[153].

(2) Die Primärinsider nach § 13 Abs. 1 Nr. 2 WpHG

Wichtigstes Tatbestandsmerkmal dieser Gruppe ist, daß die Anteilsinhaber die Kenntnis einer Insidertatsache aufgrund ihrer Beteiligung erlangt haben. Im Gegensatz zur ersten Gruppe ist hier auch in der Literatur unbestritten, daß der Anteilsbesitz kausal für die Kenntnis der Information geworden sein muß[154].

Mit Assmann kann man als Testfrage formulieren, ob der Betroffene Kenntnis der Insidertatsache erlangt hätte, wäre er nicht am Kapital des Emittenten beteiligt gewesen[155].

---

148 S. oben II. Teil FN 201

149 Feldman v. Simkins Industries 679 F.2d 1299, 1304 (9th Cir. 1982).

150 HC Debs, Session 1992-1993, Standing Committee B, 10.Juni 1993, 190.

151 S. Hannigan S.80; Wotherspoon in The Modern Law Review 94, S.425.

152 Schmid S. 87.

153 Schmid a.a.O.

154 Assmann in AG 97, S.52; ders. in Assmann/Schneider 2. Aufl. § 13 RN 15 ff; Meller S. 339. Auch das englische Recht stellt im CJA 93 auf die Kausalität ab, s. Ashe/Counsell S.91

155 Assmann in AG 97, S.52.

(a) Erfordernis einer Mindestbeteiligung

(i) Ansätze vor der Entstehung des WpHG

Hinsichtlich dieser Gruppe der Primärinsider wurde, vor Entstehung des WpHG, heftig diskutiert, ob eine Mindestkapitalquote verlangt bzw. gesetzlich normiert werden sollte.

Der Gesetzesvorschlag des Arbeitskreises Gesellschaftsrecht statuierte für das allgemeine Insiderhandelsverbot hinsichtlich der Beteiligung keine Mindestquote, erst im Rahmen des von der Kenntnis einer Insidertatsache unabhängigen generellen Spekulationsverbotes unternehmensnaher Insider sah der Vorschlag eine Mindestbeteiligung vor[156].

Demgegenüber war auf europäischer Ebene eine solche Mindestquote zunächst in Art. 82 EG AG-Vorschlag[157] gefordert worden (mind. 10 % des Kapitals der Gesellschaft). Zudem sah auch die IHR 1988 (Beteiligung größer als 25 %[158]) eine Mindestbeteiligungsquote vor.

In der EG-Richtlinie war ausdrücklich keine Mindestbeteiligungsquote festgelegt worden, obwohl sie in den seinerzeit bereits bestehenden Insidergesetzen durchaus üblich war[159].

Im Zuge der Diskussion von Gesetzesvorschlägen für das WpHG wurde z.B. vorgeschlagen, den Begriff "Beteiligung" handelsrechtlich zu verstehen, also abhängig davon, ob daß "Engagement der Herstellung einer dauernden Verbindung zu jenem Unternehmen diene"[160]. Dies sollte bei einer 1 - 5%igen Beteiligung der Fall sein (Gesellschaft fällt unter DAX = 1 %, sonst 5 %)[161].

(ii) Ansätze nach Inkrafttreten des WpHG

Der Gesetzgeber des WpHG hat sich dem Wortlaut nach gegen eine Mindestbeteiligung entschieden, indem er undifferenziert formuliert: „... *2.*

---

156 Vgl. § 1 im Gegensatz zu § 5 des Vorschlags; § 5 sprach von einer Mindestbeteiligung von 10 % oder Anteile mit einem Gesamtnennbetrag von DM 10 Mio.

157 Hierzu siehe oben S.35.

158 Deren Einbeziehung war jedoch problematisch, da sie selten in Kreditinstituten oder in Gesellschaften zugleich als Insider tätig und daher für eine freiwillige Anerkennung kaum ansprechbar waren; vgl. zur Megede in Assmann/Schütze (Hrsg.) Handbuch des Kapitalanlagerechts 1.Aufl. § 14 RZ 18.

159 Siebold, S.130; Tridimas in I.C.L.Q. 1991, S.925; Hopt in ZGR 91, S. 36; ders. in CMLR 90, S. 63; Pingel in Gaillard S. 10; zu den damals bestehenden Insidergesetzen s. Hopt/Will S. 69 f. Demgegenüber scheint Hübscher in Büschgen/Schneider S. 334 die 10 %-Regelung der „Disclosure"-Richtlinie auch hier anwenden zu wollen.

160 Claussen in ZBB 92, 270.

161 Claussen, a.a.O.

aufgrund seiner Beteiligung am Kapital des Emittenten .... Kenntnis von einer nicht öffentlich bekannten Tatsache hat ..."[162].

Der Einfügung des Erfordernisses einer Mindestbeteiligung durch entsprechende Auslegung oder richterlicher Rechtsfortbildung stehen der Wortlaut und auch die Gesetzesbegründung[163], wonach es ausdrücklich auf die Höhe der Beteiligung nicht ankomme, entgegen[164]. Zudem sei auf § 21 WpHG hingewiesen, aus welchem hervorgeht, daß der Gesetzgeber sich der Möglichkeit, Beteiligungsschwellen im WpHG zu institutionalisieren, bewußt war.

Vielmehr reicht es aus, das kapitalmarktpolitische Ziel, die Kleinst-Aktionäre nicht unter diesen Insiderbegriff fallen zu lassen, dadurch zu erreichen, daß man das Tatbestandsmerkmal "durch seine Beteiligung" hinreichend berücksichtigt[165]. Hierin kommt die Tatbestandsvoraussetzung der Kausalität zwischen Kenntniserlangung und der Beteiligung am Emittenten bzw. einem verbundenen Unternehmen zum Ausdruck[166]

Der Kleinstaktionär wird seine Information regelmäßig nicht durch seine Beteiligung, sondern vielmehr durch andere Umstände erhalten[167]. Durch diese Einbeziehung des Merkmales "durch seine Beteiligung" wird das kapitalmarktpolitische Ziel, möglichst viele Personen zu einer unternehmerischen Beteiligung zu bewegen und dadurch gleichzeitig den Aktienbesitz entsprechend zu streuen, hinlänglich gewahrt[168]. Eine Strafbarkeit als Sekundärinsider bleibt jedoch von diesen Ausführungen unberührt.

Erhält der Kleinstaktionär die Insiderinformation hingegen ausnahmsweise doch durch seine Beteiligung, als Beispiel sei genannt, daß er die Information auf einer

162 Assmann in AG 94, S.239; Cahn in ZHR 162, S. 5; Lücker S. 47.

163 BR-Drucks. 793/93,141.

164 So auch Meller S. 340. Die teleologische Begründung von Hausmanninger S. 166 anhand der EG-Richtlinie, der allerdings auch zum Ergebnis kommt, die EG-Richtlinie sehe keine Mindestbeteiligung vor, vermag nicht zu überzeugen. Weder der Funktionsschutz noch der Schutz der einzelnen Anleger gebieten es zwingend, den Kleinaktionär, bei dem die abstrakte Wahrscheinlichkeit mit Insiderinformationen in Berührung zu kommen nicht wesentlich größer als bei einem Außenstehenden ist, anders als einen sonstigen Sekundärinsider zu behandeln.

165 Assmann in Assmann/Schneider 2. Aufl. § 13 RZ 15; Cahn in ZHR 162, S. 5; BR-Drucks.793/93,141.

166 Claussen in „Insiderhandelsverbote ...." S.7; so auch Hopt für die EG-Richtlinie in ZGR 91, S. 36.

167 Claussen in DB 94, S.27; ders. in „Insiderhandelsverbote ..." S.7; Zur Megede in Assmann/ Schütze 2.Aufl. § 14 RN 35; Ashe/Counsell S. 91.

168 Claussen in DB 94, S.27 hält die gewählte Gesetzeslösung kapitalmarktpolitisch für kontraproduktiv.

Hauptversammlung erhält, so unterliegt er trotz seiner Kleinstbeteiligung dem Primärinsiderbegriff nach § 13 I Nr. 2 WpHG[169].

Diese Auffassung wird auch unterstützt durch rechtsvergleichende Argumente mit dem britischen Recht, wonach ebenfalls, trotz Diskussion über diesen Punkt im Rahmen des Gesetzgebungsverfahrens[170], auf eine Mindestbeteiligung verzichtet wurde[171].

(iii) Einführung einer Mindestbeteiligung de lege ferendar ?

Im Hinblick auf den Zweck der Differenzierung von Primär- und Sekundärinsidern in den Handlungsverboten erscheint es diskutierenswert, über eine Mindestbeteiligung de lege ferendar nachzudenken. Im Vorgriff auf die unten ab S. 145 aufgeführte Argumentation sei schon hier das dortige Ergebnis vorweggenommen. Danach liegt die Gemeinsamkeit aller drei Primärinsidergruppen in der abstrakt höheren Wahrscheinlichkeit des Kontaktes mit Insidertatsachen (s. S. 145). Nur diese rechtfertigt es, bei den Primärinsidern ein Mehr an Handlungsverboten zu definieren. Dabei ist zu berücksichtigen, daß die beiden Verbreitungsverbote nach § 14 I Nr. 2 und 3 WpHG in Bezug auf die Gesetzeszwecke präventiven Charakter haben.

Eine solche abstrakt höhere Wahrscheinlichkeit liegt jedoch bei den Kleinaktionären nicht vor. Sie erfahren Insidertatsachen aufgrund ihrer Beteiligung nicht früher als andere Sekundärinsider, so daß ein Mehr an Verboten gegenüber den übrigen Sekundärinsider nicht gerechtfertigt ist. Die Diskussion nach der Mindestbeteiligung muß abstellen auf die Frage, ob die Situationen, in denen der Kleinaktionär durch seine Kleinstbeteiligung eine Insidertatsache erfährt, unter dem Gesichtspunkt der Verhinderung der Verbreitung von Insiderinformationen eine Andersbehandlung gegenüber Sekundärinsidern, die sie sonst wären, rechtfertigt. Die Situationen, in denen ausnahmsweise eine solche Kenntnisnahme durch die Beteiligung erfolgt (einzig genanntes Beispiel in der Literatur ist die Kenntnisnahme auf der Hauptversammlung), sind dadurch gekennzeichnet, daß dort dem Zweck der Verhinderung der Verbreitung der Tatsache durch die Kleinaktionäre keine Bedeutung mehr zukommt. Es fehlt mithin an einer solchen Qualität der Beziehung der Kleinaktionäre zur Information, die die Gefahr, die Kleinaktionäre würden zur Verbreitung beitragen, abstrakt betrachtet regelungsbedürftig erscheinen läßt[172]. De lege ferendar ist daher eine Beteiligungshöhe zu

169 Assmann in Assmann/Schneider 2. Aufl. § 13 RZ 17; Caspari in ZGR 94, S. 537; Nerlich S. 77.

170 HC Debs, Session 1992-1993, Standing Committee B, 10.Juni 1993, 190.

171 S. Hannigan S.80; Wotherspoon in The Modern Law Review 94, S.425.

172 Wenn Grunewald in ZBB 90, S.131 (zur korrespondierenden Regelung in Art. 2 Abs. I 2.Spiegelstrich der EG-Richtlinie) demgegenüber anführt, daß auch Kleinaktionäre gute Kontakte haben können, so ist darauf zu verweisen, daß dieses Argument als

wählen, ab derer im Tatsächlichen davon auszugehen ist, daß der entsprechende Aktionär durch seine Beteiligung so früh über eine Insidertatsache informiert wurde, daß ihm die Verbreitung verboten werden muß. Diese dürfte frühestens bei 5 % beginnen[173], regelmäßig werden die Unternehmen vorher ihrerseits von der Beteiligung keine Kenntnis haben.

(b) Mittelbare und unmittelbare Beteiligungen

Zu hinterfragen ist ferner, ob der Betroffene unmittelbar an dem Emittenten beteiligt sein muß oder ob auch eine mittelbare Beteiligung, z.B. durch Einschaltung eines Treuhänders, ausreichend ist[174]. Zur Beantwortung dieser Frage ist zunächst zu prüfen, ob der Einbezug dieser Situationen vom Wortlaut gedeckt wäre. Nach § 13 I Nr. 2 WpHG kommt es darauf an, daß der Primärinsider seine Insiderkenntnis aufgrund seiner Beteiligung erhält. Grenze der Auslegung ist daher, daß der Betroffene überhaupt noch an dem Emittenten beteiligt ist. Hierzu ist auf die sachenrechtliche Position abzustellen, da ein nur schuldrechtlicher Anspruch gegen den Treuhänder nur gegen diesen, nicht aber gegen den Emittenten wirkt. Liegt daher eine sog. „echte" Treuhand[175] vor, bei der das Vollrecht auf den Treuhänder übergegangen ist, so ist der Treugeber nicht mehr an dem Emittenten beteiligt und erhält dementsprechend eine Information dann auch nicht aufgrund seiner Beteiligung. Er ist in diesem Fall dann jedoch Sekundärinsider[176].

(c) Nachweis der Tatbestandserfüllung

Verfahrensrechtlich muß die Kenntnis durch seine Beteiligung dem Aktionär von den entsprechenden Strafverfolgungsbehörden nachgewiesen werden, worauf der Wortlaut (*"aufgrund ..."*) hinweist[177]. Hierbei werden sich im Rahmen der freien Beweiswürdigung in der Praxis höhere Anforderungen an die, die Überzeugung des Gerichts begründenden Beweise, herauskristallisieren als in Bezug auf das Kausalitätserfordernis bei den Primärinsidern nach § 13 I Nr. 1 WpHG.

Unterscheidung zu den Sekundärinsidern nicht den Punkt trifft, da auch Sekundärinsider über solche Kontakte verfügen können. Daß aber bei den Kleinaktionären diese guten Kontakte gerade durch ihre Kleinstbeteiligung zustande kamen, wird jedenfalls auf nicht bei abstrakter Betrachtung relevante Ausnahmesituationen beschränkt bleiben.

173 So auch Schreib, Meinungsbeiträge in BFuP 94, S.150.

174 Hierzu auch Cahn in ZHR 162, S. 9 f; Assmann in Assmann/Schneider 2. Aufl. RN 16 zu § 13.

175 S. Palandt/Bassenge § 903 RN 34.

176 So auch Cahn in ZHR 162, S. 7 f; Assmann in Assmann/Schneider 2. Aufl. RN 16 zu § 13

177 Assmann in AG 94 S.239.

c) a. und b. bei einem mit dem Emittenten verbundenen Unternehmen

§ 13 I Nr. 1 und 2 WpHG sehen vor, daß Primärinsider auch ist, wer von der Insiderinformation Kenntnis zwar nicht durch die Organmitgliedschaft bzw. Beteiligung beim Emittenten, wohl aber durch die Organmitgliedschaft bzw. Beteiligung bei einem mit dem Emittenten verbundenen Unternehmen erhält[178]. Diese Regelung ist nicht in der EG-Richtlinie enthalten[179], der deutsche Gesetzgeber hat hierdurch von seiner Verböserungsmöglichkeit nach Art. 6 EG-Richtlinie Gebrauch gemacht[180].

Das WpHG definiert den Begriff des "verbundenen Unternehmens" nicht weiter.

Happ schlägt vor, den Begriff des "verbundenen" Unternehmens durch den im WpHG selbst definierten Begriff (§ 22 Abs. III WpHG) des "kontrollierten" Unternehmens zu ersetzen[181]. Demgegenüber stellt die h.M. auf die rechtsformunabhängige Bestimmung des § 15 AktG ab[182].

Aus der EG-Richtlinie kann keine Folgerungen zur Auslegung dieses Merkmals gezogen werden. Dort wurde auf der Basis des Gedankens, in multinationalen Konzernen sei der Kenntnisstand der einzelnen Gesellschaftsorgane übereinander mit dem Kenntnisstand eines Außenstehenden vergleichbar, eine Konzernausweitung abgelehnt[183].

Demzufolge ist der entsprechende Begriff national auszulegen. Dabei fällt hinsichtlich des Wortlauts die Identität zu der Vorschrift des § 15 AktG auf. Dem Gesetzgeber kann insofern auch aufgrund der anhaltenden Rechtsprechung zur Konzernhaftung[184] unterstellt werden, er habe die Wortwahl bewußt gewählt, gerade um auf die zu dieser Norm gesammelte Erfahrung zurückgreifen zu können. Hätte der Gesetzgeber hingegen eine WpHG-interne Lösung wählen wollen, so wäre ein Bezug auf § 22 WpHG bzw. die Benutzung des Wortes „Kontrollierten Unternehmens“ notwendig gewesen. Zudem wiederholt das

178 Zu den Rechtsordnungen, die früher die Konzerne einbezogen s. Will in Hopt/Will S.76.

179 Wohl aber sprach bereits das erste europäische Dokument, der Segré-Bericht (hierzu bei FN 74), bereits die Tochtergesellschaften an.

180 Diese Ausdehnung der Insider auf die verbundenen Unternehmen war auch bereits durch die IHR in ihren sämtlichen Fassungen (1970 bis 1988) vorgenommen worden.

181 Happ in JZ 94, S.242 noch zum wortgleichen Regierungsentwurf.

182 Assmann in AG 94, S.238; Meller S. 335.

183 Diese Argumentation wurde von der britischen Delegation eingebracht, siehe Hausmanninger S. 161 FN 127.

184 Siehe z.B. die Urteile Autokran, BGHZ 95, 330 f; Video, BGHZ 115,187 = NJW 91, S. 3142; TBB, BGHZ 122,123=NJW 93, S.1200; Architekten, NJW 94, S.3288. Aus der Literatur s. K.Schmidt S. 1226 f.

WpHG wörtlich den Wortlaut der IHR. Dort aber war es anerkannte Auslegung, daß dieser Begriff auf die entsprechende Terminologie des AktG verwies[185].

Im Ergebnis ist daher auf § 15 AktG zurückzugreifen[186].

Das verbundene Unternehmen[187] selbst, durch das die Insiderstellung transferiert wird, braucht seinerseits kein emittierendes Unternehmen zu sein[188]; im Gegenteil ist es sogar möglich, daß dieses Unternehmen kapitalmarktrechtlich keine Wertpapiere emittieren darf. Dieses folgt einerseits aus dem Wortlaut des § 13 I Nr. 1 und 2 WpHG, der eine solche Einschränkung nicht vorsieht. Auch sprechen rechtshistorische Gründe aus der Entwicklung der IHR dafür. Während in deren ersten Fassung nur verbundene Unternehmen in der Rechtsform der AG oder KGaA in den Bereich der IHR einbezogen waren[189], wurde dies später hin zur Unabhängigkeit der Rechtsform des verbundenen Unternehmens erweitert[190].

Der notwendige Kausalzusammenhang zwischen Informationserlangung und Beteiligung/ Organmitgliedschaft wird dadurch hergestellt, daß die Kenntniserlangung der Insiderinformation über das emittierende Unternehmen gerade durch die Beteiligung bzw. Organstellung beim verbundenen Unternehmen erfolgen muß.

Hinsichtlich des verbundenen Unternehmens ist es egal, ob dieses in Bezug auf das emittierende Unternehmen das beherrschte oder das herrschende Unter-

---

185 Zur Megede in Assmann/Schütze (Hrsg.) 1.Aufl. §14 RZ 26; Hopt in Drobnig/Puttfarken S.179; Rümker in BB 72, S.1208.

186 Da die EG-Richtlinie die Veböserungsmöglichkeit vorsah und selbst den Begriff nicht definierte, gestaltet sich der Rückgriff auf die nationale Auslegung richtlinienkonform, s. auch Assmann in Assmann/Schneider 2. Aufl. § 13 RZ 12.

187 Dieses Unternehmen kann auch ein ausländisches Unternehmen sein, sofern sich nur der Bezug zu einem der in § 12 WpHG aufgeführten Märkte ergibt.

188 Assmann in Assmann/Schneider 2. Aufl. § 13 RZ 7; Immenga in ZBB 95, S.200.

189 Die IHR 1970 galten bei verbundenen Unternehmen nur dann, wenn diese ihrerseits die Rechtsform einer AG oder KGaA aufwiesen. Der Wortlaut sprach insofern davon, daß Vorstands- und Aufsichtsratsmitglieder keine Geschäfte in Aktien, die von der Gesellschaft oder von einem mit ihr verbundenen Unternehmen emittiert sind, unter Ausnutzung von Insiderinformationen abschließen dürfen (Ziffer 1 der Richtlinie 1970). s. hierzu Rümker in BB 72, S.1208.

190 IHR 1988, s. zur Megede in Assmann/Schütze (Hrsg.) Handbuch des Kapitalanlagerechts 1.Aufl. § 14 RZ 26 sowie die Erläuterungen der Arbeitsgemeinschaft der deutschen Wertpapierbörsen zu der IHR 1988, abgedr. in Baumbach/Hopt (16) Insiderhandels-Ri 2.

Auch der Gesetzesvorschlag des Arbeitskreises GesellschaftsR gestaltete die Einbeziehung der verbundenen Unternehmen rechtsformunabhängig und spricht in der Kommentierung ausdrücklich von dem Einbezug des Inhabers eines Einzelunternehmens, S.81.

nehmen ist, da beide Sachverhalte nach dem Wortlaut vom Primärinsiderbegriff umfaßt werden[191].

d) Personen, die aufgrund ihres Berufs, ihrer Tätigkeit oder ihrer Aufgabe bestimmungsgemäß Kenntnis einer Insiderinformation haben § 13 Abs. I Nr. 3 WpHG

Nach § 13 I Nr. 3 WpHG ist Primärinsider auch, wer aufgrund seines Berufes oder seiner Tätigkeit oder seiner Aufgabe bestimmungsgemäß Kenntnis von einer Insidertatsache erlangt.

Im Unterschied zu den bisherig behandelten Alternativen bezieht § 13 I Nr. 3 WpHG über die gesellschaftsinternen Personen auch Externe[192] in den Kreis der Primärinsider ein[193].

Hinsichtlich der Tatbestandsmerkmale "Beruf, Tätigkeit oder Aufgabe" des § 13 I Nr. 3 WpHG ist zunächst herauszustellen, daß diese Aufzählung keine eingrenzende Funktion hat[194], sie ist nicht enumerativ. Ebenso leiten sich aus der Abgrenzung dieser Begriffe zueinander keine rechtlichen Folgen her[195].

Eine besondere Qualität des Berufes ist nicht ausdrücklich vorgeschrieben. So werden als Beispiele aufgeführt[196]: die Angestellten des betroffenen Unter-

191 Arbeitskreis Deutsche Börse AG in WM 94, S.2039. Ergänzend sei zu diesem Punkt darauf hingewiesen, daß in Art.161 Ziffer 1 SchwStGB sowohl herrschendes wie auch beherrschtes Unternehmen ausdrücklich aufgeführt sind. Bemerkenswerterweise wird dort bzgl. der Auslegung der Begriffe "beherrschenden oder von ihr abhängigen Gesellschaft" auf § 13 des deutschen Aktiengesetzes verwiesen, s. Strebel S.34.

192 Insofern sollte man sich von den Assoziationen, die man mit dem Begriff „Insider" verknüpft, freimachen. Heisterkamp in DZWir 94, S.521 schlägt statt dessen „Eingeweihter" vor, im folgenden Text wird zur Verdeutlichung auch „Informationsinhaber" benutzt.

193 Bei den IHR 88 war die Eigenschaft als Insider durch die Anerkennung dergestalt gesellschaftsbezogen, daß man nur Insider bzgl. dieser Gesellschaft werden konnte; zur Megede in Assmann/ Schütze (Hrsg.) Handbuch des Kapitalanlagerechts 1. Aufl. § 14 RZ 31; die von Rümker in BB 72, S.1208 angesprochene Möglichkeit, daß aufgrund der Vertragsautonomie sich auch "gesellschaftsfremde" Personen wie z.B. Journalisten den IHR unterwerfen konnten, hat in der Praxis keine Rolle gespielt.

194 Assmann in Assmann/Schneider 2. Aufl. § 13 RZ 18.

195 Assmann, a.a.O.; Meller S. 341; Nerlich S. 78. Soweit Tippach S.164 u. 165 und Hartmann S. 226 bis 229 aus der Abgrenzung der Begriffe zueinander Erkenntnisse ziehen, werden diese durch das Tatbestandsmerkmal "bestimmungsgemäß" wieder eingeebnet. Der Versuch, die Begriffe zu differenzieren, führt vielmehr dazu, daß unnötig eine zusätzliche fragwürdige Trennung erfolgen muß (so erlangt ein Wirtschaftsprüfer nach Hartmann aufgrund seines Berufes Kenntnis während ein Steuerberater Kenntnis aufgrund seiner Aufgabe erlangt S. 226-227) und der Blick für die Funktion des Merkmals, nämlich die Sekundärinsider von den Primärinsidern zu trennen, abgelenkt wird.

196 Claussen in ZBB 92, S.271; BR-Drucks. 793/93 S.141.

nehmens[197], Wirtschaftsprüfer[198], Steuerberater, Notare und Rechtsanwälte[199]; Unternehmensberater[200] etc. Auch zählen Beiräte und ähnliche Beratungsgremien hierzu, die nicht unter § 13 I Ziffer 1 fallen[201], ebenso Liquidatoren, Insolvenzverwalter u.ä.[202].

Aus dem Wortlaut "aufgrund seines Berufes ..." ergibt sich weiter zweifelsfrei, daß somit Familienangehörige, Freunde oder Lebenspartner eines Insiders nicht hierunter fallen sollen[203].

Ebenfalls noch zweifelsfrei läßt sich feststellen, daß zwischen dem Beruf, der Tätigkeit bzw. Aufgabe und der Kenntniserlangung ein Ursachenzusammenhang

---

197 Das Schweizer Recht erfaßt die Mitarbeiter des Unternehmens nur unter dem Gesichtspunkt der "Hilfspersonen", der entsprechende Mitarbeiter muß daher einem Primärinsider nach Schweizer Recht direkt bei der Bearbeitung des fraglichen Vorgangs zugeordnet sein, s. Schmid RN 117.

Demgegenüber behandelt das englische Recht die Angestellten als Primärinsider (Sec. 57 (2)(a)(i) CJA 93), bei denen es lediglich darauf ankommt, daß diese überhaupt die Information durch ihre Tätigkeit bei einem Emittenten erhalten haben. Der Tatbestand ist dort in den Voraussetzungen daher durch den CJA 93 auf das alleinige Kausalitätserfordernis reduziert worden, während der CSA noch als weiteres Merkmal vorgesehen hatte, daß der Mitarbeiter üblicherweise Zugang zu Insiderinformationen erhielt; s. Hannigan S.79. Hannigan verweist jedoch darauf, daß es Gerichten durch die gesetzlich vorgegebene Formulierung „through being" möglich sein dürfte, eine Zugangsbeschränkung in den Tatbestand zu interpretieren, Hannigan a.a.O.

Im amerikanischen Recht sind die Angestellten bereits nach der Fiduciary Duty-Theorie erfaßt.

198 Zu ihnen aus geschichtlicher und rechtsvergleichender Sicht s. Will in Hopt/Will S.74 f. Beispiel aus dem amerikanischen Recht in SEC v. Lopata, Lit.Rel. No. 8985 (20.01.1980).

Die Abschlußprüfer sind auch mit einem Verwertungsverbot nach § 168 I AktG (alt), nunmehr § 323 I HGB belegt.

199 Fälle aus dem amerikanischen Recht, bei denen Anwälte Beteiligte waren, sind z.B. SEC v. Lerner, David, Littenberg & Samuel, Lit.Rel. No. 9049 (02.04.80); SEC v. National Kinney Corp., 20 SEC Docket 595 (1980); SEC v. O'Conell, Lit.Rel.No.9222 (30.10.1980); SEC v. Hall, 19 SEC Docket 788, 1980 CCH Fed.Sec.L.Rep.Dec. 97,675 (1980).

200 1996 wurde einem Unternehmensberater mit einem Strafbefehl eine Geldstrafe von DM 15.000,-- auferlegt (s. BAWe-Jahresbericht 1996, S. 16). Er hatte an einem Umstrukturierungskonzept mitgewirkt, in dessen Zuge die Abschreibung von nicht unerheblichen Beteiligungswerten bekanntgegeben werden mußte, die zu einem Kursrückgang von 50 % führte. Der Unternehmensberater hatte vor der Bekanntgabe der Nachricht seine 75 Aktien in dem Wert verkauft. Er war durch Befragung mehrerer Primärinsider überführt wurden.

201 Assmann in AG 94, S.238.

202 Im Gegensatz hierzu die Schweizer Lösung, s. Schmid RN 90 u. 124.

203 Assmann in Assmann/Schneider 2. Aufl. § 13 RZ 26.

bestehen muß[204]. Das Erfordernis des Kausalitätszusammenhangs ergibt sich aus der Formulierung *„aufgrund seines Berufs...“*.

(1) Folgen des Unterschieds zur EG-Richtlinie

Bemerkenswert an dem Merkmal „Bestimmungsgemäß“ ist, daß die EG-Richtlinie dieses einengende Tatbestandsmerkmal nicht vorsah[205].

Als Vorüberlegung ist daher zu hinterfragen, welche Konsequenzen die Einfügung des Tatbestandsmerkmals „bestimmungsgemäß“ hat, wenn man zu einer Auslegung gelangt, die nicht von der EG-Richtlinie gedeckt wäre. Im Gegensatz zu den oben behandelten Abweichungen des WpHG gegenüber der EG-Richtlinie beim Einbezug der verbundenen Unternehmen (S. 123) würde hier keine ausdrücklich dem umsetzenden Land gemäß Artikel 6 der Richtlinie erlaubte Verböserung vorliegen, sondern vielmehr eine Milderung der Tatbestände, da in diesem Fall der Primärinsidertatbestand enger wäre als der in der EG-Richtlinie.

Ergibt sich aufgrund der Auslegung (insbesondere anhand der Auslegung des Wortlauts und des Willen des nationalen Gesetzgebers), daß die getroffene Regelung nicht von der Richtlinie umfaßt wird, so ist gleichwohl die nationale Auslegung maßgeblich, da es sich hierbei um eine strafrechtliche Umsetzung handelt und die Richtlinie nicht zu Lasten des Bürgers eine unmittelbare Wirkung entfalten kann[206].

(2) Rechtsvergleichende Darstellung der betroffenen Personen in den anderen Rechtsordnungen

Die Regelungen dieser Insidergruppe in den betroffenen Rechtsordnungen werden nachfolgend zunächst nur kursorisch wiedergegeben, da die hier vertretene Auffassung im weiteren anhand der einzelnen verglichenen Ordnungen kontrolliert wird.

Im amerikanischen Recht wurden in Rahmen der „Fiduciary-Duty-Theorie“ die Mitarbeiter des Emittenten sowie solche Personen, die ein zeitweiliges Vertrau-

---

204 Caspari in ZGR 94, S. 538; Kümpel in „Bank- und Kapitalmarktrecht“ RN 16.140; Assmann in AG 97, S.53; Eichele in WM 97, S. 502. Meller S. 344 schränkt bereits auf der Kausalitätsebene die Berufsgruppen dahingehend ein, daß es in der Eigenart des Berufes liegen muß, Zugang zu Insiderinformationen zu erhalten. Diese Ansicht wird bei der Auslegung des Merkmals „bestimmungsgemäß“ mitbehandelt.

205 Zu den Rechtsfolgen s. Weber, BB 95, S.160. Die praktische Konsequenz wird jedoch dadurch gemildert, daß die nationale Umsetzung für die beteiligten Personen eine günstigere Regelung als die EG-Richtlinie schafft, daher für die Betroffenen selbst kein Bedarf besteht, gegen die Umsetzung vorzugehen.

206 S. S. 95. Folge wäre, daß in diesem Punkt das WpHG gegen die EG-Richtlinie verstoßen würde. Siehe zu diesem Punkt auch die Diskussion zwischen Baetge und Hopt, abgedr. bei Baetge S. 172 f sowie Meller S. 341 f.

ensverhältnis zum Emittenten unterhielten (z.B. Anwälte), als Primärinsider angesehen. Durch die „Misappropriation-Theorie“ wurde der Kreis dahingehend erweitert, das auch Personen mit einer Vertrauensbeziehung zum Informationsinhaber bei Verletzung dieser Beziehung Primärinsider sein können. Als klassisches Beispiel hierfür ist das Verhältnis Anwalt/Mandant anzuführen[207].

Die englische Regelung enthielt im CSIDA 85 noch das Erfordernis der vertraulichen Verbindung zum Emittenten, aus dem heraus der Insider die Kenntnis erworben haben mußte. Nach dem CJA 93 ist nunmehr ausreichend, daß der Betroffene Zugang zur Insiderinformation durch seinen Beruf, Tätigkeit oder Aufgabe hat. Dieses wird von der h.M. als reines Kausalitätserfordernis ausgelegt[208].

Das Schweizer Insiderrecht definiert in Art. 161 SchwStGB die Primärinsider durch ihre vertrauliche Beziehung zum Emittenten. Die Mitarbeiter des Emittenten bedürfen daher einer qualifizierten Stellung als Geheimnisträger im Unternehmen, bei Externen wird die Primärinsidereigenschaft durch die vertragliche Beziehung, aus der heraus der Betroffene zur Verschwiegenheit verpflichtet sein muß, definiert[209].

(3) Tatbestandsauslegung

Die Auslegungsfragen zu der dritten Gruppe der Primärinsider nach dem WpHG konzentrieren sich grundsätzlich auf zwei Fragestellungen, die wie folgt formuliert werden können:

1. Bedarf es einer vertraglichen oder ähnlichen Beziehung des Primärinsiders der dritten Gruppe des § 13 WpHG zum Emittenten ?
2. Welche Voraussetzungen sind für die Art und Weise, für das „Wie“ der Kenntnisnahme erforderlich ?

Nachfolgend wird zunächst der Meinungsstand hinsichtlich der angesprochenen Fragestellungen wiedergegeben. Anschließend wird die eigene Auffassung dargestellt. Bei der Begründung und Herleitung der eigenen Auffassung wird sich sodann inhaltlich mit den dargestellten Meinungen auseinandergesetzt.

(a) Der derzeitige Meinungsstand in Rechtslehre und Praxis

(i) Vertragliches oder sonstiges Erfordernis

Die vertretenen Auffassungen zur Frage des Vertragserfordernisses lassen sich zunächst grob in solche einteilen, die eine vertragliche oder sonstige Beziehung zum Emittenten voraussetzen und solche, die ein solches Erfordernis grundsätzlich ablehnen.

---

207 S. die Fallgruppen oben ab S. 58.

208 S. ab Seite 79.

209 S. ab Seite 86.

(a) *Befürworter einer vertraglichen oder sonstigen Beziehung*

Zwischen den Befürwortern jedenfalls irgendeiner Beziehung zwischen Emittenten und betroffener Person herrscht im einzelnen Unklarheit, welcher Art genau diese Beziehung sein muß. Strukturiert nach der rechtlichen Eingruppierung dieser Beziehung ergibt sich folgendes Bild:

(1) Erfordernis des Rechtsverhältnis zum Emittenten

Nach einer in der Literatur vertretenen Ansicht beinhaltet § 13 I Nr. 3 WpHG das Erfordernis eines Rechtsverhältnisses zwischen Informationsinhaber und der betroffenen Gesellschaft[210]. Argumentativ stützt sich diese Ansicht auf die entsprechenden Ausführungen des Gesetzgebers zum WpHG-Entwurf, wonach dort lediglich Primärinsider aufgeführt sind, bei denen eine solche vertragliche Beziehung vorliegt[211].

(2) Erfordernis des Vertrauensverhältnisses zum Emittenten

Eine weitere Auffassung, deren Nähe zur ersten Ansicht allerdings offensichtlich ist, fordert ein nicht näher definiertes Vertrauensverhältnis zum Emittenten[212]. Insoweit liegt hier eine Parallele zum Ansatz der amerikanischen „Breach of a fiduciary duty"-Theorie vor. Gestützt wird diese Auffassung auf den systematischen Zusammenhang der dritten Gruppe mit den ersten beiden Gruppen[213] im WpHG. Danach ist die systematische Klammer, die alle drei Primärinsidergruppen verbindet, diese Vertrauensbeziehung zum Emittenten.

---

210 Rellermeyer in WM 95, S.1983 und van Look in ZBB 95, S.308 referieren jeweils die Meinung Schlaus anläßlich dessen Ausführungen zum Bankrechtstag 95; Waldeck in Claussen/Schwark S. 52 f. Hübscher in Büschgen/Schneider S. 335 schlug auf der Basis der EG-Richtlinie vor, daß die deutsche Umsetzung ein solches Erfordernis beinhalten sollte. Claussen in „Insiderhandelsverbote ..." S. 60 RN 85 spricht in FN 124 zwar von einer vertraglichen Unternehmensbeziehung, im dortigen Haupttext allerdings wird nur eine „gewisse Bindung" bzw. „Loyalitätsbeziehung" erwähnt.

211 S. BT-Drucks. 12/6679 S. 46; hierzu s. S. 135 f.

212 Von Rosen in ZgesKW 89, S.660; s. auch Claussen in „Insiderhandelsverbote ..." S. 60 RN 85 „Loyalitätsbeziehung".

Der Unterschied zur ersten Auffassung liegt einerseits darin, daß nicht jedes Vertragsverhältnis eine Vertrauensbeziehung konstituiert, zudem können sich auch Vertrauensbeziehungen ohne vertragliches Verhältnis, z.B. in Erfüllung gesetzlicher Verpflichtungen, ergeben. Diese Sichtweise wählt einen Ansatz der dem der Fiduciary Duty-Theorie (s. S. 48 f.) naheliegt, nur daß dort die Vertrauensbeziehung zum Vertragspartner im Mittelpunkt steht, die jedoch durch die Beziehung zum Emittenten transferiert wird.

213 Dieses Argument wird von Siebold S.136 und Schödermeier/Wallach in EuZW 90, S.122 u. 123 jeweils zur EG-Richtlinie zwar ebenfalls gesehen, dort aber nur dazu genutzt, die emittentenfremden Organe aus dem Kreis der Primärinsider ausscheiden zu lassen.

(3) Erfordernis einer Nähebeziehung zum Emittenten

Ferner wird vertreten, daß es zwar keiner vertraglichen, wohl aber doch überhaupt einer Beziehung (formuliert als Nähebeziehung) zum Unternehmen für die Strafbarkeit des Insiders bedarf[214].

(4) Erfordernis des Funktionsbezuges

Schließlich gibt es noch eine weitere, vereinzelt gebliebene Auffassung, wonach zwischen der Profession des Insiders und dem Zugang zur Information ein funktionalen Bezug bestehen muß[215]. Dieser Ansatz zum WpHG, der dem englischen Recht entnommen ist, stellt auf das Wie der Kenntnisnahme ab, mithin nicht auf die Beziehung zum Emittenten und wird daher erst bei der weiteren Auslegung des Merkmals Bestimmungsgemäß behandelt (s. unten ab Seite 132)[216].

(b) Die Gegenmeinung: Kein vertragliches oder sonstiges Erfordernis

Diesen, eine näher zu definierende Beziehung zum Emittenten fordernden Auffassungen, steht die als herrschend zu bezeichnende Meinung gegenüber, wonach es keiner wie auch immer gearteten Beziehung zwischen dem betroffenen Unternehmen und dem Primärinsider der dritten Gruppe bedürfe[217].

Argumentativ wird diese Meinung zunächst auf das Erfordernis der richtlinienkonformen Auslegung gestützt und insofern auf den Wortlaut des Art. 2 I, 3.Spiegelstrich der EG-Insiderrichtlinie verwiesen[218]. Danach war dort ein Erfordernis, aus dem sich eine solche Beziehung zum Emittenten hätte ergeben können, nicht vorgesehen.

---

214 Assmann in Claussen/Schwark S. 68; Klein (Leiter Equity-Research Deutsche Bank AG) in einem Gespräch am 17.10.1997.

215 Mennicke in The Company Lawyer 1994, S. 158.

216 Erwähnenswert ist weiter die von Schwark in Claussen/Schwark S. 38 angesprochene Sichtweise, generell ein Vertragsverhältnis zu fordern und die Gruppe hinzuzunehmen, die besonderen Zugang zu kapitalmarktrelevanten Informationen hat (Public-Service-Sektor). Dieser Weg dürfte insofern jedoch nicht gangbar sein, als sich für diese Unterscheidung kein Ansatzpunkt im Wortlaut des § 13 I Nr. 3 WpHG finden läßt, während gerade im Schweizer Recht durchaus ein solcher Unterschied sich auch im Gesetzestext niederschlägt, s. hierzu S. 86 f.

217 Hopt in FS Beusch, S.398; ders. in ZHR 159 (1995), S.145; ders. in BFuP 94, S.90; van Look in ZBB 95, 308 (referiert Hopt); Assmann in Assmann/Schneider 2. Aufl. § 13 RZ 19; ders in AG 97, S.53; Caspari in ZGR 94, S.537; Weber in BB 95, S.158; Kümpel „Bank- und Kapitalmarktrecht" RN 16.144; ders. in WpHG S. 87; Heisterkamp in DZWir 94, S.521; Dingeldey S. 198; Hickinbotham/ Vaupel S. 136; Steinhauer S. 34; Meller S. 345; Nerlich S. 86; Hartmann S. 224; Schäfer in Schäfer § 13 WpHG RN 24.

218 Assmann in AG 97, S.53 FN 27; ders. in Assmann/Schneider 2. Aufl. § 13 RN 19; Eichele in WM 97, S. 502; Hartmann S. 224.

Zudem kenne auch das Insiderrecht der anderen EG-Mitgliedstaaten kein Erfordernis einer vertraglichen Bindung[219].

Daneben wird auf den Unterschied des Wortlauts der § 13 Abs. 1 Nr. 1 und 2 und § 13 Abs. 1 Nr. 3 WpHG abgestellt. Während in § 13 Abs. 1 Nr. 1 und 2 WpHG der Bezug zum Emittenten ausdrücklich aufgeführt ist, fehlt eines solche Aufführung in § 13 Abs. 1 Nr. 3 WpHG[220].

Weiter wird der Einbezug der Marktinformationen hervorgehoben, deren Informationsinhaber gerade keine Beziehung zum Unternehmen aufweisen[221].

Schließlich wird der Vergleich zum amerikanischen Insiderrecht bemüht und festgestellt, daß das Erfordernis der Verbindung zum Emittenten dort in der Entwicklung des Insiderrechts aufgegeben wurde[222].

(ii) Auffassungen zum „Wie" der Kenntniserlangung („bestimmungsgemäß")

Die zweite oben aufgeführte Fragestellung wird teilweise von der Beantwortung der ersten Frage beeinflußt. Kommt man dort zu einem Vertragserfordernis, so liegt es nahe, diesen Vertrag und seine Ausgestaltung auch bei der Berücksichtigung des „Wie" der Kenntniserlangung einfließen zu lassen. Lehnt man hingegen ein Vertragserfordnis ab, so muß man der Schwierigkeit begegnen, ein klares Abgrenzungskriterium zwischen Primär- und Sekundärinsider zu definieren, welches auch für den Betroffenen eine sichere Entscheidungsgrundlage darstellt.

(a) „Bestimmungsgemäß" nach der Gesetzesbegründung

Wenn bei der Umsetzung der EG-Richtlinie in deutsches Recht das Wort "bestimmungsgemäß" zu den Tatbestandsmerkmalen des § 13 I S. 3 WpHG hinzugefügt wurde, so deutet bereits dieser Umstand darauf hin, das damit eine eigene, eingrenzende Wirkung geschaffen werden sollte. Dieses ergibt sich auch aus der Gesetzesbegründung und wird in der Literatur nicht bestritten[223].

Schon vom Wortlaut her sollen die Personen ausgegrenzt werden, deren Kenntniserlangung zwar kausal zu ihrem Beruf ist, die im übrigen aber auf Zufall basiert.

In der Gesetzesbegründung erfolgt keine positive Definition des Merkmals "bestimmungsgemäß". Der Begriff wird vielmehr in negativer Abgrenzung

---

219 Assmann in AG 97, S.53 FN 27. Er unterlegt diese Auffassung mit Hinweisen aus der englischen (hierzu unten ab S. 150) und französischen Literatur.

220 Hartmann S. 224.

221 Hopt in ZHR 95, S. 145 insbesondere FN 36; Eichele in WM 97, S. 502.

222 Hartmann S. 224

223 BR-Drucks.793/93, S.141; Claussen in DB 94, S.28; Assmann in Assmann/Schneider 2. Aufl. § 13 RZ 18.

dahingehend umschrieben, daß das lediglich zufällig oder bei Gelegenheit erlangte Wissen nicht die Primärinsidereigenschaft begründe[224].

(b) Negativ abgrenzende Definitionen

Die Rechtslehre in Deutschland lehnt sich in ihren Versuchen, das Merkmal „bestimmungsgemäß" auszulegen, weitgehend an die entsprechende Ausführung der amtlichen Begründung zum WpHG-Entwurf an. Der Begriff „bestimmungsgemäß" wird daher dahingehend ausgelegt, daß die Information nicht zufällig oder bei Gelegenheit der Ausübung der Tätigkeit erlangt sein darf. Ergänzend wird darauf verwiesen, daß es nicht erforderlich sei, daß der Informationsinhaber typischerweise oder regelmäßig mit Insiderinformationen in Kontakt komme oder die von ihm konkret ausgeführte Tätigkeit ausführe[225].

Im übrigen wird die Diskussion um die Auslegung dieses Merkmals durch die Betrachtung von konkreten Fallsituationen und Berufsgruppen geprägt.

(c) Versuche der positiven Definition des Begriffs „bestimmungsgemäß"

Die mit der herkömmlichen Auslegung des Begriffs der „bestimmungsgemäßen" Kenntnis verbundenen Auswirkungen auf die Beteiligten werden jedoch in der Rechtslehre teilweise als zu weitgehend angesehen. Es wird versucht, durch eine Einengung hinsichtlich der Frage, wie sich die Kenntniserlangung vollzog, dem Betroffenen einen weiteren Verhaltensspielraum einzuräumen. Hierdurch soll zudem eine deutlichere Abgrenzung der Primärinsider gegenüber den Sekundärinsidern ermöglicht werden.

(1) Dabei kann eine solche Eingrenzung zunächst durch Anforderungen an den Beruf etc. des Betroffenen erreicht werden.

Ein Ansatz ist hier, darauf abzustellen, ob der Beruf etc. es mit sich bringt, daß der Betroffene Kenntnis von Insiderinformationen erlangt. Die Formulierungen, die genutzt werden, sprechen davon, ob der Betroffene Insiderinformationen in seiner Stellung „zu erlangen pflegt" oder ob er „regelmäßigen"[226] Zugang zu Insiderinformationen hat. Etwas schwächere Formulierungen verlangen, daß der Informationszufluß in gewöhnlichen Arbeitsbereich erfolgen und den Befugnissen entsprechen muß[227].

224 BT-Drucks.12/6679, S.46.

225 Eichele in WM 97, S. 505.

226 Schwark in Claussen/Schwark S. 39; Pananis S. 130.

227 Nerlich S. 80.

Eichele und Dreyling stellen auf die „berufsadäquate" Kenntniserlangung[228] ab und führen dies dahingehend aus, ob der Beruf etc. zwangsläufig und vorhersehbar die Kenntniserlangung von Insiderinformationen einschließe[229].

Assmann lenkt zunächst den Blick auf die Rechtsfolgen, wonach die herkömmliche Definition des Ausschlusses der Zufallskenntnis in Situationen, in denen einer Person die Insiderkenntnis aufgedrängt wird, diesem ein unzumutbares Handlungsverbot auferlege[230]. Er verweist anschließend darauf, daß es die besondere Nähebeziehung zum Emittenten sei, die die Differenzierung zwischen Primär- und Sekundärinsider rechtfertige. Hieraus ergebe sich das einschränkende Erfordernis, daß der „Beruf, Tätigkeit oder [die] Aufgabe es üblicherweise und vorhersehbar mit sich bringt, Kenntnis von Insidertatsachen zu erlangen"[231].

(2) Auch Meller stellt darauf ab, daß es in der Eigenart des Berufes liegen müsse, Zugang zu Insiderinformationen zu haben[232]. Nach seiner Auffassung sei dies jedoch bereits eine Frage der Kausalität und nicht der Auslegung des Merkmals „bestimmungsgemäß". Liegt ein Beruf vor, der diese Eigenart aufweist, so differenziert Meller weiter danach, ob der Zugang auf der Basis einer Rechtsbeziehung erfolgt, die dann Maßstab für die bestimmungsgemäße Kenntnis ist, oder nicht. Bei zweiteren kommt es auf die willentliche Übertragung durch den Übertragenden an[233].

(3) Claussen bezieht bei seiner Auslegung des Merkmals „bestimmungsgemäß" die jeweiligen berufsspezifischen Regelungen, in die der Betroffene eingebunden ist, in die Betrachtung ein. Verhält sich der Betroffene im Rahmen dieser Regelungen, so sei er kein Primärinsider nach der dritten Gruppe des § 13 WpHG. Bewegt sich hingegen der Betroffene bewußt außerhalb des Rahmens der berufsspezifischen Regeln, so sei er als Primärinsider zu behandeln[234].

(4) Pananis engt die oben unter (1) aufgeführte Auffassung noch weiter dahingehend ein, daß nur solche Kenntniserlangung umfaßt werde, bei denen die Mitteilung an den Primärinsider erlaubt sei[235]. Es wird hier daher eine Verbindung zwischen § 14 I Nr. 2 WpHG und § 13 I Nr. 3 WpHG hergestellt. Pananis argumentiert dahingehend, daß es der Normzweck des § 13 Abs. 1 Nr. 3

---

228 Eichele in WM 97, S. 507; Dreyling in Claussen/Schwark S. 9. Die weiteren Ausführungen von Eichele lassen jedoch den Schluß zu, daß sich hieraus keine Unterschiede zu der Negativdefinition der amtl. Begründung ergeben

229 S. auch Lenenbach/Lohrmann in WM 98 S.121.

230 Assmann in Assmann/Schneider 2. Aufl. RN 19 d zu § 13.

231 Assmann in Assmann/Schneider 2. Aufl. RN 19 h zu § 13

232 Meller S. 344.

233 Meller S. 348.

234 Claussen in Claussen/Schwark S. 29; ähnlich Herrington/ Glover in Wegen/Assmann S.43 f.

235 Pananis S. 138 f; so auch Weber in BB 95, S. 161; dagegen z.B. Wolf S. 107.

WpHG sei, den Personenkreis, dem durch befugte Weitergabe der Information Zugang zu dieser verschafft werde, seinerseits einer erhöhten Pflichtenbindung zu unterwerfen[236].

(5) Auch Hartmann schließt sich grundsätzlich der unter (1) geschilderten Auffassung an, engt diese jedoch dahingehend weiter ein, daß die aufgedrängte Informationsmitteilung keine bestimmungsgemäße Kenntnis begründe[237]. In den Fällen der aufgedrängten Mitteilung gehe die Information dem Insider wie jedem Dritten zu.

(b) Eigene Auffassung: Vertragliche oder gesetzliche Beziehung zum Informationsträger und positive Definition des Begriffs „bestimmungsgemäß"

Die o.g. Meinungen zu den aufgezeigten Fragestellungen dokumentieren, daß eine abschließende, klar voraussehbare Trennung zwischen Primär- und Sekundärinsidern bisher nicht gefunden wurde. Der Grund hierfür liegt aus der Sicht des Verfassers darin, daß bei der Auslegung der dritten Gruppe des § 13 WpHG nicht hinreichend auf das im WpHG zum Ausdruck gekommene Gesamtgefüge der Insiderregelung abgestellt wird. So ist bei der Auslegung besonders zu berücksichtigen, daß der Grundtatbestand im deutschen Insiderrecht der des Sekundärinsiders ist, da dieser außer der Kenntnis der Insidertatsache keiner weiteren tatbestandlichen Voraussetzungen bedarf. Diese Erkenntnis ist auf die geschützten Rechtsgüter zu projizieren. Dabei ist der vom deutschen Gesetzgeber bewußt gesetzte Unterschied in den Handlungsverboten zwischen Primär- und Sekundärinsidern in die telosorientierte Auslegung einzubeziehen.

(i) Erfordernis der vertraglichen oder ähnlichen Beziehung zum Informationsträger

Unter Berücksichtigung der in § 13 und § 14 WpHG zum Ausdruck gekommenen Regelung ist nach Auffassung des Verfassers wie folgt zu differenzieren:

1. Diejenigen Personen, die eine Insidertatsache selbst erzeugen und nicht unter § 13 I Nr. 1 und 2 WpHG fallen, sind stets Primärinsider nach § 13 I Nr. 3 WpHG.
2. Anderenfalls bedarf es zur Verwirklichung des objektiven Tatbestandes einer vertraglichen oder gesetzlichen Beziehung zwischen Informationsinhaber und Primärinsider nach § 13 I Nr. 3 WpHG.

236 Pananis S. 139.

237 Hartmann S. 230.

(ii) Positive Definition des Begriffes „Bestimmungsgemäß"

Der Begriff „bestimmungsgemäß" ist dahingehend auszulegen, daß die Insidertatsache dem Betroffenen zur Ausfüllung dieser vertraglichen oder gesetzlichen Beziehung übermittelt wurde.

Nachfolgend wird die Herleitung dieser genannten Auslegungen[238] aufgezeigt.

(c) Auslegung der betroffenen Normen

(i) Wortlaut des § 13 I Nr. 3 WpHG und der Gesetzesbegründung

(a) Der Wortlaut des § 13 I Nr. 3 WpHG selbst gibt zunächst keinen direkten Hinweis auf ein etwaiges Beziehungserfordernis des Betroffenen zu einem Dritten (Emittent oder Informationsträger). Der Wortlaut spricht lediglich davon „... wer ... 3. aufgrund seines Berufes oder seiner Tätigkeit oder seiner Aufgabe bestimmungsgemäß Kenntnis von einer nicht öffentlichen bekannten Tatsache hat, ...".

(b) Auch der Wortlaut der Gesetzesbegründung und damit der hierdurch geäußerte Gesetzgeberwille läßt sich nicht zweifelsfrei für eine Auffassung anführen.

Der Wille des Gesetzgebers wird an drei Stellen der Begründung konkretisiert:

1. Die Gesetzesbegründung[239] führt aus: *"...Zu dieser Gruppe gehören z.B. Wirtschaftsprüfer, Steuerberater, Unternehmensberater, Notare und Rechtsanwälte und deren Mitarbeiter sowie Angestellte des betroffenen Unternehmens und andere Personen, die aufgrund eines Vertragsverhältnisses mit dem Unternehmen Zugang zu Insidertatsachen haben...."*

Sowohl die ausdrückliche Benennung des Vertragsverhältnisses zum Unternehmens als auch die vorgenommene konkrete Aufzählung, die nur Berufsgruppen mit Vertragsverhältnis zum Unternehmen beinhaltet, deuten auf ein gewolltes Vertragserfordernis hin. Diesem scheinbar eindeutigen Verständnis des Gesetzgeberwillens kann zwar entgegengehalten werden, daß diese

---

238 Rechtshistorisch sind aus der Zeit, als die Insiderfrage durch die Anerkennung der IHR geregelt wurde, keine Argumente herleitbar. Die IHR sahen in ihrer 1988er Fassung erstmals vor, daß auch Beauftragte einer Gesellschaft, die im Zusammenhang mit ihrem Vertrag Kenntnisse von Insiderinformationen zu erlangen pflegen, Insider seien (Nr. 2 Abs. 1 e) (Zur Megede in Assmann/Schütze 1. Aufl. § 14 RZ 29). Der entsprechende Insider mußte jedoch ohnehin selbst seinerseits die Insiderhandels-Richtlinie anerkennen. Eine Ausdehnung der Insider in den IHR auch auf Personen ohne vertragliche Beziehung zum Unternehmen wäre in der Praxis schon daran gescheitert, daß zu solchen unbeteiligten Personen keinerlei Kontakt bestanden hätte, aufgrund dessen man diesen zu der Anerkennung der Regeln hätte veranlassen können. Damit aber bot es sich nicht an, die IHR auszudehnen.

239 BR-Drucks. 793/93, 141 = BT-Drucks. 12/6679 S. 46.

Aufzählung auch lediglich beispielhaft gemeint sein könnte, da dem Text[240] *„Zu dieser Gruppe gehören z.B. ..“* [Hervorhebung des Bearbeiters] vorangestellt ist. Da aber seinerseits sprachlich unklar bleibt, ob die Worte „z.B.“ sich auf den gesamten Rest des Satzes (also inklusive *„... die aufgrund eines Vertragsverhältnisses ...“*) oder lediglich auf die konkret nach der Benutzung aufgeführten einzelnen Berufsgruppen (also nur *„Wirtschaftsprüfer ... [bis] Angestellte des betroffenen Unternehmens“*) beziehen[241], spricht diese Passage im Ergebnis für ein vom Gesetzgeber gewolltes Vertragserfordernis im Sinne der Beziehung zum betroffenen Emittenten.

2. Demgegenüber führt der Gesetzgeber bei den möglichen Insiderinformationen auch sogenannte Marktinformationen auf[242], d.h. Information, die außerhalb des Emittentenbereichs entstehen. Der Gesetzgeber führt, neben unternehmensinternen Informationen wie einer Kapitalherabsetzung, auch den beabsichtigten Aufkauf größerer Aktienpositionen oder deren Abgabe über die Börse als Insiderinformation auf. Wenn dies aber Insiderinformationen sind, dann gibt es zu diesen auch Primärinsider, die keinerlei Beziehung zum betroffenen Emittenten aufweisen. Ihr Einbezug in die Insiderinformationen ist als gewichtiges Argument gegen die Auffassungen zu sehen, die auf eine Beziehung des Betroffenen zum Emittenten abstellen[243].

3. Diese Betrachtung kann dadurch unterstützt werden, daß der Gesetzgeber die Primärinsider wie folgt beschrieben hat: *„Es handelt sich dabei um Personen, die unmittelbar Zugang zu Insiderinformationen haben oder über diese verfügen.“*[244]. Hierin kommt das Verständnis des nationalen Gesetzgebers, daß eine Gemeinsamkeit der Primärinsider nicht in der Frage nach der Beziehung zum

---

240 Die gesamte Passage aus BR-Drucks. 793/93, 141 lautet: *„Schließlich gehört auch derjenige zum Primärinsiderkreis, der aufgrund seines Berufes oder seiner Tätigkeit oder seiner Aufgabe bestimmungsgemäße Kenntnis von einer Insidertatsache erlangt (Nummer 3). Zu dieser Gruppe gehören z.B. Wirtschaftsprüfer, Steuerberater, Unternehmensberater, Notare und Rechtsanwälte und deren Mitarbeiter sowie Angestellte des betroffenen Unternehmens und andere Personen, die aufgrund eines Vertragsverhältnisses mit dem Unternehmen Zugang zu Insidertatsachen haben. Voraussetzung ist allerdings, daß die Kenntniserlangung bestimmungsgemäß erfolgt. Dies bedeutet, daß das lediglich zufällig oder bei Gelegenheit erlangte Wissen nicht die Primärinsidereigenschaft begründet.“*

241 Dies übersieht Eichele in WM 97, S. 502 in seiner Wertung dieser beispielhaften Aufzählung.

242 BR-Drucks. 793/93 S. 142 f.

243 Dazu siehe unten S. 139 f.

244 BT-Drucks. 12/6679 S. 46.

Emittenten, sondern in der Beziehung zur Insider-Information zu suchen ist, zum Ausdruck[245].

Zwischenergebnis: Danach ist der Gesetzgeberwille dahingehend auszulegen, daß ein vertragliches oder sonstiges Verhältnis zum Emittenten nicht notwendig ist. Die Gesetzesbegründung spricht vielmehr dafür, daß der Gesetzgeber auf eine Beziehung zur Insiderinformation abstellen wollte.

Hinsichtlich der weitergehenden Frage des „Wie" der Kenntniserlangung ist die Gesetzesbegründung eindeutiger. Dort ist ausgeführt[246]: „*...Voraussetzung ist allerdings, daß die Kenntniserlangung bestimmungsgemäß erfolgt. Dies bedeutet, daß das lediglich zufällig oder bei Gelegenheit erlangte Wissen nicht die Primärinsidereigenschaft begründet*".

Die hier benutzte Formulierung spricht dafür, daß der Gesetzgeber den Ausschluß der Zufallskenntnis als die abschließende Auslegung betrachten wollte.

(ii) Gesetzessystematische Auslegung

Die gesetzessystematische Auslegung[247] wird sowohl von den Befürwortern eines Vertragserfordernisses als auch von deren Gegnern bei der Argumentation angeführt[248].

Die Ersteren argumentieren, § 13 I Nr. 1 und Nr. 2 WpHG gemeinsam sei die Verbindung zum betroffenen Unternehmen, die somit aufgrund der Aufführung der 3.Alternative nach den beiden Vorherigen auch für diese gelten müsse. Die Gegenmeinung argumentiert, daß in § 13 I Nr. 1 und Nr. 2 WpHG ausdrücklich der Bezug zum Emittenten aufgeführt sei, und dieser mangels Erwähnung in Nr. 3 WpHG somit gerade nicht gefordert werden könne.

Wie diese beiden Argumentationen verdeutlichen, ist die Gesetzessystematische Auslegung vorliegend ungeeignet, eine Hilfestellung zur Auslegung der

---

245 Demgegenüber können die Ausführungen des Gesetzgebers zur Unterscheidung in den Verboten nicht für die Herausarbeitung einer Gemeinsamkeit der drei Primärinsideralternativen genutzt werden. Der Finanzausschuß hat unter Hinweis auf die Auffassung der Bundesregierung die Ablehnung der Ausdehnung aller Handlungsverbote auch auf die Sekundärinsider mit folgenden Argumenten gerechtfertigt (s. BT-Drucks. 12/7918 S. 95): zum einen sei diese Differenzierung durchaus international üblich, zum anderen bestünden aufgrund des weitgefaßten Primärinsiderbegriffs keine wesentlichen Strafbarkeitslücken. Daneben wird auf das Erwerbs- und Veräußerungsverbot des Sekundärinsiders sowie auf die Teilnahmestrafbarkeit verwiesen.

Inhaltliche Argumente, insbesondere solche, die sich aus der Struktur der drei Alternativen des § 13 I WpHG ergeben, sind für die Unterscheidung in den Rechtsfolgen nicht benannt.

246 BR-Drucks. 793/93, 141 = BT-Drucks. 12/6679 S. 46.

247 S. zum Einbezug der systematischen Argumentation in die strafrechtliche Auslegung BGH in NJW 89, S. 2549 f

248 Siehe oben FN 212 und 213.

Merkmale der dritten Gruppe zu geben. Die gesetzessystematische Auslegung löst die Frage, ob und wenn ja welche Gemeinsamkeit die drei Primärinsidergruppen haben, nicht, sondern setzt deren Beantwortung gerade voraus. Diese Frage läßt sich nur mit einer Gesamtbetrachtung der Insiderregelung unter Berücksichtigung des Gesetzeszweckes beantworten und wird daher bei der teleologischen Auslegung berücksichtigt.

Vereinzelt wird die Ablehnung eines Beziehungserfordernissen zum Emittenten argumentativ zudem auf die Gesetzessystematik im Zusammenhang mit § 13 II WpHG gestützt[249]. Diesem Argument kann nicht gefolgt werden. § 13 Abs 2 WpHG verdeutlicht lediglich die ohnehin geltende Selbstverständlichkeit, daß Analysen auf der Basis öffentlich bekannter Informationen ihrerseits keine Insidertatsachen darstellen. Diese Vorschrift hat daher lediglich einen klarstellenden Charakter und ist im übrigen vorrangig aus rechtspolitischen Gründen eingesetzt worden.

(iii) Parallelüberlegungen aus verwandten deutschen Normen

(a) Bezüglich der Frage eines Vertragserfordernisses kennt das deutsche Recht diverse Normen, die Teilbereiche des Insiderrechts betreffen und strafbewehrte Verbote des Offenbarens oder sonstigen Verwertens enthalten. Hierzu zählen § 203, 204 StGB, § 9 KWG, § 323 HGB, § 39 BRRG und §61 BBG.

Eine Rechtsfigur dergestalt, daß dieses insidernahe Recht stets eine vertragliche Beziehung zu der von der Information betroffenen Person bzw. dem Unternehmen fordert, besteht nicht. Vielmehr gibt es sowohl Gruppen mit vertraglicher Beziehungen zur Person bzw. zum Unternehmen, als Beispiel sei genannt § 203 I StGB oder § 323 HGB, als auch solche ohne diese Beziehung, wie sie z.B. in § 203 II StGB oder § 9 KWG aufgeführt sind. Ebenso gibt es keinen allgemein übertragbaren Rechtssatz dahingehend, daß es stets einer Vertrauens- oder Nähebeziehung zum betroffenen Unternehmen bedarf. Zwar gehen die meisten der insidernahen Regelungen von einer Vertrauensbeziehung aus (s. § 323 HGB, § 9 KWG, § 203 und § 204 StGB), wobei es hervorhebenswert ist, daß auch in rein öffentliche Beziehungen, z.B. in § 9 KWG[250] („Geheimhaltung im Interesse eines Dritten"), zum Teil diese Vertrauenskomponente implementiert wurde. Gleichwohl gibt es auch vereinzelte Regelungen, insbesondere § 39 BRRG und § 61 BBG, bei denen das Verwertungsverbot allgemein gilt.

Allerdings könnte man argumentieren, daß dann, wenn schon diese angeführten Spezialnormen des Insiderrechts jedenfalls zum Teil Personen ohne Beziehung zum betroffenen Unternehmen umfassen, dieses erst recht für das allgemeinere

249 So aber Eichele in WM 97, S.502.

250 Hierzu s. z.B. Reischauer/Kleinhans § 9 RN 1 f; Beck in Beck/Samm § 9 RN 1 f.

Insiderrecht, mithin für das WpHG gelten muß. Dem kann man jedoch entgegenhalten, daß das WpHG in § 14 WpHG gerade eine solche geforderte Allgemeinregel parat hält und diese Argumentation somit nicht auf das Verhältnis der drei Alternativen des § 13 Abs. I WpHG zueinander zutrifft.

(b) Hinsichtlich der Auslegung des „Wie" der Kenntniserlangung ist ein Vergleich mit der Regelung des § 831 BGB angebracht. Dort reicht nach ständiger Rechtsprechung ein nur gelegentlich der Verrichtung einer Tätigkeit verursachter Schaden durch den Verrichtungsgehilfen nicht zur Begründung der unmittelbaren deliktischen Haftung des Geschäftsherren aus.[251]. Der inhaltliche Zusammenhang zwischen der negativen Definition des Zufallsausschluß bei der Auslegung des Merkmals „bestimmungsgemäß" und dieser Rechtsprechung zu § 831 BGB ist offensichtlich. In Anbetracht dieser bekannten Rechtsprechung hätte es nahegelegen, den Wortlaut des § 13 I Nr. 3 WpHG dem des § 831 BGB anzugleichen und mit dem Begriff „in Ausführung der ..."[252] zu arbeiten, wenn man eine inhaltliche Verwandtschaft hätte herbeiführen wollen. Dann wäre auch ein zweifelsfreier Rückgriff auf die hierzu bereits ergangene Rechtsprechung möglich gewesen. Die Differenzierung im Wortlaut dieser Regelungen stärkt jedoch die Ansicht, daß eine über den Rahmen des Ausschlusses der Zufallskenntnis hinausgehende Auslegung erforderlich ist.

(iv) Berücksichtigung von Marktinformationen

Die Frage nach dem Beziehungserfordernis zum Emittenten wird durch die Frage nach dem Einbezug der sog. Marktinformationen als Insidertatsache entschieden (s. hierzu S. 181 f.). Spricht man sich, wie in dieser Arbeit, für die Einbeziehung der Marktinformationen aus, so impliziert dies auch, daß keinerlei Beziehung zum emittierenden Unternehmen unterhalten werden muß[253]. Als Beispiel sei die Veröffentlichung einer Leitzinssatzerhöhung genannt, bei dem die Mitglieder des Zentralbankrates als Primärinsider hinsichtlich dieser Information gewertet werden müssen[254], die aber keine Beziehung zu einem emittierenden Unternehmen unterhalten. Weitere Beispiele sind die Kenntnis von Orderlagen, bei denen der Kursmakler bzw. dessen Angestellte nicht in Verbindung zum

---

251 BGH in NJW 71, S.31; BGH in NJW-RR 89, S.723.

252 Die Norm hätte lauten können „Insider ist, wer ... 3. in Ausführung seines Berufs oder seiner Tätigkeit oder seiner Aufgabe Kenntnis von ...... erlangt".

253 So auch Caspari, Diskussionsbeitrag in Baetge (Hrsg.), S.163; Eichele in WM 97, S. 502; Immenga in ZBB 95, S.200; Hopt in BFuP 94, S.91; Hausmanninger S. 170 für die EG-Richtlinie, wobei in Bezug auf dieses Argument der Einfügung des Merkmals „bestimmungsgemäß" keine Bedeutung zukommt.

254 Die Frage, inwieweit diese Information geeignet ist, den Kurs eines Papiers erheblich zu beeinflussen, spielt für die Frage, ob die Voraussetzungen des § 13 I Nr. 3 erfüllt sind, zunächst keine Rolle.

Emittenten stehen[255]. Irgendeine Beziehung zwischen dem Informationsinhaber und dem betroffenen Unternehmen zu fordern hieße im Fall solcher Marktinformationen, daß es Insidertatsachen gäbe, bei denen niemand Primärinsider wäre. Dieses Ergebnis ist als systemwidrig abzulehnen[256].

Zudem ist darauf hinzuweisen, daß die Insiderpapiere auch Indexpapiere (z.B. der an der DTB gehandelte Dax-Future[257]) umfassen, die keinen konkreten Emittentenbezug aufweisen.

Der Einbezug der Marktinformationen lenkt den Blick vielmehr auf die Beziehung des Insiders zur Information bzw. konkreter zum Inhaber der Information. Dieses kann der Emittent sein, sofern es sich um eine emittentenbezogene Tatsache handelt, es kann aber auch gerade ein Dritter sein, sofern es sich um sog. Marktdaten handelt.

Zwischenergebnis: Eine Beziehung des Insiders zum Emittenten kann, da insbesondere auch Marktinformationen in den Geltungsbereich des Insiderrechts einbezogen werden, nicht gefordert werden. Der Einbezug der Marktdaten spricht hingegen nicht gegen ein Beziehungserfordernis des Betroffenen zum Informationsinhaber.

(v) Teleologische Überlegungen

Die Teleologische Auslegung hat die oben[258] aufgeführten Schutzzwecke und deren Erreichung zu berücksichtigen. Danach ist darauf abzustellen, daß durch die Regelungen des §§ 13 und 14 WpHG der Funktionsschutz der Kapitalmärkte, die Chancengleichheit der Anleger sowie der Individualschutz bezweckt wird.

Erster gedanklicher Ansatzpunkt könnte daher sein, sämtlichen Tatbestandsmerkmalen die Auslegung zukommen zu lassen, die einen größtmöglichen Schutz der aufgeführten Güter gewährleistet. Diese Auslegung läuft bezogen auf das Merkmal „bestimmungsgemäß" darauf hinaus, daß tatsächlich nur die durch Zufall erlangte Kenntnis aussortiert werden sollte.

Gegen diesen teleologischen Ansatz spricht jedoch, daß die bestmögliche Erreichung der Schutzzwecke grundsätzlich dann gegeben wäre, wenn auch den

255 Fälle Bankenhändler (BAWe-Jahresbericht 1998, S. 20).

256 Immerhin wäre es gedanklich möglich, Marktinformationen trotz Vertragserfordernisses einzubeziehen. Dann wäre nur derjenige Primärinsider, der Kenntnis der Marktinformation hat und dabei zugleich ein Vertragsverhältnis zum betroffenen Emittenten unterhält. In diesem Zusammenhang ist der Unterschied zur EG-Richtlinie hervorzuheben. Im deutschen Recht verblieben, da z.B. bei Diskontsatzerhöhung regelmäßig keine solche Vertragsinsider bestehen, die Sekundärinsider. Nach der Regelung des Artikel 4 der EG-Richtlinie, wonach die Information mittel- oder unmittelbar von einem Primärinsider stammen muß, gäbe es dort auch keine Sekundärinsider.

257 Schäfer in Schäfer § 12 RN 18

258 Siehe oben S. 102 f.

Sekundärinsider die Verbote nach § 14 Abs. 1 Nr. 2 und 3 WpHG treffen würden. Dann würden sämtliche Verbote für beide Insidergruppen gelten und damit die optimale Schutzzweckerreichung verwirklichen.

Der Gesetzgeber hat jedoch die Handlungsverbote bewußt differenziert ausgestaltet und lediglich den Primärinsidern das Empfehlungs- und das Mitteilungsverbot auferlegt[259]. Diese Unterscheidung in den Handlungsverboten erfordert eine differenzierte Betrachtung der Erreichung der Zwecke, getrennt nach den einzelnen verbotenen Handlungen[260].

Bei jedem einzelnen Verbot ist zu prüfen, wie die gegenüberstehenden Güter betroffen sind[261]:

Schutzgüter ←——————→ Handlungsfreiheit

Hierdurch kann die Frage beantwortet werden, warum ein Sekundärinsider seine Insiderkenntnis verbreiten und Umgehungsgeschäfte tätigen darf und ein Primärinsider nicht.

Aus der Begrenzung der Verbote aus § 14 I Nr. 2 und Nr. 3 WpHG auf die Primärinsider ist zu schließen, daß der Gesetzgeber diese Tathandlungen generell für weniger gefährlich hält, die Schutzzwecke zu verletzen. Dieses erweist sich als zutreffend, da eine Orientierung der Unterscheidung an den oben genannten Schutzzwecken offenbart, daß die Verbote des § 14 I Nr. 2 und Nr. 3 WpHG Vorfeldmaßnahmen[262] betreffen, die präventiv verhindern sollen, daß eine Insiderinformation am Markt genutzt werden kann[263].

a) Veräußert oder erwirbt ein Insider ein Wertpapier entgegen dem Verbot des § 14 I Nr. 1 WpHG, so beeinträchtigt diese Handlung das Vertrauen der Anleger. Einer der Beteiligten (nämlich der Insider) hätte dieses Geschäft ohne die Insiderkenntnis nicht getätigt, er hat sich die Insiderkenntnis zum Vorteil gemacht. Durch solche Geschäfte wird sich der neutrale Anleger, der über keine Insiderkenntnis verfügt, benachteiligt fühlen, wenn bekannt wird, daß es sich um

---

259 Cahn in ZHR 162, S. 3 weist darauf hin, daß die Funktionsfähigkeit der Märkte auch die übermäßige Beschränkung durch extensive Auslegung der Tatbestandsmerkmale begrenzt.

260 Ebenfalls eine solche extensive Auslegung ablehnend Schwark in Claussen/Schwark S. 33.

261 Zu der Güterabwägung im Insiderrecht s. auch Cahn in ZHR 162, S. 2 f.

262 Bemerkenswert insofern daß Assmann/Cramer in Assmann/Schneider 2. Aufl. § 14 RN 39 diese Tatbestände ausdrücklich mit „Vorfeldtatbestände" überschreiben. Allerdings handelt es sich bei § 14 I Nr. 3 WpHG im wesentlichen um einen Umgehungstatbestand.

263 Meller S. 373; Caspari in ZGR 94, S. 545; Götz in DB 95, S. 1949; Kaiser in AG 97, S.1558; a.A. der Bundesrat, der in seinem Antrag, alle Handlungsverbote auch auf die Sekundärinsider auszudehnen, darauf verweist, daß man die Schutzzwecke des Insiderrechts am effektivsten erreicht, indem sämtliche Insiderinformationsinhaber von allen drei Verboten erfaßt werden, s. BT-Drucks. 12/6679 S. 94.

ein Insidergeschäft handelte (unabhängig von der Frage, daß er dieses Geschäft auch mit einem neutralen Dritten zu identischen Konditionen abgeschlossen hätte). Ein Geschäft nach § 14 I Nr. 1 WpHG beeinträchtigt das Vertrauens der Anleger in die Märkte und damit deren Funktion und behandelt die Anleger ungleich. Es widerspricht daher den aufgeführten Schutzzwecken und ist folgerichtig für Primär- und Sekundärinsider verboten.

b) Mit dem Weitergabeverbot sollen zwei Zielrichtungen verfolgt werden:

zum einen hat das Weitergabeverbot eine Präventivfunktion, indem es der Verhinderung von Handlungen nach § 14 I Nr. 1 WpHG dient. Es soll damit den Kreis der Informationsinhaber möglichst klein halten. Zum anderen soll es Umgehungsgeschäfte des Insiders verhindern, welches als Umgehungsschutzfunktion bezeichnet werden kann.

Die Präventivfunktion ist zur Erreichung der Schutzzwecke nicht erforderlich. Die Weitergabe einer Insiderinformation beeinträchtigt das Vertrauen nur, wenn es aufgrund der Weitergabe auch zu einem Geschäft kommt. Der neutrale Anleger vertraut darauf, daß sein Vertragskontrahent über keine Insiderkenntnis verfügt. Beide sollen über den gleichen Informationsstand verfügen. Dieses Vertrauen und auch die Chancengleichheit der Anleger bestehen unabhängig von der Frage, ob die Information weitergegeben wurde, solange die Information nicht wissentlich in ein Wertpapiergeschäft einfließt. Der Einfluß der Insidertatsache auf das Geschäft wird aber bereits durch § 14 I Nr. 1 WpHG verboten.

Hier zeigt sich, daß der Gesetzgeber mit dem Verbot des § 14 I Nr. 2 WpHG eine Vorfeldmaßnahme pönalisiert hat.

Auch die Umgehungsschutzfunktion des § 14 I Nr. 2 WpHG ist zur Erreichung der Schutzzwecke nicht erforderlich. § 14 I Nr. 2 (und Nr. 3 WpHG) will auch verhindern, daß der Insider sich sein Insiderwissen auf andere Art und Weise als durch Erwerb oder Veräußerung eines Wertpapiers nutzbar macht. Die Weitergabe ist jedoch eine Handlung, die jedenfalls in dem Fall, in dem sie zur Nutzbarmachung einer Insiderinformation erfolgt, auch unter dem Gesichtspunkt der Beihilfe zu einer Tat nach § 14 I Nr. 1 WpHG für den Insider strafbar ist. Unterschiede bestehen lediglich dann, wenn der Empfänger seinerseits keine strafbare Handlung vornimmt, da nur die Teilnahme, nicht aber die Weitergabe nach § 14 I Nr. 2 WpHG eine strafbare Haupttat voraussetzt. Kommt es jedoch nicht zu einer strafbaren Handlung, so sind auch nicht die Schutzzwecke tangiert. Nach § 14 I Nr. 2 WpHG kann der Primärinsider auch bestraft werden, wenn die Insiderinformation in kein einziges Wertpapiergeschäft eingeflossen ist. In einem solchen Fall ist jedoch das Vertrauen der Anleger nicht beeinträchtigt. Das Vertrauen wird nur dann beeinträchtigt, wenn die Information auch in das Geschäft einfließt. Dann aber greifen im Fall des § 14 I Nr. 2 WpHG auch die Teilnahmeregeln, die mithin zur Vermeidung der Umgehungsgeschäfte ausreichen.

Diese Betrachtung offenbart, daß der Gesetzgeber als Zweck der §§ 13 und 14 WpHG nicht die Verhinderung der Verbreitung der Insiderinformation generell ansieht. Dann nämlich wäre eine Erweiterung aller Verbote auf die Sekundärinsider notwendig, da der Sekundärinsider derzeit, selbst wenn er positiv eine Insidertatsache in allen Einzelheiten kennt, diese verbreiten darf. Da das Mitteilungsverbot jedoch wie dargestellt die Schutzzwecke nicht direkt berührt, ist die Entscheidung des Gesetzgebers der Begrenzung des Verbotes auf den Primärinsider richtig.

Zwischenergebnis: Das Mitteilungsverbot nach § 14 I Nr. 2 WpHG ist danach zur Erreichung der Schutzzwecke nicht erforderlich, da diese durch das Verhalten nach § 14 I Nr. 2 WpHG nicht unmittelbar berührt werden. Die Schutzzwecke werden vielmehr nur berührt, wenn sich die Weitergabe tatsächlich in einem Geschäft umschlägt, das aber seinerseits bereits nach § 14 I Nr. 1 WpHG verboten ist. Der Gefahr, daß sich der Insider seine Kenntnis auf andere Weise nutzbar machen kann als durch Veräußerung oder Erwerb eines Wertpapiers, kann bereits durch die Teilnehmervorschriften begegnet werden.

c) Bei dem Empfehlungsverbot ist eine Präventivfunktion nicht feststellbar, da hier die Empfehlung nicht die Weitergabe der Insidertatsache beinhaltet. Vielmehr ist hiernach die Empfehlung gerade ohne Benennung der Insidertatsache strafbar.

Das Empfehlungsverbot dient jedoch dem Umgehungsschutz. Mit ihm soll eine mögliche Strafbarkeitslücke geschlossen werden, wonach der Insider anderweitig die Vorteile der Insiderkenntnis ausnützen könnte, indem er durch Empfehlung und damit durch Einschaltung einer Dritten Person diese zum Handeln veranlaßt[264]. Eine Strafbarkeit wäre hier auch nicht über die Teilnahmeregeln möglich, da der handelnde Tipempfänger seinerseits mangels Kenntnis der Insidertatsache keine strafbare Haupttat begeht.

Gleichwohl dient das Empfehlungsverbot nicht im gleichen Maße den Schutzzwecken wie das Veräußerungs- und Erwerbsverbot. Im Vergleich zum Verbot nach § 14 I Nr. 1 WpHG ist beim Empfehlungsverbot noch der Tipempfänger eingeschaltet, für den das Geschäft neutral ist. Für ihn unterscheidet sich dieser Tip nicht von einem Tip, der ihm ohne Verarbeitung einer Insiderinformation gegeben worden wäre, da er die Insiderinformation selbst nicht kennt.[265]. Er hätte das Geschäft demnach auch abgeschlossen, wenn der Tip nicht

---

264 Assmann/Cramer in Assmann/Schütze 2. Aufl. § 14 RN 69.

265 Anders ist dies nur in dem Fall, in dem er weiß, daß der Tip auf der Basis einer Insiderinformation abgegeben wurde. Dann wird keine Strafbarkeit nach § 14 I Nr. 1 WpHG für den Empfänger begründet werden, obwohl er gegenüber seinem Geschäftspartner im Vorteil ist. Hierfür wäre es jedoch ausreichend gewesen, daß Handeln auf der Basis eines Tips, von dem der Tipempfänger weiß, daß dieser auf einer Insidertatsache beruht, zu verbieten.

auf einer Insiderkenntnis beruht. Lediglich für den Tipgeber ist dieses Geschäft ein Insidergeschäft; er ist jedoch auf den Tipempfänger angewiesen. Das Empfehlungsverbot verhindert daher Umgehungsgeschäfte des Tipgebers und dient hierdurch wenn auch in geringerem Umfang den Schutzzwecken.

Zwischenergebnis: Das Empfehlungsverbot pönalisiert Umgehungsmaßnahmen, die anderweitig straffrei wären. Durch die Einschaltung des Empfehlungsempfängers, der die zugrundeliegende Insiderinformation nicht kennt, ist für die Beteiligten das Geschäft jedoch frei von der Insiderkenntnis.

Zusammenfassend ist danach festzustellen, daß die Schutzzwecke bereits weitgehend durch das für Primär- und Sekundärinsider gleichermaßen geltende Verbot nach § 14 I Nr. 1 WpHG geschützt werden. Über die Teilnahmeregeln werden darüber hinaus jene Vorfeldmaßnahmen pönalisiert, bei denen es tatsächlich zu einer Beeinträchtigung der Schutzzwecke gekommen ist.

Die Primärinsiderverbote beeinträchtigen demgegenüber die Schutzgüter nicht bzw. nur in erheblich geringerem Umfang.

Das herauszuarbeitende Abgrenzungskriterium zwischen Primär- und Sekundärinsidern muß daher berücksichtigen, daß hier die allgemeine Handlungsfreiheit eingeschränkt und eine dem Sekundärinsider erlaubte Handlung verboten ist, obwohl das Mitteilungs- und das Empfehlungsverbot nicht in demselben Maße wie das Verbot der Veräußerung und des Erwerbs dem Schutz der betroffenen Güter dienen.

Eine solche zusätzliche Einschränkung ist nur dann hinzunehmen, wenn aufgrund der Situation des Betroffenen die Gefahr der Konfrontation mit Insidertatsachen vorhersehbar besonders hoch ist. Hier ist zu befürchten, daß es auch über die Weitergabe und über Umgehungsgeschäfte zu einer Beeinträchtigung der Schutzgüter kommt.

Der Unterscheidungsmaßstab zwischen Primär- und Sekundärinsider ist danach in der Frage zu sehen, wie wahrscheinlich bei abstrakter Betrachtung die Gefahr ist, daß ein Betroffener mit Insidertatsachen in Berührung kommt. Je wahrscheinlicher die Kenntnisnahme ist, desto größer ist die Gefahr, daß die betroffene Person ein Umgehungsgeschäft versucht oder zur Verbreitung der Insiderinformation beitragen kann. Bei den Personen, bei denen die Wahrscheinlichkeit gering ist, von Insidertatsachen Kenntnis zu erlangen, ist die Möglichkeit der Weitergabe und des Empfehlens insofern unproblematisch, als daß diese Handlungen ohnehin die Schutzgüter nur am Rande beeinträchtigen und der Gesetzgeber solche Beeinträchtigungen dadurch, daß dem Sekundärinsider diese Handlungen erlaubt sind, hingenommen hat.

Zwischenergebnis: Grundsätzliches Unterscheidungskriterium zwischen Primär- und Sekundärinsidern ist die abstrakt höhere Wahrscheinlichkeit des Kontaktes und damit der Kenntnisnahmemöglichkeit mit Insidertatsachen.

Bei der Ausfüllung der Wahrscheinlichkeit des Kontaktes ist danach zu differenzieren, wie der entsprechende Insider in den Besitz der Information gelangt ist:

grundsätzlich besteht die Möglichkeit, daß er die Information selbst erzeugt oder das er sie von jemanden erhält.

Erzeugt er die Insiderinformation selbst (die Mitglieder des Europäischen Zentralbankrates bei einer Leitzinssatzerhöhung; der Vorstand des übernehmenden Unternehmen in Bezug auf die Übernahme der Targetgesellschaft), so ist er stets Primärinsider nach § 13 I Nr. 3 WpHG.

Hiergegen kann nicht argumentiert werden, die bestimmungsgemäße Kenntnis setze denklogisch eine Beteiligung eines anderen an der Kenntniserlangung voraus[266]. Insofern ist darauf zu verweisen, daß diejenigen, die Insiderinformationen durch ihre Entscheidungen hervorrufen, gerade im Zentrum des Insiderrechts stehen. Diese Personen sind in bezug auf Unternehmensinsidertatsachen in § 13 I Nr. 1 und 2 WpHG ausdrücklich aufgeführt. Die Gleichsetzung bei den Marktinsidertatsachen erfolgt danach über § 13 I Nr. 3 WpHG. Eine größere Nähe zur Insiderinformation als bei denjenigen, die die Information hervorrufen, ist gemeinhin nicht vorstellbar. Bei dem Erzeuger einer Information ist die abstrakte Wahrscheinlichkeit der Kenntniserlangung evident; damit macht der Zweck der Insiderregelung die Erfassung dieser Personen erforderlich. Anderenfalls entstünde gerade in den gefährdeten Bereichen der Unternehmensübernahme, bei denen sich die Kurserheblichkeit regelmäßig bei der Targetgesellschaft vollzieht, erhebliche Strafbarkeitslücken[267], die auch im internationalen Vergleich nicht hinnehmbar sind. Hier sei daran erinnert, daß gerade für diesen Bereich das amerikanische Recht die Herleitung des Insiderrechts aus dem Betrugsdelikt verlassen hat und mit Rule 14e-3 ein verbindungsunabhängiges Recht geschaffen hat. Diese Personen stehen jedoch nicht eigentlich im Kern der Betrachtung des § 13 I Nr. 3 WpHG, gleichwohl werden diese Informationserzeuger, sofern sie nicht bereits Insider nach § 13 I Nr. 1 und 2 WpHG sind, von § 13 I Nr. 3 WpHG erfaßt.

Zwischenergebnis 1: Diejenigen Personen, die eine Insidertatsache selbst erzeugen und nicht unter § 13 I Nr. 1 und 2 WpHG fallen, sind Primärinsider nach § 13 I Nr. 3 WpHG.

Bei denjenigen, die diese Information nicht selbst erzeugen, sondern anderweitig Kenntnis hiervon erlangen, ist eine klare Differenzierung umso notwendiger, als daß bei ihnen die Kenntniserlangung derer der Sekundärinsider gleicht.

Es bedarf mithin eines Unterscheidungskriteriums, bei welchen betroffenen Personen die Gefahr der Kenntnisnahme vorhersehbar bei abstrakter Betrachtung

---

266 So aber Meller S. 348; Volk in BB 99, S. 70. Wie hier Schneider/Burgard in BB 99, S. 387.

267 So auch Schneider/Burgard in ZIP 99 S. 387.

höher ist als bei anderen. Dieses Unterscheidungskriterium liegt in der vertraglichen oder gesetzlichen Beziehung zum Informationsträger. Liegt eine solche Beziehung vor, so ist der Betroffene abstrakt betrachtet gefährdeter, durch sein Vertragsverhältnis eine Insiderinformation zu erhalten, als es ein unbeteiligter Dritter ist. Diese Vertragserfordernis rechtfertigt es, diese Personen mit zusätzlichen Verboten, nämlich den Verboten des Mitteilens und des Empfehlens, zu belegen.

Dabei ist darauf abzustellen, daß diese vertragliche oder gesetzliche Beziehung nicht zum Emittenten, sondern zum Informationsträger besteht. Der Unterschied wird in den Fällen deutlich, in denen es sich um eine Information handelt, bei denen ein anderes Unternehmen von dieser Information betroffen ist. Als Anwendungsbeispiel sei eine geplante Übernahme angeführt, bei der die Insiderinformation im Hause des Übernehmers entsteht aber die Targetgesellschaft betrifft[268]. Hier ist die Wahrscheinlichkeit der Kenntnisnahme bei den Mitarbeitern des Übernehmers hoch, nicht aber bei den Mitarbeitern der Zielgesellschaft.

Zwischenergebnis 2: Es bedarf einer vertraglichen oder gesetzlichen Beziehung zwischen Informationsträger und Primärinsider nach § 13 I Nr. 3 WpHG. Nicht abzustellen ist auf das Verhältnis zum betroffenen Emittenten.

Dieses aus den abstrakten Betrachtungen gewonnene Merkmal der Vertragserfordernis ist jedoch zur abschließenden Auslegung der Tatbestandsmerkmale des § 13 I Nr. 3 WpHG nicht ausreichend.

Vielmehr ist aufgrund der Abwägung der betroffenen Schutzgüter und der allgemeinen Handlungsfreiheit innerhalb der Vertragsverhältnisse weiter auf deren konkrete Ausgestaltung abzustellen und hieran das „Wie“ der Kenntniserlangung zu definieren.

Es müssen jene Personen ausgeschlossen werden, die zwar eine vertragliche Beziehung zum Informationsträger unterhalten, bei denen die Kenntniserlangung allerdings abgesehen von der Kausalität keinen Bezugspunkt zur vertraglichen Beziehung hat. Diese Personen brauchen nicht von dem Mitteilungs- und Empfehlungsverbot betroffen zu werden, da bei ihnen die Gefahr, daß sie Umgehungsgeschäfte begehen oder daß sie zur Verbreitung der Insiderinformation beitragen, genauso hoch ist wie bei Sekundärinsidern ohne vertragliche Beziehung.

Innerhalb des Vertragserfordernisses kommt es daher darauf an, ob die Tatsache dem Betroffenen zur Ausfüllung der vertraglichen Beziehung übermittelt wurde.

---

268 Nach neueren empirischen Untersuchungen wirken sich Übernahmen sowohl bei der Target-, als auch bei der Bietergesellschaft aus, s. hierzu Nowak in DB 1999, S. 604 m.w.N.

Bei der Frage der Bestimmungsgemäßheit der Kenntnisnahme kommt es auch danach nicht darauf an, ob der Mitteilende gegen das insiderrechtliche Weitergabeverbote verstößt[269]. Zwar wird diese Sichtweise regelmäßig zu identischen Ergebnissen zu der hier vertretenen Auffassung führen. Der Fokus der Definition muß jedoch beim Empfänger, d.h. bei demjenigen, dessen Prüfung der Insidereigenschaft im Raume steht, und nicht beim Mitteilenden ansetzen. Der Betroffene muß für sich erkennen können, ob er Primär- oder Sekundärinsider ist. Die Voraussetzungen nach der hier vertretenen Auffassung sind dem Betroffenen selbst bekannt, während die Frage der Weitergabe u.U. durch Sachverhaltselemente, die sich seiner Kenntnis entziehen, beeinflußt wird.

Diese so formulierte Definition wahrt die notwendige Schärfe im Bereich der Trennung zwischen Primär- und Sekundärinsider und berücksichtigt dennoch hinreichend die Schutzzwecke der Insidergesetzgebung.

Zur Verdeutlichung seien nachfolgende Beispiele aufgeführt:
a. Einem Vorstandsassistenten wird der Ergebniseinbruch seines Unternehmens bei der Vorlage der Quartalszahlen zur Berichterstattung an den Vorstand mitgeteilt. Der Assistent ist Primärinsider, da er ein vertragliches Verhältnis zum Informationsträger (hier den Emittenten) unterhält und er die Information zur Ausfüllung des vertraglichen Verhältnisses erhalten hat.

b. Der Vorstand der V-AG entscheidet über die Übernahme der M-AG[270]. Hier ist zunächst heranzuziehen, daß emittentenfremde Organmitglieder nur nach § 13 I Nr. 3 WpHG Primärinsider sein können[271]. Die Vorstandsmitglieder der V-AG sind vorliegend bereits deswegen Primärinsider, weil sie die Insiderinformation selbst hervorrufen[272]. Diese Frage ist unabhängig davon, ob die Information das eigene Unternehmen betrifft oder ein fremdes. Die Verletzung der Verbreitungsverbote ist hier gerade dadurch gefährdet, als daß der entsprechende Personenkreis auch über die Kontakte verfügen wird, um die Insidertatsache mit den Mitteln der nur den Primärinsidern verbotenen Möglichkeiten des Mitteilens und Empfehlens gewinnbringend zu nutzen.

c. Ein Richter entscheidet in einem Produkthaftungsfall zu Lasten des Limonadenherstellers C. Das Urteil wird Auswirkungen auf die Mitbewerber von

---

269 Dies wird von der h.M. abgelehnt, s. Assmann in AG 97, S.53 m.w.N; ders. in Assmann/ Schneider 2. Aufl. RN 4 b zu § 13.; Eichele in WM 97, S. 506.

270 Hier ist rechtsvergleichend darauf hinzuweisen, daß im amerikanischen Recht für den Bereich der Übernahmen das Richterrecht verlassen wurde und ein ausdrückliches Gesetz diesen Bereich regelt.

271 Siehe oben S. 147.

272 Der Ansicht Siebolds S.136, emittentenfremde Organmitglieder seien keine Primärinsider, da sie nicht unter § 13 I Nr. und 2. WpHG, und auch nicht unter 3. Gruppe zu fassen seien, weil diese nicht als Auffangtatbestand fungieren solle, steht der hier genannte Zweck der Insiderregelung entgegen.

C, nämlich die A und die B-AG haben, Auch hier ist der Richter bereits deswegen Primärinsider, weil er selbst die Insidertatsache schafft.

d. Ein Anwalt arbeitet in der Markenrechtabteilung einer Sozietät. Er erhält durch Einsicht in Unterlagen in der M&A-Abteilung Kenntnis von einer geplanten Fusion[273]. Hier kommt es auf die konkrete Fallgestaltung und das basierende Vertragsverhältnis an. Bekam der Anwalt Einsicht im Rahmen seiner konkreten Tätigkeit (er mußte den Wert einer Marke bei der geplanten Fusion ermitteln o.ä.), so wird das Vertragsverhältnis durch diese Kenntnisnahme ausgefüllt und der Anwalt ist Primärinsider. In dieser Fallkonstellation ist die Gefahr der Kenntnisnahme einer Insiderinformation abstrakt betrachtet hoch und es ist gerechtfertigt, die zusätzlichen Verbote des Empfehlens und der Weitergabe auf ihn auszudehnen. Hat er hingegen die Kenntnis ohne konkreten Bezug zu seinem Arbeitsverhältnis erlangt, so unterscheidet sich seine Situation im Ergebnis nicht von der anderer Sekundärinsider, da er herkömmlich diese Information nicht erhalten sollte, und daher die abstrakte Gefahr, daß er bezüglich dieser Information zur Verbreiterung beitragen würde, als gering anzusehen war. Bei ihm ist es ausreichend, seine Bestrafung hinsichtlich der Weitergabe über die Teilnahmeregeln zu gewährleisten[274], was bedeutet, daß es tatsächlich zu einem Geschäft eines Mitteilungsempfängers und hierdurch zu einer Beeinträchtigung der geschützten Rechtsgüter gekommen sein muß.

e. Ein Taxifahrer fährt 2 Manager einer Gesellschaft, die sich über eine bevorstehende Fusion unterhalten. Hier besteht zwar eine vertragliche Beziehung zwischen den Informationsträgern (den beiden Managern) und dem Taxifahrer. Der Taxifahrer erhält die Insidertatsache jedoch nicht zur Ausfüllung des Vertragsverhältnisses. Er ist daher kein Primärinsider[275]. Bei ihm ist die Gefahr, daß er durch die Verbreitung der Insidertatsache oder durch ein Umgehungsgeschäft zur Beeinträchtigung der Schutzgüter beiträgt, nicht größer als bei jedem beliebigen Sekundärinsider. Hierunter fallen ebenfalls Psychiater[276],

---

273 Sog. „Yuppie-Five-Case" US v. Michael David, CCH Fed.Sec.Rep. (1986-87) Transfer Binder, 93,025; hierzu Ashe/Counsell S. 78 aus englischer Sicht.

274 Hierzu s. S. 172.

275 So auch Claussen, DB 94, S.28; a.M. wohl Benner-Heinacher, die Mitarbeiter in der Kopierstelle für Primärinsider hält, Das Wertpapier 95, S.58; a.M. auch Hopt unter Hinweis auf die zugrundeliegende EG-Richtlinie, Diskussionsbeitrag in Baetge (Hrsg.), S.173.

Im Sinne der EG-Regelung wurden solche Personen von der h.M. als Primärinsider eingestuft, s. hierzu, auch zu den rechtspolitischen Bedenken, Ernst in WM 90, S.461; Siebold S.131; einschränkend allerdings noch zur Richtlinie: Claussen in ZBB 92,S.271.

276 So auch im Ergebnis Assmann in Assmann/Schneider 2. Aufl. § 13 RZ 24; a.A. Weber, BB 95,S.161.

In der amerikanischen Rechtsprechung ist ein Psychiater, dem Insiderinformationen im Zuge der Behandlung eines Patienten mitgeteilt wurden und der daraufhin Aktien kaufte

Raumpfleger etc., da bei ihnen jeweils auf das Vertragsverhältnis abzustellen ist und die Kenntniserlangung hier abgesehen von der Kausalität in keinen weiteren Zusammenhang zur vertraglichen Beziehung steht.

f. Ein Anleger erteilt einer Bank eine große Kauforder[277]. Hier steht die Bank in einem vertraglichen Verhältnis zu dem Informationsträger. Die Mitarbeiter der Bank, die zur Ausfüllung ihrer Tätigkeit Kenntnis von dieser großen Order haben, sind in Bezug hierauf Primärinsider. Das gilt z.B. für die Ordererfassung und -ausführung sowie für Kontrollaufgaben.

g. Ein Finanzbeamter erfährt anläßlich einer Besprechung von der beabsichtigten Fusion zweier Emittenten. Hat hier der Finanzbeamte die Insiderkenntnis zur Ausfüllung seiner auf der Basis der Abgabenodrnung ausgeübten gesetzlichen Tätigkeit erhalten, so ist er Primärinsider[278].

h. Diskutierenswert ist die Frage der Primärinsiderstellung von Sozietätspartnern eines anderen Primärinsiders. Hierbei ist von o.a. Definition des Begriffes "bestimmungsgemäß" auszugehen und zu überprüfen, wie der Partner Kenntnis erlangt hat. Sollte danach keine bestimmungsgemäße Kenntnis vorliegen, so kann auch keine Zurechnung der Kenntnis des Partners erfolgen. Es würde gegen das strafrechtliche Analogieverbot verstoßen, wenn man entsprechende Gedanken aus dem Zivilrecht hiereinübertragen würde.

Ergebnis: § 13 I Nr. 3 WpHG ist daher teleologisch dahingehend auszulegen, daß zunächst zu differenzieren ist, ob der Betroffene die Insiderinformation selbst erzeugt oder ob eine sie von einem anderen erhält. Erzeugt er sie selbst, so ist er stets Primärinsider nach § 13 I Nr. 3 WpHG. Erhält er sie von einem anderen, so bedarf es eines vertraglichen oder ähnlichem Verhältnisses zwischen ihm und dem Informationsträger. Liegt ein solches Verhältnis vor, so ist die Kenntniserlangung dann „bestimmungsgemäß", wenn die Mitteilung zur Ausfüllung des Vertragsverhältnisses erfolgte.

(vi) Rechtsvergleichende Überlegungen

Das so gewonnene Ergebnis soll nachfolgend anhand der rechtsvergleichenden Betrachtung kontrolliert werden. Hierbei wird gezeigt, daß sich die oben beschriebene Auffassung, die gegenüber der derzeit herrschenden Auffassung des reinen Ausschlusses der Zufallskenntniserlangung den Tatbestand der Primärinsider einengt, in das Verständnis der weiteren hier betrachteten Rechtsordnungen

bzw. verkaufte, auf der Basis der „Misappropriation-Theorie" verurteilt wurden, s. United States v. Willis, 778 F.Supp. S. 205,208 (S.D.N.Y.1991).

277 Fälle Freimakler (BAWe-Jahresbericht 1998, S. 18), Bankhändler (BAWe-Jahresbericht 1998, S. 20)

278 Fall Bayrische Vereinsbank AG/Bayrische Hypotheken- und Wechselbank AG (BAWe-Jahresbericht 1998, S. 18).

einfügt und insofern nicht hinter dem insiderrechtlichen Standart dieser Ordnungen zurückbleibt.

(a) Die amerikanische Regelung: Der Leitgedanke des Betrugsansatzes

Die Generalnorm des amerikanischen Insiderrechts (Rule 10b-5) baut, basierend auf seiner gesetzlichen Grundlage, auf dem Gedanke des Betruges[279] und damit auf der Verletzung eines Vertrauensverhältnisses auf. In der Entwicklung wurde dabei zunächst ausschließlich auf das Verhältnis zum Emittenten abgestellt (Fiduciary-Duty-Theorie), nunmehr kann Grundlage ergänzend auch ein solches Vertrauensverhältnis zum berechtigten Träger der Insiderinformation sein, der außerhalb des Bereichs des Emittenten steht (misappropriation-Theorie).

Primärinsider ist im amerikanischen Recht daher nur derjenige, der ein Vertrauensverhältnis zum Emittenten oder Informationsbesitzer unterhält und die Insiderinformation nur im Rahmen dieses Verhältnisses nutzen darf.

Den Tippee treffen im amerikanischen Recht dieselben Verbote wie den Primärinsider. Er wird nur von den Verboten betroffen, wenn er den Bruch des beschriebenen Verhältnisses kannte oder kennen mußte. Seine Strafbarkeit leitet sich von der des Primärinsiders ab.

Zunächst ist festzustellen, daß die Entwicklung, die das amerikanischen Insiderrecht genommen hat, gegen die zum deutschen Recht vertretenen Auffassungen spricht, wonach ein Bezug zu dem betroffenen Emittenten erforderlich sein soll. Mit der Misappropriation-Theorie wurde dieser frühere Ansatz bewußt verlassen. Hiernach würde das deutsche Recht hinter den Maßstab des amerikanischen Rechts fallen, was in Anbetracht dessen, das gerade auch die „Verbesserung der Attraktivität und internationalen Wettbewerbsfähigkeit des Finanzplatzes Deutschland“[280] Ziel der Gesetzgebung war, nicht gewollt ist.

Bezüglich der Primärinsider ist vielmehr eine weitgehende Identität des amerikanischen Rechts mit dem hier verfolgten Ansatz zu beobachten. Zwar reicht nach der hier vertretenen Auslegung des Begriffes der Primärinsider auch ein einfaches Vertragsverhältnis zum Informationsträger, welches nicht zwingend die Pflicht zur Geheimhaltung beinhaltet. Da die Insiderinformation aufgrund des Merkmals „bestimmungsgemäß“ dem Insider aber gerade zur Ausfüllung seines Vertragsverhältnisses übermittelt worden sein muß, werden die betroffenen Vertragsverhältnisse regelmäßig einen solchen Vertrauensbestandteil aufweisen. Dieser ist jedoch nicht generell notwendig.

---

279 Siehe Fletcher S. 210 sowie oben FN 129. Fisch in Securities Law Review 93 S. 413 schlägt eine Regelung des Insiderrechts vor, die sich von dem bisherigen Betrugsverständnis löst und vielmehr den Schaden am Markt in den Mittelpunkt stellen soll.

280 Deutscher Bundestag zum Gesetzesentwurf des 2. Finanzmarktförderungsgesetzes; BT-Drucks. 12/6679 S.1.

Dem Ergebnis, daß danach bei der Definition der Primärinsider eine weitgehende Übereinstimmung zwischen amerikanischen und deutschen Insiderrecht herrscht, wird entgegengehalten werden, daß die amerikanische Definition sich nur aus dem amerikanischen Verständnis der Herleitung des Insiderrechts als Betrugsnorm erklärt.

Die hier vertretene Auffassung weist jedoch nur im Ergebnis eine Identität zum amerikanischen Insiderrecht auf, nicht aber in der Herleitung.

Im amerikanischen Insiderrecht ist das Vertrauensverhältnis vom Primärinsider zum Emittenten oder Informationsbesitzer erforderlich, weil die gesetzliche Herleitung durch das Betrugserfordernis ein Vertrauensverhältnis fordert. Dementsprechend leitet sich die Strafbarkeit des Tippee vom Primärinsider ab.

Im deutschen Recht hingegen ist das Vertragsverhältnis nur für den Primärinsider nach § 13 I Nr. 3 WpHG erforderlich und auch nur in den Fällen, in denen er die Insiderinformation nicht selbst erzeugt. Hier leitet sich das Vertragserfordernis daraus ab, daß der Schutz der im deutschen Insiderrecht definierten Rechtsgüter vorrangig dadurch gewährleistet wird, daß das Veräußerungs- und Erwerbsverbot gemäß § 14 II WpHG für jeden gilt, der Kenntnis von der Insidertatsache hat. Die reine Kenntnis ist ausreichend, daß nach dem WpHG nicht veräußert und erworben werden darf.

Im amerikanischen Recht bedarf es hingegen weiterer Merkmale, da sich die Strafbarkeit des Tippees von der des Primärinsiders ableitet und daher stets ein Vertrauensverhältnisbruch erforderlich ist. Lediglich in dem Bereich der „tender offers" hält das amerikanische Recht mit rule 14e-3 eine Sondernorm bereit, bei der zur Begründung der Insidereigenschaft die reine Kenntnis reicht. Dort allerdings ist auch die Mitteilung und das Empfehlen nicht verboten.

Aufgrund der Generalnorm des § 14 II WpHG kann das deutsche Insiderrecht die Verbote des § 14 I Nr. 2 und 3 WpHG auf die Primärinsider begrenzen, die im amerikanischen Insiderrecht auch für die Tippees gelten. Der Unterschied in den verbotenen Tathandlungen und das Ausreichen der reinen Kenntnis für das Verbot nach § 14 Abs 2 WpHG bedingen jedoch (s. S. 144), daß damit die Wahrscheinlichkeit des Kontaktes der Primärinsider zu Insiderinformationen abstrakt betrachtet hoch sein muß. Diese Voraussetzung ist generell bei einer vertraglichen Beziehung erfüllt.

Im Ergebnis bleibt danach festzuhalten, daß rechtsvergleichend die hier vertretene Ansicht hinsichtlich der Primärinsider eine weitgehende Identität zum amerikanischen Insiderrecht aufzeigt. Diese Identität in der Definition beruht jedoch auf unterschiedlichen Herleitungen. Das Ziel der Verbesserung bzw. Erhaltung der internationalen Wettbewerbsfähigkeit wird dadurch gewährleistet, daß auch die hier vertretene Auffassung nicht hinter den Maßstab des amerikanischen Insiderrechtsverständnisses zurückfällt.

(b) Englische Regelung

Die englische Regelung hatte im CSIDA 85 ursprünglich als Kernbestandteil der Primärinsiderdefinition das Merkmal der vertraulichen Verbindung zum Emittenten enthalten. Dieses Merkmal ist im Zuge der Umsetzung der EG-Richtlinie durch den CJA 1993 entfallen, es besteht weitgehende Einigkeit, daß es einer Verbindung zum Emittenten nicht mehr bedarf[281]. In dieser Regelung

---

281 Ashe/Counsell S.91; Ashe in Rider/Ashe S. 77; White in Rider/Ashe S.61 und 67, Alcock in The Company Lawyer 1994, S. 70; Lomnicka in The Journal of Business Law 1994, S.175; Duderstadt in Journal of Financial Crime 1996, S.111.

Argumentativ stützt man sich zunächst darauf, daß die vorherige gesetzliche Regelung das Erfordernis einer Verbindung als solches explizit benannt hatte (Hannigan in JIBL 89, S. 13). Dort war in Sec. 1 (1) CSIDA 85 ausdrücklich aufgeführt „... *an individual who is, ..., knowingly connected with a company...*", und dann in Sec. 9 (b) „*he occupies .... a position involving a professional or business relationship between himself (or his employer or a company of which he is a director) and the first company ....*".
Die Regelung des CJA 93 in Sec. 57 (2)(a)(i) und Sec. 57 (2)(a)(ii) führt kein solches Erfordernis auf, woraus geschlossen wird, daß dieses Erfordernis dementsprechend weggefallen ist (Hannigan S.81, dies. in JIBL 89, S. 11 zur EG-Richtlinie). Das DTI-Document (The Law on Insider Dealing: a Consultative Document; Department of Trade and Industry vom 08.12.1989) para 2.26 weist darauf hin, daß die Umsetzung der EG-Richtlinie in England bedeutet, das Erfordernis des „connected with a company" zu streichen.

Ferner wird im englischen Recht argumentativ diese Ansicht durch den Vergleich zwischen den sog. „automatischen" Primärinsidern nach Sec. 57 (2)(a)(i) CJA 93 und den sog. „temporären" Primärinsidern nach Sec. 57 (2)(a)(ii) CJA 93 unterstützt. Bei den automatischen Insidern ist die Verbindung zu einem Unternehmen weiterhin eine Voraussetzung im englischen Recht (das englische Recht führt ausdrücklich auf, daß man hier die Insiderstellung bei einem Emittenten von Wertpapieren haben muß CJA 93 Sec. 57 (2) „... *(a) he has it through - (i) being a director, employee or shareholder of **an issuer of securities**;*" (Herv. des Bearb.).), bei den temporären Insidern hingegen fehlt dieser Verweis auf die Beziehung zum Emittenten gerade (Wotherspoon in The Modern Law Review 1994, S.426).

Ein weiteres Argument wird darin gesehen, daß mit dem CJA 93 die EG-Direktive umgesetzt werden sollte und die Abschaffung des Vertragserfordernisses für die richtlinienkonforme Lösung gehalten wird (Ashe in Rider/Ashe S.76; Hannigan S.78).

Andererseits wird im englischen Recht auch die Ansicht vertreten, daß zwar keine berufliche oder geschäftliche Beziehung zum Emittenten bestehen muß, es aber gleichwohl einer funktionalen Verbindung zwischen Informationsinhaber und betroffenem Unternehmen bedarf (Tridimas in I.C.L.Q. 1991, S.926; ihm folgend Wotherspoon in The Modern Law Review 1994, S.426 und Dine in The Company Lawyer 1993, S.62.) Dine versteht Tridimas Ansicht allerdings dahingehend, daß es auf eine Beziehung zwischen der Tätigkeit und dem Zugang zur Information und nicht zum betroffenen Unternehmen ankomme. Diese Sichtweise setzt zwar keine vertragliche Beziehung voraus (Wotherspoon in The Modern Law Review 1994, S.426). Danach muß die Funktion des Informationsinhabers einen Bezug zum Emittenten aufweisen. Ein Taxifahrer, der ein

offenbart sich das veränderte englische Verständnis des gesamten Insiderrechts, das sich von der den Schutz der Beziehung Person/Unternehmen hervorhebenden Sichtweise ab- und sich einer auf den Funktionsschutz des gesamten Markts abstellenden Betrachtungsweise zugeneigt hat[282].

Nunmehr kommt es lediglich auf den Zugang zur Information an. Dabei ist, wie auch im deutschen Recht, nicht abschließend geklärt, wie der Zugang zu erfolgen hat. Herkömmlich wird hier die reine Kausalität als ausreichend erachtet[283], es gibt jedoch auch Stimmen, wonach eine weitere Einschränkung nach dem „Wie" der Kenntniserlangung geboten scheint[284].

Die Umsetzung der EG-Richtlinie im WpHG und im CJA 93 unterscheidet sich in 3 Punkten, die nach der Auffassung des Verfassers eine unterschiedliche Betrachtung gebieten:

a) In beiden Rechtsordnungen wird zunächst die Kausalität der Kenntniserlangung bzw. des Zugangs ausdrücklich aufgeführt („...aufgrund seines Berufes; ..." bzw. „by virtue of his employment, ..."). Das WpHG führt darüber hinaus jedoch das Merkmal „bestimmungsgemäß" zusätzlich auf, das im englischen Recht keine Entsprechung findet.

Rechtsvergleichend wird herkömmlich argumentiert, daß der CSIDA 85 ein Verbundenheitsmoment zum Emittenten kannte[285], daß nunmehr sowohl in der

---

Gespräch von Fahrgästen belauscht, wird nach dieser Auffassung kein Primärinsider sein (Wotherspoon in The Modern Law Review 1994, S. 426). Die auf Tridimas Ausführungen zur EG-Richtlinie gestützte Ansicht argumentiert, daß im Zuge der Formulierung der EG-Richtlinie die Worte "in the exercise of" (= Zugang zur Information *in der Ausübung* seines Berufes erhalten haben) durch "by virtue of the exercise of" (Zugang zur Information *aufgrund der Ausübung* seines Berufes) ergänzt worden sind. Sie sieht in dieser Ergänzung den Hinweis auf das Erfordernis einer funktionalen Beziehung (Tridimas in I.C.L.Q. 1991, S.926). Unter richtlinienkonformer Auslegung wird dieses Erfordernis daher auch in das englische Recht interpretiert (Wotherspoon in The Modern Law Review 1994, S.426 und Dine in The Company Lawyer 1993, S.62).

282 Hannigan S.81, Davies in Oxford Journal of Legal Studies 1991, S.92; Lomnicka in The Journal of Business Law 1994, S.175.

283 Wotherspoon in The Modern Law Review 1994, S. 425; Ashe in Rider/Ashe S.78, Herrington/ Glover in Wegen/Assmann S.43; White in The Company Lawyer 1995, S. 165; Hannigan S.82.

284 S. FN 356

285 CSIDA 1985 S.1 (1)*"...which (a) he holds by virtue of being connected with the company,..."*. Die Kenntnis mußte **durch die Verbindung** des Primärinsiders zum Emittenten erworben worden sein.

Eine weitere Einschränkung der Frage der Art und Weise des Erwerbs der Kenntnis wurde nicht vorgenommen. Der Schwerpunkt des damaligen Rechts lag vielmehr auf der Feststellung der Verbindung zum Emittenten, die regelmäßig eine vertragliche Beziehung erforderte und zudem von der Frage des üblichen Zugangs zu Insiderinformationen

EG-Richtlinie als auch in der Umsetzung im CJA 93 entfallen ist. Dementsprechend dürfe dieses Merkmal auch nicht in den deutschen Tatbestand interpretiert werden. Gegen diese Argumentation ist jedoch anzuführen, daß sich ein Erfordernis entweder der Verbindung zum Emittenten oder, wie hier vertreten, zum Informationsträger von der Gesetzeslage her aus der Einführung des Merkmals „bestimmungsgemäß“ rechtfertigen läßt.

Trotz der Gemeinsamkeit der Umsetzung der EG-Richtlinie kann daher aufgrund des Unterschiedes in den Tatbestandsmerkmalen die Differenzierung gerechtfertigt sein.

b) Im weiteren definiert der CJA 93 die Sekundärinsider dahingehend, daß die Information mittelbar oder unmittelbar von einem Primärinsider stammen und der Vorsatz des Sekundärinsiders dieses Merkmal mit einbeziehen muß.

Damit stellt sich die deutsche Insiderrechtgesetzgebung der Sekundärinsider als weiter dar, da gemäß § 14 Abs 2 WpHG die reine Kenntnis der Insidertatsache ausreichend ist. § 14 Abs 2 WpHG ist die Generalnorm des deutschen Insiderrechts. Durch § 14 Abs 2 WpHG sowie durch § 14 I Nr. 1 WpHG, der jedoch von § 14 Abs 2 WpHG miterfaßt wird, ergänzt um die Beteiligungsregeln des allgemeinen Strafrechts, sind die Rechtsgüter des WpHG bereits hinreichend geschützt.

Die entsprechende Regeln des CJA 93 können diesen Schutz in der Form gerade nicht leisten, da über die reine Kenntnis das weitere Tatbestandsmerkmal des Abstammens von einem Primärinsider mit dem sich hierauf beziehenden Vorsatzerfordernis eingefügt wurde. Als Folge kann es unter dem CJA 93 im Gegensatz zum WpHG zu Geschäften kommen, bei dem der eine Teilnehmer über Insiderkenntnis verfügt und der andere nicht.

Die Ausweitung des Sekundärinsiderbegriffes im deutschen Recht mit der einhergehenden umfassenderen Erreichung der Schutzzwecke rechtfertigt daher eine Einschränkung bei der Definition der Primärinsider.

c.) Schließlich hat der englische CJA 93 die Verbote des Empfehlens und des Mitteilens auch auf die Tippees ausgedehnt. Die Ausdehnung ist insofern konsequent, als daß hiermit die „unvollständigere“ Erfassung der Sekundärinsider im CJA ausgeglichen wird. Da im CJA aufgrund der zusätzlichen Merkmale bei den Tippees ein Grundtatbestand wie der des Sekundärinsiders nach § 14 II WpHG fehlt und damit die Gesetzeszwecke durch das Veräußerungs- und Erwerbsverbot nicht hinreichend geschützt sind, bedurfte es der Ausdehnung der Vorfeldverbote des Mitteilens und des Empfehlens auch auf die Tippees. Das WpHG hingegen kann diese Verbote auf die Primärinsider begrenzen, da sie zum Schutz der aufgeführten Rechtsgüter unter Berücksichtigung des

---

allgemein abhing. Hierzu s.S. 70 f sowie White in Rider/Ashe S.61; Mitchell S.233; Sugarmann/Ashe in The Company Lawyer 1981, S.16; Davies in OJLS 91, S. 99 f.

Grundtatbestandes des § 14 II WpHG und der Berücksichtigung der Teilnahmeregeln des allgemeinen Strafrechts nur mittelbar benötigt werden.

Danach ist die Unterscheidung der Primärinsiderbegriffe aufgrund der sich unterscheidenden Umsetzung der EG-Richtlinie gerechtfertigt. Im Ergebnis bleibt das WpHG auch nach der hier vertretenen Auffassung nicht hinter dem englischen Recht und dem dortigen Standart zurück, da im WpHG mit § 14 II WpHG ein Standart geschaffen wurde, der die geringsten Voraussetzungen im Tatbestand definiert und dabei gleichzeitig den größtmöglichen Effekt für die Erreichung der Schutzzwecke erzielt.

(c) Schweizer Regelung

Das grundsätzliche Verständnis des schweizerischen Insiderrechts basiert auf dem Gedanken des Schutzes des einzelnen Unternehmen vor Vertrauensmißbräuchen.

Als Umsetzung hiervon definiert Art. 161 SchwStGB die Primärinsider durch ihre vertrauliche Beziehung zum Emittenten[286]. Innerhalb des Unternehmens bedarf es für die betroffenen Mitarbeiter einer qualifizierten Stellung als Geheimnisträger, außerhalb des Unternehmens bedarf es einer vertraglichen Beziehung zum Emittenten[287], aus der heraus der Betroffene zur Verschwiegenheit verpflichtet sein muß[288]. Die Frage des „Wie“ der Kenntniserlangung wird nur am Rande behandelt[289].

---

286 Siehe oben II. Teil bei FN 387 und 388. Die Schweizer Regelung sah in der Ursprungsfassung ergänzend zu dem strafrechtlichen Verbot auch zivilrechtliche Vorschriften vor. Dort waren die möglichen Täter definiert als „Organe und Personen, die zur Gesellschaft in einem besonderen Vertrauensverhältnis stehen“. Diese allgemeinere Umschreibung wurde nicht in das Strafrecht übernommen, weil einerseits der Begriff des „Organs“ im Schweizerischen Strafrecht weiter gefaßt wurde (BGE 100 IV 38), andererseits man Bedenken aufgrund der Verallgemeinerung aus dem Bestimmtheitsgrundsatz hatte. Inhaltlich entsprach die Formulierung jedoch auch dem strafrechtlichen Verständnis, s. hierzu Botschaft S.83.

287 Schmid RN 96; Strebel, S. 31; Schubarth/Albrecht Art 161 RN 48.
Zur Frage der Insiderstellung bei Nichtigkeit des entsprechenden Rechtsverhältnisses, die bejaht wird, s. Strebel S.32.

288 Schmid RN 96, Strebel S. 32; ähnlich Schubart/Albrecht Art 161 RN 48; sowie oben S. 86 f.

289 Es finden sich nur vereinzelt Ausführungen, wonach es einer Kausalität zwischen Kenntniserlangung und Vertragsverhältnis bedarf (Schubarth/Albrecht Art. 161 RN 35; Trechsel Art 161 RN 17; Stratenwerth § 22 RN 28.), teilweise wird auch die rein zufällige Kenntnisnahme ausgeschlossen (Dickersbach S. 214; Stratenwerth § 22 RN 27. So auch Schubarth/Albrecht Art. 161 RN 10, dort argumentativ allerdings auf das Vertragsverhältnis abstellend; a.A. Böckli S.66, wonach auch Zufallskenntnisse beim Primärinsider die Insiderstellung begründen können. Schmid RN 283 behandelt dieses

Bei den Sekundärinsidern bedarf es als Folge der Umsetzung des Vertrauensbruchgedankens einer rechtswidrigen Vortat durch einen Primärinsider, da sie selbst keine Verbindung zum Emittenten unterhalten. Konsequent wird die Tat des Sekundärinsiders als weniger strafwürdig angesehen.

Rechtsvergleichend ist zunächst darauf abzustellen, daß in Art. 161 Nr. 1 SchwStGB das Vertragsverhältnis für die Externen Primärinsider ausdrücklich aufgeführt ist. Insofern sei der Wortlaut „... *oder als Beauftragter einer Aktiengesellschaft* ....“ nochmals hervorgehoben. Ein Vergleich des Wortlauts legt daher nahe, daß im WpHG ein solches Vertragserfordernis zum Emittenten nicht zu fordern ist[290].

Die hier vertretene Auffassung weitet den Primärinsiderbegriff dahingehend aus, daß es nicht auf die Beziehung zum Emittenten, sondern zum Informationsträger ankommt. Sie bleibt damit nicht hinter der schweizerischen Insiderauffassung zurück, sondern dehnt den betroffenen Personenkreis vielmehr aus. Hierdurch wird der Sichtweise Rechnung getragen, daß nicht, wie im Schweizer Verständnis, der Schutz des Emittenten im Zentrum steht, sondern der Schutz der Funktionalität der Wertpapiermärkte.

Wenn gleichwohl nach der hier vertretenen Auffassung ein Beziehungserfordernis, allerdings zum Informationsträger, gefordert wird, so deswegen, weil bei den Primärinsidern die unterschiedliche Behandlung in den Handlungsverboten gegenüber den Sekundärinsidern und deren Wirkung auf die Frage der Erreichung der Schutzzwecke zu berücksichtigen sind.

Zusammenfassend ist festzustellen, daß die hier vertretene Auffassung die Primärinsider weiter definiert als Art. 161 SchwStGB und damit die internationale Wettbewerbsfähigkeit fördert.

(vii) Berücksichtigung der Richtlinienkonformität

Bei der Auslegung ist entsprechend den o.g. Ausführungen[291] grundsätzlich die Richtlinienkonformität zu beachten.

Problem im subjektiven Tatbestand, wonach das Erlangen der Kenntnis nicht vom Vorsatz umfaßt zu sein brauche.).

290 Unterstützt wird dieses Argument dadurch, daß im Schweizer Recht durch den Wortlaut zunächst ein Emittentenbezug gefordert und anschließend eine Sonderregelung für Personenkreise ohne Emittentenbezug, die gleichwohl Primärinsider sein sollen (Beamte), eingeführt wird.

Der deutsche Text spricht hingegen von "wer ... 3. aufgrund seines Berufs oder seiner Tätigkeit oder seiner Aufgabe bestimmungsgemäß Kenntnis ... hat". Es fehlt sowohl der in der Schweiz erwähnte Bezug zu einer Aktiengesellschaft, auch fehlt insbesondere die Aufführung irgendeiner externen Gruppe wie z. B. den Beamten o.ä., die trotz fehlender vertraglicher oder sonstiger Verbindung zum Emittenten eingebunden sein sollen.

291 Siehe oben S. 91 f.

Inwieweit dort ein Beziehungserfordernis gefordert werden konnte, war umstritten.
Die in der Literatur herrschende Meinung lehnte ein Beziehungserfordernis ab[292]. Da das WpHG die entsprechende Regelung der EG-Richtlinie umsetzen soll, gleichen sich die Argumente weitgehend:

a. Auch bei der EG-Richtlinie wird gegen ein Beziehungserfordernis argumentiert, daß der Wortlaut der 1. und 2. Alternative des Artikel 2 EG-Insider-Richtlinie die Organe und die Kapitalbeteiligten betreffend sprachlich den Bezug zum Emittenten ausdrücklich vorsieht, der Wortlaut der 3. Gruppe hingegen nicht[293]. Ferner wird argumentativ auch bei der EG-Richtlinie auf den Einbezug der Marktinformationen abgestellt[294]. Schließlich wird auch bei der EG-Richtlinie angeführt, ein Beziehungserfordernis entspreche zweckorientiert der Betrachtung des Schutzes des Unternehmens[295], der jedoch im Gegensatz zum Funktionsschutz des Marktes gerade nicht in der Präambel aufgeführt ist[296].

b. Besonderheiten bestehen gegenüber der nationalen Argumentation in Bezug auf den geäußerten Gesetzgeberwillen. Offensichtlich ist, daß die Endfassung des Richtlinientextes in ihrem Wortlaut[297] keinen direkten wörtlichen Hinweis auf ein Beziehungserfordernis enthält[298].

Diesem beherrschenden Wortlautargument kann zwar entgegengehalten werden, daß der Wortlaut gerade in Bezug auf die hier relevante Stelle im Verlauf des

---

292 Gegen ein solches Erfordernis Schödermeier/Wallach in EuZW 90 S.123; Grundmann in ZgesKW 92, S. 14; Ott/Schäfer in ZBB 91, S.236; Wymeersch in Hopt/Wymeersch S. 75; Hannigan in JIBL 89, S. 12; Davies in OJLS 91, S. 102; DTI-Document (s. FN 281) unter 2.26; Hopt in ZGR 91, S.38 f; ; ders in Hopt/Wymeersch S. 137; ders. in CMLR 90, S. 64 f.; ders. in FS Beusch S. 398; zum Vorentwurf des WpHG, der allerdings in diesem Punkt noch wortgleich mit der EG-Richtlinie war und erst später geändert wurde.
dafür: Welter in Büschgen/Schneider S. 322; im Ansatz dafür: Rider/Ashe in Rider/Ashe S. 37 die von einer Nähebeziehung sprechen und nur vertraglich verbundene Personen als Beispiel aufführen; Claussen in ZBB 92, S. 271 der ausführt, es müsse eine vertragliche Bindung, zumindest aber eine Zuordnung zum Emittenten aus Berufs- oder Arbeitsgründen erforderlich sein.

293 Hopt in ZGR 91, S.38; ders. in FS Beusch S.398 f; Assmann in ZGR 94, S.506; Hausmanninger S.170.

294 Hopt in ZGR 91, S. 38; ders. in Hopt/Wymeersch S. 139; ders. in FS Beusch S. 399 (zum wortgleichen Vorentwurf des WpHG); Hausmanninger S.170.

295 Zu den Schutzzwecken der EG-Richtlinie s. S. 96.

296 Davies in OJLS 91, S. 102 f.

297 Hier sei nochmals erwähnt, daß die Einfügung des Merkmals „bestimmungsgemäß" eine Unterscheidung nach der Begründung zum WpHG-Entwurf nicht trägt.

298 S. auch Tridimas in I.C.L.Q. 1991 S.926.

Richtliniengebungsverfahrens geändert worden ist[299] und hieraus in der Literatur teilweise geschlossen wird, mit der schließlich gewählten Formulierung solle jedenfalls irgendeine Verbindung zwischen Informationsinhaber und Emittenten vorausgesetzt werden[300]. Demgegenüber ist jedoch darauf hinzuweisen, daß die Kommission in ihrer Stellungnahme zu der ursprünglichen Fassung die Wortfolge „in der Ausübung" bereits als „aufgrund ihrer beruflichen Stellung" interpretierte[301] und daher der europäische Gesetzgeber beiden Begriffen keine unterschiedliche Bedeutung hat beimessen wollen[302]. Damit ist aber auch das tragende Argument der Forderung nach einer Funktionsbeziehung widerlegt. In der Begründung zum ursprünglichen Richtlinienvorschlag wurde die dritte Primärinsidergruppe von der Kommission wie folgt erläutert:

hierunter fallen „diejenigen, die aufgrund ihres Berufes oder ihrer Aufgaben in einem Vertrauensverhältnis zu der Gesellschaft stehen, deren Aktien betroffen sind, oder eine Geheimhaltungspflicht gegenüber dieser Gesellschaft haben"[303]. Die Kommission ging demnach zumindest noch bei dem ursprünglichen Richtlinienvorschlag[304] von der Voraussetzung eines Vertrauensverhältnisses gegenüber dem Emittenten aus[305].

---

299 In dem ursprünglichen Richtlinienvorschlag war Primärinsider definiert als jemand, der „in der Ausübung" (in the exercise of) seines Berufs oder „in Erfüllung" seiner Aufgabe etc. Zugang zur Insiderinformation hat; s. Ursprünglicher Kommissionsvorschlag in FN 82, Artikel 1 Absatz 1.

Dem steht der jetzige Wortlaut gegenüber, wonach der Zugang „aufgrund" (by virtue of) des Berufes erfolgt sein muß, EG-Richtlinie (II. Teil FN 82) Art 2 Abs. 1 3. Spiegelstrich. Die frühere Formulierung findet sich jedoch noch in Artikel 3 a) wieder.

300 Tridimas in I.C.L.Q. 1991 S. 926 folgert aus diesem Wortlautunterschied, daß irgendeine Verbindung die über die reine Zufallsverbindung hinausgeht, bestehen muß. Er führt später als Beispiele für diese Verbindung rechtliche Beziehungen zum Emittenten, den funktionalen Zugang zu den Informationsquellen oder etwa die von der betreffenden Person eingenommene Position im Markt (als Beispiel nennt er die Finanz-Analysten) auf; ähnlich Dine in Rider/Ashe S. 9.

301 So wörtlich in der Begründung des ursprünglichen Kommissionsvorschlags (s. II. Teil FN 82) S. 4.

302 So auch Hausmanninger S.172; im Ergebnis auch keinen Unterschied feststellend Schödermeier/Wallach in JIBL 89, S.234.

303 Begründung des ursprünglichen Kommissionsvorschlags (s. II. Teil FN 82) KOM (87) 111 endg. S.4.

304 Erwähnenswert in diesem Zusammenhang ist, daß auch das erste europäische Dokument, der Segré-Bericht (s. II. Teil FN 74) ausdrücklich von Gruppen, die auf Grund ihrer Aufgaben in der Gesellschaft über Informationen verfügten, sprach.

305 Nach Welter, seinerzeit Hauptverwaltungsrat der Kommission Abteilung „Börsen und Wertpapiere", sind die Primärinsider Personen, „welche aufgrund ihrer Arbeit, ihres Berufs oder ihrer Funktion ein Vertrauensverhältnis zum Emittenten haben, um dessen Wertpapiere es geht oder welche ihm gegenüber zur Verschwiegenheit verpflichtet sind.";

Der WSA hat in seiner Stellungnahme jedoch ausdrücklich festgehalten, daß der ursprüngliche Richtlinienvorschlag über die gesellschaftsbezogenen bestehenden Regeln hinausgeht und eine Formulierung gewählt, die ein Vertragserfordernis (*„...bei der -zeitweisen oder ständigen- Erbringung von Dienstleistungen in einem oder für ein Unternehmen ...“*) offensichtlich gemacht hätte. Dieser Vorschlag wurde jedoch gerade nicht umgesetzt[306]. Noch deutlicher tritt dieses Argument bei dem Vorschlag des Ausschusses für Wirtschaft, Währung und Industriepolitik im Hoon-Bericht[307] hervor, der zunächst feststellt, daß der Insiderbegriff des Kommissionsvorschlags sehr weitgefaßt sei[308] und danach als Änderungsvorschlag folgende Formulierung wählt[309]: *„Änderungsantrag Nr. 3 Artikel 1 (1) 1. Die Mitgliedsstaaten untersagen Personen, die auf Grund ihres Berufs oder ihrer Tätigkeit gegenüber der Gesellschaft oder den Gesellschaften, um deren Wertpapiere es geht, in einem Vertrauensverhältnis stehen bzw. zur Vertraulichkeit verpflichtet sind, eine Insider-Information .... (Rest unverändert)“*. Auch dieser Vorschlag wurde nicht vom Rat umgesetzt, wonach weder eine vertragliche noch eine vertrauliche Beziehung notwendig sein sollte.

Vielmehr zeigt die Änderung der Rechtsgrundlage, die erst nach der WSA-Stellungnahme durch den Ausschuß für Bürgerrechte[310] vorgeschlagen wurde, daß man von dem unternehmensbezogenen Insiderverständnis, welches der

---

Welter in Büschgen/Schneider S.322. Die Kommission plante ursprünglich, das Anwendungsgebiet des Richtlinienvorschlags auf eine bestimmte Liste von „Primär-Insidern“ zu beschränken, internationale Tippee-Fälle ließen die Kommission den Anwendungsbereich jedoch auf die Tippees ausdehnen; Welter a.a.O. S. 323.

Schon hier ist darauf hinzuweisen, daß die Kommission sich, indem sie einerseits ein Vertrauensverhältnis zur betroffenen Gesellschaft fordert (a.a.O. S. 4) und zugleich Marktinformationen (sie nennt selbst die Diskontsatzerhöhung als ein Beispiel einer Insiderinformation; a.a.O. S.5) als Insiderinformationen ansieht, in einen schwerlich auflösbaren Widerspruch begiebt. Siehe hierzu im folgenden Text.

306 Die weitere Entwicklung, die der Kommissionsvorschlag nahm, unterstützt keine der Auffassungen zwingend. Der Richtlinienvorschlag der Kommission sah seinerzeit nur die jetzt als 3.Spiegelstrich aufgeführten Personen als Primärinsider an. Die Gruppen des 1. und 2. Spiegelstrichs wurden erst später eingefügt. Zwar bilden die Mitglieder der ersten Gruppe, also die Mitglieder des Verwaltungs-, Leitungs- oder Aufsichtsorgans die Hauptgruppe derjenigen, die eine Vertrauensbeziehung zum Emittenten unterhalten. Ihre hinzugefügte Erwähnung in der Richtlinie wäre unter Berücksichtigung des Kommissionsstandpunktes ausschließlich deklaratorisch. Diese lediglich deklaratorische Bedeutung kommt der Aufführung jedoch auch dann zu, wenn man kein Vertrauensverhältnis verlangt, da die erste Gruppe regelmäßig in der dritte Gruppe enthalten ist. Unterschiede ergeben sich somit nicht inhaltlich, wohl aber wird die Zufügung der ersten und zweiten Gruppe im Folgenden argumentativ sprachlich-systematisch genutzt.

307 Siehe Hoon-Bericht (s. II. Teil FN 82) Bericht PE Dok.A2-0055/88 S.13 f.

308 A.a.O. S. 16.

309 A.a.O. S. 17.

310 Siehe Hoon-Bericht (s. II. Teil FN 82) Bericht PE Dok.A2-0055/88 S.5 S. 5.

Kommission und dem Wirtschafts-Ausschuß vorschwebte, weg- und zu einer kapitalmarktorientierten Sichtweise übergegangen ist[311].

c. Zusammenfassend sah daher die Richtlinie ein Beziehungserfordernis nicht vor[312].

Danach könnte der damit auftretende Widerspruch der hier vertretenen Auffassung der Auslegung des § 13 I Nr. 3 WpHG zu der Regelung der Richtlinie eine Korrektur erfordern.

Diese Argumentation übersieht jedoch zwei Besonderheiten, die bei der Auslegung des § 13 I Nr. 3 WpHG von maßgeblicher Bedeutung sind:

zum einen enthält die EG-Richtlinie das Merkmal „bestimmungsgemäß" in der entsprechenden Norm des Artikel 2 Abs. 1 3.Spiegelstrich nicht[313]. Dieses Merkmal kann jedoch Auslegungsgrundlage für ein Vertrags- oder ähnliches Erfordernis sein.

Zudem macht das WpHG, indem es von der Verböserungsmöglichkeit im Hinblick auf die Sekundärinsider Gebrauch gemacht hat, eine Neuorientierung in Bezug auf die Differenzierung zwischen Primär- und Sekundärinsider erforderlich.

Danach ist im deutschen Verständnis der Grundtatbestand der des Sekundärinsiders, da diesem ohne weitere Voraussetzung nur auf der Grundlage seiner Kenntnis der Erwerb und die Veräußerung verboten sind und bereits hierdurch unter Berücksichtigung der Teilnahmeregeln der Schutz der Rechtsgüter hinreichend gewahrt ist.

---

311 Siehe hierzu auch oben FN 37. Zwar spricht der Hoon-Bericht PE Dok.A2-0055/88 S.5 bei den „echten Insidern" von einem Vertrauensbruch und führt einen Direktor eines Unternehmens an. Hiermit ist jedoch gerade nicht, wie in der Kommissionsbegründung zum ursprünglichen Vorschlag (s. II. Teil FN 82) KOM (87) 111 endg. S. 4 das Vertrauensverhältnis zur Gesellschaft gemeint, sondern, wie sich aus dem übernächsten Satz ergibt („Insider-Information zerstört also das Vertrauen der Anleger") der Vertrauensbruch gegen-über den Anlegererwartungen gemeint.

312 Teilweise wird bei der Auslegung von EG-Richtlinien die Umsetzung in den einzelnen Ländern ergänzend herangezogen. Insofern hat Italien als einziges Land durch die Wortwahl in Art 2 Abs 1 legge no 157 aus 1991 (abgedr. in Il Corriere Giuridico 1991, S.740 ff) „funzione, anche pubblica" (Funktion, auch öffentlich) mit den Einbezug des Zugangs aufgrund einer öffentlichen Funktion klargestellt, daß dort jedenfalls kein Vertragserfordernis gilt. Diese Auslegungsmethodik begegnet jedoch insofern Bedenken, als daß damit von anderslautenden nationalen Regelungen, deren Auslegung ihrerseits teilweise gerade auf dem Wortlautunterschied beruht, auf die EG-Richtlinie geschlossen wird. Zudem wird auf diesem Wege einem Mitgliedsland, daß mit seiner Auffassung bei der Gesetzesformulierung unterlegen ist, der Weg eröffnet, die unterlegene Auffassung doch noch durchzusetzen.

313 In der Literatur wird gleichwohl versucht, dieses richtlinienkonform auszulegen s.hierzu auch Assmann in AG 94, S.200, dort FN 54; Hopt in ZHR 159 (1995) S.137; Kümpel „Bank- und Kapitalmarktrecht" RN 16.72 f.

Das WpHG will darüber hinaus nicht generell Umgehungsgeschäfte verhindern, wie die Beschränkung der Verbote des Mitteilens und des Empfehlens nach § 14 I Nr. 2 und 3 WpHG auf den Primärinsider zeigt, da diese beiden Verbote im Vergleich zu dem des § 14 I Nr. 1 WpHG auf das Vertrauen der Anleger keinen maßgeblichen Einfluß haben. Der deutsche Gesetzgeber hat hierdurch bewußt diese in der Richtlinie (Art. 6 S. 2) vorgesehene Möglichkeit nicht wahrgenommen.

Da auch die hier vertretene Auffassung den Schutz der in der EG-Richtlinie aufgeführten Rechtsgüter gewährleistet, stellt sich die hier vertretene Auffassung als am Telos der Richtlinie verhaftet und damit richtlinienkonform dar.

Eine abschließende Überprüfung dieses Ergebnisses an dem Ziel des 2. Finanzmarktförderungsgesetz, die Attraktivität und internationale Wettbewerbsfähigkeit des Finanzplatzes zu stärken[314], ergibt, daß hier keine kontraproduktive Einengung des Primärinsiders erfolgt, da die hier vertretene Auslegung nicht hinter der der vergleichbaren Rechtsordnungen bleibt und der Schutz des Anlegervertrauens auch nach dieser Auslegung gewährleistet ist.

(d) Fazit

Die nähere Betrachtung des Merkmals „bestimmungsgemäß" hat ergeben, daß die von der Gesetzesbegründung angeführte negative Umschreibung dahingehend, daß die durch Zufall oder bei Gelegenheit erworbene Kenntnis einer Insiderinformation nicht ausreichend sei, zwar die Regelfälle des § 13 I Nr. 3 WpHG abbildet, in den Randbereichen jedoch Unschärfen aufweist und nicht hinreichend die unterschiedliche Behandlung der Primär- und Sekundärinsider in den Handlungsverboten berücksichtigt.

§ 13 I Nr. 3 WpHG ist teleologisch dahingehend auszulegen, daß zunächst zu differenzieren ist, ob der Betroffene die Insiderinformation selbst erzeugt oder ob er sie von einem anderen erhält. Erzeugt er sie selbst, so ist er stets Primärinsider nach § 13 I Nr. 3 WpHG. Erhält er sie von einem anderen, so bedarf es eines vertraglichen oder ähnlichen Verhältnisses zwischen ihm und dem Informationsträger. Liegt ein solches Verhältnis vor, so ist die Kenntniserlangung dann „bestimmungsgemäß", wenn die Mitteilung zur Ausfüllung des Vertragsverhältnisses erfolgte.

(4) Weitere Einzelheiten zu § 13 I Nr. 3 WpHG

Entgegen einer Meinung in der Literatur[315] fallen in die hier behandelte Primärinsidergruppe auch emittentenfremde Organmitglieder. Die Ansicht, diese seien keine Primärinsider, da sie nicht unter § 13 I Nr. und 2. WpHG, und auch

314 S. BT-Drucks. 12/6679 S. 1.

315 Siebold S.136.

nicht unter die 3. Gruppe zu fassen seien, weil diese nicht als Auffangtatbestand fungieren solle, ist wenig überzeugend. Der Wortlaut und auch der Sinn der Vorschrift umfaßt dies Gruppe, da sie die Insidertatsache über das andere, emittierende Unternehmen gerade durch ihre Tätigkeit (nur bei einem anderen Unternehmen) erlangt haben.

Wie auch bereits bei den anderen beiden Insidergruppen, so sind auch dem Primärinsidern nach § 13 I Nr. 3 WpHG die Tatbestandsmerkmale voll nachzuweisen. Hier werden in der Praxis Compliance-Richtlinien, die nach der hier vertretenen Auffassung nur beweisindizierende Bedeutung erlangen können[316], eine erhebliche Rolle spielen, da sie aufzeigen, ob nach herkömmlichen Abläufen in dem entsprechenden Unternehmen die betroffene Person mit der Insiderinformation in beruflichen Kontakt kommen konnte[317].

e) Weitere Gruppen von Primärinsidern

Fraglich ist, ob über diese o.g. Tatbestände hinaus weitere Primärinsider "geschaffen" werden können (z.B. durch richterliche Rechtsfortbildung). Dieses ist abzulehnen, die Aufzählung in § 13 I Nr. 1 bis 3 WpHG ist enumerativ[318]. Die Begründung liegt darin, daß nur bei den in § 13 I Nr. 1 bis 3 WpHG genannten Personen die Gefahr des Kontaktes mit Insidertatsache als besonders hoch anzusehen ist, da sie von der Quelle der Information aus betrachtet die nächstbezogenen Personen sind. Nicht jede Person mit Insiderwissen ist Primärinsider, sondern nur der, der entweder aus seiner statusbezogenen Beziehung zum Emittenten oder aufgrund seines Berufes bestimmungsgemäß Insiderwissen erwirbt[319].

Demnach sind insbesondere nicht Primärinsider der Ehegatte eines Primärinsiders sowie weitere engste Familienangehörige, z.B. dessen Kinder[320]. Nach dem hier verfolgten Ansatz, daß es einer vertraglichen Beziehung oder gesetzlichen Beziehung bedarf und das die Informationsweitergabe zur Ausfüllung dieser Beziehung erfolgen muß, ist der Nichteinbezug der Familienangehörigen nur folgerichtig. Bei abstrakter Betrachtung ist die Gefahr, daß die Familienmitglieder mit einer Insidertatsache in Kontakt kommen, durch die für den Primärinsider geltenden Verbote des Mitteilens und des Empfehlens nicht hinreichend hoch, da zunächst von einem normgerechten Verhalten des Primärinsiders auszugehen ist. Im übrigen gilt auch für die Familienmitglieder, daß sie nicht veräußern und erwerben dürfen, sobald sie Kenntnis der Tatsache

316 Siehe unten S. 195.

317 So auch Assmann in AG 94 S.256.

318 Claussen in „Insiderhandelsverbote ..." S.6; Nerlich S. 74.

319 Claussen in ZBB 92, S.270.

320 Zu den Familienangehörigen s. instruktiv Wolf S. 114 f.

haben (§ 14 I Nr. 1, Abs 2 WpHG). Hierdurch ist der Schutz der betroffenen Güter gewährleistet.

Der Frage, ob juristische Personen Insider sein können[321], kommt keine erhebliche Bedeutung zu, da bereits die handelnden Personen das Verbot trifft und die in § 38 WpHG aufgeführten Strafvorschriften nur auf natürliche Personen anwendbar sind.

Assmann vertritt hierzu die Auffassung, daß die juristischen Personen zwar Insider nach § 14 WpHG sein können, hiervon aber die Frage der Verantwortlichkeit und Strafbarkeit zu trennen sei[322]. Er will der juristischen Person die Verpflichtung auferlegen, für die Einhaltung des Verbots nach § 14 I Nr. 2 WpHG zu sorgen.

Gegen den Einbezug der juristischen Personen spricht einerseits die Entwicklung des WpHG aus der EG-Richtlinie heraus[323]. Zur EG-Richtlinie wurde in den Erklärungen für das Ratsprotokoll festgehalten, daß der Rat und die Kommission darin übereinstimmten, daß die Mitgliedsstaaten nach Art. 6 der Richtlinie auch juristischen Personen bei ihrer nationalen Umsetzung einbeziehen könnten[324]. Im Umkehrschluß folgt daraus, daß in der herkömmlichen Form der EG-Richtlinie die juristischen Personen nicht einbezogen waren. Bei der Umsetzung aber ist die optionale Möglichkeit nicht besprochen, und demzufolge von ihr auch nicht Gebrauch gemacht worden. Der Einbezug der juristischen Personen in die Gruppe der Insider würde auch dem Charakter der Normen als strafbewehrte Verhaltensverbote nicht gerecht werden, da in Deutschland strafrechtliche Verbote nicht für juristische Personen gelten können. Dementsprechend liegen die Folgen, die beispielsweise Assmann aus dem Einbezug der juristischen Personen in die Gruppen der Insider zu ziehen sucht, außerhalb des Kerngebiets der Verhinderung von Insiderhandel und betreffen lediglich Peripheriebereiche. Diese aber sollten auch als solche erkannt und entsprechend behandelt werden, wie es in § 31 WpHG für den Bereich der Wertpapierdienstleistungsunternehmen geschieht. Für die Frage der Geltung der strafrechtlichen Insiderhandelsverbote jedenfalls haben die juristischen Personen keine Relevanz[325].

---

321 Rechtsvergleichend sind die juristischen Personen in England weder nach dem CSIDA 85 noch nach dem CJA 93 Insider; s. Suter S. 92, Ashe/Counsell S. 91; Herrington/Glover in Wegen/ Assmann S. 34. In den USA hingegen ist die Möglichkeit, daß sie Insider sein können, anerkannt; s. Gaillard FN 24.

322 Assmann in AG 97, S.52; ders. in WM 96, S.1342; ders. in Assmann/Schneider 2. Aufl. § 13 RN 4 a. Er leitet hieraus eine Pflicht der juristischen Personen zur Schaffung von Compliance-Richtlinien her.

323 So auch i.E. Hickinbotham/Vaupel S. 141.

324 „Erklärungen zum Protokoll", abgedr. in WM 89, S. 1399.

325 Es kann jedoch ein Bußgeld-Verfahren nach § 30 OWiG gegen das Unternehmen betrieben werden, sofern der Insider zum Vorteil des Unternehmens gehandelt hat, s. auch

f) Strafbarkeit von Taten mit Internationalen Bezug

Insiderhandel strafrechtlich zu sanktionieren macht angesichts der zusammenwachsenden internationalen Kapitalmärkte nur dann Sinn, wenn gleichzeitig eine Regelung zur Bewältigung auch dieser internationalen Bezüge gefunden wird[326]. Dementsprechend hat der Gesetzgeber in § 38 II WpHG den Verboten nach § 14 I WpHG entsprechende ausländische Verbote gleichgesetzt[327].

Danach kann auch die Tatbegehung eines Deutschen von einem anderen Land aus nach § 38 I WpHG bestraft werden, sofern nur das ausländische Recht ein entsprechendes Verbot vorsieht[328]. Einbezogen sind hier auch außereuropäische Staaten. Voraussetzung ist, daß der Sachverhalt nach beiden Strafrechten strafbar ist[329]. Der Strafrahmen ergibt sich hierbei aus § 38 WpHG.

Beispiel: A teilt als Primärinsider in der Schweiz einem Dritten unbefugt eine Insiderinformation zu einem deutschen Aktienwert mit. Da die Verhaltensweise von A sowohl nach Art 161 SchwStGB als auch nach §§ 13 f WpHG verboten ist, kann er nach dem WpHG bestraft werden. Wäre A hingegen Sekundärinsider, so könnte er, selbst wenn er nach Art. 161 SchwStGB strafbar wäre, nicht nach dem WpHG bestraft werden, da § 14 II WpHG die Mitteilung durch einen Sekundärinsider nicht unter Strafe stellt und der Regelungskreis des deutschen WpHG nicht durch das ausländische Insiderrecht erweitert wird.

Umgekehrt kann auch die Tat eines Deutschen, die dieser im Inland gegen ein ausländisches Insiderverbot begeht[330], nach deutschem Recht bestraft werden.

g) Der Primärinsider als Teilnehmer

Die Teilnahmeverbote haben, sofern sie konsequent angewandt werden, dogmatisch eine erhebliche Bedeutung für den Schutz der Rechtsgüter, da sie dazu beitragen, daß Umgehungsgeschäft und die unnötige Verbreitung von Insiderinformation verhindert werden.

Cramer in Assmann/ Schneider vor § 38 RN 1 f; Pananis S. 143. § 130 OWiG wird demgegenüber nach der hier vertretenen Auffassung jedenfalls hinsichtlich der Verbote nach § 14 WpHG nicht eingreifen.

326 Siehe zu den Befugnissen des BAWe in der internationalen Zusammenarbeit Wittich (Präsident des BAWe) in WM 97, S.2027 sowie BAWe-Jahresbericht 1996 S. 33 f. Im Oktober 1997 wurde beispielsweise ein Abkommen zur engeren Zusammenarbeit mit der SEC geschlossen, s. Handelsblatt vom 20.10.97, S. 25.

327 Ob dies notwendig war, da die §§ 3 f StGB hier nicht eingreifen, oder ob die §§ 3 f StGB neben § 38 Abs 2 WpHG gelten, ist streitig. S. hierzu Cramer in Assmann/Schneider 2. Aufl. § 38 RN 4; dagegen Kondring in WM 1998 S. 1371.

328 Amtl. Begründung in BT-Drucks, 12/6679 S.57.

329 Kondring in WM 1998, S. 1372. Zu verfahrensrechtlichen Fragen insbesondere im Verhältnis zur Schweiz s. Hillenbrand/Brosig in wistra 99, S. 209 f.

330 Kaiser in WM 97, S.1558; Hopt in ZHR 159 (95) S. 142.

Gleichwohl wird angesichts der weiten Fassung der Insiderhandelsverbote in der Praxis der Teilnahme durch Primärinsider keine große Bedeutung zukommen[331], zumal § 14 I Nr. 2 WpHG eine klassische Teilnahmehandlung bereits ausdrücklich regelt. In der Literatur wurde vereinzelt versucht, die Anwendung der Regeln der Teilnahme nach dem allgemeinen Teil des StGB einschränkend auszulegen, indem auf die „Neutralität" verschiedener Teilnahmehandlungen, etwa der Ausführung einer Kundenorder durch einen Bankmitarbeiter, hingewiesen wurde[332].

Dem ist jedoch einerseits entgegenzuhalten, daß sämtliche Insidergeschäfte des § 14 I Nr. 1 WpHG für sich neutral sind[333]. Diese Neutralität wird bereits durch die Materie des Handels mit Wertpapieren, bei denen außer in Face-to-Face-Geschäften kein persönlicher Kontakt besteht, begründet. Zudem ist darauf zu verweisen, daß in den Fällen, in denen beim Teilnehmer der doppelte Vorsatz[334] und zwangsläufig auch die Haupttat vorliegt, die Schutzzwecke verletzt werden. Da sich in diesen Fällen die Insiderkenntnis tatsächlich in einem Geschäft niedergeschlagen hat, ist der Einbezug solcher Situationen zum Schutz der Zwecke erforderlich. Damit aber ist eine Reduktion der Anwendung der Teilnahmeregeln des allgemeinen Strafrechts abzulehnen.

2) Sekundärinsider

Die Sekundärinsider werden definiert in § 14 II WpHG. Die dortige Definition lautet:
„Einem Dritten, der Kenntnis von einer Insidertatsache hat, ist es verboten, unter Ausnutzung dieser Kenntnis Insiderpapiere für eigene oder fremde Rechnung oder für einen anderen zu erwerben oder zu veräußern."

Im Gesetzgebungsverfahren hat der Bundesrat den Prüfungsantrag gestellt, sämtliche Verbote des § 14 I WpHG auch auf den Sekundärinsider auszudehnen. Dieser Vorschlag wurde jedoch nicht angenommen[335]. Vielmehr hat der Gesetzgeber die weiteren Verbote nach § 14 I Nr. 2 und 3 WpHG, d.h. das Empfehlungs- und das Weitergabeverbot, auf die Primärinsider begrenzt und somit von der entsprechenden optionalen Möglichkeit, die ihm in Artikel 6 der EG-Richtlinie eingeräumt wurde, keinen Gebrauch gemacht.

---

331 Hierzu s. S. 187 f.

332 Assmann in WM 96, S. 1337, 1346 f.

333 S. auch Cramer in AG 97, S. 61.

334 Zur Frage des Vorsatzes des Primärinsiders als Teilnehmer und insbesondere zu dem praktischen Nachweis s. Cramer in AG 97, S. 61 f.

335 Zur Begründung s. FN 245.

a) Objektiver Tatbestand

Die Sekundärinsider[336] zeichnen sich nach dem WpHG dadurch aus, daß sie Kenntnis von einer Insidertatsache haben müssen. Weiterer Erfordernisse bedarf es nach dem Wortlaut des WpHG nicht[337]. Damit werden auch all jene Gruppen umfaßt, deren Einstufung in die Gruppe der Primärinsider schwierig ist, die aber jedenfalls Kenntnis einer Insidertatsache haben. Der Sekundärinsider nach dem WpHG ist somit negativ abgrenzend dahingehend zu definieren, daß jeder, der Kenntnis von einer Insidertatsache hat und nicht Primärinsider ist, als Sekundärinsider dem Verbot des § 14 II WpHG unterliegt.

§ 14 II WpHG stellt sich als die Generalnorm des Insiderrechts[338] dar. Herkömmlich liegt der Schwerpunkt der Diskussion des Insiderrechts auf den Primärinsidern, zumal die bekannt gewordenen Fälle solche sind, die Primärinsider betreffen und bei diesen aufgrund der engen Verbindung zum Unternehmen der Insiderhandel von den Marktteilnehmern als besonders verwerflich betrachtet wird. Gleichwohl ist die Bedeutung des Sekundärinsiderbegriffs rechtsdogmatisch wichtig, da er, indem er den Sekundärinsiderbegriff lediglich an die reine Kenntnis der Tatsache anknüpft, die Rechtsgüter bereits umfassend schützt.

Der Sekundärinsider des WpHG stellt sich als damit in Teilen weiter dar als der Tippee-Begriff im amerikanischen und im britischen Recht, da dort lediglich die Fälle erfaßt werden, in denen sich die Kenntnis von einem Tipgeber ableiten läßt.

Klassischerweise fallen die bereits oben zitierten mithörenden Taxifahrer, lauschenden Stewardessen und neugierigen Raumpflegerinnen, die zwar aufgrund ihrer Arbeit, nicht aber bestimmungsgemäß Kenntnis einer Insidertatsache haben, hierunter[339]. Ebenso hierunter fällt der Werksspion, der sich eine Insidertatsache selbst beschafft[340] oder dem eine solche mitgeteilt wird[341]. Weitere Beispiele sind

---

336 Rechtshistorisch ist bezüglich der Sekundärinsider bemerkenswert, daß diese Dritten in den früher angewandten IHR selbst nicht vom Handelsverbot betroffen waren; s. Siebel, S.960; Horn in ZHR 1972, S.382. Dieses entsprach dem vertraglichen Charakter der IHR, da nur die erfaßt werden konnten, die diese schriftlich anerkannten.

337 Jeder, der über Insiderinformationen verfügt, ist Insider; so ausdrücklich Assmann in AG 94, S.237, ders. in ZGR 94, S.504.

338 Assmann in ZGR 94, S.509; Immenga in ZBB 95, S.201.

339 Hopt in FS Beusch S.400.

340 Dieser wäre z.B. nach dem englischen Recht, daß vorsieht, daß die direkte oder indirekte Quelle des Sekundärinsiders ein Primärinsider sein muß s 57 (2)(b) CJA 93 straffrei.

341 Hopt in BFuP 94, S.93; zu der früheren Diskussion um den Werksspion auf Grundlage der EG-Richtlinie s. Siebel S.974.

die Freunde, Ehegatten oder Lebenspartner des Primärinsiders, dem dieser die Tatsache erzählt oder die sonst die Kenntnis der Tatsache erlangen[342].

Nach der EG-Richtlinie Art. 4 waren Sekundärinsider solche Personen, "*....die in Kenntnis der Sache über eine Insider-Information verfügen, die unmittelbar oder mittelbar nur von einer in Art. 2 genannten Person stammen kann.*" Der Entwurf der Richtlinie hatte sogar noch vorgesehen, daß die Sekundärinsider die Information bewußt von einem Primärinsider erhalten haben mußte[343].

Hinsichtlich des tatsächlichen EG-Passus hatte die Bundesrepublik auf eine einengende Klarstellung gedrängt, die ausdrücklich im entsprechenden Protokoll festgehalten ist[344]. Danach wird festgestellt, daß Art. 4 nicht die einzelstaatlichen Bestimmungen über die Anforderungen an die Beweisführung im Rahmen von Strafverfahren berührt. Auf die deutschen Verhältnisse übertragen sollte das bedeuten, daß dem Sekundärinsider hätte nachgewiesen werden müssen, daß die Information von einem Primärinsider stammte[345].

Dieses Erfordernis, daß die Insiderinformation mittelbar oder unmittelbar nur von einem Primärinsider stammen kann, ist nunmehr generell entfallen[346], entscheidend ist daher nicht mehr, woher der Sekundärinsider die Information hat[347], sondern daß er sie hat. Nach dem WpHG ist es nicht einmal erforderlich, daß die dem Sekundärinsider bekannte Information jemals zur Kenntnis eines Primärinsiders gelangt ist[348]. Die Norm verstößt, obwohl sie dieses EG-Richtlinienerfordernis nicht transformierte, nicht gegen die Richtlinie, da diese den Mitgliedsstaaten in Artikel 6 ausdrücklich das Recht eingeräumt hat, strengere Vorschriften als die in der Richtlinie vorgesehenen zu erlassen[349]. Sie stellt sich daher als eine richtlinienkonforme Umsetzung dar.

Der Hinzufügung des EG-Erfordernisses im Wege der Auslegung bzw. richterlichen Rechtsfortbildung steht insbesondere auch diese Entstehungs-

---

342 Beispiel hierfür ist der Fall des Lebensgefährten eines Primärinsiders der MHM Mode Holding München AG; s. BAWe-Jahresbericht 1998, S. 18.

343 Ursprünglicher Richtlinienvorschlag, ABlEG 1987 Nr. C 153/9 Artikel 3; hierzu Schödermeier/ Wallach in EuZW 90, S.123.

344 „Erklärungen zum Ratsprotokoll" Nr. 2., abgedr. in WM 89, S. 1399 f.

345 Jentsch in Die Bank 89, S.537.

346 Claussen in DB 94, S.28, Assmann in AG 94, S.240.

347 Zu den Auffassungen hinsichtl. der EG-Richtlinie s. z.B.Siebold S.137.

348 Assmann in Assmann/Schneider 2. Aufl. § 13 RZ 1.

349 Allerdings erstaunt die deutsche Umsetzung insofern, als daß gerade die Bundesrepublik Deutschland auf eine einengende Klarstellung gedrängt hatte, der durch die entsprechende Protokollerklärung bezüglich der Beweisanforderungen Rechnung getragen wurde. Auch in diesem Teil der Umsetzung ist somit die veränderte Einstellung gegenüber der notwendigen Reglementierung des Insiderrechts durch strafrechtliche Lösungen zum Ausdruck gekommen.

geschichte entgegen. Der deutsche Gesetzgeber hat sich trotz des ausdrücklichen Zusatzerfordernisses der EG-Richtlinie, daß auch beispielsweise so im englischen Recht, dort Secs. 57 (2)(b) umgesetzt worden ist, bewußt gegen die Einfügung dieses Merkmals entschieden. Dementsprechend liegt keine auslegungsbedürftige Lücke vor, der Wortlaut der Norm ist zudem so eindeutig, daß Interpretationsspielräume nicht gegeben sind.

Auch einer Einfügung eines solchen Merkmals de lege ferendar stehen gewichtige Überlegung entgegen.

Zwar ist dieses Merkmal ausdrücklich bzw. sinngemäß Bestandteil der drei weiteren verglichenen Rechtsordnungen:

Die englische Regelung spricht in Part V CJA 93 Secs. 57 (2)(b) eindeutig davon, daß die Insiderinformation, derer sich der Tippee bedient hat, mittel- oder unmittelbar von einem Primärinsider stammen muß. Der Betroffene muß im subjektiven Teil wissen, daß es sich um eine Insiderinformation handelt (sec. 57 (1)(a)) und daß die Quelle direkt oder indirekt ein Primärinsider ist (sec. 57 (1)(b))[350].

Das Schweizer Recht sieht in Art. 161 Ziffer 2. ebenfalls als Tatbestandsmerkmal vor, daß der Sekundärinsider die Tatsache mittelbar oder unmittelbar von einem Primärinsider mitgeteilt erhalten muß. Dort ist es anerkannt, daß derjenige demnach nicht als Sekundärinsider strafbar ist, der lediglich zufällig in den Besitz der Kenntnis gelangt ist[351]. Eine Bestrafung des Primärinsiders ist hingegen nicht erforderlich[352].

Nach der amerikanischen Tippee-Lösung muß der Tippee die Tatsache von einem Primärinsider haben und um dessen Verstoß gegen eine Treuepflicht wissen[353].

Diesen rechtsvergleichenden Überlegungen anhand der Gesetzeslage stehen jedoch zunächst in Bezug auf die Schweizerische und die Amerikanische Lösung Bedenken in Bezug auf den Gesetzeszweck entgegen.

Das amerikanische und auch das schweizerische Recht gehen von einem grundsätzlich anderen Ansatz aus, was genau von dem strafrechtlich bewährten Insiderhandelsverboten geschützt werden soll.

---

350 Streit im englischen Recht herrscht derzeit bezüglich der Frage, wie genau die Kenntnis in Bezug auf die Quelle, also den Primärinsider sein muß; s. z.B.Wotherspoon in The Modern Law Review 1994, S.427; Hannigan S.89.

351 Entscheid des Kassationshofes des Bundesgerichts vom 24.03.1993 (SKA-Insiderfall) Nr. 6 S.58/1993 = BGE 119, Band IV, S.38 f.; Besprechung s. Peter in SZW 1993, S.234 f; ders. in Aktuelle Rechtsprobleme des Finanz- und Börsenplatzes Schweiz, Bd. 1, 1993 S.107 ff; Vorinstanz s. ZR 91/92 (1992 93) Nr. 34; Botschaft BBL 85 II S.84.

352 Es muß jedoch eine tatbestandsmäßige und auch rechtswidrige Handlung nach Ziffer 1 vorliegen, und der Tipnehmer muß dies wissen; s. Strebel S.70; Schmid/Rehberg S. 258.

353 Dirks v. SEC, 463 U.S. 646, 103; s. oben S. 63.

Das Schweizer Recht berücksichtigt das Vertrauen des Unternehmens, daß dieses dem Betroffenen entgegengebracht hat, mit. Dann aber ist es notwendig, auch ein Erfordernis zu statuieren, wonach die Kenntnis des Sekundärinsiders sich vom Primärinsider ableitet, da nur so die Nichtbeachtung des Gesetzeszwecks bei den Sekundärinsidern teleologisch gerechtfertigt werden kann[354].

Das amerikanische Recht hingegen stellt aufgrund der rechtlichen Herleitung den Gedanken des Betruges und damit der Verletzung einer Treuepflicht in den Mittelpunkt. Auch hierbei kann sich die Strafbarkeit des Tippees unter Beachtung des Zwecks nach der Fiduciary Duty oder der Misappropriation-Theorie nur rechtfertigen, wenn der Tippee die Kenntnis vom Primärinsider hat und um dessen Pflichtverletzung weiß.

Das deutsche WpHG hingegen stellt auf die Funktionsfähigkeit des Marktes, die Chancengleichheit der Anleger und auf den Schutz des einzelnen Anlegers ab.

Hier gibt es zwei verschiedene Möglichkeiten, den Schutz gesetzgeberisch zu gewährleisten:

zum einen kann der Gesetzgeber einen Grundtatbestand schaffen, der sämtliche Geschäfte, in denen Insiderkenntnisse einfließen, verbietet. Die Umsetzung erfolgt durch einen Tatbestand, bei dem der Erwerb und die Veräußerung auf der Basis jeglicher Insiderkenntnis grundsätzlich verboten sind. Damit werden die Rechtsgüter bereits hinreichend geschützt, da die Marktteilnehmer sicher sein können, daß, sofern die Verbote beachtet werden, der Vertragspartner seines Geschäftes über keine Insiderkenntnis verfügt und beide Vertragspartner daher die gleichen Chancen haben. Die weiteren Handlungsverbote, d.h. das Verbot des Mitteilens und des Empfehlens, können dementsprechend an enge Voraussetzungen geknüpft werden, da diese Verbote in einem solchen Fall nur noch Vorfeldmaßnahmen und Umgehungsgeschäfte betreffen.

Alternativ könnte der Gesetzgeber auch den Grundtatbestand und damit die Reichweite des Veräußerungs- und des Erwerbsverbotes mit weiteren Voraussetzungen verknüpfen. In diesem Fall müssen dann die weiteren Verbote des Empfehlens und der Weitergabe auf einen weiten Bereich von Betroffenen ausgedehnt werden, um diese Lücke aufzufangen.

Während der deutsche Gesetzgeber die erste der beiden Varianten gewählt hat, hat sich der englische Gesetzgeber für die zweite Variante entschieden. Im WpHG ist ein allumfassender Sekundärinsidertatbestand definiert, der es rechtfertigt, das die Primärinsider nach der hier vertretenen Auffassung weiteren Beschränkung unterliegen. Im CJA 93 hingegen ist der Sekundärinsidertatbestand

354 Stratenwerth in FS Vischer S.672; Schubarth/Albrecht Art. 161 RZ 10 bezeichnet eine Anknüpfung des Straftatbestandes lediglich an die Innehabung der Information, somit auch ein Verwertungsverbot für z.B. durch Zufall erworbenen Kenntnis als ein kaum erträgliches Ergebnis.

an weitere Voraussetzungen geknüpft, wonach es zum Ausgleich der Ausdehnung der weiteren Handelsverbote auf die Sekundärinsider bedurfte.

Die deutsche Umsetzung stellt sich jedoch als die strenger an den Schutzzwecken orientierte dar. Die deutsche Gesetzgebung stellt konsequent auf den neutralen Marktteilnehmer ab. Dieser wird sich unabhängig von der Frage, wie sein Vertragspartner an die Kenntnis gelangt ist, stets benachteiligt fühlen, sofern Insidergeschäfte bekannt werden. Ob der Vertragspartner sich diese Insiderkenntnis selbst beschafft hat oder sie von einem Primärinsider erhalten hat, spielt für die Auswirkungen auf sein weiteres Marktverhalten keine Rolle. Die Betrachtung des englischen Rechts stellt sich demgegenüber als eine Rückkehr zu einer unternehmensorientierteren Sicht dar, da herkömmlich Insiderinformationen aus dem Kreise der Unternehmensinsider stammen und von diesen an Sekundärinsider weitergegeben werden. Diese Sicht wurde jedoch bewußt durch das Abstellen auf das Vertrauen der Anleger verlassen.

Handelt ein Marktteilnehmer mit Insiderkenntnis, so ist er gegenüber den anderen Marktteilnehmern bevorteilt und diese werden sich bei Bekanntwerden eines solchen Geschäftes von dem betroffenen Markt zurückziehen. Der Schutz dieser Rechtsgüter bedarf einer Generalnorm, da sämtliche Rechtsgüter voraussetzen, daß der Insiderhandel grundsätzlich nicht stattfindet. Gerade das generelle Erwerbs- und Veräußerungsverbot auf der Basis jeglicher Kenntnis, unabhängig von der Art und Weise des Erhalts, dient dem Schutz der aufgeführten Rechtsgüter. Dieses macht auch die Bestrafung desjenigen Sekundärinsiders, der sich aktiv die Information besorgt[355], notwendig.

Positiver Effekt dieser Sichtweise ist, daß damit Beweisproblematiken[356], wie sie in der Schweiz bekannt geworden sind, vermieden werden[357]. Beispielhaft sei der Schweizerischen SKA-Fall erwähnt, bei dem es zur Verneinung der Strafbarkeit der Sekundärinsider ausreichte, daß die Möglichkeit bestanden hat, sich über eine Drittquelle Zugang zu der Information verschafft zu haben[358]. Auch im

---

355 Hierzu Ashe/Counsell S.82 noch zum CSIDA 85, der gerade kritisierte, daß der aktive Sekundärinsider dort nicht bestraft wurde.

356 Markant insofern der im BAWe-Jahresbericht 1996 S. 16 aufgeführte Fall. Der Fall betraf eine bayrische AG der Textilbranche, die sämtliche Vorzugsaktien im Verhältnis 1:1 in Stammaktien tauschen wollte. Die Stammaktien notierten zur Zeit der entsprechenden Adhoc-Mitteilung 4 mal höher als die Vorzüge. Die Tochter und die Ehefrau des frühzeitig eingeweihten Leiters der Finanzabteilung erwarben an 5 Handelstagen insgesamt 780 Vorzugsaktien. Der geständige Angestellte wurde durch einen Strafbefehl verurteilt, der Tochter und der Ehefrau hingegen konnte nicht nachgewiesen werden, daß sie Kenntnis der Insidertatsache hatten.

357 Neue Züricher Zeitung v. 13./14.7.96 S.19.

358 Auf der Basis der Schweizerischen Auslegung wurden 3 als Sekundärinsider angeklagte Personen freigesprochen, da bei ihnen die Möglichkeit bejaht wurde, daß sie ihr Wissen unmittelbar oder mittelbar von einem Analysten erhalten haben konnten, der aufgrund

englischen Recht sind es die Beweisprobleme, die die Diskussion um die Tippees bestimmen[359].

Ergebnis: Im Tatbestand des Sekundärinsiders sollte auch de lege ferendar keine weitere Anforderung definiert werden, da die jetzige Definition den größtmöglichen Schutz der betroffenen Rechtsgüter gewährleistet[360].

b) Subjektiver Tatbestand

In Bezug auf den subjektiven Tatbestand ist zunächst herauszuarbeiten, ob der Dritte wissen muß, daß diese Tatsache, die er kennt, eine Insiderinformation ist. Zur Beantwortung ist ergänzend das weitere Tatbestandsmerkmal *"...ist es verboten, unter Ausnutzung dieser Kenntnis..."* heranzuziehen.

Für die Kenntnis allein ist das Wissen der Information ausreichend. Hierfür ist es ist nicht erforderlich, daß der Dritte weiß, daß diese Information nicht veröffentlicht und geeignet ist, den Kurs des Emittenten erheblich zu beeinflussen.

Die so gewonnene Feststellung hinsichtlich des Begriffes "Kenntnis" ist jedoch insofern akademischer Natur, als daß die Strafbarkeit gemäß § 14 Abs 2 WpHG gerade eine „Ausnutzung“ der Kenntnis voraussetzt. Hierin wird deutlich, daß der Versuch, das Tatbestandsmerkmal "Kenntnis" unter Einbeziehung subjektiver Elemente einschränken zu wollen, unnötig ist. Das Merkmal "Ausnutzen" bedeutet gerade, daß der Dritte, um eine Insidertatsache ausnutzen zu können, wissen muß, daß es nicht irgendeine Tatsache ist, die er kennt, sondern daß es sich um eine Insidertatsache handelt[361].

Der subjektive Tatbestand bedeutet daher in Anlehnung an § 283 c StGB vorliegend, daß der Sekundärinsider sicher wissen muß, daß es sich um eine nicht öffentlich bekannte Tatsache handelt und daß diese geeignet ist, im Fall ihrer Publizierung den Kurs des Wertpapiers erheblich zu beeinflussen[362].

---

eigener Analyse des Börsengeschehens eine Kaufempfehlung abgegeben hatte; hierzu s. Peter in SZW 93, S.236 sowie oben FN 351.

359 Hannigan S.88

360 A.A. Ernst in WM 90, S.461; Claussen in ZBB 92, 274; Hopt in ZGR 91, S.48 f.

361 Assmann AG 94, S.246; Arbeitskreis Deutsche Börse AG in WM 94, S.2040; Schröder in NJW 94, S.2880; Ott/Schäfer in ZBB 91, S.236; s. auch die Begründung zum ursprünglichen Kommissionsvorschlag der EG-Richtlinie (s. II. Teil FN 82) KOM (87) 111 endg. S. 6 zum Begriff des „Ausnutzens“.

Diese gegenüber der Kenntnis der Tatsache erhöhten Anforderungen an den subjektiven Tatbestand werden übersehen von Weber in BB 95, S.162 sowie Duderstadt in Journal of Financial Crime 1996, S.111.

362 In England ist entsprechend des dortigen objektiven Tatbestandes Vorsatz einerseits erforderlich bzgl. des Wissens, daß es sich um eine Insidertatsache handelt. Zudem muß

Lücker will die Sekundärinsider dahingehend ausweiten, daß nicht nur derjenige erfaßt wird, der Kenntnis von der Insidertatsache erhält, sondern auch derjenige, der Kenntnis von einer Erwerbs- oder Veräußerungsempfehlung hat, wenn diese Empfehlung von einer Person stammt, die ihrerseits Kenntnis von der Insidertatsache hat. Diese Auslegung ist mit der derzeitigen Gesetzeslage[363] nicht vereinbar, da § 14 Abs 2 WpHG ausdrücklich aufführt, daß der Dritte Kenntnis einer Insidertatsache haben muß. Sie ist zudem auch zum Schutz der aufgeführten Rechtsgüter nicht notwendig, da dem Insider selbst diese Empfehlung verboten wird und hierdurch bereits hinreichend die Rechtsgüter geschützt sind.

Erhält der Dritte mithin einen Tip ohne die dahinterstehende Information, so ist er kein Sekundärinsider und ein Geschäft, daß er auf Basis dieses Tips eingeht, ist regelmäßig für ihn nicht strafbar[364]. Hierin wird deutlich, daß das Empfehlungsverbot auch dem Schutz der Rechtsgüter dient. Es wird ein Umgehungstatbestand verhindert, der mangels Haupttat auch als Teilnahme nicht strafbar wäre. Gleichwohl werden die Schutzzwecke nur am Rande berührt, da sich für denjenigen, der auf der Basis eines solchen Tips handelt, der Tip nicht von anderen Tips ohne Einfluß der Insiderkenntnis unterscheidet und daß eigentliche Geschäft daher zwischen zwei Marktteilnehmern stattfindet (Dritter und Tipempfänger), die beide keine Insiderkenntnis haben.

Hinsichtlich der Problematik des Beweises des Wissens helfen Überlegungen des amerikanischen Rechts weiter. Dort wird es als ausreichend hinsichtlich der Beweisführung, ob der Tippee wußte, daß es sich um eine Insiderinformation handelte, angesehen, daß der Tippee die Wertpapiertransaktion sofort im Anschluß an die Kenntniserlangung tätigte[365].

c) Anstiftung und Beihilfe des Sekundärinsiders

Erhebliche praktische Auswirkungen auf das jeweils endgültige Urteil über die Strafbarkeit des Sekundärinsiders hat die Beurteilung der Frage nach der Weite der §§ 26 und 27 StGB. Deren Anwendungsbereich im Insiderrecht der Sekundärinsider wird in der Literatur teilweise durch teleologische Reduktion

---

der Tippee wissen, daß die Insiderinformation mittel- oder unmittelbar von einem Primärinsider stammt; s. Hannigan S.89.

363 Für eine Gesetzesänderung, wonach der Sekundärinsider auch einen auf einer Insidertatsache fußenden Tip ohne Nennung dieser Tatsache nicht verwenden darf, tritt Tippach in "Das Insider-Handelsverbot ..." S.175 u. 179 ein. Dagegen spricht jedoch, daß der Empfänger nur anhand des Tips keine Möglichkeit hat zu erkennen, ob dieser auf einer Insiderinformation fußt und ihm dementsprechend der subjektive Tatbestand nicht nachweisbar sein wird.

364 Assmann in AG 94, S.241. Eine Strafbarkeit kommt allerdings bei kollusiven Zusammenwirken durch die Teilnahmeregeln in Betracht.

365 SEC Release (SEA) Nr. 10174 v. 25.05.73 (Faberge, Inc.).

stark eingeengt[366]. So soll ein Sekundärinsider nicht nach § 26 oder § 27 StGB i.V. mit § 14 WpHG strafbar sein, wenn er eine Insidertatsache weitergibt und der Dritte diese Tatsache zu einem vorteilhaften Geschäft ausnutzt. Argumentiert wird damit, daß anderenfalls der gesetzgeberische Wille, den Sekundärinsider von den Verboten des § 14 I Nr. 1 und 2 WpHG auszunehmen, über den Umweg der Teilnahme unterlaufen werden würde[367]. Es wird eine Parallele zu den Regelungen der §§ 331 bis 334 StGB gezogen, bei denen eine solche Reduktion der Teilnehmerstrafbarkeit zur Erhaltung des gesetzgeberischen Willens bereits anerkannt ist[368].

Die Anwendbarkeit der Regeln der Teilnahme muß sich, wie ohnehin auch die Auslegung der Tatbestandsmerkmale, vorrangig am Zweck der Regelung orientieren. Der Schutz der Funktionsfähigkeit des Marktes, der Schutz der Anleger als Gruppe sowie der Schutz des einzelnen Anlegers muß daher im Vordergrund stehen. In Bezug auf die Verbote des § 14 I Nr. 2 und 3 WpHG wurde oben festgestellt[369], daß diese hinsichtlich der Schutzzwecke im wesentlichen präventiv wirken und es daher einer vertraglichen Beziehung zum Informationsträger bedarf, um bereits mit diesen Vorfeldstraftaten belegt zu werden. Bei der Anstiftung und der Beihilfe hat sich diese Vorfeldhandlung jedoch bereits zu einer Verletzung der Schutzzwecke verdichtet, da die Teilnahme akzessorisch zur Haupttat ist. Es bedarf gerade einer rechtswidrige Vortat, damit die Anstiftung bzw. Beihilfe überhaupt erst strafbar wird. Der Schutzzweck legt es daher nahe, die Teilnahmeregeln des allgemeinen Strafrechts direkt auf die Teilnahme des Sekundärinsiders zu übertragen. Herauszustellen ist hierbei, daß es eines doppelten Vorsatzes bedarf, nämlich des Wissen und Wollens des eigenen Beitrags und des Wissens und Wollens der Haupttat. Liegt dieser doppelte Vorsatz beim Gehilfen vor, so werden die Schutzzwecke durch die Handlung des Gehilfen bereits tangiert. Hierin besteht der Unterschied zu den in § 14 I Nr. 2 und 3 WpHG beschriebenen Situationen, die dem Sekundärinsider erlaubt sind und bei denen allein, ohne eine nachfolgende nach § 14 I Nr. 1 WpHG verbotene Handlung, keine Schutzzweckbeeinträchtigung ersichtlich ist. Die Teilnahmeregeln engen daher den Kreis der erlaubten Handlungen für den Sekundärinsider ein, gleichwohl bleibt, insbesondere aufgrund des Erfordernisses des doppelten Vorsatzes, genügend Spielraum, um nicht von einer Umgehung der gesetzgeberischen Regeln zu sprechen.

Ergänzend sei auf die Historie des § 14 Abs 2 WpHG verwiesen, wonach die Ausdehnung sämtlicher Verbote des § 14 WpHG auch auf die Sekundärinsider

---

366 Cramer in AG 97, S. 59 f; Cahn in ZHR 162, S. 6 FN 21; Assmann/Cramer in Assmann/Schneider 2.Aufl. RN 93 f zu § 14; Schäfer in Schäfer § 14 WpHG RN 32.

367 Schäfer in Schäfer § 14 WpHG RN 32.

368 Zum Ganzen s. Cramer in AG 97, S. 59.

369 S. 141 f.

u.a. vom Finanzausschuß damit argumentativ abgelehnt wurde, daß das Handeln Dritter im Vorfeld der durch § 14 Abs 2 WpHG erfaßten Handlung durch die Teilnahmeregeln erfaßt werde[370].

d) Ausweitung aller Insiderhandelsverbote auf den Sekundärinsider de lege ferendar?

Bei der Beurteilung der Frage, ob eine Ausweitung sämtlicher Handelsverbote auch auf den Sekundärinsider sinnvoll erscheint[371], sollte zunächst eine rechtsvergleichende[372] Orientierung anhand der Lösungen der anderen Länder erfolgen. Die hier näher beleuchteten Regelungen des amerikanischen, englischen und schweizerischen Rechts dehnen alle drei die Verbote, die die Primärinsider treffen, auch auf den Sekundärinsider aus. Dem somit naheliegenden Gedanken der Übertragung dieser Regelung in die deutsche Lösung ist jedoch entgegenzuhalten, daß keines der drei anderen Länder einen so weiten Sekundärinsiderbegriff kennt wie das deutsche Recht.

Vielmehr sind der Zweck des Insiderrechts und der Beitrag der Verbote des Empfehlens und des Mitteilens zum Schutz der betroffenen Rechtsgüter mit den mit einer Ausdehnung der Verbote verbundenen Beeinträchtigungen abzuwägen.

Wie oben festgestellt wurde, berühren und schützen die Verbote des Empfehlens und des Mitteilens die betroffenen Rechtsgüter nur mittelbar. Der eigentliche Schutz findet durch das Erwerbs- und Veräußerungsverbot statt. Wendet man darüber hinaus die Teilnahmeregeln konsequent auf den Primärinsider an, so werden auch die Umgehungstatbestände verboten, bei denen es tatsächlich zu einem Geschäft unter Beeinflussung durch die Insiderkenntnis kommt.

Für das Empfehlung- und Mitteilungsverbot verbleibt danach im wesentlichen die Präventivwirkung, die die Ausdehnung jedoch nicht erfordert. Hier setzt sich vielmehr in der Abwägung die jetzige Entscheidung des Gesetzgebers, die allgemeine Handlungsfreiheit nur dann einzuengen, wenn die Erreichung des Zweckes es erforderlich macht, durch.

---

370 BT-Drucks. 12/7918, S. 95; so auch im Ergebnis Nerlich S. 227.

371 Eine solche Ausweitung bejahen Schreib in BFuP 94, S. 151; Immenga in ZBB 95, S. 204; Assmann in AG 94, S. 248; Lücker S. 138 sowie die Beschlußempfehlung und Bericht des Finanzausschusses zum Entwurf des Zweiten Finanzmarktförderungsgesetzes, BT-Drucks. 12/7918, S.95. Der Arbeitskreis Gesellschaftsrecht hat sich bereits 1976 mit dieser Frage beschäftigt und dort eine Vereinheitlichung von Pflichten und Sanktionen für alle in Frage kommenden Insider abgelehnt, Arbeitskreis Gesellschaftsrecht S. 30.

372 Der ursprüngliche Richtlinienvorschlag der EG-Richtlinie (Ursprünglicher Richtlinienvorschlag ABlEG 1987, Nr. C 153/9 Artikel 3 Abs. 2.) und auch noch der geänderte Vorschlag (Geänderter Vorschlag ABlEG 1988, Nr. C 277/15 Art. 3 Abs. 2) sahen noch alle Handlungsverbote auch für den Sekundärinsider vor.

Zudem sind bei der bestehenden Regelung die Teilnahmeregeln auch für den Sekundärinsider zu beachten. Danach darf er Insidertatsachen nur weitergeben, wenn er keinen Vorsatz bezüglich einer nachfolgenden Tat hat. Kommt es zu einer Haupttat desjenigen, dem der Sekundärinsider nach der jetzigen Regelung die Insidertatsache mitgeteilt hat, und damit zu einer Beeinträchtigung der geschützten Rechtsgüter, so muß der Sekundärinsider über die Teilnahmeregeln auch ohne Ausdehnung des Verbotes der Mitteilung mit einer Bestrafung rechnen.

Ergebnis: Eine Abwägung der allgemeinen Handlungsfreiheit und der Wirkung des Empfehlungs- und des Mitteilungsverbotes auf die Erreichung der Ziele des Insiderrechts ergibt, daß die Ausdehnung der Verbote auf den Sekundärinsider nicht gerechtfertigt ist.

C. Die Insidertatsache

Sowohl nach den Bestimmungen des Primärinsider § 13 I Nr. 1-3 WpHG als auch nach der Bestimmung der Sekundärinsider § 14 Abs 2 WpHG ist der Betroffene Insider dann, wenn er Kenntnis von einer Insidertatsache hat. Diese definiert sich gemäß § 13 I Satz 1 WpHG dadurch, daß es sich um eine nicht öffentlich bekannte Tatsache handeln muß, die sich auf einen oder mehrere Emittenten von Insiderpapieren oder auf Insiderpapiere bezieht und die geeignet ist, im Fall ihres öffentlichen Bekanntwerdens den Kurs von Insiderpapieren erheblich zu beeinflussen[373].

Augenfällig ist hierbei die hohe Anzahl von unbestimmten Rechtsbegriffen, die sich aufgrund der Komplexität der zu regelnden Sachverhalte jedoch schwerlich verhindern ließ. Zudem hat die bisherige Literatur zur Ausfüllung dieser Begriffe mannigfaltige Vorarbeit geleistet.

1) Nicht öffentlich bekannte Tatsachen

Bei der Information muß es sich zunächst um eine Tatsache[374] handeln. Was genau hierunter subsumiert werden kann, ist in Teilbereichen streitig.

---

373 Zu rechtsvergleichenden Definitionen des Begriffs „Insiderinformation“ vgl. Herne in Journal of Comparative Business and Capital Market Law 86, S. 1 f. Die entsprechende Definition der Insidertatsache in der EG-Richtlinie lautet:

Artikel 1 Ziffer 1:

Insider-Informationen: eine nicht öffentlich bekannte präzise Information, die einen oder mehrere Emittenten von Wertpapieren oder ein oder mehrere Wertpapiere betrifft und die, wenn sie öffentlich bekannt würde, geeignet wäre, den Kurs dieses Wertpapiers oder dieser Wertpapiere beträchtlich zu beeinflussen.“

374 Zur Abgrenzung des Tatsachenbegriffs des § 13 von dem des § 15 WpHG s. insbesondere Pananis in WM 97, S. 461 f.

- Als gefestigt kann erachtet werden, daß jedenfalls sogenannte „äußere Tatsachen“, d.h. der äußeren Wahrnehmung zugängliche Geschehnisse oder Zustände der Außenwelt, Tatsachen i.S.v. § 13 WpHG sind[375].

Hier kann auf die Rechtsprechung zu § 263 StGB[376] bzw. §§ 823, 824 BGB zurückgegriffen werden, wonach die Tatsache einer objektiven Klärung zugänglich sein muß[377]. Auch zukünftige Ereignisse können eine Tatsache sein, sofern sie vorausberechenbar sind und auf derzeit prüfbaren Tatsachen basieren[378]. Hierunter fällt z.B. eine Gewinnprognose, die auf der Basis der derzeitigen Umsatzerwartungen aufgestellt wird.

Eine Tatsache kann auch dann eine Insidertatsache i.S. des § 13 I WpHG sein, wenn sie sich im nachhinein als unwahr herausstellt[379]. Es ist danach zu differenzieren, ob in dem Augenblick, in dem der Insider die Tatsache kennt, von einer wahren Tatsache auszugehen war. Veröffentlicht beispielsweise eine AG ihre Quartalszahlen, und stellen sich diese im Nachhinein als fehlerhaft dar, so waren sie dennoch bis zu ihrer Veröffentlichung eine Insidertatsache.

-Problematischer ist die Tatsachendefinition in Bezug auf Tatsachen des menschlichen Innenlebens - so genannte „innere Tatsachen“[380]. Auch diese sind jedoch entsprechend dem bisherigen juristischen Sprachgebrauch vom Tatsachenbegriff des Insiderrechts umfaßt[381].

- Negativ ist die Tatsachen abzugrenzen gegenüber Werturteilen und anderen subjektiven Wertungen, die bloß Meinungen ausdrücken[382]. Umstritten ist diese Abgrenzung in Bezug auf Bewertungen, die nach dem Gesetzgeberwillen, obwohl sie Meinungen wiedergeben, Insidertatsachen darstellen können (s. unten ab S. 233).

a) Gerüchte

Die Frage, ob die Insidertatsachen daneben zu reinen Gerüchten abzugrenzen sind, ist streitig[383]. Abzustellen ist hinsichtlich des Tatsachenbegriffes des § 13

---

375 Hess. VGH in AG 98, S. 436 mit Anm. Assmann; LG Frankfurt in NJW 00, S. 302.

376 Wolf S. 47.

377 S. BGH in NJW 82, S. 2248; Cramer in Schönke/Schröder § 263 RN 8; der Hess. VGH in AG 98, S. 436 hält die Beweisbarkeit als für die Definition unerheblich.

378 Cramer a.a.O.

379 So auch Assmann/Schneider 2. Aufl. § 13 RN 33 c; Nerlich S. 102.

380 LG Frankfurt in NJW 00, S. 302.

381 LG Frankfurt in NJW 00, S. 302 mit grammatischer und historischer Argumentation.

382 BR-Drucks.793/93, 142.

383 Dafür: Cahn in ZHR 162, S. 12 f; Schwarze in BFuP 94, S.135; Zur Megede in Assmann/Schütze 2.Aufl. § 14 RZ 23; Assmann in AG 97, S.50 (Assmann hat jedoch seine Meinung nunmehr geändert); Hopt in CMLR 90, S. 58 f. zur EG-Richtlinie, die allerdings noch das Merkmal „präzise Information“ enthielt; Begründung des

Abs 1 WpHG darauf, ob sich das Gerücht auf einen Tatsachenkern bezieht[384] und ob sich dieser Tatsachenkern bereits als Tatsache i.S. der Insiderregeln darstellt. Ist dies zu bejahen, so ist auch dieses Gerücht als Insidertatsache zu bewerten.

Mit dieser Auffassung scheint ein Wertungswiderspruch verbunden zu sein für die Fälle, in denen bewußt ein Gerücht, welches jeglicher Tatsachenbasis entbehrt, gestreut wird. Der „Empfänger" dieses Gerüchts kann nicht erkennen, ob das Gerücht tatsächlich auf einem Tatsachenkern beruht oder nicht. Als Beispiel sei aufgeführt, daß über die X-AG daß Gerücht umgeht, die Gewinne werden deutlich ansteigen. Im Fall 1 gründet sich dieses Gerücht auf den Quartalszahlen des ersten Quartals; im Fall 2 streut Y, der über zahlreiche Aktien der X-AG verfügt, diese Gerücht, ohne das er irgendeine Zahl der X-AG kennt. Z, der in beiden Fällen Kenntnis des Gerüchts erlangt, kauft jeweils Aktien der X-AG. Nach der hier vertretenen Auffassung bezieht sich nur im ersten Fall das Gerücht des Gewinnanstiegs auf eine insiderrechtlich relevante Tatsache und der Kauf ist daher strafbar.

Die unterschiedliche Behandlung der beiden Fälle rechtfertigt sich daraus, daß das Gesetz den Begriff der Tatsache verwendet und damit, in Übereinstimmung mit den hergebrachten Auslegungen des Tatsachenbegriffs in anderen Straftatbeständen, ein Bezug zu einem objektiv klärbaren Sachverhalt gegeben sein muß. Zudem tritt im Fall 2 das vom Insider erwartete Verhalten des Marktes regelmäßig nicht ein, da das Gerücht gerade der Tatsachenbasis entbehrt. Schließlich ist der Zweck der Insidergesetzgebung, die Funktionsfähigkeit der Kapitalmärkte zu sichern, heranzuziehen. Die Kapitalmärkte ihrerseits leben von den Gerüchten, die, sofern sie nicht auf einem nachprüfbaren Tatsachenkern basieren, keinen eigenen prüfbaren Inhalt haben[385].

Als weiteres Beispiel sei der vom Hessischen VGH entschiedenen Fall angeführt, in dem ein Anrufer einer anderen Person mitgeteilt hat, er habe Kenntnis von einer angeblich geplanten Maßnahme (geplantes feindliches Übernahmeangebot) erhalten[386]. Hier kommt es darauf an, ob zu dem Zeitpunkt des Telefonats die Maßnahme als Entscheidungsfindung in dem Unternehmen (s. unten) schon hinreichend konkretisiert war und der Eintritt überwiegend wahrscheinlich geworden ist. Nur dann bezieht sie sich auf einen Tatsachenkern. Dieses aber hat

---

ursprünglichen Kommissionsvorschlags (FN 82) KOM (87) 111 S. 5; ebenso für das Schweizer Recht z.B. Trechsel, RZ 13 zu Art 161.

A.A. Assmann in AG 98, S. 438; ders. in Assmann/Schneider 2. Aufl. RN 34 a zu § 13; Hess.VGH in AG 98, S. 436 f.

384 Diese Unterscheidung nimmt auch Assmann in AG 98, S. 438 vor.

385 A.A. Assmann in AG 98, S. 440.,

386 Hess. VGH in AG 1998, S. 436 = Fall Kriwet; s. hierzu auch Handelsblatt vom 16.12.1998, S. 7 sowie oben S. 33. Das Gespräch betraf die geplante feindliche Übernahme der Thyssen AG durch die Friedr. Krupp AG.

der Hess.VGH augenscheinlich nicht untersucht[387]. Anderenfalls würde der Wertungswiderspruch auftreten, daß die Insider beim Bieter noch keine Insidertatsachen kennen, da ihnen bekannt ist, daß es noch diverser weiterer unsicherer Schritte zur Verwirklichung der Übernahme bedarf, diejenigen jedoch, die weiter entfernt von der Insidertatsache das Gerücht hierüber hören, Kenntnis einer Insidertatsache haben sollen.

b) Interne Entscheidungsfindungen

Problematisch ist der Begriff der Tatsache in Bezug auf interne Entscheidungsfindungen in Unternehmen[388]. So stellt sich die Frage, von welchem Moment an eine geplante Dividendenerhöhung als Tatsache zu werten ist. Diesen Zeitpunkt von der letzten Wirksamkeitsvoraussetzung abhängig zu machen[389] wird der Intention des Gesetzes nicht gerecht[390].

Soweit die Kursrelevanz des zugrundeliegenden Ereignisses in Frage steht, ist der Meinung zuzustimmen, wonach es auf die hohe Eintrittswahrscheinlichkeit ankommt[391]. Dies ist der Moment, von dem an sich die Gerüchte zu einer Sicherheit verdichten werden und somit zugleich der Moment, von dem an der innere Wert der Aktie sich dem in diesen Fällen bereits vorausgeeilten Marktwert nähert. Diese Auswirkung auf den Kurs spricht dagegen, bereits reine Absichten und Pläne schon als Tatsachen zu behandeln[392]. Dabei kommt der Frage, ob die Willensbildung in dem Unternehmen abgeschlossen ist, eine indikative Wirkung zu[393].

---

387 Eine unterschiedliche Auslegung des Tatsachenbegriffs des § 13 WpHG von dem des § 16 WpHG sollte vermeiden werden, da § 16 WpHG der Aufdeckung von Taten nach §§ 13,14 WpHG dient.

388 S. hierzu Pananis in WM 97, S. 460 f; Kümpel in WpHG S. 54 f; Deutscher Anwaltsverein in AG 97, S. 559 f. Die typischen Phasen einer Entscheidungsfindung im Rahmen von Übernahmevorhaben stellt Nowak in DB 1999, S. 603 dar.

389 Benner-Heinacher in Das Wertpapier 1995, S.60.

390 So auch Assmann in AG 97, S.51. Insoweit besteht ein Unterschied zu der entsprechenden Auslegung nach § 15 WpHG; s. Assmann a.a.O., Hopt in ZHR 159 (1995) S.152; Leitfaden zum Insiderrecht in WM 1994, S.2048.

391 Assmann in AG 97, S.51; ders. in WM 96, S.1341; Schäfer in Schäfer § 13 WpHG RN 42; Kümpel „Bank- und Kapitalmarktrecht" RN 16.96; ders. in WpHG S.54 f; Schwark in Claussen/Schwark S. 43; ähnlich Pananis in WM 97, S. 464, der die Größen „Grad der Realisierungswahrscheinlichkeit" und „Auswirkung auf Kursentwicklung" zueinander in Beziehung setzt. Zusammengefaßt bedeutet seine Formel, daß eine geringere Realisierungswahrscheinlichkeit ausreicht, wenn die Tatsache größere Auswirkungen hätte; a.A. wohl Cahn in ZHR 162, S. 15.

392 So aber Cahn in ZHR 162, S. 14 f.

393 Kümpel in WM 96, S. 654; Nerlich S. 101.

Hiervon zu unterscheiden ist jedoch, daß auch die einzelnen Vorgänge der Entscheidungsfindung und -verwirklichung ihrerseits eine Insidertatsache sein können. Als Beispiel sei die geplante Verschmelzung zweier Aktiengesellschaften aufgeführt. Hier ist die geplante Verschmelzung eine Insidertatsache, sobald sich die interne Entscheidungsfindung zu einer hohen Eintrittswahrscheinlichkeit verdichtet hat. Innerhalb des weiteren Umsetzungsprozesses können jedoch auch weitere Einzelakte Insidertatsachen sein, so z.B. die Erteilung der Zustimmung durch die beteiligten Aufsichtsräte, sofern diese ihrerseits kurserhebliche Wirkung entfalten.

Für das Schweizer Insiderrecht, welches ebenfalls den Begriff der Tatsache aufführt, ist anerkannt, daß bereits unverbindliche Überlegungen in den Chefetagen eines Unternehmens eine Tatsache darstellen können[394].

c) Öffentlich bekannt

Die Frage, wann eine Tatsache öffentlich bekannt ist, wird durch die amtliche Begründung dahingehend beantwortet, daß sie entweder entsprechend den börsenrechtlichen Bestimmungen veröffentlicht, oder aber daß die sogenannte Bereichsöffentlichkeit hergestellt sein muß[395]. Dabei soll die Bereichsöffentlichkeit hergestellt sein, sobald die Marktteilnehmer von der Tatsache Kenntnis nehmen können[396], mithin, wenn die Möglichkeit der Kenntnisnahme für die professionellen Wertpapierhändler einschließlich der institutionellen Anleger wie Versicherungsunternehmen und Investmentfonds vorliegt[397].

Die Auslegung, welche Öffentlichkeit als "Öffentlichkeit" i.S.d § 13 I WpHG anzusehen ist, ist im Hinblick auf die generelle Bedeutung der Herstellung der Öffentlichkeit zu beantworten. Sobald die Öffentlichkeit hergestellt ist, ist das Potential, das eine unveröffentlichte Tatsache auf einen Wertpapierkurs haben könnte, erschöpft. In diesem Augenblick ist daher auch die Gefahr der Ausnutzung der Information vorbei. Abzustellen für die Definition der Öffentlichkeit ist also auf den Zeitpunkt, in dem sich die Insidertatsache potentiell bereits auf den Kurs ausgewirkt hat[398]. Dies ist der Moment, in dem diejenigen Kenntnis von dieser Tatsache haben, die auch im normalen

---

394 Stratenwerth, § 22 RZ 21.

395 BR-Drucks.793/93, 142.

396 Kümpel „Bank- und Kapitalmarktrecht" RN 16.107; Schäfer in Schäfer § 13 WpHG RN 47.

397 Caspari in ZGR 94, S.539; Kümpel in DB 94, S.2138; Meller S. 310.
Zur Frage, wie die Öffentlichkeit herzustellen ist, vgl. Claussen in „Insiderhandelsverbote ..." S.86 f aus praktischer Sicht.

398 So auch im amerikanischen Recht, s. SEC v. MacDonald, 699 F.2d 47, S.54-55 (1st Cir. 1983).

Geschäftsgang den maßgeblichen Einfluß auf die übliche Kursbildung nehmen, nämlich die Marktteilnehmer nach o.g. Definition. Sobald ihnen die Tatsache bekannt ist, schlägt sich diese im Kurs nieder und das Gefährdungspotential ist gebannt[399]. Der amtl. Begründung ist daher zu folgen[400]. Dementsprechend kommt es hinsichtlich des Zeitpunktes darauf an, von wann an diese so definierte Bereichsöffentlichkeit Kenntnis nehmen kann und nicht, wann der Emittent die Nachricht zur Veröffentlichung begeben hat[401].

Insbesondere nicht öffentlich bekannt wird eine Tatsache daher durch Auskunftserteilung in der Hauptversammlung[402], ebensowenig durch Mitteilungen an den Betriebsrat, die Belegschaft o.ä.[403]. Auch ein Gespräch mit Journalisten und/oder Wertpapier-Analysten führt in dem Moment der Bekanntgabe nicht die Öffentlichkeit her, selbst wenn die Veranstaltung allen Interessenten offensteht, da zum Zeitpunkt der Mitteilung an die anwesenden Teilnehmer der Veranstaltung die Bereichsöffentlichkeit noch keine Möglichkeit hat, Kenntnis der Tatsache zu erlangen[404]. Rechtsvergleichend geht auch der

---

399 So auch Möller in BFuP 94, S.104; Zur Megede in Assmann/Schütze 2.Aufl. § 14 RN 24; Kümpel in WpHG S. 60; a.A. Lücker S. 58 mit Hinweis auf den Chancengleichheit aller Anleger.

400 Nach der sich herausgebildeten Meinung im amerikanischen Recht darf auch nach der Veröffentlichung der Information noch nicht unmittelbar gehandelt werden. Die Dauer des weiteren Stillhaltens ist einzelfallabhängig und richtet sich beispielsweise nach der Marktpräsenz des betroffenen Wertes, s. hierzu z.B. McLaughlin/Macfarlane in Gaillard S.287.

401 So schon für die EG-Richtlinie mit Hinblick auf den Wortlaut „eine nicht öffentlich bekannte ... Information“ bzw. im englischen „information which has not been made public“ Hopt in CMLR 90, S. 58.

Als Beispiel, wie praxisrelevant diese Unterscheidung sein kann, sei der Fall Texas Gulf (s. FN 158) aufgeführt: Um 10.15 Uhr endete die Presseerklärung, auf der die Insidertatsache bekannt gegeben wurde. Sofort im Anschluß kaufte Aufsichtsratmitglied Coates Anteile. Um 10.29 Uhr erschien die Nachricht auf Merill Lynch's Privatfernschreiber, um 10.40 Uhr gab Aufsichtsratmitglied Lamont einen Tip an Morgan Guaranty Trust Co.. Um 10.54 Uhr erst erschien die Nachricht auf dem Dow-Jones Ticker Tape, um 12.30 Uhr plaziert Lamont seine eigene Order.

402 Joussen in DB 94, S.2487; Kümpel in WM 94, S.2138; ders. in Bank- und Kapitalmarktrecht RN 16.189.

403 Schleifer/Kliemt in DB 95, S.2216.

404 Kümpel in WM 94 ,S.2138; ders. in Bank- und Kapitalmarktrecht RN 16.190; Schäfer in Schäfer § 13 WpHG RN 49; Schleifer/Kliemt in DB 95, S.2215; Möller in BFuP 94, S.105; Meller S. 311; so auch die ganz h.M. im amerikanischen Recht, s. z.B. SEC v. Bausch & Lomb, Inc., 420 F.Supp. 1226, 1233 n.1 (S.D.N.Y. 1976), bestätigt 565 F.2d 8 (2d Cir. 1977); Elkind v. Liggett & Myers, Inc.,635 F.2d 156, 165-166 (2d Cir 1980), die Diskussion darstellend Langevoort S.154-155;

a.A. für den Fall, daß bei einem Analystengespräch auch Journalisten zugegen sind Schwarze in BFuP 94, S. 130.

englische CJA 93 hiervon aus, da dort ausdrücklich zwischen der Veröffentlichung an die Allgemeinheit und der Veröffentlichung an einen Teil der Allgemeinheit unterschieden wird [405].

2) Bezugspunkt der Tatsache

Diese so ermittelte nicht öffentlich bekannte Tatsache muß sich auf einen oder mehrere Emittenten von Insiderpapieren oder auf Insiderpapiere beziehen.

Das solche Informationen erfaßt sind, die im innerbetrieblichen Ablauf eines bestimmten Emittenten (z.B. Bezugsausschluß, Dividendenerhöhung) ihre Ursache haben, ist bereits vom Wortlaut her selbstverständlich.

Umstrittener ist die Frage, ob auch sogenannte Marktdaten mitumfaßt sind. Hierunter fallen einerseits die Informationen, die von außen, d.h. nicht aus der Sphäre des betroffenen Unternehmens stammen und die entweder ein bestimmtes Unternehmen (ein Kunde erteilt einen Großauftrag; ein Gläubiger stellt Insolvenzantrag), eine Mehrzahl von spezifizerbaren Unternehmen oder den Markt generell betreffen.

Hinsichtlich der einem oder einer Mehrzahl von Emittenten konkret zuzuordnenden Informationen ergibt sich der Einbezug dieser Sachverhalte zu den Insiderinformationen schon aus der Gesetzeslage und der -begründung. Danach sind auch solche Informationen erfaßt, die „sich auf einen oder mehrere Emittenten von Insiderpapieren oder auf Insiderpapiere beziehen ..." (§ 13 Abs 1 WpHG). In der Gesetzesbegründung wird zur Erläuterung der Aktienpaketaufkauf als ein Fall aufgeführt[406]. Ferner sind hierunter zu fassen die Kenntnis von Orderpositionen etc[407].

Schwieriger ist die Einordnung bei den weiteren Marktdaten, die eher globalen Charakter haben und deren Zuordnung zu einem bestimmten Emittenten bzw. sogar zu einer Gruppe von Emittenten schwer fällt. Als Beispiele seien hier Leitzinssatzerhöhungen, Konjunkturdaten, politische Ereignisse und Umweltkatastrophen genannt[408]. Im Schrifttum wird zwischen diesen Marktdaten teilweise nach solchen mit Bezug auf einen festumrissenen Emittentenkreis und ohne solchen Bezug unterschieden[409].

---

405 S. Sec. 58 (3)(b) CJA 93; hierzu Morse S.11048.

406 S. BR-Drucks. 793/93, S. 141 f. Auch hierunter wird die Nachricht zu zählen sein, das BAWe ermittle gegen Mitarbeiter einer AG wegen Insiderverstößen. Diese Nachricht sorgte bei dem Softwareanbieter SAP zunächst für einen 5 %igen Kursrückgang, s. Handelsblatt vom 06.05.1997, S.27.

407 Fälle Bankhändler (BAWe-Jahresbericht 1998, S. 20)

408 Zum berühmten Rothschild-Fall vgl. Hopt in ZGR 91, S.32.

409 S. Meller S. 295 f.

Rechtsgeschichtlich definierte § 2 Nr. 3 Satz 1 IHR 1988 zunächst die Insiderinformation als Kenntnis von noch nicht bekanntgegebenen oder bekanntgewordenen Umständen, die von Einfluß auf die Bewertung der Insiderpapiere sein können. Diese scheinbare Generalklausel wurde im Anschluß durch enumerative Aufzählung der in Frage kommenden Sachverhalte eingegrenzt[410]. Marktdaten waren danach schon deswegen keine Insidertatsachen, da sie nicht ausdrücklich aufgeführt wurden. Es kann allerdings gesagt werden, daß die Insiderinformationen, die in § 2 Nr. 3 Satz 2 und 3 IHR 1988 aufgeführt sind, regelmäßig auch Insidertatsachen im Sinne des § 13 I WpHG sind.

Auch die allgemeinen Marktdaten werden von dem weitgefaßten Wortlaut des § 13 I WpHG mitumfaßt[411].

Zwar werden in der Bundesrats-Begründung zum WpHG-Entwurf keine so beschriebenen Marktinformationen bei den Erläuterungen der „Insidertatsachen" aufgeführt[412]. Da sich jedoch sämtliche dort benannten Insidertatsachen (Dividendensatzänderung, Aktienpaketauf- bzw. verkäufe, Kursaussetzungen und Schuldverschreibungskündigung[413]) lediglich auf die Gesetzesalternative „einen Emittenten", nicht aber auf mehrere Emittenten beziehen, ist diese Aufzählung lediglich beispielhaft.

Abzustellen ist darauf, daß sich der Wortlaut des § 13 I WpHG weitgehend an die entsprechende Formulierung der EG-Richtlinie in Artikel 1 Ziffer 1[414] anlehnt. Dort aber ergibt sich aus der Begründung zum ursprünglichen Entwurf, daß durch

---

410 Hopt/Will S.57 betrachten diese Lösung aufgrund der unvermeidlichen Lücken als zu eng.

411 Caspari in ZGR 94, S.540; Assmann in ZGR 94, S.513; Zur Megede in Assmann/Schütze 2.Aufl. § 14 RN 29; Kümpel in WM 94, S.2139; Hopt in BFuP 94, S.90; ders. in Schimansky/Bunte/ Lwowski §107 RN 23; Schwarze in BFuP 94, S.134; Eichele in WM 97, S. 502; Süßmann in AG 97, S. 64; Assmann in Assmann/Schneider 2. Aufl. § 13 RN 55 u 58: Nerlich S. 121; Lücker S. 63; Schäfer in Schäfer § 13 WpHG RN 55.

a.M. Tippach in WM 93, S.1274; Meller S. 301; Heisterkamp in DZWir 94, S.520 (er nennt jedoch entgegen seinen Ausführungen eine Diskontsatzerhöhung als Beispiel auf S. 521); Möller in BFuP 94, S. 105 (noch zum Entwurf des WpHG); Pananis S. 93.

Eine Verurteilung eines Kursmaklers (s. BAWe Jahresbericht 1996, S. 17) mit einem Strafbefehl lag der Sachverhalt zugrunde, daß eine unlimitierte Kauforder an den Markt gegeben wurde. Der Kursmakler, der durch sein Orderbuch Kenntnis von dieser Kauforder hatte, verkaufte selbst kurz vor Feststellung des Einheitskurses mit einem Leerverkauf die entsprechende Anzahl Aktien zu DM 920,-- pro Stück. Da ihm die Orderlage zur Einheitskursfeststellung bekannt war, konnte er sodann zu einem Einheitskurs von DM 880,-- pro Stück risikolos seine Position schließen.

Die Kenntnis der Orderlage ist hier eine Marktinformation, die das entsprechende Amtsgericht ausreichen ließ.

412 BR-Drucks. 793/93, S. 141 f.

413 BR-Drucks. 793/93, S.143.

414 S. FN 373.

die gewählte Formulierung „oder mehrere Wertpapiere" auch solche Informationen umfaßt sein sollten, die geeignet sind, den Markt als solchen zu beeinflussen[415]. Die Kommission führte anschließend eine Diskontsatzerhöhung ausdrücklich als ein Beispiel hierfür auf[416].

Dieser Fall stellt sich nicht lediglich als Unterfall der Information über Wertpapiere dar[417] Die Kommissionsbegründung differenziert ausdrücklich zwischen Informationen, die einen oder mehrere Wertpapiere betreffen und solchen, die geeignet sind, den Markt als solchen zu beeinflussen. Gerade die Aufführung der Diskonterhöhung, bei der ein fest umrissener Emittentenbezug nicht feststellbar ist, verdeutlicht, daß auch politische und sonstige Informationen ohne konkreten Emittentenbezug eingeschlossen werden sollten.

Ergänzend heranzuziehen ist auch die Definition in § 15 WpHG. Dort sind die Tatsachen aufgeführt, die in dem Tätigkeitsbereich eines Emittenten eingetreten und nicht öffentlich bekannt sind, wenn sie wegen der Auswirkungen auf seine Vermögens- und Finanzlage oder auf den allgemeinen Geschäftsverlauf des Emittenten geeignet sind, den Börsenpreis der zugelassenen Papiere zu beeinflussen (§ 15 I S 1 WpHG). Der Vergleich der beiden Definitionen verdeutlicht, daß in der Definition des § 13 WpHG, in der bezüglich der Insidertatsache der in § 15 benannte konkrete Bezug zu einem Emittenten gerade fehlt, die Marktinformationen generell einbezogen sind[418].

Einer unnötigen Ausweitung der Insidertatsachen (insbesondere im Bereich der politischen Daten) ist durch das Kriterium der Erheblichkeit zu begegnen. So ist zu fragen, warum die Nachricht über ein Handelsembargo gegen einen bestimmten Staat keine Insidertatsache sein soll, sofern deren Bekanntgabe geeignet ist, den Kurs eines Emittenten (z.B. eines Ölunternehmens) erheblich zu beeinflussen ? In der Praxis wird bei nahezu jeder Information ein Unternehmen durch die Veröffentlichung mehr profitieren als die Anderen. Die Steuerung der Marktdaten als Insiderinformation erfolgt daher über das Kriterium der Erheblichkeit, welches in den seltensten Fällen bei der Veröffentlichung von Marktdaten erreicht sein wird[419].

Bereits diese Ausführungen offenbaren, daß eine Aufzählung von möglichen Insidertatsachen naturgemäß unvollständig ist[420] und daß sich dieses Merkmal in

415 Begründung des urspr. Kommisionsvorschlags (s. II. Teil FN 82) KOM (87) 111 end. S. 5.

416 Begründung des ursprünglichen Kommisionsvorschlags a.a.O. S. 5. Siehe auch Hopt in CMLR 90, S. 59; Clarotti in Rider/Ashe S.52; sowie Schwarze in Hopt/Wymeersch S. 155 f. zu den Möglichkeiten der Umsetzung des EG-Verständnisses in das nationale Recht.

417 So aber Meller S. 300.

418 So auch Börsenempfehlung in WM 94, S. 2044.

419 Kümpel „Bank- und Kapitalmarktrecht" RN 16.92.

420 Eine brauchbare Aufzählung sowohl der Marktinformationen als auch der Unternehmensinformationen liefert Zur Megede in Assmann/Schütze 2.Aufl. § 14 RN 28

der Praxis lediglich zur Ausgrenzung der Meinungen und Gerüchte, nicht aber zu einer weiteren Begrenzung nutzen läßt.

3) Eignung zur erheblichen Kursbeeinflussung

Das Kriterium der Eignung zur erheblichen Kursbeeinflussung dürfte das am lebhaftesten diskutierte im Bereich der Insidertatsachen sein[421].

Einigung besteht darin, daß es auf eine tatsächliche Kursänderung nicht ankommt[422] und daß die Eignungsbeurteilung anhand einer ex-Ante-Betrachtung zu erfolgen hat[423]. Es wird vom Insider gefordert, daß er eine objektive Prognose erstellt, welche Auswirkungen die Veröffentlichung der ihm bekannten Tatsache auf den Kurs des Wertpapiers hat[424]. Dabei ist auf die Umstände des Einzelfalles der konkret betroffenen Aktie abzustellen[425].

Bereits bei der Frage, auf welchen Maßstab bezüglich dieser nach objektiven Kriterien zu erstellenden Prognose abzustellen ist, tauchen erste Probleme auf[426].

Im Ergebnis ist hierbei auf den durchschnittlichen verständigen und kapitalmarkterfahrenen Anleger[427] abzustellen, wobei nicht verkannt werden sollte, daß im Rahmen der freien Beweiswürdigung im Strafverfahren bei tatsächlichen Kursbewegungen erhebliche Gefahren bezüglich einer subjektiven Fehlprognose drohen. Gegebenenfalls ist der Rat einer mit den Verhältnissen am Kapitalmarkt vertrauten Person einzuholen[428], wodurch jedenfalls der Vorsatz bzw. die Vorhersehbarkeit eines Irrtums entfiele.

---

bis 30. Selbstverständlich verfügen z.B. die Banken über interne Papiere ihrer Rechtsabteilungen, die ebenfalls solche Aufzählungen enthalten, so z.B. bei Schröder Münchmeyer Hengst & Co (SMH), s. Weiershäuser in ZgesKW 95, S.703.

421 Dieses Merkmal wird nach der herrschenden Literaturauffassung als verfassungsmäßig hinreichend bestimmt angesehen; s. Loesche S. 38 - 56 m.w.N. in FN 89; Nerlich S. 134.

422 Caspari in ZGR 94, S.540; Kümpel in WM 94, S.2140; Loesche S. 115. So auch das BAWe, s. Pressemitteilung vom 12.12.96 („Insiderhandel ist und bleibt verboten").

423 S. Fürhoff/Wölk in WM 97, S.455; Loesche S. 110 f.

424 Hopt in ZGR 91, S.32; Assmann in AG 94, S.243.

425 Loesche S. 126.

426 Caspari in ZGR 94, S.540.

427 BT-Drucks. 12/6679, S.48; Kümpel in WM 96, S.655; Dickersbach S.170; Loesche S. 117 f. A.A. Assmann in Assmann/Schneider 2. Aufl. § 13 RZ 65 c; der dort auf den börsenkundigen Anleger abstellt, jedenfalls, soweit es sich um Verbote an Primärinsider handelt.

428 BT-Drucks. 12/6679, S.48

Die "Erheblichkeit"[429] bildet in der Praxis das zentralste Problem des Insiderbegriffes[430].

Von den möglichen Ausgangspunkten[431] stellt die amtliche Begründung darauf ab, ob die Bekanntgabe der Information eine Plus- bzw. Minusankündigung hervorrufen würde[432].

Das Abstellen auf einen so fixierten Wert, der als Orientierungspunkt[433] dienen kann, beinhaltet den Anschein der mathematischen Nachprüfbarkeit der Auswirkungen der Insiderinformation auf den Kurs und ruft daher ein Momentum der Vorhersehbarkeit hervor, das einer Verunsicherung der im Wertpapierbereich tätigen Personen entgegentreten kann. Gleichwohl ist diese Fixierung einerseits bereits unter dem Gesichtspunkt angreifbar, als daß es um die Auswirkungen geht, die eine Insidertatsache gehabt haben könnte und nicht um die Auswirkungen, die eine Tatsache gehabt hat. Die scheinbare Sicherheit geht durch die Notwendigkeit der Prognose verloren[434], da sich im Strafverfahren nicht ernsthaft damit beschäftigt werden kann, ob eine Insidertatsache eine Kursveränderung von 4,80 % oder 5,20 % hätte haben können. Zudem wählt diese Betrachtungsweise, indem sie auf scheinbar objektiv meßbare Veränderungen abstellt, den falschen Ansatz. Die oben aufgeführten Schutzzwecke sind erst dann verletzt, wenn eine Person, nachdem sie Kenntnis einer Tatsache erlangt hat, eine Handlung im Sinne von § 14 I Nr. 1 WpHG

---

429 Loesche (S. 80 f) unterscheidet in seiner Arbeit zunächst zwischen der Eignung zur Kursbeeinflussung einerseits und der Erheblichkeit der Beeinflussung andererseits. Hinsichtlich der Eignung der Kursbeeinflussung führt er dabei einen Beispielskatalog (S. 97)von Sachverhalten auf, deren Vorliegen generell Kursrelevanz hat. Dieser Beispielskatalog fußt auf den bisherig an den Wertpapiermärkten gemachten Erfahrungen. Liegt eines der Beispiele vor, ist der Informationsträger gehalten, das Vorliegend des Erheblichkeitspotentials eingehend zu prüfen (S. 105). Danach würde ein solcher Katalog im wesentlichen Bedeutung im Rahmen der Beweiswürdigung erringen.

430 Art 161 Nr. 3 SchwStGB führt demgegenüber die Tatsachen mit „bevorstehende Emission neuer Beteiligungsrechte, eine Unternehmensverbindung oder ein ähnlicher Sachverhalt von vergleichbarer Tragweite“ auf, wobei unter letzteres nur Sachverhalte verstanden werden, die tiefgreifend in die Bilanz- oder Aktienstruktur einer Gesellschaft eingreifen (BGE 118 Ib 547; Nobel in Finanzmarktrecht S. 566).

431 Diese werden von Claussen in ZBB 1992, S.277 f dargestellt.

432 BR-Drucks. 793/93, S.143; so auch Kümpel in WM 96, S.655; Assmann in ZGR 94, S.515; Kübler in ZHR 159 (1995) S.564; Nerlich S. 163; Wolf S. 95; Lücker S. 74; zur „Erheblichkeit“ aus betriebswirtschaftlicher Sicht siehe insbesondere Loistl in Claussen/Schwark S. 85 f, der auf die mindestens 5 %ige Veränderung des DVFA-Ergebnisses abstellt. Angesichts der Komplexität der in dem Modell von Loistl anzustellenden Überlegungen ist zu bezweifeln, daß in einem Strafverfahren vor einem Amtsgericht der erkennende Richter den Ausführungen Loistls folgen wird.

433 So auch Kümpel in AG 97, S. 70 zu § 15 WpHG.

434 So auch Cahn in ZHR 162, S. 19.

begeht. Sie muß also ihrerseits den Entschluß gefaßt haben, diese Kenntnis der Tatsache als Grundlage für eine Handlung zu nehmen. Dementsprechend ist „erheblich" dahingehend zu definieren, daß auf die Auswirkung der Insiderkenntnis auf die Handlungsentscheidung des Insiders abzustellen ist. Tätigt er eine Handlung, die auf der Kenntnis der Insidertatsache beruht, so nimmt er diese Handlung nur vor, weil er sich Auswirkungen auf den Kurs verspricht, sobald die Tatsache veröffentlicht wird. Die Erheblichkeit beurteilt sich daher danach, ob der Insider die Information als Anreiz für eine Handlungsentscheidung sehen würde[435,436].

In der täglichen Arbeit des BAWe bzw. der Staatsanwaltschaften und Strafgerichte werden gleichwohl die objektiven Daten die Hauptrolle spielen, wobei hier die Besonderheiten der einzelnen Wertpapiere bzw. Gattungen[437], d.h. ihre Volatilität[438] und Liquidität[439], und die Marktbewegung Berücksichtigung

---

435 Fürhoff/Wölk in WM 97, S.455, ähnlich Kümpel in AG 97, S.71, ders. in Bank- und Kapitalmarktrecht RN 16.122; Süßmann in AG 97, S.64; Rauscher S. 142; Dreyling in Claussen/Schwark S. 2; Cahn in ZHR 162. S. 18; Schneider/Burgard in ZIP 99, S. 383; Assmann in Assmann/Schneider 2. Aufl. RN 72 zu § 13; Pananis S. 112.

Dieser Ansatz entspricht dem amerikanischen „materiality test", hierzu Dickersbach S. 170 f. Zu weiteren Ansätzen im amerikanischen Recht vgl. Hopt/Will S. 58 f. Beispiel aus Texas Gulf 401 F. 2 d 833 (1968) at 848 (rechte Spalte): *"It is appropriate that management's duty of disclosure under Rule 10(b)-5 be limited to thos situations which are essentially extraordinary in nature and which are reasonably certain to have a substantiel effect on the market price of the security if disclosed."*

436 Loesche schlägt in seiner Arbeit (S. 149 f; s. auch Loesche/Eichner/Stute in AG 1999, S. 309 f; Loesche in WM 1998 S. 1852 f) vor, Renditeschwankungsbereiche durch Volatilitätsober- und untergrenzen zu berechnen und zu veröffentlichen. Wird eine solche Grenze überschritten, so soll dies Indizwirkung für die Prognoseentscheidung des Anlegers haben (S. 219).

Hiergegen ist zunächst einzuwenden, daß damit der tatsächliche Verlauf des Aktienkurses durch die Indizwirkung über die Strafbarkeit entscheidet und somit faktisch eine ex-post-Betrachtung erreicht wird. Zudem sind die i.S. von Loesche ermittelten Zahlen lediglich solchen Marktteilnehmern und damit auch Insidern verständlich, die sich professionell mit dieser Materie befassen (Kursmakler etc.). Das Merkmal der „Erheblichkeit" ist jedoch für alle Marktteilnehmer zu definieren.

437 Zur Megede schlägt vor, bei festverzinslichen Wertpapieren bereits 1,5 % ausreichen zu lassen; Zur Megede in Assmann/Schütze 2.Aufl. § 14 RN 26; ähnlich Assmann in ZGR 94, S.515 FN 79; Caspari ZGR 94, S. 540 f; a.A Claussen in DB 94, S.30; Möller in BFuP 94, S.105 f].

438 So auch zum Schweizer Recht Botschaft S. 82, Stratenwerth, § 22 RZ 22.

439 Eberstadt in ZgesKW 94, S.889; Hopt in Schimansky/Bunte/Lwowski §107 RN 25.

Süßmann differenziert weiter zwischen unternehmens- und marktbezogenen Insidertatsachen, wobei bei ersteren das Kurspotential, das die übliche Volatilität übersteige, erheblich sei, während bei zweiteren ein Kursbeeinflussungspotential reiche, welches unter der üblichen Volatilität liege; Süßmann in AG 97, S.64.

finden müssen[440], da diese Faktoren auch auf die Entscheidungsfindung des Insiders Einfluß genommen haben.

Die Ansicht, auf den Anreiz zur Handlung abzustellen, wird in der Praxis zu einer zwar nicht rechtlichen, wohl aber faktischen Beweislastumkehr führen, die jedoch hinzunehmen ist. Den Insider wird herkömmlich nur dann ein Verfahren durch das BAWe erwarten, wenn er in einer kritischen Zeit Handlungen vorgenommen hat, die für Insiderhandel typisch sind. Die objektiven Daten sprechen in diesen Fällen daher dafür, daß der Insider die Insidertatsache zur Basis seiner Entscheidung gemacht hat und sie somit auch als erheblich angesehen hat. In diesen Fällen wird das Gericht auf der Grundlage dieses Sachverhaltes sowohl den objektiven als auch den subjektiven Tatbestand bejahen können, falls der Insider nicht seinerseits diese objektiven Tatsachen ergänzen bzw. erschüttern kann[441].

D. Die Handelsverbote des § 14 WpHG

Die Handelsverbote des § 14 WpHG werden im Rahmen dieser Arbeit insoweit dargestellt, wie sie dem Verständnis für einzelne Problemfelder und insbesondere für einzelne Problemgruppen der Primär- und Sekundärinsider dienen.

1) Das Erwerbs- und Veräußerungsverbot § 14 I Nr. 1 WpHG

§ 14 I Nr. 1 verbietet es einem Insider, unter Ausnutzung seiner Kenntnis von einer Insidertatsache Insiderpapiere für eigene oder fremde Rechnung oder für einen anderen zu erwerben oder zu veräußern[442].

Dieses Verbot kann als klassischer Insidertatbestand bezeichnet werden[443].

---

440 Ähnlich Assmann in ZGR 94, S.515; Kümpel in WM 96, S.656; ders. in WM 94, S.2141; Hopt in ZHR 159 (1995) S.155 zur Erheblichkeit nach § 15 WpHG.

Das BAWe hält bei hochliquiden DAX-Werten bereits einen Kursausschlag von 2 % für erheblich, Handelsblatt vom 13/14.10.1995, S.37). Es lehnt ausdrücklich das Festhalten an einem festen Prozentsatz, insbesondere an der 5 % Marke ab (Dreyling (Vize-Präsident des BAWe) in Claussen/ Schwark S. 2) und sieht seine Position bereits durch 2 nicht veröffentlichte Gerichtsentscheidungen bestätigt; s. Pressemitteilung vom 20.02.97 („Keine Lücken bei Insideruntersuchungen").

441 Dieses entspricht dem amerikanischen Ansatz des „materiality test", hierzu Dickersbach S. 171 f.

442 Zu der insiderrechtlichen Sonderproblematik von Aktienoptionen als Leistungsanreiz für Führungskräfte s. das Schreiben des BAWe an die Vorstände der börsennotierten Aktiengesellschaften vom 01.10.97 „Insiderrechtliche Behandlung von Aktienoptionsprogrammen für Führungskräfte" sowie von Rosen in WM 98, S. 1810; Fürhoff in AG 98, S. 83 f; Casper in WM 1999, S. 363 f; Assmann/Cramer in Assmann/Schneider 2.Aufl. RN 88 h zu § 14.

Umfaßt sind damit sowohl die Geschäfte, die der jeweilige Insider für sich selbst tätigt, daneben aber auch die Geschäfte, die der Insider in offener oder verdeckter Stellvertretung vornimmt[444], beispielsweise die Vermögensverwaltung der Banken[445]. Der Begriff des Erwerbens und des Veräußern stellt nicht auf das dingliche Geschäft ab; vielmehr kann bereits das schuldrechtliche Geschäft ausreichend sein. Insofern ist darauf zu verweisen, daß bereits hierdurch der Anleger sich einen Sondervorteil verschaffen kann[446].

a) Ausnutzung der Kenntnis

Zunächst ist es in Bezug auf das Handlungsverbot nach § 14 I Nr. 1 WpHG nicht erforderlich, daß der Insider aus seinem Geschäft einen Vorteil gezogen hat[447].

Dieser Teilaspekt steht in klarem Widerspruch zu den oben aufgeführten Regelungen des Schweizer Rechts[448] und des englischen Rechts[449], ist jedoch unter Berücksichtigung des Vertrauens der Anleger zweckkonform.

Ausweislich des Gesetzestextes muß der Erwerb oder die Veräußerung nach § 14 I Nr. 1 WpHG „unter Ausnutzung seiner Kenntnis von einer Insidertatsache“ erfolgen[450]. Dieses Tatbestandsmerkmal, daß sich in der Praxis als das am schwierigsten beweisbare geriert[451], muß im Lichte der Erreichung der Schutzzwecke interpretiert werden. Danach liegt eine Ausnutzung von Kenntnissen dann nicht vor, wenn lediglich die normale Tätigkeit ausgeübt

---

443 So auch BR-Drucks, 793/93 S.144.

444 Assmann/Cramer in Assmann/Schneider 2. Aufl. RN 14 zu § 14.

445 Zu den dortigen insiderrechtlichen Problemen, insbesondere zur Frage, ob dem Kreditinstitut eine Interessenswahrungs- und Warnpflicht hinsichtlich seiner Kunden zukommt, s. Hopt in FS Beusch S. 300 f zur EG-Richtlinie m.w.N. zu diesem Problem in FN 38 und 39.

446 Assmann/Cramer in Assmann/Schneider 2.Aufl. RN 8 zu § 14.

447 Claussen in ZBB 92, S.281; Assmann in ZGR 94, S.518.

448 Im Schweizer Recht muß der Primärinsider *"... sich oder einem andern einen Vermögensvorteil verschafft.."* haben (Art. 161 Ziffer 1), wobei dieser Vorteil jedoch nicht realisiert zu sein braucht; hierzu z.B.Stratenwerth § 22 RZ 32. Bei Nichteintritt eines Erfolges liegt dort jedoch Versuch vor; Botschaft BBL 85 II S.81; Stratenwerth § 22 RZ 32.

449 Im englischen Recht ist die Erwartung, der "Täter" habe nicht mit einem Gewinn bzw. mit der Vermeidung eines Verlustes gerechnet, eine allgemeine Verteidigungsmöglichkeit, deren Voraussetzungen jedoch vom Angeklagten zu beweisen sind; Counsell in Rider/Ashe S.93.

450 Zur Frage, auf welchen Zeitpunkt abzustellen ist, vgl. insbesondere die Diskussion anläßlich sog. Stock Options für Vorstandsmitglieder und leitende Angestellte; s. Assmann in AG 97, S. 58; Süßmann in AG 97, S. 64 f; Schreiben des BAWe an die Vorstände der börsennotierten AG´s vom 01.10.97 („Insiderrechtliche Behandlung von Aktienoptionsprogrammen für Führungskräfte“).

451 Dreyling (Vize-Präsident des BAWe) in einem Gespräch mit dem Verfasser am 14.11.97.

(Marktmacher) bzw. ein Auftrag ausgeführt (Börsenbroker) wird. Es kommt mithin darauf an, ob die Information entsprechend der jeweiligen beruflichen Pflicht und ohne auf Sondervorteile bedacht zu sein eingesetzt wurde[452,453]. In diesen Fällen wird weder das Vertrauen der Anleger in den Markt gefährdet noch ein einzelner Anleger geschädigt. In Zweifelsfällen sollte man die Frage stellen, ob auch ein neutraler Dritter, der sich in der Position des Insiders befindet und mit dessen Fähigkeiten ausgestattet ist, die entsprechende Handlung so vorgenommen hätte.

Nach dieser Auslegung fallen nicht unter den Tatbestand des „Ausnutzens" die Ausführungen von Kundenaufträgen[454], die Tätigkeit der Marketmaker[455] und Kursmakler[456]. Ferner fällt nicht unter den Begriff des Ausnutzen die Ausführung eigener unternehmerischer[457] Planungen (z.B. Erwerb eines Aktienpaketes[458]).

b) Unterlassen als Tathandlung i.S. des § 14 I WpHG

Von eher geringer praktischer Bedeutung ist die kontrovers diskutierte Frage, ob auch das Unterlassen eines Wertpapiergeschäftes unter das Verbot des § 14 I Nr.1 WpHG fällt[459]. Die Lösung sollte, schon aufgrund der unschwer erkennbaren

---

452 BR-Drucks. 793/93 S.144 mit Rückgriff auf die entsprechende Regelung in der EG-Richtlinie; Claussen in DB 94, S.29; Caspari in ZGR 94, S.543; Assmann in ZGR 94, S.518.

453 Stammt der Auftrag jedoch von einem Insider und ist dies der fraglichen Person bekannt, so kann er sich nach §§ 26, 27 StGB i.V.m. § 14 WpHG strafbar machen.

454 Amtl. Begründung in BT-Drucks. 12/6679 S. 47.

455 Zu dem Sonderfall, daß eine Kundenorder "interessewahrend" erteilt wird, s. Weber NJW 94, S.2853; Caspari in ZGR 94, S. 543; Zur Megede in Assmann/Schütze 2.Aufl. § 14 RN 45. Der Konflikt ist nach wohl h.M. dadurch zu lösen, daß der Auftrag an einen Kollegen abgegeben wird, so auch Amtl. Begründung in BR-Drucks. 793/93,146; Kümpel „Bank- und Kapitalmarktrecht" RN 16.178. Dagegen Weber in BB 95, S.161.

456 Vorausgesetzt ist dabei, daß die jeweiligen Personen sich neutral verhalten und nicht sich selbst oder einem Dritten aufgrund von Insiderkenntnissen Vorteile verschaffen wollen.

457 S. die Amtl. Begründung in BT-Drucks, 12/6679, S. 43

458 S. hierzu insbesondere Assmann in AG 97, S. 55 f; Hopt in ZHR 159 (1995) S.155; ders. in Schimansky/Bunte/Lwowski §107 RN 60 f.; Kümpel in „Bank- und Kapitalmarktrecht" RN 16.169 f; Meller S. 356 f; Cahn in ZHR 162, S. 19.

Zu differenzieren ist jedoch, ob schon vor Umsetzung der unternehmerischen Entscheidung Insiderkenntnisse vorhanden sind. Diese Situation kann insbesondere bei MBO´s vorkommen, in denen die Manager aufgrund ihrer vorherigen Tätigkeit Insiderkenntnisse haben und sich dann zum Erwerb von Aktienpaketen entscheiden. Hier ist der Kauf regelmäßig nach § 14 I Nr. 1 WpHG verboten; so auch Fürhoff in AG 1998, S.87; Assmann/Cramer in Assmann/Schneider 2.Aufl. RN 88 g zu § 14..

459 Dafür: Claussen in DB 94, S.31; Weber in BB 95, S.166.

Dagegen Kümpel in WM 96, S.656; Assmann in AG 94, S.246; Hoffmann S. 163; Peltzer in ZIP 94, S.750; Schröder in NJW 94, S.2880; Meller S. 352; Schäfer in Schäfer § 14

Beweisprobleme in diesen Fällen, von vornherein stark an der Praxis und am Gesetzeszweck orientiert sein[460].

Die Gesetzeszwecke des Funktionsschutzes und der Chancengleichheit legen es zwar nahe, auch das Unterlassen zu bestrafen. Gleichwohl darf nicht verkannt werden, daß die Unterlassungsentscheidung allein keinen Einfluß auf den Markt nimmt. Hier sollten die praktischen Überlegungen, daß das Unterlassen regelmäßig nicht beweisbar ist, grundsätzlich den Ausschlag geben. In den Fällen, in denen sich das Unterlassen jedoch in einer positiven Erklärung verkörpert, ist nicht ersichtlich, worin sich das Unterlassen von einem Handeln hinsichtlich der Ausnutzung des Insiderwissens unterscheidet. Als klassischer Fall sei auf die Stornierung einer bereits erteilten, aber noch nicht durchgeführten Wertpapierorder verwiesen. Hier hat sich der Unterlassensentschluß verkörpert und ist damit auch objektiv nachweisbar geworden und es besteht kein Grund dafür, diesen Fall anders als ein taggleich ausgeführtes Gegengeschäft zu behandeln[461]. Es handelt sich daher hierbei um ein Auslegung des Begriffspaares Erwerb/Veräußerung des § 14 Abs. 1 Nr. 1 WpHG und nicht um eine verbotene Analogie[462].

WpHG RN 6; Hopt in FS Heinsius S. 293, der allerdings für Banken Unterlassungstaten nach Bankenaufsichtsrecht verhindern will.

460 Historisch betrachtet konnte ein Verstoß gegen das Abschlußverbot nach Nr. 1 Abs. 1 S. 1 IHR 1988 auch durch Unterlassen begangen werden; s. zur Megede in Assmann/Schütze (Hrsg.) Handbuch des Kapitalanlagerechts 1. Aufl. § 14 RZ 38.

Hopt in FS Beusch S. 401 weist darauf hin, daß der erste Vorentwurf des WpHG beim Empfehlungsverbot auch das Unterlassen noch vorsah.

Rechtsvergleichend ist die Lösung in der Schweiz bemerkenswert. Dort genügt bloßes Unterlassen nach der ganz h.M. im Schrifttum nicht (Stratenwerth, § 22 RZ 31 m.w.N.; Strebel S.63.), begründet wird diese Ansicht jeweils mit dem Wortlaut "ausnützen", der auf eine aktive Handlung hindeuten soll. Dieser Wortlaut ist jedoch insofern nicht identisch mit dem "unter Ausnutzung" des § 14 I Nr. 1 WpHG, als daß in beiden zwar der Kern des Ausnutzens benutzt wird, der Schweizer Wortgebrauch jedoch das Verb verwendet, was einer aktiven Handlung nahe kommt. Der deutsche Wortlaut hingegen nutzt die Verben erwerben oder veräußern, wobei diese Vorgänge jeweils nur unter Ausnutzung der Kenntnis erfolgen soll.

Rein vom Wortlaut her betrachtet ist der rechtsvergleichende Schluß daher nicht zwingend, gleichwohl kann man rechtsvergleichend anführen, daß zumindest die Schweizer Literatur das Unterlassen einer Handlung nicht für bestrafenswert erachtet.

461 Da es sich bei den Insiderstraftaten nicht um Erfolgsdelikte handelt, bedarf es nicht der ergänzenden Bestimmung des § 13 StGB, die eine Garantenpflicht voraussetzen würde.

462 A.A. Assmann/Cramer in Assmann/Schneider 2. Aufl. RN 9,10 zu § 14; Hofmann S. 163; Nerlich S. 173.

2) Das Mitteilungsverbot nach § 14 I Nr. 2 WpHG

§ 14 I Nr. 2 WpHG, welcher nur für die Primärinsider gilt, verbietet diesen, einem anderen eine Insidertatsache unbefugt mitzuteilen oder zugänglich zu machen[463]. Das Verbot bezweckt daher, den Kreis der Insider möglichst klein zu halten[464] und wirkt in Bezug auf die Schutzzwecke der Insiderregelung präventiv[465].

Ausführungswürdig an § 14 I Nr. 2 WpHG ist das Tatbestandsmerkmal "unbefugt". Hierbei handelt es sich nicht lediglich um die Hervorhebung des allgemeinen Verbrechensmerkmals der Rechtswidrigkeit (so z.B. in §§ 203 I StGB oder 404 I AktG), sondern um ein selbständiges, tatbestandseingrenzendes Merkmal[466].

Das Merkmal "unbefugt" ruft Konflikte zwischen diversen gesetzlichen Mitteilungspflichten (z.B. hinsichtlich des Auskunftsrechts des Aktionärs, § 131 AktG[467] oder der Mitteilungspflichten nach dem BetrVG[468]) und betrieblichen Notwendigkeiten einerseits und dem Insiderrecht andererseits hervor.

Es kommt bei jedem einzelnen Konflikt darauf an, die widerstreitenden Interessen gegeneinander abzuwägen[469]. Dabei ist zur weiteren Unterteilung der betroffenen

---

463 Zu § 14 I Nr. 2 WpHG s. z.B. Assmann in AG 97, S. 55.

464 Kümpel „Bank- und Kapitalmarktrecht“ RN 16.184; Caspari in ZGR 94, S. 545; Zur Megede in Assmann/Schütze 2.Aufl. § 14 RN 51; Eichele in WM 97, S. 506; Süßmann in AG 1999, S. 163; ähnlich Assmann in AG 97, S. 55; Meller S. 373.

465 Das Schweizer Recht engt diese Tatbestandsvariante ein, indem die Mitteilung der Tatsache geschehen muß, um sich oder einem anderen einen Vermögensvorteil zu verschaffen. Einer solchen Reduktion des Tatbestandes steht insbesondere der o.g. Zweck der Minimierung der Insider entgegen.
Das englische Recht läßt für dieses Verhaltensverbot die Ausnahme zu, daß derjenige straffrei bleibt, der einem anderen die Tatsache mitgeteilt hat in der Überzeugung, dieser werde sie nicht zum Handel mit den Wertpapieren benutzen; hierzu Counsell in Rider/Ashe S.96, das Verteidigungsvorbringen wäre vom Angeklagten zu beweisen s. Counsell a.a.O. S.93.

466 Götz in DB 95, S.1949; Assmann/Cramer in Assmann/Schneider 2. Aufl. § 14 2. Aufl. RZ 47; Meller S. 376.

467 Benner-Heinacher in DB 95, S.766 vertritt hierzu mit dem Argument, das dem Schutz der Anleger dienende WpHG könne nicht Anlegerrechte eindämmen, die Auffassung, das Auskunftsrecht müsse sich stets durchsetzen; demgegenüber Joussen in DB 94, S.2486 der für ein generelles Auskunftsverweigerungsrecht eintritt; ebenso Assmann in AG 97, S.57; Nerlich S. 205; Götz in DB 95, S.1952 sowie Meller S. 381 setzen sich dafür ein, daß mit der Auskunft gleichzeitig die Bereichsöffentlichkeit hergestellt werden muß. Siehe hierzu auch unten bei FN 472.

468 Hierzu Schleifer/Kliemt in DB 95, S.2214.

469 Schäfer in Schäfer § 14 WpHG RN 23; Assmann in AG 97, S. 55. Assmann verweist darauf, daß es nicht darauf ankommt, ob der Dritte seinerseits einer Verschwiegenheitspflicht unterliegt.

Interessen zwischen den öffentlichen Mitteilungspflichten und den betrieblich notwendigen Mitteilungen zu trennen.

a) Öffentliche Mitteilungspflichten

Bei den Öffentlichen Mitteilungspflichten setzt sich die Mitteilungspflicht und damit die Befugnis der Mitteilung durch, wenn die Mitteilung im Interesse der Allgemeinheit erfolgt. Hinter solchen spezialgesetzlich definierten Allgemeinheitsinteressen steht der durch das Insiderrecht gewollte Schutz zurück, zumal durch die Weitergabe selbst die Schutzzwecke nicht berührt werden (sondern erst durch ein auf der Basis des Insiderwissens getätigtes Geschäft).

Bei der Frage, ob gesetzliche Auskunfts- bzw. Informationspflichten die Weitergabe rechtfertigen, ist daher danach zu differenzieren, ob es sich um gesetzliche Pflichten des öffentlichen oder des Privatrechts handelt[470].

(a) Bei solchen des öffentlichen Rechts (als Beispiel kann genannt werden die Mitteilungspflicht nach § 16 BImSchG) setzt sich die Informationspflicht grundsätzlich nach oben Gesagten gegenüber dem Mitteilungsverbot nach dem WpHG durch[471].

(b) Anders sieht der Konflikt im Fall der Erfüllung von aus dem Privatrecht stammenden gesetzlichen Pflichten aus. Hier wird durch die Weitergabe ein ganz bestimmter Personenkreis gegenüber der Allgemeinheit privilegiert (als Beispiel sei das Auskunftsrecht der Aktionäre nach § 131 AktG genannt[472]). Zwar werden auch durch diese Weitergabe die Schutzzwecke des Insiderrechts nicht direkt berührt, sondern erst, sofern einer der Empfänger eine nach § 14 I Nr. 1 WpHG verbotene Handlung vornimmt[473]. Auch sind die Empfänger Primärinsider nach § 13 I Nr. 2 WpHG und unterliegen ihrerseits sämtlichen Verboten. Dem ist jedoch entgegenzuhalten, daß die hier beschriebene Situation gerade den Kern der

---

470 Schleifer/Kliemt in DB 95, S.2217 sehen die Weitergabe in jedem gesetzlich legitimierten Fall als gerechtfertigt an.

471 Als Unterpunkt wird man hier den Fall anführen müssen, in dem die Weitergabe zum Zwecke der Veröffentlichung erfolgt. In Bezug auf die Weiterleitung einer nicht der Ad-hoc-Publizität unterliegenden Insiderinformation durch ein Unternehmen an Journalisten vertritt das BAWe die Auffassung, weder die Bekanntgabe an die Journalisten noch deren Veröffentlichung der Tatsache verletze § 14 WpHG. Sowohl hinsichtlich des Unternehmens als auch in Bezug auf die Journalisten sei darauf abzustellen, daß das Bemühen um Herstellung der Öffentlichkeit der beste präventive Insiderschutz sei, bei den Journalisten argumentiert man zudem mit der Pressefreiheit; s. BAWe-Jahresbericht 1996, S.18

472 S. oben FN 467; zu den zivil- und verfassungsrechtlichen Schranken des Auskunftsrecht s. BVerfG in ZIP 99, S. 1801 f. Die Entscheidung erging auf der Basis eines Sachverhaltes aus dem Jahr 1992 und konnte daher insiderrechtliche Geheimhaltungspflichten des Vorstandes nicht berücksichtigen.

473 Hierzu s. oben S. 141 f.

Situationen berührt, die § 14 I Nr. 2 WpHG verhindern will. Derjenige, der auf der Basis einer aus dem Privatrecht stammenden Norm ein Recht auf Mitteilung der Insidertatsache herleiten kann, wird aus seiner Beziehung zum Emittenten heraus, der die entsprechende Informationspflicht entspringt, die Insiderinformation regelmäßig auch als solche erkennen. In diesen Situationen ist die Gefahr des Mißbrauchs der Information bei abstrakter Betrachtung hoch. Dieses ist daher bei einer Abwägung der beteiligten Rechtsgüter in dem jeweiligen Einzelfall zu berücksichtigen. Das Interesse des Informationsberechtigten setzt sich daher nur in solchen Ausnahmefällen durch, in denen sonst das Recht der einzelnen Person nicht ausübbar wäre oder Unzumutbarkeitserwägungen eingreifen. Zur Verdeutlichung sind das Auskunftsrecht des Aktionärs nach § 131 AktG und die Überwachungspflicht des Aufsichtsrates nach § 111 Abs. 1 AktG[474] miteinander zu vergleichen. Die Rechtsstellung des Aktionärs wird nicht dadurch unzumutbar eingeengt, daß das Auskunftsrecht durch das Weitergabeverbot eingeschränkt wird. Demgegenüber ist die Überwachungspflicht des Aufsichtsrates nur erfüllbar, wenn gerade auch Insidertatsachen, die regelmäßig maßgebliche Leitungsmaßnahmen des Vorstandes betreffen, mitgeteilt werden dürfen. Zur Vermeidung dieser Konfliktsituationen, deren rechtliche Wertung aufgrund der hohen Strafandrohung erhebliche Folgen haben kann, ist streng auf die Einhaltung der Publizitätspflicht des § 15 WpHG zu achten.

b) Betrieblich notwendige Mitteilungen

Bei den betrieblich notwendigen Mitteilungen wird die Abwägung der Interessen auf der Seite des Insiderrechts durch zwei Überlegungen geprägt:

- Einerseits ist es nicht das Ziel des WpHG, rationell verständliche Betriebsabläufe zu behindern. So weist die amtliche Begründung darauf hin, daß ein unbefugtes Mitteilen oder Zugänglichmachen dann nicht vorliege, wenn die Tatsache im normalen Rahmen der Berufs- und Geschäftsausübung weitergegeben wird[475]. Der Gesetzgeber verweist hierbei auf den entsprechenden Wortlaut der Richtlinie (Art. 3 a der EG-Richtlinie).
- Zudem sind diejenigen, die im Rahmen der betrieblichen Abläufe die Insiderinformation erhalten, aufgrund ihrer vertraglichen Beziehung zum Informationsinhaber ihrerseits Primärinsider und unterliegen daher ebenfalls dem Weitergabe- und Tipverbot.[476] Der Präventivschutz bleibt daher in diesen Fällen gewahrt.

---

474 S. hierzu Emde in DB 1999, S. 1486.

475 BR-Drucks. 793/93 S. 146.

476 Ähnlich Meller S. 377; Fischer in DB 1998, S. 2607.

In der Literatur wird herkömmlich der Grundsatz definiert, daß die Weitergabe dann "befugt" sei, wenn dies allgemein üblichen Betriebsabläufen entspräche[477]. Es sollen demnach nicht mehr Personen als notwendig mit der Insidertatsache in Berührung kommen.

Soweit es um die betrieblichen Informationsweitergaben geht, wird das Merkmal der "Erforderlichkeit" bemüht[478]. Zwar unterliegt man hierbei der Gefahr, ein Merkmal ("unbefugt") durch ein anderes ("normaler Rahmen" i.S. der EG-Richtlinie Art. 3 a; "Erforderlichkeit" i.S. der Literatur) zu ersetzen. Gleichwohl wahrt bereits die Wortwahl "Erforderlichkeit" am ehesten das Ziel, den Kreis der Insider auf das Notwendigste zu beschränken.

Weiterhelfen wird hier die Betrachtung, ob ein neutraler Dritter in der Position des Primärinsiders die Insidertatsache an die entsprechende Person weitergeleitet hätte[479]. So ist z.B. die Einholung eines Rechtsgutachten durch externe Anwälte, nachdem bereits die interne Rechtsabteilung ein Gutachten erstellt hat, als erforderlich und damit befugt im Sinne des § 14 I Nr. 2 anzusehen[480], sofern ein für die Entscheidung des Verantwortungsträgers erkennbarer Mehrwert zu erwarten ist. Ebenfalls erlaubt ist danach die Einschaltung von Mitarbeitern für ein Mitglied eines Aufsichtsrates[481].

Maßstab ist die von dem Primärinsider eingenommene Position und nicht die konkrete vertragliche Beziehung des Primärinsiders. Stellte man hier auf die konkrete vertragliche Ausgestaltung ab, so läge die Reichweite des Verbotes nach § 14 I Nr. 2 WpHG in der Disposition des Beteiligten. Der Schutzzweck des § 14 I Nr. 2 WpHG (s.o.) entzieht sich jedoch als Schutz von Allgemeingütern der Dispositionsfreiheit der Beteiligten[482].

---

477 Kümpel in WM 96, S.657; Assmann in ZGR 94, S.519; Eisele in WM 93, S.1025; Eichele in WM 97, S. 506.

478 Schleifer/Kliemt in DB 95, S. 2216; Arbeitskreis Deutsche Börse AG in WM 94, S.2041; Kümpel „Bank- und Kapitalmarktrecht" RN 16.194.

479 Erheblich unternehmensfreundlicher sieht dagegen Assmann die Abwägung der Interessenskonflikte. Bei ihm reicht zur Bejahung der Befugnis das Interesse eines Unternehmens, eine langjährige Geschäftsverbindung nicht zu gefährden; Assmann in AG 97, S. 55.

480 Beispiel nach Götz in DB 95, S.1959; hierzu auch Süßmann in AG 99, S. 163. Soweit Götz eine 2-Schritt Prüfung vorschlägt, die im zweiten Schritt danach fragt, ob der Empfänger einer ausdr. Verschwiegenheitspflicht unterliegt, kann dem nicht gefolgt werden. Weitergabeverbote müssen generell auch und gerade gegenüber anderen, die ebenfalls einem solchen Verbot unterliegen, Bestand haben.

481 Hierzu Lutter/Krieger in DB 95, S.257.

482 Ähnlich Meller S. 382 f.

Auf dieser Basis ist auch die rechtliche Bedeutung von Compliance-Regelungen und Standesrichtlinien bei den Insiderhandelsverboten zu erklären[483]. Diese können nicht zu einer Einschränkung des Tatbestandes der Verbote des § 14 WpHG führen[484]. Zur Begründung sei nochmals der Zweck des Marktschutzes hervorgehoben, der eine objektive Betrachtung auch langjährig praktizierter Abläufe anhand der Kriterien des § 14 I Nr. 2 WpHG gebietet. Eine andere Auffassung führte im Ergebnis zu einem Erlaubnisvorbehalt des Informationsträgers, der durch die Compliance-Regeln im Vorwege generalisiert erteilt werden würde[485]. Ein solcher Vorbehalt widerspricht den genannten Schutzzwecken des WpHG[486].

Die Compliance- bzw. berufsrechtlichen Regelungen sind jedoch geeignet, dem erkennenden Richter bzw. Staatsanwalt die herkömmlichen Informationsabläufe aufzuzeigen und bilden daher ein Indiz für die Befugnis der Weitergabe[487]. Eine nach den internen Compliance-Richtlinien erlaubte Weitergabe kann gleichwohl eine unerlaubte Weitergabe i.S. von § 14 I Nr. 2 WpHG sein, da es hier auf die objektive Betrachtung zum Schutze des Marktes ankommt und nicht auf die eigene Ausgestaltung der gesellschaftsinternen Regeln. Gleichwohl werden die Compliance- und Standesregeln in der Praxis eine gewichtige Rolle spielen, da sie, wie bereits ausgeführt, einerseits die objektive Befugnis indizieren, zudem wird es regelmäßig am Unrechtsbewußtsein des Handelnden fehlen, wenn er zwar gegen § 14 I Nr. 2 WpHG verstößt, nicht aber gegen die ihm bekannten internen Compliance-Richtlinien.

---

483 Hierzu z.B. Eisele in WM 93, S.1021; Assmann in AG 94, S.255 f.

484 So auch Assmann in AG 97, S. 53 (anders aber noch in AG 94, S.256); Siebold S. 133 FN 405. A.A. Hopt in FS Beusch S. 398; ders. in ZGR 91, S.39; ders. in FS Heinsius, S. 290. Nach Hopt kommt der börsenferne Insider (Hopt nennt als Beispiele die Zentralbankangehörigen oder Pressemitarbeiter), der entsprechend seiner berufsrechtlichen Vorschriften handelt, nicht mit dem WpHG in Konflikt.
Die hier vertretene Auffassung wird rechtsvergleichend auch durch englische Auffassung bestätigt. Danach nimmt die Erlaubnis einer Handlung nach den Regeln der SRO's keinen Einfluß auf die strafrechtliche Behandlung nach dem CJA 93, s. White in Rider/Ashe S. 69; ders in The Company Lawyer 1995, S.168.

485 Im Ergebnis käme es daher zu einer Begünstigung der Mitarbeiter solcher Unternehmen, die eine möglichst weitläufige interne Regelung ausgearbeitet hätten. Diese Entwicklung wäre daher aus Marktschutzsicht kontraproduktiv.

486 Zu den Schutzzwecken s. oben S. 102 f.

487 Ähnlich Tippach S.221; Assmann in AG 94 S.256 bzgl. der Merkmale "Kenntnis" und "Ausnutzen

Weiter fraglich ist das Merkmal unbefugt unter dem Aspekt der Weitergabe zum Schutze eines Anlegers vor Schäden. Diese Problematik wird vorrangig unter Bankgesichtspunkten[488] diskutiert[489].

Hopt vertritt hierzu die Auffassung, die Banken könnten unter dem Gesichtspunkt der Nothilfe ein Recht auf Mitteilung der Insidertatsache haben[490]. Auch hier ist wiederum darauf abzustellen, daß grundsätzlich das Allgemeininteresse an der Einhaltung des Mitteilungsverbotes der Vorrang gebührt, zumal es in diesen Situationen, jedenfalls sofern man auch das Unterlassen als Tathandlung nach § 13 I Nr. 1 WpHG definiert[491], auch zu einer direkten Verletzung der Schutzzwecke des Insiderrechts kommt. Auch hier sollte jedoch als Parallele zu den obigen Überlegungen bei der Interessensabwägung eine Ausnahme in den Fällen der Unzumutbarkeit, die sich hier auf existenzbedrohende Entscheidungen konkretisieren wird, gemacht werden[492].

Schließlich ist der Fall zu diskutieren, in dem ein Übernahmeinteressent zur Vorbereitung seiner Übernahmeentscheidung sich Informationen aus dem betroffenen Unternehmen z.B. im Rahmen einer Due Diligence-Prüfung besorgt[493]. Auch hier sind die einander gegenüberstehenden Rechte

---

488 Allgemein zum Insiderrecht und Banken s. Weiershäuser in ZgesKW 95, S.704; Schühle in ZgesKW 95 S.705; Grossfeld/Reuter in die AG 93, S.201; Waschkowski in ZgesKW 95 S.707.

489 S.hierzu Meller S. 393 f; Nerlich S. 211 f; Assmann in AG 97, S. 57 f; ders. in AG 94, S.253 f; ders. in WM 96, S.1351 f. Assmann lehnt ein solches Weitergaberecht rigoros ab. Interessant ist hierbei der Vergleich zu einer Vertragsbeziehung zweier Unternehmen, bei denen Assmann (a.a.O. S.55) ein Mitteilungsrecht in den Fällen, in denen die Interessen des Vertragspartners maßgeblich tangiert sind, grundsätzlich bejaht, und dies mit volkswirtschaftlichen Argumenten begründet.

490 Hopt in FS Heinsius S.303.

491 S. oben 189 f.

492 In der Praxis bedeutet dies für Wertpapierberater in Banken, daß diesen die Mitteilung der Tatsache an den Kunden wie auch die Empfehlung eines Papiers nicht möglich ist. Bei einer konkreten Frage sollte er daher eine Beratung zu dem betroffenen Insiderpapier ablehnen. Eine Ausnahme besteht dann, wenn den Kunden existentielle Nachteile durch die Veröffentlichung der Insidertatsachen treffen können und der Berater diese Gefahr erkennt. Zu der Frage, ob der Berater unter Ausblendung seines Insiderwissens anhand der veröffentlichten Tatsachen beraten darf s. Eisele in WM 93, S.1024 und Hopt in FS Heinsius S.290 sowie unten S. 197. Dem Berater ist jedoch aufgrund der objektiven Sachverhaltsangaben, aus denen auf seine subjektive Seite geschlossen werden muß, von einer solchen Beratung abzuraten.

493 Hierzu Bihr in DB 98, S. 1198 f; Meincke in WM 1998, S. 756; Süßmann in AG 99, S. 169.

abzuwägen[494]. Dabei spielt das Interesse des potentiellen Käufers, die Insidertatsachen vor der Kaufentscheidung zu erfahren, eine erhebliche und im Ergebnis ausschlaggebende Rolle. Gerade die Insidertatsachen werden aufgrund ihrer Eignung, den Kurs erheblich zu beeinflussen, den Preis wesentlich mitbestimmen. Damit aber dem Käufer die Möglichkeit eingeräumt wird, sämtliche kaufpreisrelevanten Informationen zu erfahren, ist die Übermittlung der Insidertatsachen in einem solchen Rahmen befugt.

3) Das Empfehlungsverbot nach § 14 I Nr. 3 WpHG

§ 14 I Nr. 3 WpHG schließlich verbietet es einem Insider, einem anderen auf der Grundlage seiner Kenntnis von einer Insidertatsache den Erwerb oder die Veräußerung von Insiderpapieren zu empfehlen. Es handelt sich hierbei bezogen auf die aufgeführten Schutzgüter um die Pönalisierung eines Umgehungstatbestandes[495].

Die Insidertatsache selbst braucht, wie die Abgrenzung zu § 14 I Nr. 2 WpHG zeigt, nicht genannt zu werden[496]. Ebensowenig ist es für die Strafbarkeit des Empfehlenden relevant, ob der Empfänger erkennt, daß der Tip auf einer Insiderinformation beruht. Schließlich braucht es auch zu keiner Handlung beim Empfänger zu kommen, da das Gesetz bereits die Weitergabe erfolgsunabhängig von weiteren Handlungen als Strafbarkeitsvoraussetzung definiert.

Bemerkenswert bei diesem Tatbestandsmerkmal ist, daß die Empfehlung *„auf der Grundlage seiner Kenntnis von einer Insidertatsache"* erfolgen muß. Nach dem Wortlaut dieser Passage, die sich inhaltlich mit dem entsprechenden Teil der EG-Richtlinie (Artikel 3 b) deckt, muß die Empfehlung gerade auf der Insidertatsachen und nicht auf dem sonstigen, dem Informationsträger bekannten Tatsachen, beruhen.

Am Gesetzeszweck orientiert ist diese Auslegung einerseits konsequent, weil dann, wenn die Empfehlung auf der Basis anderer Tatsachen erfolgt, eine Verletzung der Schutzzwecke nicht möglich ist. Zudem ist heranzuziehen, daß § 14 I Nr. 3 WpHG ohnehin eine Handlung erfaßt, die im weitesten Vorfeld der Schutzzweckverletzung angesiedelt ist. Der Tipempfänger wird häufig nicht erkennen, daß eine Insidertatsache hinter dem Tip steht, aus seiner Sicht handelt er auf der Basis eines Gerüchts. Unter diesen Gesichtspunkten stellt sich daher die Auslegung, wonach eine Empfehlung trotz Insiderkenntnis zu einem

---

494 Der potentielle Erwerber wird seinerseits zum Primärinsider, da er die Informationen aufgrund von vertraglichen bzw. vorvertraglichen Absprachen und mit besonderen Weisungen erhält.

495 Amtl. Begr. in BT-Drucks. 12/6679 S. 48.

496 Hopt in Schimansky/Bunte/Lwowski § 107 RN 42

bestimmten Papier straffrei möglich ist, sofern diese Empfehlung auf anderen Tatsachen als auf der Insidertatsache beruht, als die Richtige dar[497].

Dieses Merkmal „auf der Grundlage ..“ ist dem Empfehlenden, wie auch die weiteren Merkmale, nachzuweisen. Es wird, wie auch schon bei dem Merkmal „Ausnutzen“ aus § 14 I Nr. 1 WpHG, faktisch zu einer Beweislastumkehr kommen, da die objektiven Tatsachen, aus denen auf den subjektiven Tatbestand geschlossen werden muß, gegen den Primärinsider sprechen[498]. Kann er diesen objektiven Schein nachhaltig erschüttern, indem er darlegt, daß die Insidertatsache auf seine Empfehlung keinen Einfluß genommen hat, so ist seine Empfehlung straffrei.

E. Folgen eines Verstoßes gegen die normierten Verhaltenspflichten

Die Sanktionsvorschriften hinsichtlich der Insiderhandelsverbote sind in § 38 WpHG geregelt. Im Gegensatz zu früher angedachten Überlegungen[499] hat sich der deutsche Gesetzgeber dazu entschlossen, die Verstöße als Straftatbestände zu normieren. Dabei ist das Strafmaß von bis zu 5 Jahren Freiheitsstrafe[500] oder Geldstrafe als tendenziell hoch anzusehen[501], in ihm offenbart sich die generalpräventive Absicht des Gesetzgebers[502].

Entgegen der ersten Entwurfsfassung des WpHG wird bzgl. der Sanktionsregelung auf eine Differenzierung zwischen Primär- und Sekundärinsidern verzichtet[503]. Der Umstand, daß Primärinsider häufiger mit Insidertatsachen in Berührung kommen, kann aber bei der Strafzumessung berücksichtigt werden[504].

---

497 So auch Hopt in ZGR 97, S. 22; BAWe in seinem Schreiben vom 07.08.97.

498 Ähnlich Hopt in ZGR 97, S. 22.

499 Ernst in WM 1990, S. 461 nahm noch an, Insiderverstöße werden in der zukünftigen gesetzlichen Regelung als Ordnungswidrigkeit geahndet.

500 Kaiser bezeichnet diese Sanktion als zu wenig differenziert und fordert eine gesetzliche Klärung, wann ein besonders schwerer Fall vorliegt; WM 97, S. 1558.

501 Hier offenbart sich die Anlehnung an § 17 IV Satz 1 UWG; s. amtl. Begründung BT-Drucks. 12/6679 S.57; Kaiser in WM 97, S. 1558.

502 Art. 13 EG-Richtlinie hat es den Staaten anheim gestellt, wie sie die Verstöße sanktionieren.

503 BT-Drucks. 12/6679 S.57. Begründet wurde dies dort damit, daß auch ein Sekundärinsider durch gezieltes Handeln die gleichen Gefahren (für die Funktionsfähigkeit der Börse und den Vermögensinteressen einzelner Anlagen ist gemeint, wie sich aus der Einleitung zu § 31 der Begründung ergib) bewirken kann wie ein Primärinsider.

504 Demgegenüber unterscheidet Art. 161 SchwStGB zwischen Primär- und Sekundärinsidern auch hinsichtlich des Strafmaßes, indem das Strafmaß der Sekundärinsider auf höchstens ein Jahr Freiheitsstrafe begrenzt wird; s. Dickersbach, S.215.

Neben den Strafen des § 38 WpHG kommt ferner der Verfall des aus der Tat Erlangten an den Staat in Betracht[505].

Gemäß § 38 WpHG i.V. mit § 15 StGB ist weder für Primär- noch für Sekundärinsider die fahrlässige Begehung eines Insiderdeliktes strafbar, auch unterliegt der Versuch der Tat nicht der Bestrafung[506].

Bezüglich des Vorsatzes reicht mangels anderer Bestimmung dolus eventualis[507]. In Bezug auf das Verbot nach § 14 I Nr. 1 WpHG ist dieser Eventualvorsatz jedoch hinsichtlich des Merkmals „Ausnutzen" nicht ausreichend, dort ist vielmehr direkter Vorsatz erforderlich[508]. Aufgrund der Vielzahl der unbestimmten Rechtsbegriffe im WpHG kommt hierbei insbesondere auch der Frage erhebliche Bedeutung zu, ob ein vom jeweiligen Angeschuldigten behaupteter Irrtum Tatbestandsirrtum und damit Vorsatz-, in konkreto also strafbarkeitsausschließend ist, oder ob es sich lediglich um einen Subsumtionsirrtum handelt, der als Verbotsirrtum nach § 17 StGB regelmäßig vermeidbar sein wird. Bei der Frage der Eingruppierung der betroffenen Person in die Gruppen Primär- oder Sekundärinsider ist ein Irrtum des Betroffenen ein Verbotsirrtum, da er sämtliche relevanten Sachverhaltskennzeichen positiv kennt und lediglich rechtlich falsche Schlüsse hieraus zieht. Von besonderer Bedeutung ist der Irrtum in Bezug auf die Eignung zur „Erheblichkeit" der Kursbeeinflussung, da hier auf den ersten Blick die Eingruppierung als Tatbestandsirrtum ein breites Einfallstor für Einlassungen des Beschuldigten zu eröffnen scheint. Gleichwohl ist die Eingruppierung als Tatbestandsirrtum richtig, da der Insider sich vorliegend nicht hinsichtlich der rechtlichen Auswirkungen des ihm bekannten Sachverhaltes irrt. Der Täter, der bei voller Sachverhaltskenntnis irrtümlich annimmt, die Insiderinformation habe keinen erheblichen Einfluß auf den Kurs des betroffenen Wertpapiers, handelt im Tatbestandsirrtum. Sein Irrtum betrifft in diesem Fall die tatsächlichen Auswirkungen seiner Kenntnis[509] und nicht die rechtliche Tragweite. Der Gefahr, den Betroffenen hiermit ein Instrument der Strafbefreiung anheim zu stellen ist dadurch zu begegnen, daß aus den objektiven Merkmalen heraus auf das Nichtvorliegen des Irrtums und damit auf das Vorliegen einer reinen

---

505 Hierzu Kaiser in WM 97, S. 1558, der das Bruttoprinzip bei Insidergeschäften ablehnt und nur den Reingewinn einziehen will.

506 S. hierzu Vorschlag des Bundesrates BT-DrS. 793/93 S.95 mit Gegenäußerung der Bundesregierung a.a.O. S.102.

507 So auch Schwark in Claussen/Schwark S. 45; Dickersbach S. 191; Loesche S. 227; a.A. Schröder in NJW 94, S. 2880.

508 So auch Dickersbach S. 192, Loesche S. 230; hierzu s. oben S. 188 f.

509 Kümpel in WM 94, S.2142; Schwark in Claussen/Schwark S. 45. A.A. Loesche S. 229, der diesen Irrtum als Verbotsirrtum einstuft und die Grenze der Erheblichkeit damit im Gegensatz zu seinen vorherigen Ausführungen als eine rechtliche und nicht eine tatsächliche Grenze ansieht.

Schutzbehauptung geschlossen werden muß. Hier kommt der Frage der im Verhältnis zur Kenntniserlangung zeitnahen Verwendung der Information durch eine nach § 14 WpHG verbotene Handlung besondere Bedeutung zu.

IV. Teil Die Finanzanalysten nach dem WpHG

Die bisher herausgearbeiteten Ergebnisse sind exemplarisch auf die in der Literatur und in der Praxis verstärkt diskutierte Berufsgruppe der Analysten anzuwenden.

Bei den Finanzanalysten wird die Verunsicherung, die das WpHG durch die Schaffung einer Vielzahl unbestimmter Rechtsbegriffe geschaffen hat, und die intensiv in entsprechenden Foren diskutiert wird (s. z.B. den „Münsteraner Gesprächskreis Rechnungslegung und Prüfung e.V.", der eine Vortragsveranstaltung unter die Thematik "Insiderrecht und Ad-hoc-Publizität - Was bedeuten die neuen Regelungen für Unternehmenspublizität und Finanzanalyse ?-"[1] stellte, das von der DVFA organisiertes Symposium mit dem Titel „Finanzanalysten als Investorenvertreter und Insiderproblematik" [2] sowie die Pressekonferenz der DVFA vom 05.09.97[3]), besonders deutlich.

A. Vorüberlegungen

Nachfolgend wird zunächst die Bedeutung der Finanzanalysten für die Finanzmärkte aufgezeigt und die Arbeitsweise der Finanzanalysten dargestellt. Im Anschluß wird der rechtliche Kontext, in dem sich die Finanzanalysten losgelöst von der insiderrechtlichen Betrachtung bewegen, herausgearbeitet.

1) Die Bedeutung der Analysten für die Finanzwelt

Der Analyst ist das Bindeglied zwischen den Anlegern und den Emittenten[4]. Er sorgt, indem er die Informationen der von ihm beobachteten Gebiete bzw. Werte kanalisiert und bewertet einerseits dafür, daß den Anlegern eine möglichst breite Informationsdichte zur Verfügung steht. Andererseits trägt er über die Analyse der vorliegenden Informationen gepaart mit der von ihm begründeten Bewertung entscheidend dazu bei, daß sich der Aktienkurs der betroffenen Unternehmen dem „fairen" Kurs nähert. Er ist in diesem Sinne der Intermediär zwischen den Investoren und den Emittenten. Der Analyst versucht seiner abstrakt betrachteten

---

1 Die Referate sind unter der gleichen Bezeichnung mit der anschließenden Diskussion wiedergegeben in Baetge (Hrsg), Schriften des Instituts für Revisionswesen der Westfälischen Wilhelms-Universität Münster, 1995.

2 Die dortigen Referate sind inzwischen in dem Buch von Claussen/Schwark „Insiderrecht für Finanzanalysten" veröffentlicht.

3 S. hierzu Handelsblatt vom 08.09.97, Seite 29; FAZ vom 06.09.97, S. 24 sowie die Darstellung des Streits aus populär-nachrichtlicher Sicht Die Wirtschaftswoche Nr. 42 vom 09.19.97, S.216 f.

In dieses Bild paßt weiter, daß 76 % der Commerzbank-Analysten meinten, das WpHG behindere die Arbeit der Analysten; s. Rau in Baetge (Hrsg.), S.136.

4 Allg. zur Aktienanalyse s. Claussen in ZgesKW 86, S. 510 f.

Funktion nach, objektive Analysen zu erstellen, er befriedigt damit sowohl die Interessen der Investoren als auch der Unternehmen[5]. Er wird deswegen auch als Vertreter des Kapitalmarktes angesehen.

Die Tätigkeit der Finanzanalysten fördert die Anlegerinformation und damit auch die notwendige Transparenz. Sie spielen bei der Aufbereitung von Informationen und bei der Beurteilung der Informationen in Bezug auf die Marktgeschehnisse eine entscheidende Schlüsselrolle[6]. Dadurch profitieren einerseits die emittierenden Unternehmen von den Analysten, indem diese auf Werte aufmerksam machen können, die anderenfalls nicht das Interesse des breiten Anlegerpublikums finden würden[7]. Andererseits profitieren die Investoren davon, indem die Analysten einen Beitrag dazu leisten, daß die Informationen den Markt erreichen und in dem Kurs der einzelnen Papiere ihren Niederschlag finden, wodurch sich der Börsenkurs dem tatsächlichen, inneren Kurs annähern kann[8].

Sie sind damit ein unverzichtbarer Bestandteil funktionierender Finanzmärkte[9].

2) Arbeitsweise der Analysten

Die Finanzanalysten befassen sich berufsmäßig damit, Entscheidungen Dritter vorzubereiten, regelmäßig geht es darum, kauf- oder verkaufswürdige Wertpapiere aufzufinden[10].

Sie sind wahlweise angestellt bei großen institutionellen Anlegern, bei den Großbanken bzw. Investmentbanken (dabei dienen die Analyseergebnisse sowohl dem eigenen Portefeuille als auch dem Kundengeschäft) oder bei Dienstleistern (z.B. Platow-Brief u.ä.), daneben sind sie aber auch im öffentlichen Sektor (z.B. bei den Zentralbanken und den Wirtschaftsforschungsinstituten) tätig.

Untersucht werden Länder, Märkte oder Gesellschaften (Konzerne)[11]. Je nachdem, ob Konjunktur, Währungen, politisches Umfeld, eine bestimmte Branche oder ein bestimmtes Unternehmen untersucht werden, spricht man von makro- oder mikroökonomischer Analyse.

---

5 So auch Hannigan S.65.

6 Brountas in Securities Law Review 93 S. 475.

7 S. hierzu Claussen in ZgesKW 86, S. 510.

8 S. Brountas in Securities Law Review 1993, S.494.

9 Voss, S. 339 f; Claussen/Schwark in Claussen/Schwark Vorwort S. VII; Waldeck in Claussen/ Schwark S. 49; Koehler (Vorstandsvorsitzender SGL Carbon AG) in Claussen/Schwark S. 73; so auch der Supreme Court in der Dirks-Entscheidung, 463 U.S. S.658-659, dort auf die übereinstimmende Meinung des SEC hinweisend; zudem Brountas in Securities Law Review 1993 S.487; ähnlich Gilson & Kraakman in Va.L.Rev. 1984 S. 549; Langevoort S. 364.

10 Claussen in ZBB 92, S.272

11 S. auch DVFA-Standesrichtlinie Nr. 1 a.

Die Finanzanalysten werden in den Groß- und in entsprechenden Spezialbanken und auch bei Institutionellen Anlegern in Research-Abteilungen zusammengefaßt, die sich ausschließlich mit entsprechenden Analysen befassen. Je nach Größe dieser Abteilungen sind die Analysten dort nach Branchen bzw. Regionen aufgestellt, wobei abhängig von der Anzahl der Analysten in der Abteilung auch die Anzahl der von ihnen beobachteten Werte schwankt.

Zweck der Untersuchungen der Finanzanalysten ist es regelmäßig, verschiedene Kapitalanlageformen und innerhalb der einzelnen Anlageformen die jeweils einzelnen Kapitalanlagemöglichkeiten miteinander zu vergleichen und künftige Preisentwicklungen abzuschätzen. Letzten Endes geht es darum zu versuchen, den Anteil des Zufalls über den Erfolg oder Mißerfolg einer Kapitalanlage zu minimieren. Dabei steht die mittel- bis langfristige Prognose im Vordergrund. Daneben werden Analysten jedoch auch mit konkreten Einzelfragestellungen, z.B. zur Vorbereitung eines Unternehmenskaufs, betraut.

In Bezug auf das WpHG sind nicht nur solche Analysten angesprochen, die als Studienobjekt Kapitalmarkttitel zum Gegenstand haben. Zwar wird bei ihnen die Gefahr, daß sie im Mittelpunkt eines evtl. Verfahrens wegen Verstoßes gegen § 14 WpHG stehen, größer sein als z.B. bei solchen Analysten, die makroökonomische Aspekte verfolgen. Gleichwohl ist auch bei solchen Analysten aufgrund des bereits erwähnten Einbezugs der Marktdaten ein insiderrechtlicher Bezug möglich. Im Rahmen der weiteren Ausarbeitung wird jedoch vorrangig auf die Wertpapieranalysten, die konkrete Unternehmen beobachten, abgestellt, da bei ihnen die Problematiken regelmäßig evidenter sind.

Bei der Betrachtung der Analysten ist vorweg festzuhalten, daß es bestimmte Methoden der Finanzanalyse gibt, die insiderrechtlich unbedenklich sind, da die Grundlage ihrer Entscheidungsfindung nicht die im Raum stehende Insidertatsache ist. Dieses gilt vor allem für die sog. technische Analyse[12], sowie für die Quantitativen Rating- oder Scoring-Modelle[13].

Die technische Analyse leitet den künftigen Kursverlauf eines Papiers aus dem Verhalten der Kurskurve ab. Die notwendigen Informationen liefert der Markt selbst[14]. Im Zentrum stehen Preis- und Umsatzentwicklung in dem entsprechenden Titel (bzw. bei Indices in den Titeln). Die technische Analyse kommt daher mit Insidertatsachen nicht in Berührung. Auch die bevorstehende Veröffentlichung einer solchen Analyse ist nach der hier vertretenen Auffassung regelmäßig keine Insidertatsache, selbst wenn sie kurserheblich ist (s. S.233 f.).

---

12 Hierzu s. auch Strebel S. 105, Claussen in ZgesKW 86, S. 512.

13 So auch Rau in Baetge (Hrsg.), S.126.

14 Strebel S.105.

Hinsichtlich der klassischen fundamentalen Aktienanalyse können die Aufgaben der Finanzanalysten dreierlei umfassen[15]:

- Informationsbeschaffung zur analytischen Erfassung der beobachteten börsennotierten Unternehmen;
- Informationsaufbereitung und -verarbeitung;
- Kommunikation mit Investoren[16].

a) Informationsbeschaffung

(1) Informationsbeschaffung aus öffentlichen Quellen

Die Informationsbeschaffung erfolgt auf unterschiedliche Weise[17]:
zunächst ist zu nennen der Bereich der allgemein zugänglichen Medien. Die Analysten arbeiten die gängigen Wirtschafts- und auch tagespolitischen Zeitungen aus, bekommen zusätzlich zumeist auch aus einer Vielzahl von (nationalen und internationalen) Zeitungen die Nachrichten, die die von ihnen beobachteten Unternehmen betreffen bzw. mit der entsprechenden Branche in Zusammenhang stehen (Presse-Clipping). Daneben beziehen die Analysten entsprechende (öffentlich zugängliche) Fachzeitschriften, hauptsächlich Branchenzeitschriften. Zudem erhalten die Analysten die Verbandinformationen, sofern solche erstellt werden. Ergänzend werden weiter Studien von Beratungsgesellschaften erworben, die ebenfalls öffentlich gegen Zahlung eines entsprechenden Entgelts erhältlich sind. Schließlich spielen eine gewichtige Rolle die elektronischen Medien, wobei hier Nachrichtensysteme wie Reuters oder Bloomberg zu nennen sind.

Ebenfalls als Quelle der öffentlich zugänglichen Informationen werden Analyseberichte von anderen (häufig Konkurrenz-) Analysten verwand. Erwähnenswert ist in diesem Zusammenhang, daß eine erhebliche Anzahl von Analysten ausschließlich aus dieser Quelle ihr Research-Material bezieht. Diese das sog. Sekundär-Research betreibenden Analysten stützen sich auf die Research-Berichte anderer, zumeist im selben Unternehmen tätiger, Kollegen.

Weiter ist ein Schwerpunkt die Information, die das entsprechende Unternehmen, regelmäßig aufgrund der Erfüllung gesetzlicher Pflichten, veröffentlicht, so insbesondere der Jahresabschluß mit dem Geschäftsbericht und dem Anhang nach §§ 150 f AktG, 264 f HGB.

---

15 Rau in Baetge (Hrsg.), S. 126.

16 Diese letzte Aufgabe ist je nach Auftraggeber und Organisation des Auftraggebers unterschiedlich ausgestaltet. So kommunizieren Analysten eines großen Fonds regelmäßig lediglich mit ihren eigenen Fondsmanagern (sog. By-Side-Analysten), während bei Banken beispielsweise häufig Sales-Angestellte zwischen Investoren und Analysten geschaltet sind.

17 Siehe auch Rau in Baetge (Hrsg.), S.128; Claussen in Claussen/Schwark S. 27 f; DVFA-Standesrichtlinien Nr. 3.

(2) Unternehmenskontakte

Diesem öffentlichem Bereich steht gegenüber der Bereich der Unternehmenskontakte[18].

Generell kann differenziert werden zwischen Unternehmensgesprächen[19] und telefonischen bzw. sog. „One-on-One" Gesprächen.

Bei den Unternehmensgesprächen stehen Offizielle eines Unternehmens einer Mehrzahl von Analysten gegenüber. Dabei wird das Unternehmen präsentiert und Fragen der Analysten beantwortet. Regelmäßig finden diese Analystentreffen auf der Basis eines konkreten Unternehmenstermins statt, z.B. anläßlich der Veröffentlichung des Jahresabschlußberichts oder der Halbjahreszwischenzahlen[20]. Diese Treffen werden in erheblichem Umfang von der DVFA organisiert. Daneben gibt es aber auch Unternehmen, die von sich aus solche Veranstaltungen durchführen.

Besteht im Vorfeld eines solchen Analystentreffens die Gefahr, daß noch nicht öffentlich bekannte Tatsachen Inhalt des Gesprächs werden könnten, so wird verstärkt im Vorwege durch eine entsprechende Ad hoc-Mitteilung die Öffentlichkeit hergestellt[21]. Das spätere Gespräch hat dann zwar diese Informationen zum Thema, sie sind jedoch nach der Veröffentlichung keine Insidertatsachen mehr. Werden Fragen zu insiderrelevanten Bereichen gestellt, deren Antwort noch nicht öffentlich bekannte Informationen zum Thema hat, so entspricht es gängiger Praxis, daß die Unternehmen die Beantwortung der Fragen verweigern.

Zudem erfolgt die Informationsgewinnung auch durch One-on-One bzw. Telefongespräche zwischen einzelnen Analysten und einem Ansprechpartner im Unternehmen. Ansprechpartner des Analysten ist dabei entweder ein Mitarbeiter der Investor-Relation-Abteilung bzw., falls eine solche nicht existiert, je nach Größe des Unternehmens der Finanzvorstand oder der Vorstandsvorsitzende. Solche direkten Einzelkontakte sind gelebte Praxis der internationalen Analysekultur[22] und werden auch in Deutschland verstärkt praktiziert.

---

18 S. auch DVFA-Standesrichtlinien unter 3. Strebel führt für den Schweizer Wertpapiermarkt aus, daß die Tendenz zu erkennen sei, daß Unternehmensbesuche verstärkt stattfinden, S.107.

19 Diese Gespräche haben auch im anglo-amerikanischen System eine langreichende Tradition, s. Brountas in Securities Law Review 1993, S.476.

20 Als Beispiel sei die Thyssen AG genannt, die ein erstes Analystentreffen Mitte/Ende Januar veranstaltet und eines im Sommer.

21 Börsen-Zeitung vom 08.11.1996 S. 1.

22 Zur Informationsgewinnung der amerikanischen Analysten s. Langevoort in Securities Law Review 1991, S.380.

Auch dabei hat die Einführung des WpHG dazu geführt, daß, analog der Handhabung bei den Analystentreffen, die Unternehmen Fragen nach insiderrelevanten Informationen nicht beantworten[23].

Im amerikanischen Finanzwesen sind zudem die sog. „Conference Calls" ausgeprägt, bei denen das Unternehmen insb. seine Quartals- und Jahreszahlen mit einer ausgesuchten Zahl von Analysten bzw. institutionellen Anlegern telephonisch oder über eine Videokonferenz bespricht[24]. Häufig wird ein Mitschnitt anschließend der Öffentlichkeit, auch unter Nutzung des Internets, zur Verfügung gestellt.

Das amerikanische Verständnis der Investmentanalyse fokussiert vorrangig auf den Gedanken der Informationsfindung bei der Definition der Aufgaben eines Analysten. Die Investment-Analysten werden dahingehend beschrieben, daß sie angestellt sind, um neue Informationen aufzudecken und entsprechende Empfehlungen auszusprechen[25]. Die Investoren nutzen danach diese Informationen für ihre Investmententscheidungen in dem Glauben, die neue Information bringe ihnen einen Vorteil bei der Suche nach Gewinnerzielungsmöglichkeiten[26]. Anhand der Arbeitsweise des Analysten Dirks, Angeklagter in dem vom Supreme-Court entschiedenen Leading-Case, wird eindrucksvoll der Unterschied zwischen den Analysten, die ihre Analysen allgemein zugänglich veröffentlichen und denen, die für bestimmte Investoren tätig sind, beschrieben[27].

Im amerikanischen Verständnis stellt sich die Arbeitsweise des Analysten wie folgt dar[28]:
zunächst sammelt der Analyst Informationen aus allgemein zugänglichen Quellen, wie wirtschaftliche Kennzahlenentwicklungen. Zusätzlich erhält der Analyst durch den direkten Kontakt mit dem emittierenden Unternehmen Ergebnisvorschauen u.ä. Angaben und arbeitet diese auf, um eine neutrale Aussage, die frei sein soll von der Darstellungsweise des Unternehmens, herauszufiltern[29]. Anschließend kommuniziert der Analyst sein Ergebnis zu

23 Hier sei darauf hingewiesen, daß eine solche Antwort selbstverständlich auch von dem Analysten interpretiert wird und ggfls. eher negative Folgen hinsichtlich der Fragen der Annäherung des Börsenkurses an den wahren Kurs hat, hierzu s. auch Brountas in Securities Law Review 1993, S.481.

24 Hierzu Bloomenthal/Wolff S. 19-101 und 19-122.

25 Brountas in Securities Law Review 1993, S. 475; Langevoort in Securities Law Review 1991, S.379 f. mit weiteren Nachweisen insb. in FN. 9 und 10; ders. S. 363.

26 Brountas a.a.O.

27 Bloomenthal/Wolff S. 19-106; ähnlich Langevoort S. 363 f.

28 Brountas in Securities Law Review 1993, S. 476.

29 So auch Coffee in Va.L.Rev. 1984, S.723 f.

seinen Kunden, i.d.R. den Investoren bzw. bereitet eine Ausarbeitung zur Veröffentlichung seiner Analyse vor[30].

Bemerkenswert ist die Einschätzung des amerikanischen Supreme-Courts[31]: „*Es ist allgemein üblich für Analytiker, Informationen aufzuspüren und zu analysieren,... und dies geschieht oft dadurch, daß man sich mit Unternehmensmanagern trifft und sie befragt. Und die Information, die die Analytiker erhalten, bildet normalerweise die Grundlage für [ihre] Urteile über den Marktwert der Aktien einer Gesellschaft. Das diesbezügliche Analytikerurteil wird Kunden der Firma in Marktbriefen oder anderweitig mitgeteilt. Es liegt in der Natur dieser Art von Information und in der Tat der Märkte selbst, daß solche Informationen nicht gleichzeitig allen Aktionären der Gesellschaft oder dem Publikum generell zugänglich gemacht werden können.*“

b) Veröffentlichung des Analyseergebnisses

Die Bekanntgabe der Ergebnisse der Analysetätigkeit erfolgt einerseits, beispielsweise soweit es sich um eine Studie o.ä. handelt, durch Veröffentlichung und Bekanntgabe z.B. in den elektronischen Medien, aber auch beispielsweise in periodischen Publikationen. Diese Veröffentlichungen sind in der Regel auch der Allgemeinheit zugänglich, daneben gibt es selbstverständlich auch die Veröffentlichungen, die nur einem beschränkten Kreis von Personen zugänglich gemacht werden sollen.

Weiter bestehen vielfach mittel- und unmittelbare Kontakte zu den Investoren, mit denen die aktuelle Einschätzung der von dem Analysten beobachteten Werte diskutiert wird. Hierbei geht es, gerade in Bezug auf die institutionellen Anlegern, in den Gesprächen weniger um eine konkrete Kauf- oder Verkaufentscheidung, als vielmehr um die Bewertung eines bestimmten Sachverhaltes durch den Analysten. Solche Gespräche finden beispielsweise im Anschluß an Ad Hoc-Mitteilungen statt, wobei der Analyst seine Bewertung der so veröffentlichten Tatsache dem Anleger mitteilt und dieser danach entscheidet, ob er eine Veränderung seines Portefeuilles für notwendig oder sinnvoll erachtet. Als Sonderveranstaltung zu bewerten sind Veranstaltungen der Analysten im Zuge der Veröffentlichung eines Analyseberichts. Dabei präsentieren die Analysten ihre Berichte einer Mehrzahl von Investoren, häufig verbunden mit entsprechenden Einzelgesprächen.

---

30 Brountas a.a.O.; Coffee a.a.O.

31 Dirks-Entscheidung 463 U.S. S.658-659, s. auch S. 63.; Übersetzung nach Voss S.383 f.

B. Wirkungen der Analysen auf die Kursbewegung

Welche Wirkungen Analysen auf die Kursbewegung der betroffenen Wertpapiere hat, wurde in einer empirischen Studie durch Gerke untersucht[32]. Gerke untersuchte dabei für die Zeit von August 1995 bis Dezember 1996 371 Empfehlungen zum deutschen Markt von insgesamt 43 Analystenhäusern[33].

Dabei wurden in der Studie sowohl die Auswirkungen vor der Veröffentlichung der Analyse untersucht als auch die auf die Veröffentlichung folgenden Reaktionen.

Hinsichtlich der dabei herausgefundenen Ergebnisse ist entsprechend den Inhalten der Empfehlungen zu differenzieren:
- bei Kaufempfehlungen kommt die Studie zu dem Ergebnis, daß dort nach der Veröffentlichung regelmäßig nur geringe Kursteigerungen zu verzeichnen gewesen sind. Dieses erklärt sich nach Gerke allerdings zum Teil daraus, daß die Zeitspanne der Untersuchung in eine Haussephase der Börse fiel und den Kaufempfehlungen nach einer langen ansteigenden Periode kaum Aufmerksamkeit geschenkt wurde[34]. Vor der Veröffentlichung waren demgegenüber etwas deutlichere Reaktionen zu beobachten, die das Handelsergebnis derjenigen Investoren darstellen können, die die Analyse vorab erhalten haben.
- Auf Halteempfehlungen reagiert der Markt sensibler. Hier waren Reaktionen bis zum Veröffentlichungstag i.H.v. 1,5 % zu verzeichnen.
- Am stärksten reagierte danach der Markt im beobachteten Zeitraum auf Verkaufsempfehlungen. Im Durchschnitt gingen hier die Kurse am Tag der Veröffentlichung der Analyse um 1,60 % zurück. Kumuliert innerhalb der letzten 10 Tage vor der Veröffentlichung betrug der Durchschnittswert sogar 3,55 %. Nach der Veröffentlichung war eine Gegenreaktion zu beobachten, die allerdings erheblich geringer ausfiel (durchschnittlich 0,53 %).

Als Erklärung für die stärkere Reaktion auf Verkaufempfehlungen verweisen Gerke und Oerke auf die größere Verantwortung der Analysten beim Aussprechen einer negativen Analyse.

Die Studie hat ferner bei einer Stichprobenprüfung ermittelt, daß in Einzelfällen Reaktionen von über 6 % am Veröffentlichungstag zu beobachten waren.

Zusammenfassend ist nach der Studie eine beachtliche Beeinflussungsmöglichkeit der Kursbewegung des analysierten Wertes durch die Veröffentlichung einer Analyse zu verzeichnen. Dabei ist als Hauptzeitpunkt der Reaktion regelmäßig

32 Gerke in ZfB-Ergänzungsheft 2/98. Hierzu auch Gerke in Die Welt vom 13.11.1998, S. 28 sowie in Handelsblatt vom 21.10.1998 S. 23.

33 Dabei wurden nur Institute untersucht, die als Wertpapierdienstleistungsunternehmen den Vorschriften des WpHG unterliegen.

34 Gerke in Die Welt vom 13.11.1998, S. 28.

der Veröffentlichungstag anzusehen; jedoch sind auch in der Phase vor der Veröffentlichung bereits analysebedingte Bewegungen zu beobachten.

C. Das rechtliche Umfeld der Finanzanalysten

Das rechtliche Umfeld der Analysten ist vielschichtig, entsprechend der breit gefächerten Einsatzmöglichkeiten der Analysten.

Herkömmlich befinden sich die Analysten in einem Vertragsverhältnis zu ihrem jeweiligen Arbeitgeber. Sofern sie Mitglied im DVFA sind, erkennen sie zudem die Standesrichtlinie zwingend an.

Hinsichtlich der Rechtsbeziehungen des Arbeitgebers ist zu unterscheiden zwischen den Beziehungen zum Emittenten bzw. Informationsträger und der Beziehung zum Abnehmer der Analyse:
Das rechtliche Verhältnis des Arbeitgeber seinerseits zum Emittenten bzw. Informationsinhaber orientiert sich an der Stellung des Arbeitgeber. So werden Analysten in Rating-Agenturen, Banken, Versicherungen, Fondsgesellschaften, Investmenthäusern, Brokerhäusern eingesetzt.

Diese unterhalten unterschiedliche vertragliche Beziehungen zum Emittenten.

-Einerseits gibt es die Situationen, in denen hinsichtlich der Aktienanalyse keinerlei vertragliche Beziehung, insbesondere kein Auftrag o.ä., mit dem Emittenten besteht. Dies betrifft z.B. den Fall, in denen ein Analyst der Research-Abteilung einer Großbank mehrere Werte beobachtet.

-Daneben gibt es Situationen, in denen der Arbeitgeber des Analysten zum Emittenten ein konkretes Vertragsverhältnis unterhält. Als Beispiel ist anzuführen, daß ein Investmenthaus ein IPO vorbereitet und hierdurch von dem Emittenten der entsprechende Auftrag vorliegt. Ein weiteres Beispiel sind die Ratingverträge zwischen Ratingagenturen und Emittenten[35].

Auch hinsichtlich der Beziehung des Arbeitgebers zum Abnehmer der Analyse sind verschiedene rechtliche Abstufungen anzutreffen:
Teilweise werden die Analysen im Auftrag bestimmter Kunden erstellt bzw. auf der Basis eines Vertrages diesen übermittelt[36]. Die Ausgestaltung des Vertrages orientiert sich dabei an den konkreten Einzelfällen; als Vertragstyp kommt insbesondere der Kaufvertrag bei Analysen von Ratingagenturen sowie der Auftrag in Betracht[37]. Teilweise werden die Analysen allerdings auch veröffentlicht und einer breiten Empfängerschaft ohne konkrete vertragliche Beziehung übermittelt.

35 Bertschinger in „Aktuelle Probleme ... 1999" S. 93 und 97 f. Hierbei ist streitig, ob es sich um einen Werkvertrag oder Auftrag handelt; s. Bertschinger a.a.O. bei FN 69.

36 Bertschinger in „Aktuelle Probleme ... 1999" S. 98.

37 Bertschinger in „Aktuelle Probleme ... 1999" S.98 bei FN 77 und 79.

D. Die insiderrechtliche Strafbarkeit der Analysten nach dem WpHG

1) International bekannt gewordene Fälle

Bisher sind, selbst nach nunmehr mehr als 5-jähriger Geltung des WpHG, die Finanzanalysten in Deutschland nicht Betroffene eines Insiderverfahrens gewesen[38]. Demgegenüber gibt es international durchaus bekannt gewordene Fälle, die sich mit Finanzanalysten in den jeweiligen Rechtsordnungen befaßt haben.

In den USA ist hier als prominentester Fall[39] aus diesem Bereich die „Dirks-Entscheidung“ zu nennen[40], bei der der Analyst, dem eine Insidertatsache mitgeteilt wurde, vom Vorwurf des Insiderhandels freigesprochen wurde. Der Freispruch wurde damit begründet, daß der Weitergebende die Tatsache dem Analysten offenbart hatte, um die Mißstände bei seinem Arbeitgeber aufzudecken[41].

In Großbritannien sind unter dem CSIDA 85 zwei Fälle bekannt geworden:
der erste, bei dem ebenfalls Angeklagter der Analyst selbst war, ist der Fall HM Advocate v Mackie[42].

Mackie wurde erstinstanzlich in Schottland nach der Vorschrift sec. 1(7) (Sekundärinsider) des CSIDA 1985 verurteilt[43], jemand anderen einen Aktienverkauf empfohlen zu haben. Er hatte an einem Gespräch mit dem Vorstandsvorsitzenden teilgenommen, bei dem die bevorstehenden Ergebnisse der Shanks & McEwan plc diskutiert wurden. Als Folge dieser Diskussion stufte Mackie seine Gewinnerwartung für das Unternehmen herunter, im Anschluß rieten Angestellte von Mackie's Büro Kunden zum Verkauf der Shanks & McEwan Beteiligung. Während Mackie ausführte, es habe nur eine generelle Diskussion ohne Benennung konkreter Zahlen bei dem Treffen gegeben sagte der

---

38 Auch schon vor der Geltung des WpHG wurde den Analysten in der Literatur Aufmerksamkeit geschenkt, s. Hopt/Will S.28, FN 92.

39 Nach der Dirks-Entscheidung waren Analysten lediglich in 2 weiteren Fällen Thema eines Insiderverfahrens, s. FN 144.

40 Dirks v. SEC, 463 U.S. 646, 103 S.Ct. 3255 (1983); s.oben S. 63.

41 Es hat bereits vorher allerdings weniger spektakuläre Fälle gegeben, s. z.B. Elkind v. Liggett & Myers Inc., 635 F.2d 156 (2d Cir. 1980); SEC v. Lum's, 365 F.Supp.1046 (S.D.N.Y. 1973). Auch nach der Dirks-Entscheidung wurden Fälle mit Analystenbeteiligung entschieden, s. FN 144.

42 HM Advocate v Mackie, nicht veröffentlicht, s. aber die Schilderung in The Company Lawyer 1993, S.140; s. Ashe/Counsell S. 94.

43 Im Rechtsmittelverfahren (Mackie v HM Advocate (1994) Current Law Year Book 1994, S.1523) wurde Mackie aus hier zu vernachlässigenden Beweisgründen freigesprochen; s. White in Rider/Ashe S.66 FN 23; White in The Company Lawyer 1995, S.167.

Vorstandsvorsitzende, er habe Mackie informiert, daß das Unternehmen eine Ergebniswarnung herausgeben wollte.

Beim zweiten Fall, dem Fall der London International Group (LIG) [44] aus dem Mai 1993, stand im Mittelpunkt die Gesellschaft, die eine Insidertatsache Analysten mitteilte.

Ein Mitarbeiter der LIG hatte Analysten und institutionellen Anlegern mitgeteilt, daß die Gewinnerwartung der LIG für dieses Jahr zu hoch seien und nach unten korrigiert werden müßten. Diese Preisgabe der Information war durch den Vorstand genehmigt, jedoch überschritt der Angestellte diese Genehmigung indem er weit mehr Informationen über das Defizit herausgab als vorgesehen war. Die Stock Exchange entschied, daß sowohl die vorgesehenen als auch die nicht vorgesehenen Informationen nicht an die anwesenden Personen herausgegeben hätten werden dürfen. Sie erteilte der LIG jedoch lediglich eine Zensur als Ahndung des Verstoßes[45].

2) Die bisherige Behandlung der Eingruppierung der Analysten

Die Problematik der strafrechtlichen Lösung des Insiderrechts offenbart sich gerade bei den Analysten. Diese stehen als juristische Laien vor dem Dilemma, Inhalt einer Diskussion zu sein, deren Ausgang eine mögliche Strafandrohung von bis zu 5 Jahren Freiheitsstrafe für bislang als rechtmäßig erachtetes und sogar praktiziertes Verhalten sein kann. Eine Rechtsprechung, an der sich die Analysten orientieren können, existiert nicht, so daß sie Gefahr laufen, nachträglich als Straftäter belangt zu werden.

a) Die Behandlung der Analysten nach der EG-Richtlinie

Auf der Basis, daß die als herrschend zu erachtende Meinung bei der Auslegung der EG-Richtlinie keinerlei Beziehung zwischen Emittenten und Primärinsider voraussetzte, wurden die Wertpapieranalysten jedenfalls in den Fällen, in denen sie im Rahmen von Vorstandsinterviews und Firmenbesichtigungen Zugang zu Insiderinformationen hatten, als Primärinsider angesehen[46]. In der Literatur wurde als Ausweg für die Analysten vorgeschlagen, daß der Analyst die Insidertatsache in einem Presseartikel oder anderweitig publizieren solle[47].

---

44 S. White in Rider/Ashe S.66; ders in The Company Lawyer 1995, S 167; Hannigan S.66 und S.195.

45 Ebenfalls unter dem CSIDA 85 zu nennen ist der Fall R v Kean and Floyd; s. hierzu Ashe/Counsell S. 92.

46 Hopt in FS Heinsius, S. 289; ders. in BFuP 94, S.91; ders. in CMLR 90, S. 61; Grundmann in ZgesKW 92, S.14; Schödermeier-Wallach in EuZW 90, S. 123; Ott/Schäfer in ZBB 91, S.236; Heldmann in ZRP 90, S.397; Siebold S.132; Dickersbach S. 79.

47 Hopt in BFuP 94, S.91; Grundmann in ZgesKW 92, S.14.

Nach einer Gegenansicht, die insbesondere auf die Präambel der EG-Richtlinie verweist, wird die Wertpapieranalyse vom Insiderrecht grundsätzlich nicht tangiert[48]. Claussen sieht dabei jedoch die Problematik der Werksbesichtigungen und Vorstandsinterviews, will diese Situationen aber mit Hilfe von Berufsgrundsätzen lösen und lediglich bei Verletzung der Grundsätze[49] auf das Insiderrecht zugreifen.

b) Die deutsche Rechtslehre

In der deutschen Rechtsliteratur ist kein einhelliges Bild hinsichtlich der Eingruppierung der Analysten erkennbar[50]. Nachfolgend werden die einzelnen vertretenen Auffassungen dargestellt.

(1) Analysten als Primärinsider

In der Literatur wird die Auffassung vertreten, Analysten seien grundsätzlich als Primärinsider anzusehen[51]. Die Vertreter dieser Auffassung differenzieren nicht nach der Arbeitsweise und konkret nach der Situation, in der der Analyst Kenntnis der Insiderinformation erhält. Der Unterschied zur nachfolgend als herrschend zu betrachtenden Meinung relativiert sich jedoch, wenn man sich vor Augen führt, daß die folgende Auffassung in den Konfliktsituationen (Unternehmensgesprächen) die Finanzanalysten ebenfalls als Primärinsidersituationen ansieht.

(2) Nach der konkreten Arbeitsweise unterteilende Ansichten

Eine weit verbreitete Meinung in der deutschen Rechtslehre sieht die Analysten jedenfalls in den Fällen, in denen der Analyst auf einem Analystentreffen Insiderinformationen erlangt, als Primärinsider an[52].

---

48 Claussen in ZBB 92, S.272; Grundmann in ZgesKW 92, S. 14.

49 Nach dem Vorschlag Claussens müssen nach einem Vorstandsinterview, in dem Insiderinformationen vorgetragen wurden, die entsprechenden Informationen per Ticker veröffentlicht werden, zudem muß den Analysten innerhalb eines Zeitraums von 24 Stunden nach der Meldung untersagt werden, ihren Informationsvorsprung zu nutzen, s. Claussen in ZBB 92 S. 272.

50 Der Arbeitskreis Deutsche Börse AG hatte in seinen Erläuterungen die Eingruppierung der Analysten ausdrücklich offen gelassen, S. WM 94, S. 2040.

51 Tippach S. 164; Süßmann in AG 97, S. 65; Bröker in wistra 95, S.132; Weber in BB 95, S. 162; Meller S. 348.

52 Assmann in Assmann/Schneider 1.Aufl. § 13 RZ 24 (Assmann hat in der 2. Aufl. allerdings seine Auffassung geändert); ders. in AG 97; Caspari in ZGR 94, S.538; Dreyling in Claussen/Schwark S. 7 f; Hopt in BFuP 94, S.91; ders. in Schimansky/Bunte/Lwowski §107 RN 18;, S. 54; Kümpel „Bank- und Kapitalmarktrecht" RdNr. 16.145; ders. in WpHG S. 88; Möller in BFuP 94, S.104; Siebold S. 237; zur Megede in Assmann/Schütze 2. Aufl. § 14 RN 37; Nerlich S. 89; Lücker S. 177;

Argumentativ werden hierbei mehrere Argumentationsstränge angeführt: Gesetzessystematisch wird auf § 13 Abs 2 WpHG verwiesen, der anderenfalls keine eigenständige Bedeutung habe.

Hinsichtlich der Auslegung des Merkmals „bestimmungsgemäß“ kommen gerade jene Autoren, die eine einengende Auslegung des Begriffs „bestimmungsgemäß“ ablehnen, dazu, die Analysten als Primärinsider anzusehen, da der Umstand, daß ein Analyst einem Vorstandsmitglied bei einem solchen Gespräch gegenübersäße, durch seinen Beruf bestimmt und daher nicht zufällig sei[53].

Ergebnisorientiert wird argumentiert, daß die Eingruppierung der Analysten als Sekundärinsider in diesen Fällen dazu führen würde, daß gerade sie als Informationsmediäre zur Verbreitung der Insidertatsache trotz noch nicht hergestellter Öffentlichkeit beitragen würden[54].

Hinsichtlich der Auswirkungen der Eingruppierung auf die Berufsausübung der Analysten wird darauf verwiesen, daß der Analyst in dem Fall, in dem er die ihm trotz des Verbotes des § 14 I Nr. 2 WpHG übermittelte Information nicht nutzen darf, er nicht schlechter oder besser stünde, als wenn er diese Information gar nicht erhalten hätte[55]. Zudem hätten auch andere Berufszweige wie Kursmakler oder Kundenberater einer Bank mit Berufseinschränkungen durch das Insiderrecht zu leben[56].

Vereinzelt wird diese Auffassung dahingehend abgewandelt, daß dann, wenn auf einem Unternehmensgespräch den Analysten kein Fragerecht eingeräumt sei, die Finanzanalysten die Insidertatsache nicht "aufgrund" ihres Berufes erfahren haben und dann als Sekundärinsider zu behandeln seien[57]. Der Unterschied soll sich daraus rechtfertigen, daß nur bei einem eingeräumten Fragerecht die Situation als „insidergefährlich“ zu betrachten sei[58].

(3) Analysten als Sekundärinsider

Dem steht die Auffassung gegenüber, daß die Analysten auch dann, wenn sie in einem Unternehmensgespräch eine Insidertatsache erfahren, lediglich Sekundä-

---

Hartmann S. 225; Gerke/Oerke in ZfB-Sonderheft S. 3; Schäfer in Schäfer § 14 WpHG RN 37.

53 Dreyling in Claussen/Schwark S. 8.

54 Assmann in Claussen/Schwark S. 61 zieht ergänzend auch heran, daß die Wahrscheinlichkeit des Zugangs zu Insiderinformationen bei diesen Treffen besonders hoch sein; a.A. Schwark in Claussen/Schwark S. 41.

55 Nerlich S. 88.

56 Nerlich S. 88.

57 Eichele in WM 97, S.503.

58 Eichele a.a.O.

rinsider sind, jedenfalls soweit der Mitteilende gegen bindendes Gesetzesrecht durch die Mitteilung verstößt[59].

Claussen lehnt sich bei der Argumentation an die Ausführungen des Gesetzesentwurfs an und meint hierzu, eine Insiderinformation, die auf einem Analystentreffen bekanntgegeben werde, erhalte der Analyst nur bei Gelegenheit seiner Tätigkeit und somit nicht bestimmungsgemäß. Lediglich dann, wenn der Analyst aktiv nach Insiderinformationen suche, sei er Primärinsider bei solchen Gesprächen[60]. Angeführt wird unterstützend die rechtsfolgenorientierte Argumentation, wonach sowohl die grundsätzliche Einstufung der Analysten als Primärinsider als auch die entsprechende Einstufung lediglich auf den Analystentreffen zu einem zumindest partiellen Berufsverbot führen würde mit entsprechend negativen Auswirkungen für den Finanzplatz Deutschland[61].

Assmann verweist zunächst auf seine Definition der „bestimmungsgemäßen" Kenntnis[62]. Danach muß es der Beruf des Insiders üblicherweise und vorhersehbar mitbringen, Kenntnis von einer Insidertatsache zu erlangen. Hierbei ist das Verbot des Mitteilenden, dem Analysten auf einen Analystentreffen eine Insiderinformation zu übermitteln, wertend bei der Beurteilung der Vorhersehbarkeit der Kenntniserlangung zu berücksichtigen[63]. Danach ist der Analyst regelmäßig kein Primärinsider. Anders sei der Fall zu betrachten, wenn der Analyst im Rahmen einer konkreten Aufgabe von dem Unternehmen eingesetzt werde[64].

c) Die vom BAWe vertretene Einteilung

Das BAWe sieht die Analysten in den Fällen, in denen ihnen eine Insidertatsache auf einem Analystengespräch mitgeteilt wird, ebenfalls als Primärinsider an[65]. Es vergleicht insbesondere die Situation der Analysten mit der der Journalisten, wobei bei den Journalisten bei deren Veröffentlichungen in Zeitungen im Gegensatz zur Veröffentlichung einer Analyse die Herstellung einer breiten Öffentlichkeit im Mittelpunkt stehe. Dies rechtfertige eine unterschiedliche Behandlung hinsichtlich der Strafbarkeit der Veröffentlichung, wobei allerdings beide Primärin-

---

59 Claussen in Claussen/Schwark S. 23; Schwark in Claussen/Schwark S. 41 und 47; Scharrenberg in Claussen /Schwark S. 121 f; Waldeck in Claussen/Schwark S. 53; Schreib mit einem Meinungsbeitrag in BFuP 94 S. 150; DVFA-Standesrichtlinie unter 3.a).

60 Claussen in Claussen/Schwark S. 29. Er verweist darauf, daß sich die Problematik auf die Frage konkretisiert „Wer trägt das Risiko der inkorrekten Ad-hoc-Publizität in Relation zum Analystengespräch ?"; a.a.O. S. 19.

61 Claussen a.a.O. S. 21 und 25 f.

62 Assmann in Assmann/Schneider 2. Aufl. RN 19 i zu § 13.

63 Assmann in Assmann/Schneider 2. Aufl. RN 19 i und 24 b zu § 13.

64 In diesem Sinne Assmann in Assmann/Schneider 2. Aufl. RN 23 zu § 13.

65 BAWe-Jahresbericht 1996 S. 19 sowie in seinem Schreiben an die Vorstände der börsennotierten Aktiengesellschaften vom 07.08.97 „Analystengespräche und Verbot der Weitergabe von Insidertatsachen".

sider seien. Der Analyst darf daher nach der Auffassung des BAWe die Insidertatsache weder weitergeben noch aufgrund dieser Kenntnis eine Empfehlung geben, es sei denn, die Insidertatsache ginge nicht in das Ergebnis ein, was aufgrund der Kursrelevanz kaum eintreten werde[66]. Das BAWe empfiehlt den Unternehmen daher, eine Insiderinformation, die sie auf einem Analystengespräch bekanntgeben wollen, vorher oder gleichzeitig über Nachrichtenagenturen zu veröffentlichen[67].

3) Die eigene Lösung: Analysten grundsätzlich als Sekundärinsider

Die obigen Überlegungen, die allgemein zum Tatbestand der Primärinsider aufgestellt worden sind und in denen die Auslegung der Merkmale insbesondere der Primärinsider der 3. Gruppe nach § 13 Abs. 1 WpHG dargelegt worden ist, sind auf die Finanzanalysten zu übertragen. Dabei werden die Auswirkungen der hier vertretenen Auffassung auf die Analysten aufgezeigt und diese der Behandlung der Analysten in den verglichenen Rechtsordnungen gegenübergestellt.

a) Übertragung der Ergebnisse aus den allgemeinen Erörterungen hinsichtlich der Tatbestandserfordernisse des § 13 I Nr. 3 WpHG auf die Analysten

Im Zweiten Teil dieser Arbeit wurde aufgezeigt, daß der Tatbestand der Sekundärinsider die Generalnorm des Insiderrechts ist, die als Voraussetzung lediglich die Kenntnis der Insidertatsache verlangt. Ein Analyst, der Kenntnis einer Insidertatsache hat, ist daher nach deutschem Recht zumindest Sekundärinsider nach § 14 Abs 2 WpHG, das Verbot nach § 14 Abs 2 WpHG trifft ihn daher unabhängig von der Eingruppierung, da § 14 Abs 2 WpHG keine weiteren Voraussetzungen als die reine Kenntnis der Insidertatsache nennt.

Die Berufsausübung beeinträchtigt dieser „Auffangtatbestand" des Insiderrechts bei den Analysten nicht, weil § 14 Abs 2 WpHG eine Verhaltensweise berührt, die nicht Bestandteil seiner herkömmlichen Berufsausübung ist. Gleichwohl muß der Analyst, falls er Aktien kauft oder verkauft, das Verbot bei entsprechender Kenntnis achten. Die Berufsausübung kann jedoch von den Verboten nach § 14 I Nr. 2 und 3 WpHG berührt werden, weshalb bei formeller Betrachtung zunächst zu fragen ist, ob und in welchen Fällen er Primärinsider ist. Die zu § 13 Abs 1 Nr. 3 WpHG entwickelten Grundsätze aus dem obigen zweiten Teil gilt es daher auf die Analysten anzuwenden.

---

66 BAWe in seinem Schreiben an die Vorstände der börsennotierten Aktiengesellschaften vom 07.08.97 „Analystengespräche und Verbot der Weitergabe von Insidertatsachen".

67 BAWe a.a.O.

(1) Erfordernis einer vertraglichen Beziehung

Hinsichtlich der Frage, ob die Finanzanalysten Primärinsider sind, ist eine Weichenstellung durch die Beantwortung der Frage nach der Notwendigkeit einer vertraglichen oder sonstigen Beziehung zwischen Insider und Unternehmen oder zwischen Insider und Informationsträger impliziert.

Überträgt man die hier vertretene Auffassung auf die Finanzanalysten, so sind die Analysten, die keine vertragliche Beziehung zum Informationsinhaber unterhalten, keine Primärinsider.

Folge ist, daß für die Finanzanalysten auch hinsichtlich der im Rahmen eines Unternehmensgespräches erworbenen Kenntnisse nicht die Verbote nach § 14 Abs 1 Nr. 2 und 3 WpHG, d.h. das Mitteilungs- und das Empfehlungsverbot, gelten. Die Analysten dürfen daher die Insidertatsachen mitteilen und Empfehlungen aussprechen, müssen jedoch, wie alle anderen Sekundärinsider auch, die Strafbarkeit als Teilnehmer beachten.

(2) Bestimmungsgemäße Kenntnis

Dem Merkmal der bestimmungsgemäße Kenntnis kommt durch die Einschränkung, das ein Vertragsverhältnis vorliegen muß, bei den Analysten keine weitere wesentliche Funktion zu. Die bestimmungsgemäße Kenntnis ist nach der hier vertretenen Auffassung dahingehend zu formulieren, daß der Zugang der Information zur Ausfüllung des vertraglichen Verhältnisses vorausgesetzt wird.

Liegt daher doch ein Vertragsverhältnis zwischen Analysten und Informationsträger vor (z.B. in dem Fall, in dem die X-AG die Y-AG übernehmen will und der angestellte Analyst der X-AG den Wert der Y-AG analysieren soll und hierzu Informationen von Mitarbeitern des eigenen Unternehmens erhält), so darf er die Insidertatsache nur im Rahmen der durch § 14 I Nr. 2 und 3 WpHG gesetzten Grenzen verwenden. Im vorgenannten Beispiel bedeutet dies, daß er dem Vorstand der X-AG Empfehlungen aussprechen darf, da dies gerade seiner Aufgabe entsprach. Er darf diese Information jedoch nicht an Dritte weitergeben oder an andere Personen Empfehlungen geben. Hier ist die Behandlung als Primärinsider dadurch gerechtfertigt, daß in diesen Situationen die Information dem Analysten bewußt im Rahmen seiner Berufsausübung mitgeteilt und die hohe Wahrscheinlichkeit der Kenntnisnahme durch das Vertragsverhältnis begründet wurde.

(3) Begründung der eigenen Ansicht

Nach der hier vertretenen Auffassung rechtfertigt sich die Unterscheidung zwischen Primär- und Sekundärinsider in der unterschiedlichen Gestaltung der

Handlungsverbote nur, wenn die Primärinsider der 3. Gruppe tatbestandlich eine vertragliche oder gesetzliche Beziehung zum Informationsträger unterhalten[68].

Begründet wird diese Auffassung im wesentlichen damit, daß das Mitteilungs- und Empfehlungsverbot vorrangig präventiv wirken und die Rechtsgüter des Insiderrechts nur mittelbar schützen. Bei einer Abwägung des durch die Ausweitung der zusätzlichen Verbote des Empfehlens und des Mitteilens erreichten Schutzes des Vertrauens der Anleger mit den Einschränkungen für den Betroffenen ist die Einschränkung nur hinnehmbar, wenn er aufgrund einer vertraglichen Beziehung in der erforderlichen Nähebeziehung zur Information stand und hierdurch eine vorhersehbar hohe Wahrscheinlichkeit der Kenntnisnahme von Insiderinformationen vorgegeben ist. Das diese Argumentation auch auf die Analysten anzuwenden ist, wird nachfolgend aufgezeigt.

Die erforderliche Güterabwägung stellt sich wie folgt dar:

Schutz der Rechtsgüter (Vertrauen der Anleger)	⟷	Eingriff in die Handlungsfreiheit

In Bezug auf die Analysten ist auf der Seite des Schutzes des Vertrauens der Anleger anzuführen, daß die erlaubte Verbreitung einer Insidertatsache bzw. eine darauf aufbauende Empfehlung durch einen Analysten naturgemäß einen erheblichen Streueffekt hat und damit der Analyst in erhöhten Maße zu einer Ungleichgewichtung in der Informationslage der Marktteilnehmer betragen kann[69]. Diese Betrachtung bedarf jedoch der weiteren Differenzierung. Nach § 13 Abs 2 WpHG gibt es Analysen, die kurserheblich sind, und bei denen der Gesetzgeber sich gleichwohl gegen eine Anwendung der Insiderregeln des WpHG entschieden hat.

Erforderlich ist daher, die Informationserlangung durch den Analysten im Vergleich zu anderen Berufsgruppen zu analysieren und sodann die Informationsverwertung zu betrachten.

(a) Die Informationserlangung im rechtlichen Kontext

Die Gespräche zwischen dem Informationsträger, der Primärinsider ist, und den Finanzanalysten weisen bei abstrakter Betrachtung den Bezug zu insidersensiblen Bereichen auf, da sich die Gespräche generell in für Insidertatsachen geeigneten Themenbereichen bewegen. Hier könnte daher argumentiert werden, daß es einer vertraglichen Beziehung des Analysten zum Informationsträger nicht bedürfe, da diese hier durch die konkrete Nähe zur Information aufgrund der Gesprächsthematik kompensiert werde.

68 S. oben S.144 f.

69 So auch Hopt, Diskussionsbeitrag in Baetge (Hrsg.), S.164; ähnlich Bröker in wistra 95, S.132.

Diese Betrachtung verkennt jedoch, daß die Rechtsgüter des Insiderrechts bereits über das Weitergabeverbot hinreichend berücksichtigt werden.

(i) Die Weitergabe von Insiderinformationen an Analysten und § 14 Abs 1 Nr. 2 WpHG

Es bedarf hier einer Auseinandersetzung mit der Frage, ob die Weitergabe der Insiderinformation durch das Unternehmen an die Analysten im Rahmen eines Analystengesprächs oder eines One-on-One-Gesprächs befugt ist[70].

Die ganz h.M. in der Literatur zum WpHG vertritt hierbei die Auffassung, die Weitergabe an die Analysten erfolge unbefugt und stelle auch nicht die Bereichsöffentlichkeit her[71]. Hinsichtlich der Befugnis wird darauf verwiesen, daß die Weitergabe von Insidertatsachen an unabhängige Analysten weder aufgrund gesetzlicher Regelung noch organisationsbedingt erforderlich sei[72].

Im amerikanischen Recht wird herkömmlich unterschieden zwischen den Veröffentlichungen im Rahmen sog. „open-invitation meetings" und anderen Weitergaben[73]. Die Weitergabe von Informationen auf den genannten Meetings ist insiderrechtlich straffrei[74], argumentativ basierend auf den Gedanken, daß bei dieser Form der Mitteilung der Mitteilende keinen persönlichen Vorteil verfolge. Die übrigen Situationen werden diskutiert unter dem Begriff „selective disclosure"[75]. Im amerikanischen Recht ist diese Art der Weitergabe von

---

70 Zu der Frage, inwiefern die Unternehmen ihre Informationspolitik nach Inkrafttreten des WpHG bei Analystenveranstaltungen geändert haben, s. die empirische Untersuchung bei Gerke/Bank/Lucht in Die Bank 96, S. 614 f.

71 Schwark in Claussen/Schwark S. 41; Eichele in WM 97, S. 507; Assmann in AG 97, S. 57; Assmann/Cramer in Assmann/Schneider 2. Aufl. § 14 RN 59 a; Schäfer in Schäfer § 14 WpHG RN 37; Kümpel „Bank- und Kapitalmarktrecht" RN 16.200; Götz in DB 95, S. 1951 (FN 43); Meller S. 392; Süßmann in AG 99, S. 163 f; Nerlich S. 209; Wolf S. 135; Pananis S. 133; Hartmann S. 242; BAWe in Jahresbericht 1996, S.19 sowie in seinem Schreiben an die Vorstände der börsennotierten Aktiengesellschaften vom 07.08.97 „Analystengespräche und Verbot der Weitergabe von Insidertatsachen"; a.A. Strebel S. 111 und 117 , wonach die Weitergabe erlaubt sei, wenn die unternehmensinternen Insider dem Analysten eine Insiderinformation geben, die sie auch jedem anderen auf Anfrage gegeben hätten. Schwarze in BFuP 94, S. 129 vertritt die Auffassung, daß dann, wenn auch ein Journalist auf dem Analystentreffen anwesend sei, die Mitteilung befugt vorgenommen werde, da sie dann der Veröffentlichung diene.

72 Eichele in WM 97, S. 507.

73 Wang/Steinberg S. 891 empfehlen, entsprechende Veröffentlichungsregeln in den Compliance-Richtlinien der Firmen zu etablieren.

74 Langevoort in Securities Law Review 1991, S.382; Brountas in Securities Law Review 93, S. 476.

75 S. hierzu z.B. Brountas in Securities Law Review 93, S. 473 f; Langevoort in Securities Law Review 1991, S.381 f, sowie zu den Folgen aus finanz-mathematischer Sicht Hirshleifer/Subrahmayam/Titman in 49 Journal of Finance 84 S. 1665 f.

Insiderinformation an einen ausgewählten Kreis von Analysten strittig[76]. Die Dirks-Entscheidung stellte die maßgebliche Rolle der Analysten für die Finanzwelt in den Vordergrund und erlaubt das selektive Veröffentlichen an Analysten jedenfalls dann, wenn der Mitteilende mit der Bekanntgabe an den Analysten keinen persönlichen Vorteil[77] verband[78]. Dieser persönliche Vorteil wird zwar von der SEC bewußt weit ausgelegt[79], diese Auslegung hat sich jedoch

---

Als rechtspolitische Argumente für die Erlaubnis des selektiven Veröffentlichen nennt Langevoort in Securites Law Review 1991, S. 383 f (s. auch Brountas in Securities Law Review 93 S. 496):

1. Selektives Veröffentlichen ermöglicht den Unternehmen, Informationen, die aus Geheimhaltungsinteressen überhaupt noch nicht veröffentlicht werden sollten, zumindest zum Teil bekannt zu geben;
2. die Unternehmen könnten auch über zukünftige Entwicklungen reden (Anm. des Autors: Im amerikanischen Recht besteht grundsätzlich die Pflicht, eine einmal veröffentlichte Information zu korrigieren, sobald sie nicht mehr der Wahrheit entspricht);
3. die Sachverhalte, die veröffentlicht werden sollen, bräuchten nicht simplifiziert zu werden, wie es bei einer allgemeinen Veröffentlichung notwendig ist, da man zu Experten spricht;
4. die Informationen, die schließlich den Markt erreichen, sind bereits durch Experten auf ihren Wahrheitsgehalt untersucht wurden;
5. schließlich spricht für die Erlaubnis des selektiven Veröffentlichen dazu, daß die Analysten mehr Werte beobachten würden, da sie insbesondere Zeit und Geld bei der Beschaffung der Informationen einsparen könnten.

Als Gegenargumente führen Brountas a.a.O. S.502 f. und Langevoort in Securities Law Review 1991, S.392 f. auf:

1. das Hauptargument liegt darin, daß bei einem selektiven Veröffentlichen nicht alle Marktteilnehmer gleichzeitig die Möglichkeit haben, die Information zu erhalten; hierdurch wird sich auch zunächst die Insiderinformation nicht im Kurs niederschlagen, sondern der Kurs wird vielmehr vom uninformierten Markt bestimmt
2. beim selektiven Veröffentlichen wird der Markt dem Wahrheitsgehalt der Informationen gegenüber Vorbehalte zeigen
3. zudem besteht die Gefahr, daß die Unternehmen ihnen wohlgesonnene Analysten für ihre Interessen ausnutzen.

76 Z.B. Elkind v. Liggett & Myers, Inc., 635 F.2d 156 (2d Cir. 1980); SEC v. Bausch & Lomb, Inc., 565 F.2d 8 (2d cir. 1977); s. auch Brountas in Securities Law Review 1993, S.475 u. 484 f; Langevoort in Securities Law Review 1991, S.381; Green/Christman in Stamp/Welsh S.19; Loss/Seligman in „Fundamentals ..“ S.790.

77 Dem Wortlaut der Dirks-Entscheidung nach würde z.B. derjenige straffrei bleiben, der sich entschließt, zur Steigerung der Unternehmenseinkünfte eine Insiderinformation meistbietend zu verkaufen.

78 S. Langevoort in Securities Law Review 1991, S.377 f, der dem Urteil kritisch gegenübersteht und die Straffreiheit lediglich für den Fall begrüßt, daß die Bekanntgabe an den Analysten gleichzeitig der Bekanntgabe an den gesamten Markt dient, was regelmäßig nicht der Fall ist, S.405.

79 SEC v. Stevens, Nr. 12813, 1991 Sec Lexis 451, S.2 (S.D.N.Y. Mar.19, 1991); zum Ganzen auch Brountas in Securities Law Review 1993, S. 486 f.; Langevoort in Securities

nicht durchgesetzt. Als Reaktion hat die SEC einen Verordnungsvorschlag zur Verhinderung des Selective Disclosures initiiert[80].

Im englischen Recht, in dem dieser Problemkreis ebenfalls unter dem Stichwort „selective disclosure“[81] behandelt wird, ist zunächst auf den Fall der London International Group, die an einen ausgesuchten Teil von Analysten Insiderinformationen begeben hatte, zu verweisen. Die LIG wurde unter der Geltung des CSIDA 85 durch die Londoner Börse mit einer Strafe belegt[82]. In der Literatur wird nunmehr auch unter der Geltung des CJA 93 darauf hingewiesen, daß die Weitergabe von noch nicht veröffentlichten preissensitiven Informationen an Analysten den Tatbestand des „Veröffentlichens“ oder „Empfehlens“ erfülle[83].

Wichtig ist in diesem Zusammenhang, daß den Unternehmen bei der Frage der Bestrafung ihrer Weitergabe von Insiderinformationen eine rechtssichere Basis aufgezeigt wird, auf deren Grundlage sie die Folgen ihrer Handlungen abschließend rechtlich selbst ex-ante beurteilen können. Anderenfalls droht die Gefahr, daß Unternehmen eine so defensive Veröffentlichungspolitik vornehmen werden, daß sie überhaupt keine Informationen über die Pflichtinformationen hinaus bekanntgeben[84].

Im deutschen WpHG ist zur Beurteilung der hier aufgezeigten Fragestellung auf den Zweck der Veröffentlichung an die Finanzanalysten abzustellen. Das WpHG erlaubt die Weitergabe der Insidertatsache nur dann, wenn die Weitergabe aus innerbetrieblichen Gründen erforderlich oder zur Wahrung einer gesetzlichen Pflicht notwendig ist. Daneben ist die Weitergabe in den Fällen erlaubt, in denen sie der Herstellung der Öffentlichkeit dient. Die Weitergabe an die Analysten weicht demgegenüber von diesen Zwecken ab. Sie dient dazu, den Analysten ein Bild von der Situation der Gesellschaft zu vermitteln, damit diese ihrerseits auf der Basis der vorhandenen Information sowie auf der Basis des Eindrucks, den sie in dem Gespräch gewonnen haben, eine Analyse erstellen. Damit aber stellt die Weitergabe auch nicht eine Bereichsöffentlichkeit her, weil die

---

Law Review 1991, S.1052. Brountas a.a.O. S.501 stellt fest, daß das SEC offensichtlich die Supreme-Court-Entscheidung „Dirks“ nicht akzeptiert.

80 S. unten FN 153.

81 White in Rider/Ashe S. 66; Hannigan S. 65; Davies S.469.

82 Der Fall spielte sich im Mai 1993 ab, der CJA 93 war damals gesetzgeberisch zwar schon auf den Weg gebracht, verabschiedet wurde er aber erst am 27.07.93, die Insiderregelungen traten erst am 01.03.94 in Kraft. S. zum Fall im einzelnen oben S. 211.

83 White in The Company Lawyer 1995, S.167. Zur Vermeidung dieser Rechtsfolge hat die Londoner Börse ein entsprechendes Papier mit Verhaltensregeln ausgearbeitet (S. Hannigan S. 195 f; White in The Company Lawyer 1995, S.167).

84 S. das Beispiel der „Oracle Systems Corp.“ bei Brountas in Securities Law Review 1993, S.474 FN 6. Nach einer Umfrage unter den Commerzbank-Analysten urteilten immerhin in 1995 rund 29 % der Analysten, die Informationspolitik der Unternehmen sei restriktiver geworden, S. Rau in Baetge, S. 131.

Marktteilnehmer als solches durch die Weitergabe lediglich an die Analysten noch nicht die Möglichkeit der Kenntnisnahme haben. Vielmehr werden die Analysen ihrerseits nur einem eingeschränkten Kreis der Marktteilnehmer zur Verfügung stehen. Danach unterscheidet sich diese Art der Veröffentlichung von den in § 15 WpHG gewollten. Die Weitergabe an die Analysten ist mithin eine Art der Mitteilung, die durch § 14 I Nr. 2 WpHG unterbunden werden soll. Gerade bei ihr ist die Gefahr, das ausgesuchte Kunden von den Analysten im Vorwege informiert werden und diese die Information somit früher als der Markt nutzen können, besonders hoch und damit auch die Gefahr des Vertrauensverlustes der Anleger.

(ii) Folgerung aus dem Verbot der Übermittlung nach § 14 I Nr. 2 WpHG

Ist danach die Übermittlung von Insiderinformationen nach § 14 Abs 1 Nr. 2 WpHG verboten, so folgt daraus auch, daß die grundsätzliche Beziehung zwischen dem Analysten und dem Informationsträger gerade nicht auf die Übermittlung einer Insiderinformation angelegt ist. Eine Insiderinformation wird daher dem Analysten nur dann zur Kenntnis gebracht, wenn entweder der Informationsträger bewußt gegen das gesetzlich normierte Verbot verstößt oder der Informationsträger fahrlässig eine Insiderinformation bekannt gibt. Diese Situation gleichen in ihren Voraussetzungen, die zur Kenntnis des Analysten führen, der Erlangung der Kenntnis durch Zufall, da die Informationsübermittlung gerade nicht bewußt erfolgen soll.

Diese Betrachtung wird unterstützt durch die Erläuterungen in den Standesrichtlinien. Diese gehen in Nr. 3 a davon aus, daß dem Analysten bei direkten Unternehmenskontakten keine Insiderinformationen mitgeteilt werden.

Der rechtliche Gesichtspunkt der Nähe zur Information aufgrund des sensiblen Themenumfeldes, in dem sich Analystengespräche bewegen, der eine Einstufung der Analysten als Primärinsider jedenfalls in diesen Situationen der Unternehmensgespräche rechtfertigen könnte, wird daher kompensiert durch das Verbot der Weitergabe auf der Seite des Mitteilenden.

Damit ist zugleich die erste Stufe des Schutzes des Vertrauens der Anleger in Bezug auf Handlungen von Analysten dargelegt.

Die vorsätzliche Mitteilung an den Analysten wird bereits durch das Verbot des § 14 I Nr. 2 WpHG für den Mitteilenden verhindert. Hierdurch hat das WpHG das Vertrauen der Anleger berücksichtigt.

Zudem wirkt sich hier als Schutz des Vertrauens der Anleger die Verpflichtung zur Veröffentlichung von Insidertatsachen nach § 15 WpHG aus. Besteht die Gefahr, daß Insidertatsachen erfragt werden können, so soll das Unternehmen bereits präventiv die entsprechende Tatsache im Vorwege veröffentlichen[85]. Nach dieser Veröffentlichung kann sie Inhalt des Gesprächs sein, da sie nunmehr keine Insidertatsache mehr ist.

Die lediglich fahrlässige Mitteilung der Insidertatsache an den Analysten betrifft eine Situation, in der der Informationsnähere, d.h. hier der mitteilende Primärinsider, seinerseits nicht weiß, daß er eine Insidertatsache mitteilt. Diese Situation ist vergleichbar mit der Situation der Erlangung durch Zufallskenntnis, da die Gesamtsituation nicht auf die Erlangung dieser Kenntnis gerichtet war. Hier muß der Schutz des Vertrauens der Anleger auf der 2. Stufe, nämlich bei der Betrachtung der Handlungsverbote erfolgen.

(b) Die Weitergabe und das Empfehlen durch den Finanzanalysten

Wie oben ausgeführt, wird das Vertrauen der Anleger erst dann beeinträchtigt, wenn die Insiderkenntnis eines Marktteilnehmers sich auch in einem Geschäft niederschlägt. Erst dann wird der Marktteilnehmer bei Bekanntwerden eine Ungleichbehandlung anführen.

Erfährt der Finanzanalyst trotz des Weitergabeverbotes des § 14 Abs 1 Nr. 2 WpHG in einem Unternehmensgespräch eine Insidertatsache (entweder durch einen vorsätzlichen Verstoß des Mitteilenden gegen § 14 Abs 1 Nr. 2 WpHG oder durch fahrlässige Mitteilung z.B. wenn dem Mitteilenden nicht bewußt war, daß die betroffen Insidertatsache noch nicht veröffentlicht war), so kann ihm seinerseits die Weitergabe oder Empfehlung nur dann verboten werden, wenn er die Insidertatsache als solche erkennt. Das WpHG verbietet im Insiderrecht ausschließlich vorsätzliche Handlungen (§§ 14 Abs I Nr. 1 bis 3, 14 Abs 2 WpHG).

Hieraus ist erkennbar, daß eine Einstufung der Analysten als Primärinsider nicht die Verbreitung der ihm in einem Unternehmensgespräch übermittelten Insidertatsachen verhindern kann, da die fahrlässige Weitergabe erlaubt ist. Das Ziel der Verhinderung der Verbreitung der Informationsweitergabe kann somit nicht zur Auslegung herangezogen werden, da die Verwirklichung dieses Ziels die Ausdehnung der Strafbarkeit auf einen Fahrlässigkeitstatbestand erfordern würde. Dieses Ziel wird vielmehr durch die Veröffentlichungspflichten nach § 15 WpHG bereits hinreichend verfolgt.

Aufgrund des Informationsstandes des Analysten ist jedoch die Wahrscheinlichkeit, daß der Analyst die Insiderinformation als solche erkennt, hoch. Erkennt der Finanzanalyst die Insidertatsache daher, so ist ihm seinerseits eine Einzelmitteilung an Investoren regelmäßig über die Teilnahmeregeln

---

85 So schon das BAWe in seinem Schreiben an die Vorstände der börsennotierten Aktiengesellschaften vom 07.08.97 „Analystengespräche und Verbot der Weitergabe von Insidertatsachen“.

verboten. Dies stellt die 2. Stufe des Schutzes des Vertrauens der Anleger dar. Hierdurch werden insbesondere die Situationen strafrechtlich erfaßt, in denen der Finanzanalyst direkt nach einem Gespräch mit einem Unternehmen ausgewählte Kunden anruft, und diesen eine ihm übermittelte Insiderinformation mitteilt. Hier ist der Analyst strafbar nach § 14 Abs 2 WpHG i.V.m. § 27 StGB, sofern der Mitteilungsempfänger seinerseits eine strafbare Handlung begeht. Der Empfänger ist dabei regelmäßig Primärinsider, da er gewöhnlich eine vertragliche Beziehung zum Analysten unterhält und sich die Informationsübermittlung im Rahmen dieser Vertragsbeziehung bewegt (z.B. der Analyst arbeitet im Rahmen eines Geschäftsbesorgungsvertrages für einen Fonds und ruft den Fondsmanager an). Erkennt der Empfänger daher, daß es sich um eine Insidertatsache handelt, so sind ihm sämtliche Handlungen nach § 14 Abs 1 Nr. 1 bis 3 WpHG verboten. Erkennt er nicht, daß es sich um eine Insidertatsache handelt, so darf er zwar handeln. In diesem Fall ist jedoch auch das Vertrauen der Anleger nicht beeinträchtigt, da das Geschäft ohne bewußten Einfluß der Insidertatsache zustandekommt.

Die Verbotshandlung des Mitteilungsempfängers ist in einem solchen Fall vom Vorsatz des Finanzanalysten umfaßt, da er dem Empfänger die Insidertatsache gerade zur Nutzung mitteilt. Danach sind dem Analysten die vorsätzlichen Einzelmitteilungen von Insidertatsachen an Investoren auch ohne Einstufung als Primärinsider verboten.

Benennt er hingegen bewußt die Insiderinformation in einer weiter veröffentlichten und an eine unbestimmte Adressatenzahl versandten Analyse, so wird es regelmäßig an seinem Vorsatz hinsichtlich einer Haupttat fehlen, da ihm die Handelnden hier nicht individuell bekannt sind. Hier ist der Analyst daher nur strafbar, wenn er als Primärinsider betrachtet wird. Die Messung dieser Situation an dem Einfluß auf die Erreichung der Schutzzwecke offenbart jedoch, daß diese Situationen nicht die Einstufung des Analysten als Primärinsider rechtfertigen. In solchen Situationen wird durch die weite Veröffentlichung der Analyse eine Wirkung auf den Kurs des betroffenen Wertpapiers erzeugt, der sich der Veröffentlichung der Insiderinformation an die Bereichsöffentlichkeit nähert. Hier wird die Insidertatsache gerade durch die Analyse verbreitet und schlägt sich hierdurch auf den Kurs nieder. Da sich diese Situation der Herstellung der Öffentlichkeit in der Form der Bereichsöffentlichkeit nähert, wird das Ziel des Schutzes des Vertrauens der Anleger dadurch erreicht, daß in einem solchen Fall der Veröffentlichung der Niederschlag der Insidertatsache an dem Niederschlag im Fall der Information der Bereichsöffentlichkeit annähert.

Zusammengefaßt wird der Aspekt, der durch das Mitteilungsverbot bei der Einstufung der Analysten als Primärinsider auf die Erreichung des Schutzes des Vertrauens der Anleger erreicht werden soll, auch durch Anwendung der Teilnahmeregeln erreicht.

Hinsichtlich des Empfehlens kann eine Kompensation über die Strafbarkeit der Beihilfe bzw. Anstiftung nicht erfolgen. Hier kennt der Empfänger die Insidertatsache nicht und ist daher seinerseits nicht strafbar, sofern er den Tip nutzt.

Die Empfehlung auf der Basis einer Insiderinformation ohne deren Benennung beeinträchtigt das Vertrauen der Anleger nur dann, wenn der Tipempfänger weiß, daß der Tip auf einer Insidertatsache beruht. Weiß er dies nicht, so stellt sich dieser Tip wie jeder andere Tip auch dar. Der Empfehlung „Kauf die X-Aktie" ist nicht anzuerkennen, ob sie auf einer Insidertatsache beruht. Wer auf der Basis dieser Empfehlung handelt, vertraut in den Tipgeber und nicht in die Empfehlung.

Empfehlungen auf der Basis einer Insidertatsache ohne Benennung der Tatsache selbst spielen daher vorrangig zur Verhinderung von kollusiven Zusammenwirken zwischen Analysten und Empfehlungsempfänger eine Rolle. Diese Fälle jedoch, deren Entstehen ohnehin aufgrund des Mitteilungsverbotes selten ist, werden über die Figur der Mittäterschaft hinreichend abgedeckt. Bedient sich der Analyst planmäßig einer anderen Person, der er lediglich die Empfehlung „Kauf die X-Aktie" übermittelt, so ist bei deren Kenntnis dieses Sachverhaltes ein gemeinsames Vorgehen und damit eine Strafbarkeit im Rahmen der Mittäterschaft zu bejahen[86].

Hiernach hat eine Einstufung der Finanzanalysten als Primärinsider keine hinreichende Verbesserung des Schutzes des Vertrauens der Anleger zur Folge. Vielmehr werden die maßgeblichen Situationen sowohl beim Empfehlungs- als auch beim Mitteilungsverbot bereits durch die allgemeinen Regeln der Täterschaft und Teilnahme berücksichtigt. Die Einstufung als Primärinsider hat dementsprechend vorrangig präventive Wirkung, indem sie absolut die vorsätzliche Verbreitung der Insiderinformation verhindert. Diese präventive Wirkung kann bei der vorzunehmenden Rechtsgüterabwägung aufgrund ihres schwachen Einflusses auf die Schutzzwecke eine Einstufung als Primärinsider nur dann rechtfertigen, wenn die Beeinträchtigung für die Handlungsfreiheit der Analysten zu vernachlässigen ist.

(c) Folgen der Verbote des § 14 Abs Nr. 2 und 3 WpHG für die Berufsausübung der Analysten

Da der Schutz des Anlegervertrauens die Ausweitung der Verbote des § 14 Abs 1 Nr. 2 und 3 WpHG auf die Analysten nicht erfordert, ist eine solche Ausdehnung als Präventivschutz nur zu rechtfertigen, wenn die Auswirkungen auf die Berufsausübung für die Finanzanalysten gering sind. Anderenfalls schlägt die o.a. Güterabwägung zugunsten des Schutzes der Handlungsfreiheit der Analysten aus.

---

86 S. zu den Voraussetzungen insbesondere des gemeinsamen Tatplanes Cramer in Schönke/Schröder RN 80 f vor § 25 StGB.

Dabei ist hier nicht nur die Handlungsfreiheit allgemein, sondern in ihrer Verdichtung als Freiheit der Berufsausübung betroffen.

Vertretbar ist grundsätzlich die Auffassung, die Analysten würden durch die Verbote des § 14 Abs 1 Nr. 2 und 3 WpHG nicht in ihrer Berufsausübung beeinträchtigt, da die Berufsausübung der Finanzanalysten nicht die vorsätzliche Weitergabe von Insidertatsachen und die Empfehlung auf der Basis von Insidertatsachen beinhaltet. Zur Dokumentation sind hier die Standesrichtlinien anzuführen, wonach das Berufsleitbild davon ausgeht, daß dem Analysten keine Insiderinformationen zur Verfügung stehen (s. Nr. 3 a der Standesrichtlinien).

Diese Sicht verkennt jedoch, daß die Berufsausübung der Finanzanalysten, durch das Aussprechen von Empfehlungen und durch das Erstellen von Analysen auf der Basis von gesammelten Informationen, wesentliche Teile der zur Verwirklichung der Tatbestände des § 14 Abs 1 Nr. 2 und 3 WpHG erforderlichen Handlungen beinhaltet. Die Strafbarkeit hängt daher im Vergleich zu anderen Berufsgruppen nicht von allen Tatbestandsmerkmalen ab, da ein Teil der Merkmale bereits durch die gewöhnliche Ausübung des Berufes erfüllt ist. Bei ihnen hängt die Strafbarkeit vielmehr nur davon ob, ob eine Insidertatsache vorliegt und ob dies dem Analysten bewußt ist.

Wird dem Analysten auf einem Unternehmensgespräch eine Insidertatsache mitgeteilt, so hängt seine Strafbarkeit, sofern er diese Insidertatsache in seiner Analyse erwähnt oder auf ihrer Basis eine Empfehlung ausspricht, bei Betrachtung der Finanzanalysten als Primärinsider daher ausschließlich vom subjektiven Tatbestand ab. Es ist nicht notwendig, daß es jemals zu einem Geschäft kommt, in das die Insidernachricht einfließt.

Bei der Darlegung des subjektiven Tatbestandes steht der Finanzanalyst jedoch vor dem Problem, daß ihm in einem solchen Fall der Vorsatz, d.h. das Wissen, es handele sich um eine Insidertatsache, unterstellt wird, da die objektiven Kriterien gegen ihn sprechen. Einerseits ist er regelmäßig über die in Bezug auf dieses Unternehmen veröffentlichten Tatsache informiert, da er diesen Wert analysiert[87]. Zudem wird er die Analyse in zeitlicher Nähe zur Mitteilung der Tatsache an ihn erstellen, da dies ebenfalls zum Berufsbild der Analysten gehört. Auch dieses Kriterium des zeitlichen Zusammenhangs spricht dafür, daß hieraus auf die Kenntnis geschlossen werden wird. Da somit die objektiven Daten gegen den Analysten sprechen, führt dies faktisch zu einer Beweislastumkehr. Er trägt daher, sofern die Finanzanalysten als Primärinsider angesehen werden, das Risiko, daß aus den objektiven Umständen auf seine Kenntnis der Insidertatsache geschlossen wird und sieht sich daher auf der Basis des objektiv vorliegenden Sachverhaltes mit der Gefahr konfrontiert, daß er ein Vergehen begangen hat, daß mit einer

87 Ähnlich Schwarze in BFuP 94, S.129; Hopt in FS Heinsius S. 290; Assmann in Claussen/Schwark S. 62, FN 26.

Freiheitsstrafe bis zu 5 Jahren strafbewehrt ist und bei dem alle objektiven Daten gegen ihn sprechen.

Das damit einhergehende latente Strafbarkeitsrisiko und die verbundene Einschränkung in der Berufsausübung sind erheblich; die Güterabwägung ergibt danach, daß die mit der Ausdehnung des Primärinsiderbegriffs auch auf die Analysten einhergehende geringe Verbesserung des Schutzes der aufgeführten Rechtsgüter die erhebliche Berufseinschränkung nicht rechtfertigt.

(d) Zusammenfassung

Die Abwägung der betroffenen Güter schlägt zugunsten der Handlungs- und Berufsfreiheit der Analysten aus, da eine Ausdehnung der Verbote des § 14 I Nr. 2 und 3 WpHG auch auf die Analysten die Erreichung der Schutzzwecke nur geringfügig verbessert, während die Auswirkungen auf die Berufsfreiheit erheblich sind.

Eine Ausnahme liegt dann vor, wenn eine Vertragsverhältnis zwischen Analysten und Emittenten bzw. Informationsinhaber besteht. Hier hat sich die Wahrscheinlichkeit, daß der Analyst mit Insiderinformationen in Berührung kommt, bei abstrakter Betrachtung durch den Vertrag bereits verdichtet. In diesen Fällen ist der Analyst Primärinsider, wenn er die Insiderinformation im Rahmen der Ausfüllung des Vertrages und daher bestimmungsgemäß erhält.

Diese Auslegung ist auf den ersten Blick weiter als die zu der EG-Richtlinie dominierende Eingrupperiung der Analysten als Primärinsider. Da jedoch über die Täterschaft- und Teilnahmeregeln gerade in den kritischen Situationen der Unternehmenskontakte der Schutz der angeführten Rechtsgüter der EG-Richtlinie und des WpHG hinreichend berücksichtigt wird, setzt sich die hier aufgeführte Auslegung, die aus der konkreten Umsetzung der EG-Richtlinie in das nationale Recht folgt, durch.

(e) Auswirkung von Standesrichtlinien

Ein weiterer Komplex, der gerade am Beispiel der Analysten erläuterungswürdig ist, ist die Frage nach der rechtlichen Bedeutung von Standesrichtlinien in Bezug auf eine etwaige Insiderstellung.

Die Standesrichtlinien der Analysten wurden von der DVFA erarbeitet und am 15.05.1995 von der Mitgliederversammlung verabschiedet. Claussen, damaliger Vorsitzender der Kommission "Standesrichtlinien" der DVFA schreibt anläßlich der Neuordnung dieser Grundsätze, daß diese Berufsgrundsätze auch geschaffen worden, um als Auslegungshilfe für die Vielzahl unbestimmter Rechtsbegriffe insbesondere im Insiderrecht zu dienen[88].

---

88 Claussen in Die Bank 95, S.433; s. auch die Präambel der Standesrichtlinie.

Seit 1995 ist für eine Mitgliedschaft in dem Berufsverband die Anerkennung der Standesregeln Voraussetzung[89].

Die Standesrichtlinien haben weder auf die Eingruppierung als Primär- bzw. Sekundärinsider noch auf den objektiven Tatbestand des jeweiligen Insiderhandelsverbots Einfluß[90]. Der Schutz der Funktionalität des Marktes, der Chancengleichheit der Anleger und auch deren Individualschutz gebietet eine Auslegung der jeweiligen Merkmale aus einer objektiven Sicht unter Beachtung der genannten Schutzzwecke. Würden demgegenüber die Standesrichtlinien den objektiven Tatbestand beeinflussen, so wäre der Wirkungsbereich der Insiderregelung in den Dispositionsspielraum der betroffenen Person bzw. Institution gestellt. Damit aber wäre die Auslegung der Regelungen nach §§ 13,14 WpHG nicht mehr an den Schutzzwecken der gesamten Insiderregelung, sondern an dem spezifischen Verständnis Einzelner ausgerichtet.

Rechtsvergleichend ist auch auf das amerikanische Recht zu verweisen. Dort ist insbesondere das sog. „Selective Disclosure" in sämtlichen Richtlinien z.B. der New York Stock Exchange, des National Investor Relations Institute (NIRI)[91] etc. verboten. Gleichwohl bedarf es nunmehr, zur Geltung auch im strafbewehrten Bereich, der Regulierung in einer Verordnung der SEC, die derzeit vorbereitet wird[92].

(f) Die Bedeutung des § 13 Abs 2 WpHG für die Analysten

§ 13 Abs 2 WpHG ist ausweislich der amtlichen Begründung insbesondere für die Finanzanalysten und die Wirtschaftsjournalisten von Bedeutung[93].

Nach Eichele enthält § 13 Abs 2 WpHG inzidenter die Aussage, die Analysten seien Primärinsider[94]. Er argumentiert dabei, daß dann, wenn der Analyst als Sekundärinsider zu betrachten wäre, dieser seine Analyse ohnehin Dritten mitteilen und Empfehlungen geben dürfte, da ihn dann die Verbote aus § 14 I Nr. 2 und 3 WpHG nicht träfen. In dem Fall hätte § 13 Abs 2 WpHG keine eigenständige Bedeutung.

---

89 Diehl in Die Welt vom 13.11.1998, S. 28.

90 So auch Wolf, S. 109;
a.A. Claussen in Claussen/Schwark S. 29. Im Ergebnis wird hier jedoch kein Unterschied der Auffassungen bestehen, da die DVFA-Standesrichtlinien den Analysten den Gebrauch von Insidermaterial gerade verbieten, s. DVFA-Standesrichtlinien unter 1. f) 4).

91 S. die Aufzählungen in der vorgeschlagenen Regulation FD (s. hier FN 153), dort FN 10, 21 und 22.

92 S. FN 153.

93 BT-Drucks. 793/93 S. 143 und 144; so auch Kümpel „Bank- und Kapitalmarktrecht" RN 16.101; zur entsprechenden Regelung in der Präambel der EG-Richtlinie s. Hopt in FS Heinsius, S.289.

94 Eichele in WM 97, S. 504.

Bereits der Ansatz von Eichele erscheint problematisch, da hierdurch aus einer Vorschrift, die zugunsten einer Berufsgruppe verabschiedet wurde, gerade für diese Gruppe nachteilige Rechtsfolgen hergeleitet werden sollen[95].

Zudem fokussiert Eichele nur auf den Analysten, nicht aber auf denjenigen, dem die Analyse mitgeteilt wird[96]. Die historischen Entwicklung der entsprechenden Ausführung in der EG-Richtlinie lenkt jedoch den Blick auf den Empfänger einer auf öffentlich bekannten Tatsachen basierenden Analyse. In der Stellungnahme des Ausschusses für Wirtschaft, Währung und Industriepolitik[97] heißt es: *„Artikel 6 der Richtlinie* [nunmehr Artikel 1] *definiert die Insider-Information als „eine nicht allgemein bekannte Information“. Die Ergebnisse der Investitionsanalyse sind jedoch genausowenig allgemein bekannt und die Information wird zum Kauf und Verkauf von Aktien genutzt.“* Erst im Anschluß hieran ist die entsprechende Anmerkung in der Präambel bezüglich der öffentlichen Bewertungen eingefügt worden. Die Fokussierung auf den Empfänger wird denn auch in der verabschiedeten Fassung der EG-Richtlinie deutlich: „Aufgrund von öffentlichen Angaben erstellte Bewertungen können nicht als Insider-Informationen angesehen werden; damit sind auch alle aufgrund dieser Art von Bewertung getätigten Geschäfte keine „Insider-Geschäfte“ im Sinne dieser Richtlinie.“

§ 13 Abs 2 WpHG kommt gerade die Bedeutung zu, daß derjenige, der auf der Basis einer im Sinne von § 13 Abs 2 WpHG erstellten Analyse eine Kauf- oder Verkaufsentscheidung trifft, straffrei ist[98]. Die auf öffentlich bekannten Tatsachen beruhende Analyse kann ihrerseits eine Insiderinformation sein, sofern sie nur die weiteren Voraussetzungen des § 13 I erfüllt (also insbesondere kurserheblich ist). Der Analyst dürfte die Analyse danach als Sekundärinsider weitergeben, es dürfte aber niemand auf ihrer Basis handeln[99]. Die Regelung des § 13 Abs 2 WpHG ist für eine grundsätzliche Eingruppierung der Analysten somit untauglich.

---

95 Ähnlich Waldeck in Claussen/Schwark S. 51.

96 Dieses verkennt auch Peltzer in ZIP 94, S.748.

97 Hoon-Bericht (s. II. Teil FN 82) PE Dok. A2-0055/88 S.

98 Diese Bedeutung tritt auch bei Schwark in Claussen/Schwark S. 44 hervor.

99 Zur Veranschaulichung sei folgendes Beispiel aufgeführt: Ein Analyst erkennt unter Nutzung ausschließlich öffentlich bekannter Informationen als einziger, daß eine namhafte AG deutlich unterbewertet ist. Seine Analyse mündet dementsprechend in einer Kaufempfehlung. Dieses Analyseergebnis ist seinerseits eine Insidertatsache nach der Definition des § 13 I WpHG, da die Analyse nicht öffentlich bekannt ist, eine Tatsache ist, sich auf einen Emittenten (bzw. auf ein Papier) bezieht und geeignet wäre, den Kurs der betroffenen Aktien erheblich anzuheben. Wäre der Analyst pauschal als Primärinsider anzusehen, so dürfte er bereits seinerseits ohne die Regelung des § 13 II WpHG die Analyse niemanden mitteilen oder auf ihrer Basis eine Empfehlung aussprechen. Wäre der Analyst dagegen pauschal Sekundärinsider, so dürfte er ohne die Regelung des § 13 II WpHG zwar die Analyse Dritten mitteilen und Empfehlungen aussprechen, die Dritten dürften aber ihrerseits nicht kaufen oder verkaufen, da sie Kenntnis davon haben, daß der

Insbesondere läßt sich weiter auch kein systematischer Zusammenhang der Analysten zu den Primärinsidern sehen[100]. § 13 Abs 2 WpHG steht zwar zweifellos regelungstechnisch bei den Primärinsidern, dieses ist jedoch insofern erklärlich, als daß sich § 13 Abs 2 WpHG damit beschäftigt, ob eine bestimmte Art der Bewertung eine Insidertatsache ist. Die Insidertatsachen werden allerdings ihrerseits in § 13 I WpHG geregelt, so daß sich ein systematischer Zusammenhang nicht aus den betroffenen Personen sondern aus der Regelungsmaterie Insidertatsache ergibt.

(4) Der subjektive Tatbestand

Hinsichtlich des subjektiven Tatbestandes und dessen Nachweisbarkeit sind grundsätzlich die bereits im zweiten Teil aufgeführten Überlegungen maßgeblich (S. 199). Danach ist auch hier nur die vorsätzliche Tat strafbar, der Vorsatz muß dem Analysten nachgewiesen werden. Es genügt zur Verwirklichung des Tatbestandes der dolus eventualis.

Da die bisher vertretene h.M. und insbesondere das BAWe davon ausgehen, daß der Analyst in den kritischen Situationen der Unternehmenskontakte Primärinsider ist, ist dem Analysten nahezulegen, in den Fällen, in denen er bei der Erstellung seiner Analyse feststellt, daß eine Tatsache seine Wertung dominiert, diese gedanklich auf ihre Kurserheblichkeit zu überprüfen; ein Vorgang, den der Analyst ohnehin inzidenter vornimmt[101], da eine Analyse gerade die Bewertung von Tatsachen beinhaltet. Die Kurserheblichkeit der Tatsache (veröffentlicht oder nicht ist zunächst unbedeutend) wird daher grundsätzlich vom Analysten bereits von Berufs wegen erkannt. Kommt er dabei zu dem Schluß, daß eine einzelne Tatsache verdächtig ist, kurserheblich zu sein, so ist ihm eine Prüfung anhand seiner ihm vorliegenden Unterlagen sowie anhand der § 15 WpHG-Veröffentlichungen anzuraten, um der Gefahr, daß ein Gericht bzw. die Staatsanwaltschaft trotz fehlendem Vorsatzes aus dem Tatsächlichen auf den Vorsatz schließt, zu begegnen.

(5) Ergebnis

Die Übertragung der in den obigen allgemeinen Ausführungen gewonnenen Ergebnisse in Bezug auf die Frage der vertraglichen Beziehung und der „bestimmungsgemäßen Kenntnis" ergeben, daß die Analysten regelmäßig in

---

Analyst eine Bewertung vorgenommen hat (dies ist die Insidertatsache). Damit aber schützt § 13 II WpHG den Analysten bei beiden Betrachtungsweisen, so daß durch § 13 II WpHG keine Folgerungen für eine Eingruppierung der Analysten als Primär- oder Sekundärinsider unterstützt wird.

100 So aber Eichele in WM 97, S. 505.

101 Assmann in Claussen/Schwark S. 62 FN 25 verweist auf die Frage eines Analysten anläßlich eines Symposiums, wonach sich diese auch dadurch auszeichnen, daß sie bei den von ihnen beobachteten Werten wissen, welche Information öffentlich bekannt sind.

Ermangelung einer Vertragsbeziehung zum Informationsträger keine Primärinsider sind. Sie sind daher, sofern sie Kenntnis der Insiderinformation erlangen, Sekündärinsider. Lediglich dann, wenn doch ein solches Vertragsverhältnis vorliegt und die Informationsvermittlung zur Ausfüllung dieses Verhältnisses erfolgte, greifen die Verbote des § 14 Abs 1 Nr. 2 und 3 WpHG.

Durch Anwendung der allgemeinen Strafrechtsregeln, d.h. der Regeln über Täterschaft und Teilnahme, werden die Umgehungs- und Mißbrauchstatbestände hinreichend berücksichtigt.

b) Umsetzung der Überlegungen im deutschen Recht

Auf die einzelnen Situationen der Informationsgewinnung angewandt, bedeutet die hier vertretene Auffassung daher folgendes:

(1) Informationsbeschaffung aus öffentlich zugänglichen Quellen

In den Fällen, in denen die Analyse ausschließlich auf der Basis öffentlich bekannter Informationen erstellt wird, könnte die Analyse ihrerseits der Definition des § 13 Abs 1 WpHG folgend eine Insidertatsache sein[102]. Zum Schutz sowohl des Analysten selbst als auch zum Schutz desjenigen, der auf der Basis dieser Analyse eine Handlungsentscheidung vornehmen will, hat der Gesetzgeber in § 13 Abs 2 WpHG ausdrücklich klargestellt, daß diese Analyse ihrerseits keine Insidertatsache ist, selbst wenn sie geeignet wäre, den Kurs des betroffenen Insiderpapiers erheblich zu beeinflussen. Diese Analyse darf daher von dem Analysten veröffentlicht werden, er darf die Analyse anderen mitteilen, er darf Empfehlungen auf der Basis seiner Analyse aussprechen[103].

Auch der Empfänger darf die Analyse straffrei nutzen kann. Er kann seinerseits Kauf- oder Verkaufsentscheidungen treffen, die Analyse anderen zur Kenntnis bringen und Empfehlungen auf der Basis der Analyse tätigen.

Der Wortlaut stellt ausdrücklich klar, daß diese Regelung des § 13 Abs 2 WpHG abschließend für die Fälle gilt, in denen die Analyse ausschließlich auf der Basis öffentlich bekannter Informationen erstellt wird[104]. Analysen, die zumindest auch nicht öffentlich bekannte Tatsachen beinhalten, werden somit vom Anwendungsbereich des § 13 Abs 2 WpHG nicht umfaßt.

---

102 S. oben 216 f.

103 So auch Assmann in AG 97, S.51.

104 Strebel S.110; Assmann in AG 97, S.51. Zur englischen Lösung, die ebenfalls zu dem hier vertretenen Ergebnis kommt, s. White in Rider/Ashe S.65; ders. in The Company Lawyer 1995, S. 167. In England wird ergänzend in dieser Diskussion sec. 58 (3)(a) CJA 93 angeführt, wonach eine Information als veröffentlicht zu behandeln ist, selbst wenn diese nur von Personen mit besonderen Sachverstand ermittelbar ist (sog. „Star-Analysten"-Klausel; s. White a.a.O.).

Ein Kauf oder Verkauf durch den Analysten vor Veröffentlichung seiner Analyse kann § 14 Abs 1 Nr. 1 WpHG nur dann verletzen, wenn ein Begleitumstand der Analyse seinerseits eine Insidertatsache ist und der Analyst diesen Begleitumstand ausnutzt. Ein solcher Begleitumstand kann die Person des Analysten sein (s. S. 234 f).

(2) Der direkte Kontakt

Neben den öffentlich bekannten Informationen suchen die Analysten jedoch verstärkt zusätzliche Informationen über direkte Kontakte zu Verbänden, Unternehmensberatern, Konkurrenzunternehmen und dem Management des zu beurteilenden Unternehmens zu erhalten[105]. Problematisch in Bezug auf eine insiderrechtliche Eingruppierung ist insbesondere die letztere Verhaltensweise. Dabei ist es nicht das Ziel des Analysten, durch die Pflege solcher Kontakte die Kenntnis von Insidertatsachen zu erlangen. Insofern kann auf Nr. 3 a der Standesrichtlinien verwiesen werden. Diese Kontakte und die damit verbundenen Einblicke in Unternehmensinterna werden vielmehr als notwendig erachtet, um das Unternehmen in seinen Zusammenhängen und Abhängigkeiten zu verstehen[106].

Dementsprechend bemüht sich der Analyst regelmäßig, Zusammenhänge zu verstehen, während die Übermittlung von Einzelangaben, wie sie für Insidertatsachen typisch sind, herkömmlich in den Hintergrund tritt.

Gleichwohl liegt die Gefahr, daß bei solchen Kontakten noch nicht öffentlich bekannt gemachte Tatsachen dem Analysten zugänglich gemacht werden, auf der Hand.

In solchen Fällen ist danach zu differenzieren, ob ein vertragliches Verhältnis zwischen dem Finanzanalysten und dem mitteilenden Informationsträger vorliegt.

Herkömmlich wird ein solches Vertragsverhältnis nicht gegeben sein: der Analyst ist dann, wenn ihm eine Insidertatsache mitgeteilt wird, kein Primärinsider, sondern Sekundärinsider. Er hat jedoch auch als Sekundärinsider die allgemeinen Regeln der Täterschaft und Teilnahme zu beachten, wodurch Umgehungsgeschäft und der Mißbrauch der so erworbenen Kenntnis hinreichend verhindert werden. Die Begründung, daß der Analyst hier ein Sekundärinsider und kein Primärinsider ist, liegt darin, daß die Kenntniserlangung bedingt durch das Verbot für den Mitteilenden, eine Insidertatsache dem Finanzanalysten mitzuteilen, der Kenntniserlangung durch Zufall gleicht und der Schutz der Rechtsgüter bei Behandlung der Finanzanalysten als Sekundärinsider hinreichend gewahrt ist.

---

105 Rau in Baetge (Hrsg.), S.128.

106 Rau in Baetge (Hrsg.), S. 129; Claussen in Claussen/Schwark S. 27; § 3 a Standesrichtlinie DVFA

Liegt doch ein Vertragsverhältnis vor, und ist dem Finanzanalysten die Insidertatsache zur Ausfüllung des Vertragsverhältnisses übermittelt worden (so z.B. wenn er als Sachverständiger des Emittenten zur Beurteilung der Frage der Erforderlichkeit einer Ad hoc-Mitteilung eingeschaltet ist[107]), so ist er Primärinsider und hat die Verbote des § 14 I Nr. 2 und 3 WpHG zu beachten. In dem Fall wird sich insbesondere sein Recht zur Weitergabe der Insidertatsache nach der Auslegung des Merkmals der „Befugnis" des § 14 I Nr. 2 WpHG (S. 194 f.) richten[108].

(3) Die erlaubten und verbotenen Handlungsweisen

(a) Kauf und Verkauf von Wertpapieren

Bei Vornahme eigener Wertpapiergeschäfte ist die Berufsausübung des Analysten nicht tangiert. Gleichwohl sollen, da hier die erlaubten und verbotenen Handlungsweisen übergreifend dargestellt werden, auch diese Handlungen mit betrachtet werden.

Problematisch sind die Kaufs- und Verkaufshandlungen, die in engem zeitlichen Zusammenhang mit der Erstellung einer eigenen Bewertung und ggfls. mit deren Veröffentlichung stehen. Diese Problematik wird in der Literatur unter dem Begriff des „Scalping" diskutiert[109]. Dabei wird Scalping als der Kauf oder Verkauf von Wertpapieren in Kenntnis der bevorstehenden Abgabe einer sie betreffenden Bewertung oder Empfehlung, um den dadurch verursachten Kursgewinn für sich auszunutzen definiert[110]. Die wohl h.M. sieht das Scalping als strafbar an[111].

Diese Auffassung ist in der Rechtsprechung vom LG Frankfurt grundsätzlich unterstützt worden[112].

---

107 S. hierzu Süßmann in AG 99, S. 165.

108 S. auch Caspari, Meinungsbeitrag in Baetge, S.165.

109 Parallelfälle aus dem amerikanischen Recht, bei denen sich Börsenjournalisten entsprechend betätigten sind Zweig v. Hearst Corp., 594 F2d 1261 (9th Cir. 1979) und United States v. Carpenter, 791 F2d 1024 (2nd Cir. 1986).

Im englischen Recht gibt Ashe/Counsell (S. 92) zu bedenken, daß die Schaffung einer Information kaum unter den dort benutzten Begriff des Zugangs fallen wird.

110 LG Frankfurt in NJW 00; S. 301; Schneider/Burgard in ZIP 99, S. 382.

111 Assmann/Cramer in Assmann/Schneider 2. Aufl. § 14 RN 34; Cahn in ZHR 162, S. 20 f.; Hopt in ZGR 91, S. 34 f; Wolf S. 50; Hartmann S. 204; Gerke/Oerke in ZfB-Sonderheft 2/98 S.4.

A.A.: Schäfer in Schäfer § 13 RN 68; Volk in BB 99, S. 69; Petersen in wistra 99 S. 333.

112 LG Frankfurt in NJW 00; S. 301= Fall Prior; hierzu Welt vom 24.06.98,m S. 18; Welt vom 21.11.98, S. 3; Handelsblatt v. 10.09.99, S. 37; Handelsblatt v. 05.02.99, S. 12; Schneider/Burgard in ZIP 99, S. 384; Weber in NJW 00, S. 563.

(i) Die Bewertung selbst als Insidertatsache

Nach § 13 Abs 2 WpHG ist eine Bewertung dann keine Insidertatsache, wenn sie ausschließlich aufgrund öffentlich bekannter Tatsachen erstellt wurde, selbst wenn sie geeignet ist, den Kurs von Insiderpapieren erheblich zu beeinflussen. Diese Vorschrift, der lediglich klarstellende Funktion zukommt (s. S. 227 f) macht es erforderlich, hinsichtlich der Frage der Insidertatsache danach zu differenzieren, welchem Momentum genau die Kurserheblichkeit zugeschrieben wird.

Liegt die Kurserheblichkeit ausschließlich in dem Inhalt der Analyse, so ist entsprechend § 13 Abs 2 WpHG zu differenzieren zwischen Bewertungen, die ausschließlich auf der Basis öffentlich bekannter Informationen erstellt werden und solchen, in denen auch nicht öffentlich bekannte Informationen eingeflossen sind. Im ersten Fall liegt keine Insidertatsache vor und der Analyst und jeder Empfänger kann daher frei handeln.

Sind nicht öffentlich bekannte Informationen eingeflossen, so ist der Analyst bezüglich dieser Information grundsätzlich Sekundärinsider und ihm ist der Kauf und Verkauf danach gemäß § 14 Abs. 2 WpHG verboten. Hat er die Information ausnahmsweise im Rahmen eines vertraglichen Verhältnisses erhalten, so ist er Primärinsider und ihm ist der Verkauf und Kauf nach § 13 Abs 1 Nr. 3 i.V.m. § 14 Abs 1 Nr. 1 untersagt.

Fraglich ist, ob daneben die bevorstehende Veröffentlichung bzw. die Absicht der Veröffentlichung der Bewertung eine eigene Insidertatsache darstellen kann. Dieses wird von der wohl h.M. bejaht mit dem Hinwies darauf, daß auch eine Bewertung, wie der Umkehrschluß aus § 13 Abs 2 WpHG zeige, eine Insidertatsache sein könne[113].

Die Gegenmeinung verfolgt demgegenüber zwei Ausgangspunkte:
insbesondere Volk verweist darauf, daß eine Meinung, die nicht auch konkrete Angaben über Tatsachen enthalte, bereits nicht dem Tatsachenbegriff unterfalle und daher auch deren Veröffentlichung nicht als Tatsache gewertet werden könne[114].

Weber stellt darauf ab, daß selbstgeschaffene innere Tatsachen im Bereich der Eigennutzungstatbestände bereits nach der Gesetzessystematik keine Insidertatsachen darstellen[115].

---

113 LG Frankfurt in NJW 00, S. 302; s.a. Assmann in Assmann/Schneider 2. Aufl. § 13 RN 33 g.

114 Volk in BB 99, S. 69.

115 Weber in NJW 00, S. 563.

Petersen (in wistra 99, S. 331) lehnt eine Strafbarkeit mit Hinweis darauf ab, den Scalper treffe kein Aufklärungspflicht, daß er die Aktien selbst kaufen wolle. Diese

Zunächst ist vorliegend die Bedeutung des § 13 Abs 2 WpHG in diesem Zusammenhang zu würdigen. § 13 Abs 2 WpHG betrifft ausschließlich den Inhalt der Bewertung. Der Wortlaut von § 13 Abs 2 WpHG stellt darauf ab, daß sie, d.h. die Bewertung, den Kurs erheblich beeinflussen kann. Nicht unter § 13 Abs 2 WpHG fallen danach weitere Begleitumstände im Zusammenhang mit der Veröffentlichung einer Analyse, sofern diese ihrerseits selbst eine Insidertatsache sind.

Richtigerweise ist zu differenzieren, ob ein Begleitumstand seinerseits eine eigene dem Beweis zugänglich Tatsachenqualität hat. Das LG Frankfurt stellt als Tatsache in dem dort entschiedenen Fall die Absicht, in der auf den Kauf des Analysten folgenden Freitagssendung der 3-Sat-Börse die von ihm erworbene Aktie zu empfehlen, dar[116].

Hier wäre eine Differenzierung erforderlich gewesen: liegt die Kurserheblichkeit allein in dem Inhalt der Analyse, so liegt gem. § 13 Abs 2 WpHG keine Insidertatsache vor und auch die Absicht der Veröffentlichung kann dann keine eigene Insidertatsache sein[117]. Dieser Fall ist vergleichbar damit, daß jemand Kenntnis einer nicht öffentlich bekannten Tatsache hat, die keine Kurserheblichkeit aufzeigt. Auch dort kann die fehlende Insidertatsachenqualität des Inhaltes nicht durch die Absicht der Veröffentlichung ersetzt werden.

Anders ist der Fall jedoch zu beurteilen, wenn über dem Inhalt eine weitere, eigene Tatsache dazutritt. So wäre im Fall Prior entgegen den Ausführungen des LG Frankfurt zunächst zu prüfen gewesen, ob ein Begleitumstand, hier also die Empfehlung gerade durch den Beschuldigten Prior, eine Insidertatsache darstellt. Dann könnte der Sachverhaltskomponenten, wer die Analyse erstellt hat, die Tatsachenqualität nicht abgesprochen werden, da sie sich auf einen objektiv prüfbaren und dem Beweis zugänglichen äußeren Umstand bezieht.

(ii) Begleitumstände der Bewertung als Insidertatsache

Die Strafbarkeit im Zusammenhang mit Scalping hängt danach davon ab, ob weitere Begleitumstände im Zusammenhang mit der Bewertung alleine eine Insidertatsache darstellen können. Unter einen solchen Begleitumstand könnte dann insbesondere fallen, wer die Analyse erstellt hat[118].

Argumentation verfolgt den amerikanischen Betrugsansatz, der sich im deutschen WpHG nicht wiederfindet. Vielmehr müßte die Argumentation von Petersen konsequent nicht nur auf das Scalping, sondern auf jedes Insidergeschäft angewandt werden.

116 LG Frankfurt in NJW 00, S. 301, 302. S. oben S. 34.

117 So auch Schäfer in Schäfer § 13 RN 68.

118 S. zum Fall Prior oben II. Teil FN 72 und IV. Teil FN 116. Das LG Frankfurt nimmt die Unterscheidung zwischen dem Inhalt und weiteren Begleitumständen nicht vor, kommt in der vorliegenden Entscheidung gleichwohl zu dem richtigen Ergebnis der Bejahung der Insidertatsache, da dort die Kurserheblichkeit jedenfalls auch in den Begleitumständen lag.

Als Beispiel ist der Vergleich aufzuführen, daß ein unbekannter Analyst A eine Analyse in einem schmalen Wert erstellt hat und im anderen Fall der Börsenguru B. Die Kurserheblichkeit kann sich hier zunächst auf den Inhalt der Analyse gründen. Die Kurserheblichkeit kann jedoch auch daraus resultieren, daß gerade der Börsenguru B und nicht der unbekannt Analyst A die Analyse erstellt hat. In diesem Fall ist nicht der Inhalt der Analyse kurserheblich, sondern ein Begleitumstand[119].

Gesetzeshistorisch kann unterstützend herangezogen werden, daß die Begründung zum Vorentwurf des WpHG ausdrücklich klarstellte, daß das Wissen, daß eine Bewertung demnächst allgemein bekannt gemacht werden soll, eine Insiderinformation sein kann[120].

Ferner findet diese Ansicht zudem Unterstützung in rechtsvergleichenden Überlegungen mit dem amerikanischen Recht[121] und dem englischen Recht, wo jedoch unterschieden wird, ob der Analyst selbst die Tatsache nutzt[122] oder ein Dritter, der im Rahmen seines Jobs von der bevorstehenden Veröffentlichung erfahren hat[123].

---

119 Ähnlich Assmann in Assmann/Schneider 2. Aufl. RN 37 zu § 13.

120 Hopt in FS Beusch S. 398.

121 Die Problematik ist dort als „scalping“ bekannt und wird als strafbar erachtet, s. Zweig v. Hearst Corp. 594 F.2d. 1261 (9th Cir. 1979); a.A. Wang/Steinberg S.319.

122 Ashe in Rider/Ashe S.78; Hannigan S.69. In diesem Fall wird herkömmlich eine Strafbarkeit des Analysten abgelehnt mit dem Argument, daß die Schaffung einer Insiderinformation nicht unter den Tatbestand des "Zugangs" fällt. Die Unterscheidung nach der eigenen Verwertung des Urhebers der Information spricht Hopt in FS Heinsius S. 295 an. Im Ergebnis wird der Analyst sein Analyseergebnis selbst im Vorwege nutzen dürfen, da er nicht schlechter gestellt werden kann dadurch, daß er seine Analyse veröffentlicht; a.A. Dickersbach S. 80.

123 Für die Straffreiheit hierbei Hannigan S.69. Hannigan weist anschließend darauf hin, daß bei einer bevorstehenden Veröffentlichung von Journalisten Parallelüberlegungn anzustellen sind und kommt daher auch hierbei zur Strafbarkeit, a.a.O.

a.A. White in Rider/Ashe S.65; White in The Company Lawyer 1995, S.167. White verweist dabei auch auf die Ansicht der Stock Exchange in einem Artikel der „Independent on Sunday“ vom 27.02.94, S.3. Bezug genommen wird hierbei auf die englische Regelung in s.58 (2)(d) CJA 1993 und auf die in s.58 (3)(a) CJA 93 enthaltene Vorschrift, wonach eine Information als veröffentlicht behandelt werden kann, selbst wenn sie nur durch Personen gewonnen werden kann, die über entsprechenden Sachverstand verfügen. Dieser ausdrücklichen Regelung kommt jedoch von der gesetzlichen Ausgangslage her im Hinblick auf das WpHG keine verändernde Bedeutung zu, da die deutsche Regelung diesen Fall unter § 13 II WpHG mitumfaßt.

Die Begleitumstände der Veröffentlichung können daher eine Insidertatsache sein[124].

(iii) Folgerung für die Strafbarkeit

Demenstprechend ist für die Frage der Strafbarkeit des im Vorwege der Veröffentlichung der Bewertung kaufenden bzw. verkaufenden Analysten zunächst danach zu unterscheiden, auf welcher Sachverhaltskomponente die Kurserheblichkeit beruht:

Ist ausschließlich der Inhalt der Analyse Urheber der Kurserheblichkeit, so ist zu differenzieren zwischen Analysen nach § 13 Abs 2 WpHG und solchen mit Einfluß einer Insidertatsache. Im ersten Fall ist der Analyst straffrei. Im zweiten Fall muß der Vorsatz des Analysten beinhalten, daß eine Insidertatsache in die Analyse eingeflossen ist.

Beruht die Kurserheblichkeit hingegen auf weiteren Begleitumständen, so ist der Analyst, da er diese Begleitumstände selbst geschaffen hat, stets Primärinsider. Grundsätzlich sind danach die Verbote des § 14 Abs 1 WpHG auf den Analysten anzuwenden.

Fraglich ist, ob in diesem Fall eine Ausnahme entsprechend der oben S.189 dargestellten Figur des Handelns zur Umsetzung einer eigenen Entscheidung vorliegt.

Die Situation des Scalping unterscheidet sich jedoch in der Ausgangssituation von solchen, in denen der Betroffene eine eigene unternehmerische Entscheidung umsetzt. Will der Übernehmer X die Y-AG übernehmen, so ist sein Kauf Bestandteil der Insidertatsache. Würde man dem Unternehmer den Kauf nach § 14 I Nr. 1 WpHG verbieten, so entfiele die Insidertatsache. Beim Scalping hingegen ist der eigene Kauf nicht Bestandteil der Analyse; die Insidertatsache ist hier unabhängig von der eigenen Kauf- oder Verkaufsentscheidung. Durch den Unterschied in der Ausgangssituation ist die dargelegte Ausnahme zu § 14 I Nr. 1 WpHG daher nicht einschlägig[125].

Danach greift § 14 Abs 1 Nr.1 WpHG ein und der Analyst darf nicht unter Ausnutzung seiner Kenntnis kaufen und verkaufen.

Die praktischen Auswirkungen in Bezug auf die Strafbarkeit werden jedoch eher gering einzuordnen sein. Dieses liegt daran, daß die Tatbestandsvoraussetzungen

---

124 Im Ergebnis ebenso Schneider/'Burgard in ZIP 99, S. 388; Cahn in ZHR 162, S. 20 f.; Assmann in Assmann/Schneider 2. Aufl. RN 75 zu § 13; ders. in AG 97, S.51, FN 11; ders in ZGR 94, S.516 ; Möllers/Ganten in ZGR 1998, S. 799; Hopt in FS Beusch S. 398 zum Vorentwurf des WpHG; Claussen in ZBB 92, S. 274 zur EG-Richtlinie; a.A.: Zur Megede in Assmann/Schütze 2.Aufl. § 14 RN 27; Scharrenberg in Claussen/Schwark S. 119 f.

125 S. hierzu Schneider/Burgard in ZIP 99, S. 382. So auch LG Frankfurt in NJW 00, S. 302.

sowohl im objektiven wie auch im subjektiven dem Analysten nachzuweisen sind:
Der Analyst kann im objektiven Tatbestand zunächst einwenden, die Kurserheblichkeit sei ausschließlich auf den Inhalt der Analyse zurückzuführen.

Wenn hier das Gegenteil nachgewiesen werden kann, muß dem Analysten zusätzlich nachgewiesen werden, er habe in Ausnutzung der Kenntnis gehandelt. Der Analyst wird sich dahingehend einlassen, daß er lediglich eine Handlung vorgenommen habe, deren Vornahme er selbst empfohlen hat[126]. Wenn er die X-Aktie für kaufenswert erachtet, setzt er nur das Ergebnis seiner Analyse um, wenn er sie auch kauft. Mit dieser Argumentation aber entfällt die Ausnutzung der Insiderkenntnis, da der Analyst aufgrund des Inhaltes, also des Ergebnisses seiner Analyse und nicht aufgrund der Wirkung der Analyse gehandelt hat. Insofern ist hierfür rechtsvergleichend das Verteidigungsvorbringen im englischen Recht, daß ebenfalls die EG-Richtlinie umsetzte, heranzuziehen, wonach der Insider straffrei bleibt, wenn er auch ohne Kenntnis der Insidertatsache so gehandelt hätte[127]. Dieser Einlassung kann auch nicht durch einen Anscheinsbeweis aus einem engen zeitlichen Zusammenhang zwischen Kauf des Wertpapiers und Veröffentlichung der Bewertung entgegengetreten werden, da dieser zeitliche Zusammenhang in dem engen Zeitraum zwischen Erstellung und Veröffentlichung der Analyse begründet ist.

Zur Vermeidung jeder Risiken ist den Analysten anzuraten, eine Zeitregelung zu vereinbaren, wonach die Analysten innerhalb eines bestimmten Zeitraums vor und nach der Veröffentlichung ihres Berichts bzw. Veränderung ihrer Einschätzung nicht selbst bzw. durch Dritte in dem Wert handeln dürfen[128].

Den kapitalmarktpolitischen Bedenken, die insbesondere aus der kaum nachweisbaren Beweissituation herrühren, ist durch Berufsrichtlinien zu begegnen.

(b) Die Verwendung der Analyse gegenüber einzelnen Kunden

Bei der Verwendung der Analyse gegenüber einzelnen Kunden ist grundsätzlich zu differenzieren:
-handelt es sich um eine Analyse, in die ausschließlich öffentlich bekannte Informationen eingeflossen sind, so ist die Verwendung der Analyse gegenüber einzelnen Kunden insiderrechtlich straffrei. Die Grenze wird hier durch weitere Begleitumstände gebildet, sofern diese ihrerseits eine Insidertatsache darstellen.

126 Ähnlich Volk in BB 99, S. 70 f; Schäfer in Schäfer § 14 WpHG RN 76. Meller S. 365 führt hier zugunsten des Analysten an, daß der Gesetzgeber in § 13 II WpHG eine Wertungsentscheidung getroffen habe, wonach dem Aspekt der persönlichen Leistung besondere Bedeutung zukomme bei der Frage im Rahmen der Insidertatbestände

127 Sec. 53 (1)(c) des CJA 93; hierzu Hannigan S. 108.

128 Eine solche Regelung existiert bereits bei einer Mehrzahl von Unternehmen.

Weiß daher der Analyst, daß eine Kurserheblichkeit eintritt, gerade weil er diese Analyse veröffentlichen wird, so ist ihm die Bekanntgabe der Analyse an einzelne Kunden vor der Veröffentlichung verboten.

-Handelt es sich um eine Analyse, in die auch Insidertatsachen eingeflossen sind, so ist weiter zu unterscheiden, ob der Analyst Primär- oder Sekundärinsider ist. Liegt kein vertragliches Verhältnis vor, so ist er Sekundärinsider und kann auch an einzelne Kunden die Analyse bekanntgeben und Empfehlungen aussprechen, da den Sekundärinsider die Verbote des § 14 Abs 1 Nr. 2 und 3 WpHG nicht treffen. Die Grenze wird hier gezogen durch die Strafbarkeit über die Täterschaft- und Teilnahmeregeln.

Liegt ein vertragliches Verhältnis vor und hat er die Insiderinformation im Rahmen dieses Vertragsverhältnisses und daher „bestimmungsgemäß" erhalten, so gelten die Verbote des § 14 Abs 1 Nr. 2 und 3 WpHG für ihn. Dabei wird es regelmäßig auf die konkrete Aufgabenstellung des Analysten ankommen, inwieweit insbesondere das Merkmal der „Befugnis" zur Weitergabe vorliegt. Erhält der Analyst beispielsweise die Insiderinformation im Rahmen seiner Einschaltung bei einer Due Diligence Prüfung, so wird die Weitergabe an seinen Auftraggeber regelmäßig befugt sein, da die Weitergabe zur Meinungsbildung bei dem Auftraggeber erforderlich ist.

(c) Die Verwendung der Analyse gegenüber der Öffentlichkeit

Auch bei der Veröffentlichung der Analyse gegenüber einer unbestimmten Anzahl von Empfängern ist zu differenzieren:
handelt es sich um eine Analyse i.S. des § 13 Abs 2 WpHG, so ist die Veröffentlichung unbedenklich.

Handelt es sich um eine Analyse, in die auch Insiderinformationen eingeflossen sind, so ist wiederum zu unterscheiden, ob der Analyst Primär- oder Sekundärinsider ist:

ist er Sekundärinsider, d.h. es liegt kein Vertragsverhältnis zugrunde, so ist die Veröffentlichung an eine unbestimmte Anzahl von Empfängern unbedenklich. Hier erfolgt der Schutz des Vertrauens der Anleger bereits vorher dadurch, daß der Analyst regelmäßig keine Kenntnis der Insiderinformation erlangt, da die Mitteilung der Insiderinformation an den Analysten dem Verbot des § 14 Abs 1 Nr. 2 WpHG unterliegt. Zudem tritt hier dadurch, daß der Analyst seine Analyse einer unbestimmten Anzahl von Empfängern, insbesondere durch Verbreitung über die üblichen Medien, zur Verfügung stellt, eine Wirkung ein, die der Veröffentlichung der Insidertatsache i.S. der Publizitätsvorschriften nahekommt. Die Regeln über die Strafbarkeit durch Täterschaft und Teilnahme führen hier zu keiner veränderten Betrachtungsweise, da der Analyst bei einer solchen Veröffentlichung seiner Analyse keinen Vorsatz bezüglich einer Haupttat hat.

Ist der Analyst Primärinsider, so gelten für ihn insbesondere die Verbote des § 14 Abs 1 Nr. 2 und 3 WpHG. Hat er daher die Insiderinformation zur Ausfüllung seines Auftrages und daher Bestimmungsgemäß erhalten, so darf er die Analyse nicht veröffentlichen. Der Unterschied rechtfertigt sich daraus, daß in diesem Fall der Analyst die Insidertatsache zur Ausfüllung seines Vertragsverhältnisses erhalten hat und damit seine Kenntniserlangung nicht mit der Erlangung durch Zufall vergleichbar ist.

c) Rechtsvergleichende Darstellung der Behandlung der Analysten anhand der aufgeführten Rechtsordnungen

Die Frage der Auslegung des WpHG in Bezug auf die Analysten sollte, insbesondere aufgrund der zunehmenden internationalen Verflechtungen der Wertpapiermärkte, zumindest auch rechtsvergleichende Überlegungen reflektieren. Hintergrund hierfür ist, daß bei einer entsprechenden Benachteiligung der Berufsausübung der Analysten unter Geltung des WpHG gegenüber anderen Rechtsordnungen den Finanzplatz Deutschland seinerseits negative Auswirkungen treffen könnten. Das zweite Finanzmarktförderungsgesetz wollte jedoch gerade die Attraktivität und internationale Wettbewerbsfähigkeit des Finanzplatzes Deutschland verbessern[129]. Dementsprechend bedarf es einer Orientierung, wie die Analysten in den oben vorgestellten drei weiteren Rechtsordnungen behandelt werden.

(1) Der Analyst im amerikanischen Insiderrecht

Im amerikanischen Recht[130] werden auch bei der Behandlung der Analysten grundsätzlich die allgemein gültigen Regeln des Insiderrechts angewandt[131]. Danach muß auch hier die Herleitung des amerikanischen Insiderrechtsverständnisses aus seiner Herkunft als Betrugsdelikt berücksichtigt werden. D.h., daß es der Verletzung einer Treuepflicht bedarf, wobei die herrschende Fiduciary-Duty-Theorie und die Misappropriation-Theorie lediglich danach unterscheiden, wem gegenüber diese Pflicht greift.

Daneben wird die Beurteilung der Analysten im amerikanischen Recht jedoch im besonderen Maße von dem Verständnis der Rolle der Analysten im Wirtschaftsgefüge geprägt. Während die SEC noch in den Vordergrund stellte, daß die Analysten „keine spezielle Berechtigung hätten, die herkömmlichen

129 BT-Drucks. 12/6679 S. 1.

130 Zu zivilrechtlichen Auswirkungen der Veröffentlichungen von Analysen im amerikanischen Recht vgl. Bloomenthal S. 701 f.

131 Siehe Loss/Seligman in „Fundamentals ..." S.823; Langevoort S. 364.

Regeln des Insiderrechts zu mißachten"[132], führte der Supreme-Court in dem Leading-Case für Analysten, der Dirks-Entscheidung[133], aus:

Würde man die Pflicht, die Insiderinformation zu veröffentlichen, auf jeden anwenden, der eine Insiderinformation erhält, so hätte dies einen sehr negativen Einfluß auf die Rolle der Analysten. Der Analyst seinerseits veröffentlicht seine Meinung in Marktbriefen und ähnlichem. Es liegt in der Natur dieser Art der Informationen und im Markt selbst, daß solche Informationen nicht allen Investoren bzw. generell der Allgemeinheit gleichzeitig zur Verfügung gestellt werden können[134]. Dabei stellte der Supreme-Court heraus, daß auch die SEC, die sonst einen weiten Insiderbegriff vertritt, diese wichtige Rolle der Analysten anerkennt.

Diese Betrachtungsweise wurde im Insiderrecht dadurch umgesetzt, daß in der Leitentscheidung des Supreme-Courts Tatbestandsmerkmale betont wurden, mit deren Hilfe die Arbeitsweise der Analysten vom Insiderrecht weitgehend unberührt blieb.

Gleichwohl wird auch im amerikanischen Recht nicht verkannt, daß die Gespräche mit den Analysten grundsätzlich die Gefahr der Weitergabe von Insiderinformation und damit die Weitergabe der Information an nur einen auserlesenen Kreis von Personen beinhaltet.

Der New York Stock Exchange Guideline regelt dementsprechend:
„A company should not give information to one inquirer which it would not give to another. Nor should it reveal information it would not willingly give to the press for publication. Thus, for companies to give advance to earnings, dividend, stock split, merger, or tender information to analysts, whether representing an institution, brockerage house, investment adviser, large shareholder, or anyone else, would be clearly incompatible with Exchange policy. On the other hand, it should not withhold information in which analysts or other members of the investing public have a warrantable interest. If during the course of a discussion

---

132 47 SEC S. 441, aufgehoben durch die folgende Dirks-Entscheidung.

133 Dirks v. SEC, 463 U.S. 646, 103 S.Ct. 3255 (1983), S.3263 (s. oben FN 237. Entscheidung im Zusammenhang mit Analysten vor der Dirks-Entscheidung waren insbesondere SEC v. Bausch & Lomb, Inc., 420 F.Supp. 1226 (S.D.N.Y.1976) sowie 565 F.2d 8,9 (2d Circ. 1977); ferner Elkind v. Liggett & Myers, Inc. 635 F.2d 156 (2d Cir. 1980).

134 So auch Wang/Steinberg S.316; Langevoort S. 364. Langevoort weist darauf hin, daß auch die amerikanische Gesetzgebung bei den Diskussionen zum Insider Trading Sanctions Act 1984 und zum Insider Trading and Securities Fraud Enforcement Act of 1988 bei den Diskussionen die Bedeutung der Analysten für die Finanzwelt hervorhob; S. 365 f; ders. in Securities Law Review 1991, S. 391, FN 50.

with analysts substantive material not previously published is disclosed, that material should be simultaneously released to the public.“[135]

(a) Die Analysten nach der „Breach of a fiduciary duty“ -Theorie

Der Dirks-Fall erging auf der Basis der „Breach of a fiduciary duty“ -Theorie[136]. Diese setzt voraus, daß zwischen dem Insider und dem Vertragspartner über die Verbindung des Insiders zum Emittenten eine Beziehung bestehen muß, aus der heraus eine Treuepflicht erwächst. Da der Analyst zu dem betroffenen Emittenten keine Verbindung unterhält, konnten die Analysten hiernach nur als Tippees und nicht als Primärinsider angesehen werden. Diese Unterscheidung hat jedoch keine Konsequenzen in Bezug auf den Geltungsbereich der Handlungsverbote, da bei diesen nicht zwischen Primärinsidern und Tippees unterschieden wird. Jedoch leitet sich durch die Betrachtung des Analysten als Tippee dessen Strafbarkeit aus der Strafbarkeit des Tipgebers ab.

Damit müssen kumulativ folgende Voraussetzungen erfüllt sein:
- der Tipgeber muß durch die Weitergabe der Insiderinformation eine Treuepflichtverletzung begehen,
- indem der Tipgeber einen direkten oder indirekten persönlichen Vorteil erstrebt, und
- der Tippee muß diese Verletzung kennen oder erkennen hätte können.

Danach kommt es bei Unternehmensgesprächen darauf an, ob der Mitteilende die konkrete Insidertatsache dem Analysten mitteilen durfte. Hierzu ist auf die internen Absprachen zwischen Emittenten und dem Mitteilenden abzustellen. Daneben muß der Mitteilende jedoch einen persönlichen Vorteil erstreben[137].

Soweit die Informationsübermittlung im Rahmen eines sog. „open-invitation meetings“ mit Analysten erfolgt, ist sowohl diese Übermittlung als auch die folgende Weitergabe durch die Analysten insiderrechtlich grundsätzlich unbedenklich, da hier der Mitteilende ausschließlich die Unternehmensinteressen verfolgen wird[138]. Anders kann der Fall beurteilt werden, sobald die Informationsübermittlung an den Analysten im Rahmen eines anderweitigen Kontakts, nämlich eines One-on-One bzw. telefonischen Kontakts erfolgte. Dort bedarf es einer detaillierteren Prüfung, ob der Mitteilende einen persönlichen

---

135 NYSE Listed Company Manual § 202.02A; ähnlich der American Stock Exchange Guide (CCH) 10,122 §§ 401 - 406.

136 Wang/Steinberg S.286 FN 22; Bloomenthal/Wolff S. 19-106 f. Loss/Seligman Band VIII S. 3572 und 3593-3598; Voss S.382.

137 Dirks v. SEC, 463 U.S. 646, 103 S.Ct. 3255, 3265 (1983).

138 Langevoort in Securities Law Review 1991, S. 382; Brountas in Securities Law Review 1993, S.476; Loss/Seligman Band VIII S. 3606; dies. „Fundamentals ...“ S.823. Langevoort problematisiert in „Insider Trading Regulation“ S. 368 f allerdings, daß beim Mitteilenden regelmäßig mehrere Motivationen für die Mitteilung vorliegen werden.

Vorteil erlangt hat, wobei dieser Vorteil grundsätzlich weit ausgelegt wird und auch z.B. eine Rufförderung hierunter fällt[139].

Die Dirks-Entscheidung betraf einen untypischen Fall, da hier die Weitergabe an den Analysten erfolgte, damit dieser betrügerische Vorgänge beim Unternehmen aufdeckte[140]. Auch hier kam es darauf an, daß der Mitteilende[141] keinen persönlichen Vorteil anstrebte[142].

Zusammenfassend bedeutet diese Rechtsprechung mithin, daß der Analyst auf der Grundlage der Fiduciary-Duty-Theorie auch Insidertatsachen in seiner Analyse verwerten kann. Insofern wird herkömmlich die Informationsübermittlung an ihn im Interesse des Unternehmens stehen und er ist daher weder Insider noch Tippee[143].

---

139 Langevoort S. 369 und 373. Der Fall Dirks basierte auf einer solchen One-on-One Mitteilung an nur einen Analysten. Langevoort S. 373 bezeichnet die konkrete Ausgangssituation der Dirks-Entscheidung als äußerst untypisch, seiner Meinung nach dürfte die Konstellation, daß ein Unternehmensinsider sich an den Analysten wendet, weil er keine andere Möglichkeit der Veröffentlichung von Mißständen im Unternehmen aufzudecken sah, der einzige Fall sein, in dem eine Weitergabe von Informationen an ausgesuchte Analysten nicht auch zum persönlichen Vorteil des Mitteilenden geschah. Brountas zitiert den ehem. SEC Commissioner Edward H.Fleischman, wonach dieser praktisch jede Veröffentlichung eines Unternehmensoffiziellen gegenüber einem Analysten unter den Aspekt „gute Reputation" als persönlichen Vorteil für den Mitteilenden ansieht, s. Brountas in Securities Law Review 1993, S. 487, dort insb. FN 87.

140 Das Ergebnis, daß der Mitteilende ausgesuchte Analysten mit Insiderinformationen privilegieren darf, sofern er nur im Interesse des Unternehmens handelt, wird zu Recht von Langevoort, S. 371 f. kritisiert.

141 Bemerkenswerterweise sprach der Supreme-Court Dirks frei, obwohl dem Supreme-Court bekannt war, daß Dirks die Insiderinformation an 5 ausgesuchte Firmen weitergegeben hatte und daß Dirks seinerseits aus der Insiderinformation einen finanziellen Vorteil erlangte, s. 47 SEC S. 439; hierzu Loss/Seligman Band VIII S. 3609.

142 S.auch Hagen, 44 Bus.Law. S. 21; Loss/Seligman Band VIII S. 3572 f; Langevoort S. 365; a.A. demgegenüber Langevoort S. 117 bei der Darstellung seiner eigenen Auffassung, wonach auch die Methode der Kommunikation den Interessen des Unternehmens dienen muß. Er fragt daher, ob das Unternehmen die Insider-Information bewußt an die Analysten weitergegeben hat und ob hierfür nicht eine Pressekonferenz der legale Weg gewesen wäre. Jennings/Marsh/Coffee S. 987 stellen demgegenüber für die Strafbarkeit darauf ab, ob der Mitteilende davon ausging, die Analysten würden diese Information an daraufhin handelnde Kunden weitergeben.

143 So auch Voss S.383. Die SEC hatte eine Gesetzesinitiative gestartet, wonach dem Analysten in den Fällen, in denen ihm eine Insidertatsache vorsätzlich ohne gleichzeitige Veröffentlichung bekanntgegeben wird, die Weitergabe an Kunden etc. verboten werden sollte (s. den Wortlaut des Vorschlags bei Bloomenthal/Wolff S. 19-112 f.) Diese Initiative wurde jedoch nicht weiter verfolgt. Zum Ganzen s. auch Langevoort in Securities Law Review 1991, S. 389 f.

(b) Die Analysten nach der Misappropriation-Theorie

Ob die Anerkennung der Missappropriation-Theorie hier Veränderungen bringen wird, ist nicht abschließend diskutiert[144].

Die Misappropriation-Theorie stellt im Gegensatz zu der Fiduciary-Duty-Theorie auf ein Treueverhältnis zwischen dem berechtigten Informationsinhaber und dem Insider ab. Grundsätzlich ist hier zunächst zu prüfen, ob der Analyst seinerseits nunmehr als Insider zu betrachten ist und nicht als Tippee. Der Supreme-Court führt in der O'Hagan-Entscheidung aus: „There was no expectation by [the analyst's] source that he would keep their information in confidence. Nor did [the analyst] misappropriate or illegally obtain the information"[145]. Es bedarf mithin der Prüfung, ob der Mitteilende bei der Mitteilung an den Analysten davon ausgegangen ist, dieser werde die Information entsprechend der Absprachen vertraulich behandeln und daher nicht weitergeben oder in eine Empfehlung einfließen lassen. Eine solche Verpflichtung zur vertraulichen Behandlung wird bei einer Übermittlung in einem Unternehmensgespräche nicht anzunehmen sein, da hier der Analyst gerade informiert wird, um auf der Basis der Informationen eine Analyse zu erstellen.

Soweit der Analyst als Tipempfänger betrachtet wird, ist auf die Beziehung des Mitteilenden zum berechtigten Inhaber der Information (regelmäßig dessen Arbeitgeber) abzustellen. Der Supreme-Court führt hierzu aus: „No showing has been made in Dirks that the tippers had violated any duty by disclosing to the analyst nonpublic information about their former employer."[146] Sofern das Unternehmen nicht ausdrücklich die Verwendung untersagt, ist von einer Erlaubnis zur Weitergabe an einen Analysten auszugehen[147].

Den Analysten kann daher die Strafbarkeit nach Rule 10b-5 treffen, sofern

---

144 Bloomenthal/Wolff S. 19-115 scheinen anzunehmen, daß keine Änderung eintreten wird.

Nach der Dirks-Entscheidung beschäftigte sich die SEC in 2 weiteren Fällen mit den Analysten. Beim ersten ging es thematisch darum, daß ein Unternehmen falsche Angaben an Analysten gegeben hatte, s. SEC v. Stevens, Litig.Rel. 12,813, 48 SEC Dock. 739 (S.D.N.Y. 1991). Beim zweiten handelte der Analyst selbst auf eigene Rechnung, er wurde auf der Basis der Misappropriation-Theorie verurteilt, s. SEC v. Rosenberg, Litig.Rel. 12,986, 49 SEC Dock. 1373 (D.D.C. 1991); hierzu Loss/Seligman 99er Suppl. S. 515 zu S. 3610.

Eine weitere Analysten-Entscheidung betraf den Fall, daß ein Analyst eine Insiderinformation bei einem Geschäftsmeeting versehentlich weitergab; s. SEC v. Seibals, 1997 WL 605114 (S.D.N.Y. Sept. 10, 1997).

145 Langevoort S. 367; Bloomenthal/Wolff S. 19-115.

146 Rep.No.85 at 1-2,73d Cong., 1st Sess. (1933).

146 United States v. O'Hagan, 65 USLW 97 S. 4656; Bloomenthal/Wolff S. 19-115

147 U.S. v. o'Hagan, 65 USLW 97 S. 4656 weist ausdrücklich darauf hin, der Mitteilende habe in dem Dirks-Fall nicht erwartet, daß der Analyst die Information geheim halten würde;.

-er weiß, daß der Mitteilende durch die Mitteilung an den Analysten eine Pflichtverletzung zu seinem Arbeitgeber begeht oder
-die Information dem Analysten zur vertraulichen Behandlung mitgeteilt wird[148].

Zusammenfassend ist nach der Missappropriation-Theorie daher darauf abzustellen, ob der Mitteilende davon ausging, der Analyst werde die Insidertatsache vertraulich behandeln und sie nicht in einen Analyse einfließen lassen. Da bei der Übermittlung im Rahmen von Unternehmensgesprächen eine solche vertrauliche Behandlung herkömmlich nicht gewollt ist, werden die Analysten auch nach der Misappropriation-Theorie nicht als Insider oder Tippee zu behandeln sein.

(c) Aktuelle Gesetzgebungstendenzen

Die SEC hat sich in jüngster Zeit verstärkt der Problematik des „selective disclosure" angenommen. Dabei geht es um Fälle[149], in denen bewußt eine ausgesuchte Zahl von Analysten oder institutionellen Investoren vor der Herstellung der Öffentlichkeit über Insidertatsachen informiert wird. Dabei geht die SEC grundsätzlich davon aus, daß solche Verhaltensweise unterbunden werden sollen[150]. Auf der Basis des derzeit geltenden Rechts argumentiert die SEC, daß durch diese Vorabinformationen an ausgesuchte Analysten dem Emittenten ein Vorteil hinsichtlich der positiven Reputation zukommt[151]. Da diese Argumentation bisher weder in der Literatur noch in der Rechtsprechung allgemeine Anerkennung findet[152], initiiert die SEC derzeit einen Verordnungsvorschlag zur Unterbindung des „selective disclosure"[153]. Dabei geht es darum, (1) daß der Emittent die Veröffentlichung von Insiderinformationen gegenüber der breiten Öffentlichkeit und nicht nur gegenüber ausgesuchten Analysten vornehmen muß und daß (2) der Emittent, sobald er erkennt, daß er eine Insiderinformation selektiert veröffentlicht hat, umgehend die Veröffentlichung gegenüber der Allgemeinheit vornehmen muß[154].

148 Bloomenthal/Wolff S. 19-116.

149 S. die Fallschilderungen aus der Praxis bei Bloomenthal/Wolff S. 19-120 sowie die Hinweise in FN 11 der vorgeschlagenen SEC Regulation FD (s. FN 153).

150 S. Chairman Levitt in „A Question of Integrity: Promoting Investor Confidence by Fighting Insider Trading"; SEC-Rede v. 27.02.1998; abrufbar im Internet unter http://www.sec.gov/news/speeches. S. auch Handelsblatt vom 11.03.98, S. 27.

151 Chairman Levitt a.a.O.

152 S. Bloomenthal/Wolff S. 19-121.

153 Vorgeschlagene Rule Regulation FD (Fair Disclosure) v. 20.12.1999; abrufbar im Internet unter http://www.sec.gov/rules/proposed/34-42259.htm.

154 Regulation FD, S. 2 (s. FN 153).

(d) *Vergleichende Betrachtung*

Die hier vertretene Auffassung, wonach die Analysten ohne vertragliche Beziehung zum Informationsträger keine Primärinsider sind, bleibt nicht hinter der amerikanischen Regelung zurück. Gerade in der als problematisch erachteten Situation der Analystengespräche ist der Analyst im amerikanischen Recht nach der herrschenden Auffassung grundsätzlich nicht an der Weitergabe der Insiderinformation gehindert, da dort der Mitteilende ausschließlich zum Vorteil des Unternehmens tätig ist. Er ist dort daher im amerikanischen Recht weder Insider noch Tippee.

Das amerikanische Insiderrecht weist jedoch bei der Behandlung der Analysten Problembereiche aus, die derzeit insbesondere unter dem Stichwort des „Selective Disclosures“ diskutiert und durch eine Gesetzesinitiative beseitigt werden sollen.

Im Dirks-Fall hatte ein Unternehmensinsider ausschließlich diesem Analysten die Insidertatsache mitgeteilt. Der Analyst seinerseits nutzte diese Information, und teilte sie ausgesuchten Kunden mit. Nach der Rechtsprechung des Supreme-Courts blieb der Analyst straffrei. Weiter ausgeführt blieben auch die Analysten straffrei, die im direkten Anschluß an ein Analystentreffen eine Insiderinformation via Telefon ausgesuchten Kunden mitteilen, da auch bei ihnen ihre Strafbarkeit von der des Mitteilenden abhängt.

Diese Diskussion verdeutlicht, daß die Weitergabe an der ersten Stelle der Informationskette unterbunden werden muß. Dort setzt auch nunmehr die Verordnungsinitiative der SEC an, indem dem Emittenten das selektive Veröffentlichen verboten werden soll.

Nach dem WpHG wird dieses Problem jedoch bereits an dieser Stelle gelöst. Dem Unternehmen ist in Anwendung des § 14 I Nr. 2 WpHG die Mitteilung an den Analysten verboten. Hierdurch wird bereits das Entstehen solcher Situationen, die zu einer Weitergabe der Information durch den Analysten führen können, unterbunden. Dementsprechend sind bereits hiermit die Rechtsgüter hinreichend geschützt. Das amerikanische Insiderrecht wird daher mit der vorgeschlagenen Verordnung erst einen Standart erreichen, der durch das WpHG bereits geübte Praxis ist.

Gelangt entgegen dem Weitergabeverbot eine Insiderinformation z.B. auf einem Analystentreffen zur Kenntnis der Analysten, so wird im deutschen Recht durch die Anwendung der Täterschaft- und Teilnahmevorschriften deren bewußte Weitergabe zur vorsätzlichen Nutzung durch den Kunden verhindert. Danach ist dem Analysten diese Handlung dann verboten, wenn es beim Empfänger zu einer strafbewehrten Handlung kommt und diese Handlung vom Vorsatz des Analysten erfaßt wird. Da der Empfänger regelmäßig Primärinsider sein wird, sind ihm sämtliche Handlungen des § 14 I Nr. 1 bis 3 WpHG verboten. Der Analyst wird daher im deutschen Recht auch als Sekundärinsider eine bewußte Weitergabe einer Insidertatsache an ausgesuchte Kunden unterlassen, will er nicht eine Beihilfehandlung begehen.

(2) Der Analyst im englischen Insiderrecht

(a) Betrachtung auf der Basis des CSIDA 85

Unter dem CSIDA 85 wurde die Problematik der Analysten im Insiderrecht bei den Tippees diskutiert.
Dies ergab sich aus der Tatbestandsanforderung bei den Primärinsidern, die zur Tatbestandsverwirklichung eine Verbindung zum Emittenten unterhalten mußten[155]. Unter dem CSIDA 85 waren die Analysten daher aufgrund der fehlenden Verbindung keine Primärinsider[156].

Der Analyst wurde hingegen als Sekundärinsider angesehen, wenn ihm eine Insidertatsache auf Analystengesprächen mitgeteilt wurde[157]. In dem Fall Mackie[158] ist das Gericht davon ausgegangen, der Analyst Mackie sei Tippee gewesen. Dirks[159] wäre in England unter dem alten Gesetz Sekundärinsider gewesen, hätte sich aber u.U. darauf berufen können, im konkreten Fall ein Veröffentlichungsrecht gehabt zu haben[160].

Die hiermit verbundenen Einschränkungen in der Berufsausübung für die Analysten wurden als behindernd empfunden[161], es wurde insbesondere immer wieder die Notwendigkeit betont, die Analysten, die eine wesentliche Funktion hinsichtlich der Kommunikation haben, nicht in ihrer Arbeit beschränken zu wollen[162].

(b) Die Strafbarkeit nach dem CJA 1993

Auch unter dem CJA 1993 ist im britischen Recht eine Unterscheidung bei den Analysten zwischen Primär- und Sekundärinsidern weiterhin notwendig. Zwar würden den Analysten unabhängig von der Einstufung die gleichen Verbote treffen (der englische Criminal Justice Act wendet alle 3 Handelsverbote auf

155 Maßgeblich war der Begriff „knowingly connected" nach Sec.1 (1) des CSIDA 85, der in Sec.9 für Externe Primärinsider dahingehend ausgeführt wurde, daß diese eines „professional or business relationship" zur betroffenen Gesellschaft bedurften; s. zu diesem Erfordernis oben II. Teil FN 286.

156 Mitchell S.233.

157 Hannigan S.84.

158 HM Advocate v Mackie, nicht veröffentlicht, s. aber die Schilderung in The Company Lawyer 1993, S.140; s.oben bei FN 42.

159 S. oben S. 63.

160 Ashe/Counsell S.84 f.

161 Ashe/Counsell S.84.

162 S. DTI-Document (s. oben FN 281), para 2.5.

Primär- und Sekundärinsider gleichermaßen an)[163], für den Empfänger einer Insidertatsache, die der Analyst verbreitet, ist dessen Einstufung jedoch von maßgeblicher Bedeutung, da der Empfänger seinerseits nur strafbar sein kann, wenn der Analyst ein Primärinsider ist[164].

Breiten Raum in der englischen Diskussion nimmt zunächst die Frage in Zusammenhang mit der Bekanntgabe von Informationen an Analysten ein, wann eine Information „spezifisch" oder „präzise" (s 56 (1)(b) CJA 1993) ist[165]. Hier soll für die weitere Diskussion abgestellt werden auf die Fälle, in denen dieser Teil des Merkmal Insiderinformation erfüllt ist.

(i) Analysen auf der Basis veröffentlichter Informationen

Im englischen Recht werden zunächst die Fälle, in denen eine Analyse ausschließlich auf bereits veröffentlichten Informationen beruht, gesondert betrachtet. Sammelt der Analyst diverse bereits veröffentlichte Informationen zusammen und kommt aufgrund seiner eigenen analytischen Fähigkeit ohne Berücksichtigung von Insidertatsachen zu einer bestimmten Schlußfolgerungen (sog. „Mosaic Trading"), so kann er diese Analyse veröffentlichen, auch wenn das Analyseergebnis selbst Einfluß auf den Kurs des analysierten Papiers nehmen kann[166].

Hier ist einerseits Sec. 58 (2)(d) CJA 93 heranzuziehen, wonach eine Information veröffentlicht ist, wenn sie aus veröffentlichten Informationen hergeleitet wurde; zudem regelt Sec. 58 (3)(a) CJA 93, daß eine Information auch dann als veröffentlicht zu behandeln ist, wenn sie nur für jemanden mit besonderen Fertigkeiten erlangbar ist.

(ii) Die Analysten als Primärinsider

In den Fällen, in denen die Insiderinformation nicht von dem soeben erörterten Fall mitumfaßt wird, werden die Analysten von der herrschenden Auffassung aufgrund der Abschaffung des Erfordernis der Verbindung zwischen Insider und Unternehmen grundsätzlich als Primärinsider angesehen[167]. Durch das Wegfallen

---

163 Dieses stellt Davies S.466, allerdings nicht konkretisiert auf die Analysten heraus. Hierzu s.oben bei FN 325.

164 S. 57 (2)(b) CJA 93. Danach muß die direkte oder indirekte Quelle ein Primärinsider sein, wobei die Einfügung der indirekten Quellen Kettenweitergaben umfassen soll, s. Hannigan S.88.

Sähe man den Analysten als lediglich mittelbare Quelle, so müßte man nachweisen, daß der Handelnde (also derjenige, dem die Analyse bekanntgegeben wurde) annahm, die Insiderinformation stamme von einem Primärinsider (allgemein zu dem Beweiserfordernis im Fall der mittelbaren Quelle s. Hannigan S.87 f.).

165 Hannigan S. 63 f.

166 White in The Company Lawyer 1995, S.167.

167 White in Rider/Ashe S.67; ders. in The Company Lawyer 1995, S.167; Wotherspoon in The Modern Law Review 1994, S.426; Stamp/Welsh in Stamp/Welsh S.101; Hannigan

des Vertragserfordernisses hat sich das englische Insiderrechtverständnis von der Sichtweise, die auf das Verhältnis Unternehmen zum Insider fokussiert, abgewendet und die Marktgleichheit in den Mittelpunkt gestellt[168].

Dementsprechend wäre z.B. im o.g. Fall Mackie[169] unter dem CJA 93 der Analyst Primärinsider[170].

Jedoch wurde auch hier, ähnlich den Argumenten im amerikanischen Recht, auch bei der Schaffung des CJA 93 mehrfach auch von gesetzgeberischer Seite auf die Bedeutung der Analysten für die Finanzmärkte hingewiesen und betont, eine Behinderung der Analysten bei deren Tätigkeit solle vermieden werden[171].

Nach der herrschenden Auffassung sind im britischen Recht unter dem CJA 93 die Analysten, die durch ihre Tätigkeit Zugang zu einer Insiderinformation haben, daher Primärinsider.

(iii) Verteidigungsvorbringen

Hieraus folgt jedoch nicht zwangsläufig, daß die Analysten sich damit im englischen Recht bei der Veröffentlichung ihrer Analyse bzw. bei Verwertung der Insiderinformation in ihrer Analyse strafbar machen. Vielmehr sind hierfür die

---

S.65 und S.84; Davies S.466; White in The Company Lawyer 1995, S. 165, insb. FN 13; Barker/Blin in Mitchell S. II 167.

A.A.: Ashe (in Rider/Ashe S.78 f. und 81 f.) sieht die Analysten eher als Sekundärinsider. Er behandelt die Analysten zunächst bei den Primärinsidern und läßt dort allerdings die Antwort offen. Dabei läßt er sich offensichtlich von den Argumenten des Governement leiten, welches maßgeblich auf die hohe Bedeutung für Finanzanalysten in der Finanzwelt abstellt. Im Anschluß weist er jedoch darauf hin, daß bei Analysten, die Insiderinfos auf Treffen o.ä. erhalten, die Strafbarkeit als Tippees naheliegt (Ashe in Rider/Ashe S.81 f), weswegen die Analysten auch nach dieser Auffassung von allen drei Handelsverboten erfaßt wären. Diese Einordnung von Ashe steht allerdings nicht im Einklang mit seinen grundsätzlichen Ausführungen zu den Tatbestandsvoraussetzungen der Primär- und Sekundärinsidern (Vgl. die Ausführungen von Ashe in Rider/Ashe auf S.77,78)..

168 S. Lomnicka in The Journal of Business Law 1994, S.175; Hannigan S.81; Davies in Oxford Journal of Legal Studies 1991, S.92.

169 HM Advocate v Mackie, nicht veröffentlicht, s. aber die Schilderung in The Company Lawyer 1993, S.140; s.oben 42.

170 Zwar schreibt White in Rider/Ashe S.67, der Fall wäre unter dem CJA 93 nicht anders zu beurteilen als unter dem CSIDA 85, dieses kann jedoch nur in Bezug auf die grundsätzliche Strafbarkeit gemeint sein, da Mackie unter dem CSIDA 85 erstinstanzlich gerade als Sekundärinsider verurteilt wurde.

171 S. Hannigan S. 65; HC Debs, Session 1992-93, Standing Committee B, 10.06.93, col 177.

Verteidigungsmöglichkeiten[172], die in dem CJA 93 festgeschrieben sind, auf die Anwendbarkeit bei Analysten zu untersuchen.

Die in Bezug auf das Veröffentlichungsverbot aufgeführten Verteidigungsvorbringen aus Sec. 53 (3) CJA 93 kommen bei den Analysten nicht zur Anwendung[173]. Sie betreffen den Fall, daß der Betroffene nicht damit rechnet, es werde auf der Basis seiner Veröffentlichung gehandelt werden bzw. daß jedenfalls kein Gewinn erzielt werde. Begründet wird die Nichtanwendbarkeit auf Analysten damit, daß es gerade in der Natur einer auf einer Analyse basierenden Empfehlung liege, die Erwartung auf einen Gewinn hervorzurufen[174].

Als Zwischenergebnis bleibt danach festzuhalten, daß die ganz h.M. in England dem Analysten die Bekanntmachung von Insidertatsachen, zu denen der Analyst durch seine berufliche analytische Tätigkeit Zugang hatte, verbietet.

Zu prüfen bleiben jedoch Verteidigungsmöglichkeiten bzgl. des. Empfehlungsverbots.
Auch hier ist die Anwendbarkeit des Vorbringen, der Betroffene habe nicht damit gerechnet, das Geschäft werde in einem Gewinn, der nicht auf der Insidertatsache basiert, münden (Sec. 53 (2)(a) CJA 93), abzulehnen[175].

Das Vorbringen, der Analyst habe angenommen, die Tatsache sei bereits hinreichend veröffentlicht (Sec. 53 (2)(b) CJA 93), ist zwar denkbar, wird in der Praxis aber für den Analysten als den fachkundigen Marktteilnehmer, der vorliegend bezüglich der Voraussetzungen beweispflichtig ist[176], nur eine geringe Rolle spielen.

Demgegenüber wird die englische Ausnahme, der Insider hätte auch ohne die entsprechende Insiderinformation so gehandelt (Sec. 53 (2)(c) CJA 93[177]), auch den Analysten generell zugestanden[178]. Danach kann sich der Analyst von dem Vorwurf, durch die Empfehlung einer bestimmten Verhaltensweise (Kauf- bzw. Verkaufsempfehlung) bzw. durch seine Wertung von Ereignissen etc. das insiderrechtliche Empfehlungsverbot verletzt zu haben, exkulpieren, indem er

---

172 In Frage kommen hier die Verteidigungsvorbringen hinsichtlich des Anstiftungs- und des Veröffentlichungsverbotes, das Handelsverbot spielt für die Berufsausübung der Analysten keine Rolle. Siehe zu den Vorbringen vorne S. 74.

173 Alcock in The Company Lawyer 1994, S.72.

174 Alcock a.a.O.

175 Alcock in The Company Lawyer 1994, S.72.

176 S. Lomnicka in The Journal of Business Law 1994, S.185. Bereits die Verteidigungsmöglichkeiten nach dem CSIDA 85 waren von dem sich darauf Berufenden zu beweisen, s. R v. Cross (1991) BCLC 125, C.A.

177 Hierzu grundsätzlich Hannigan S.108 f.

178 Allg. zu diesem Verteidigungsvorbringen s. Counsell in Rider/Ashe S.95 f., zu der Anwendung auf Analysten s. Alcock in The Company Lawyer 1994, S.72.

beweist, daß er diese Empfehlung bzw. diesen Hinweis auch ohne die Kenntnis der ihm bekannten Insidertatsache so abgegeben hätte. Dieses führt im Ergebnis dazu, daß der Analyst in dem Augenblick, in dem er Zugang zu einer Insidertatsache erlangt hat, im englischen Recht nicht in seiner Berufsausübung hinsichtlich des Wertes, über den ihm eine Insidertatsache bekannt ist, vollkommen blockiert ist, sondern daß ihm vielmehr unter Ausblendung dieser Insiderkenntnis eine Empfehlung möglich ist. Dem Analysten muß jedoch bewußt sein, daß er ggfls. zu beweisen hat, daß er diese Empfehlung auch abgegeben hätte, wenn ihm die Insidertatsache nicht bekannt gewesen wäre.

Als Ergebnis bleibt danach festzuhalten, daß der Analyst in England grundsätzlich als Primärinsider betrachtet wird, sofern er durch seine Tätigkeit, beispielsweise auf Analystentreffen, Zugang zu Insiderinformationen hat. Ihm stehen jedoch Verteidigungsmöglichkeiten zur Verfügung, wonach er die Information zwar nicht weitergeben darf, er aber straffrei bleibt, sofern er eine Analyse erstellt, die er auch ohne diese Insiderinformation so erstellt hätte und ihm hierzu der Exkulpationsbeweis gelingt.

(c) Vergleichende Betrachtung

In den Fällen, in denen dem Analysten eine Insidertatsache bekannt ist, darf er nach englischem Recht weder selbst handeln noch die Tatsache veröffentlichen. Er darf auch keine Empfehlung aussprechen, es sei denn, er kann beweisen, daß er diese Empfehlung auch ohne Insiderkenntnis ausgesprochen hätte. Damit stellt sich die englische Regelung insiderrechtlich als weiter dar als die hier vertretene Auffassung der grundsätzlichen Einstufung der Analysten als Sekundärinsider.

Diese unterschiedliche Behandlung ist trotz der gemeinsamen Herleitung der jeweiligen Rechtsordnung aus der EG-Richtlinie durch die unterschiedliche Umsetzung gerechtfertigt. Hierzu sei insbesondere darauf verwiesen, daß das englische Insiderrecht in den Handlungsverboten nicht zwischen Primär- und Sekundärinsider differenziert und das dem Tatbestand des Sekundärinsiders im englischen Recht aufgrund weiterer Tatbetandsvoraussetzungen nicht die gleiche Bedeutung zukommt wie seinem Pendant der deutschen Regelung. Entscheidend ist zudem, daß das englische Recht das Merkmal „bestimmungsgemäß“ nicht kennt (s. S. 152 f).

Die sich hieraus ableitende unterschiedliche Behandlung der Analysten stellt sich jedoch bei einer Schutzzweckbetrachtung nicht als problematisch dar. Auch die hier vertretene Auffassung orientiert sich an der Erreichung der Schutzzwecke und gewährleistet, daß das Vertrauen der Anleger nicht beeinträchtigt wird. Da dieser Schutz gewährleistet ist, ist eine zusätzliche Einschränkung der Berufsausübung der Analysten durch Ausdehnung der Verbote des § 14 I Nr. 2 und 3 WpHG nicht gerechtfertigt. Im Vergleich zu der Einstufung als Primärinsider spricht bei teleologischer Orientierung für die Einstufung als

Sekundärinsider vielmehr, daß dann unter Beachtung der Teilnahme- und Täterschaftregeln nur solche Handlungen dem Analysten verboten werden, die auch tatsächlich zu einer vom Vorsatz des Analysten umfaßten Beeinträchtigung der Rechtsgüter geführt haben.

(3) Die Analysten im Schweizer Recht

(a) Der Analyst nach Art. 161 SchwStGB

Entsprechend dem Ansatz in der Schweiz, bei Externen Primärinsidern eine Vertragsbeziehung zwischen der betroffenen Person und dem Unternehmen zu fordern[179], werden auch die Analysten, die Gespräche mit der Unternehmensleitung der betreffenden Gesellschaft führen, nicht als Primärinsider angesehen[180]. Bei ihnen fehlt es an dieser vertraglichen Beziehung, da sie regelmäßig für ein anderes, drittes Unternehmen tätig und somit lediglich Beauftragter dieses Drittunternehmens sind. Dies aber reicht nicht aus.

Besteht in Ausnahmefällen doch ein solcher Auftrag, d.h. sind sie in diesem Ausnahmefall gerade für die Gesellschaft tätig, die auch die Insidertatsache betrifft, so sind sie Beauftragter i.S. des Art 161 Ziffer 1 SchwStGB und damit Primärinsider[181]. Als Beispiel hierfür wäre die Einschaltung zur Vorbereitung einer Kapitalmarkttransaktion zu nennen. Eine weitere Ausnahme ist im Schweizer Recht in dem Fall zu sehen, daß der Analyst im Rahmen einer geplanten Fusion von einem der beiden beteiligten Unternehmen eingeschaltet wird. Da in diesem Fall beide Unternehmen nach Art. 161 Ziffer 4 SchwStGB insiderrechtlich gleichgeschaltet sind, ist der Analyst hier Primärinsider hinsichtlich der Insidertatsachen beide Gesellschaften betreffend, auch wenn er lediglich ein vertragliches Verhältnis zu einer Gesellschaft unterhält.

Somit stellt sich die Frage, wenn der Analyst in der Schweiz hiernach regelmäßig (unabhängig von seiner Arbeitsweise) kein Primärinsider ist, ob er als Sekundärinsider angesehen werden kann, sobald ihm eine Insidertatsache bekannt wird.

Der Sekundärinsider fällt nur dann nach dem wohl herrschenden Verständnis des Tatbestandes unter Art 161 Nr. 2 SchwStGB, wenn eine tatbestandsmäßige und rechtswidrige Vortat vorliegt und der Sekundärinsider um diese Tat auch weiß[182].

---

179 S. hierzu oben S. 87.

180 Strebel S.108; Schmid RN 129, 130; Dickersbach S.214; Böckli S.35; Forstmoser in SAG 88 S.131,132. Im Ergebnis ebenso, allerdings anhand der Situation der Wirtschaftsjournalisten Stratenwerth in FS Vischer S.674.

181 Strebel S.108; Schmid RN 131.

182 S. Stratenwerth § 22 RN 38; Schubarth/Albrecht RN 124 zu Art 161. Siehe oben insbesondere FN 405.

Es ist daher in diesen Fällen zu erfragen, ob die Weitergabe der Information an den Analysten eine nach Art 161 Ziffer 1 SchwStGB strafbare Handlung darstellt[183]. Hierzu ist nochmals heranzuziehen, daß es im Schweizer Recht zur Verwirklichung des Tatbestands der Ziffer 1 grundsätzlich eines Vertrauensmißbrauchs des Primärinsiders gegenüber der Gesellschaft bedarf (Ausnahme Behördenmitglieder und Beamte)[184]. Dieser Mißbrauch wird regelmäßig bei einer Bekanntgabe an den Analysten nicht vorliegen, da diese Bekanntgabe nicht gegen die Interessen des Unternehmens verstößt[185]. Dann aber liegt auch keine Vortat vor. Dieser Ansatz ähnelt daher dem amerikanischen Verständnis[186]. Zudem muß der Primärinsider im schweizerischen Recht bei Bekanntgabe der Information an den Analysten zumindest in Kauf nehmen, einem anderen einen Vermögensvorteil zu ermöglichen[187].

Liegt hingegen ausnahmsweise eine strafbare Vortat vor[188], so wird der Analyst von den Verboten des Art 161 Nr. 2 SchwStGB erfaßt und er darf die Tatsache nicht verwerten und sie Dritten mitteilen[189]. Teilweise wird vertreten, daß er in diesen Fällen einem Verwertungsverbot entgehen könne, indem er die Analyse publiziere und sie allgemein zugänglich mache[190] oder nur das Ergebnis der Analyse, nicht aber die Insidertatsache veröffentliche[191].

Zusammenfassend ist der Analyst im Schweizer Recht grundsätzlich kein Primärinsider, da er keine vertragliche Beziehung zu dem die Insidertatsache betreffenden Unternehmen hält.

---

183 Schmid RN 131.

184 Strebel S.109 sowie bezüglich des Gesetzeszweckes oben S. 85.

185 Dieses entspricht im Ergebnis einer Auffassung, nach der die Erlangung des Vermögensvorteils bei sich oder einem anderen vom Primärinsider bezweckt sein müsse und Eventualvorsatz nicht ausreichen solle; Stratenwerth § 22 RN 36; Böckli S.75 f.

Dem Unternehmensinsider, der auf einer Analystenkonferenz eine Insidertatsache bekanntgibt, wird im subjektiven Tatbestand diese Absicht fehlen, da er regelmäßig Unternehmensinteressen verfolgt.

186 Siehe Dirks v. SEC, 463 US S. 646; siehe auch oben S. 242.

187 Strebel S.109.

188 Eine solche Vortat wird offensichtlich in einem Teil der Schweizerischen Literatur, die sich mit der Problematik der Analysten befassen, unterstellt, indem gleich auf die Strafbarkeit nach Art. 161 Nr. 2 SchwStGB abgestellt wird, s. Forstmoser in SAG 88 S. 131 und ZGR 89 S.143.

189 Strebel S.112; Schmid RN 131; Forstmoser in SAG 88, S. 131 und ZGR 89, S.143.

190 Forstmoser in SAG 88, S. 131 und ZGR 89, S.143. Hiergegen dürfte jedoch sprechen, daß dies nach dem Schweizerischen Verständnis der Genehmigung des Unternehmens bedarf, s. Strebel S.112.

191 Strebel S.112; dem steht jedoch die Ansicht von Schmid entgegen, wonach eine Empfehlung, ohne Nennung der Insidertatsache, auch unter das Ausnützen fällt, s. Schmid RN 253.

Auch wird er selbst bei Bekanntgabe von Insidertatsachen auf Analystentreffen regelmäßig nicht zum Sekundärinsider, da es an einer rechtswidrigen Vortat des Mitteilenden fehlen wird. Der Analyst ist daher im Schweizer Recht in diesen Fällen gar kein Insider. Liegt hingegen eine Vortat des Mitteilenden vor, was einen Vertrauensbruch beim Mitteilenden gegenüber seinem Unternehmen voraussetzt (ein solcher ist bei One-on-One Gesprächen denkbar), so macht sich der Analyst bei der Verwertung der Insidertatsache strafbar.

(b) Rechtsvergleichende Beurteilung

Die Behandlung der Analysten im Schweizer Insiderrecht ist geprägt durch das Verständnis des Insiderrechts als ein Mittel zum Schutz des Unternehmens. Dementsprechend bleibt die Regelung bei der Behandlung der Analysten auch hinter der hier vertretenen Auffassung der Behandlung der Analysten als Sekundärinsider zurück.

Die im Schweizer Rechtsverständnis hinzunehmenden Auswirkungen, daß nämlich im Ergebnis die Analysten regelmäßig weder Primär- noch Sekundärinsider sind, rechtfertigen sich daraus, daß die Übermittlung eine Insidertatsache an die Analysten nicht die Interessen des Emittenten beeinträchtigt. Diese Sichtweise ist auf das deutsche Insiderrecht nicht übertragbar, da der Schutz des Interesses des Unternehmens dem deutschen Insiderrecht fremd ist. Die hier vertretene Auffassung orientiert sich vielmehr an den nationalen Gesetzeszwecken und wägt dabei die Erreichung des Schutzes der betroffenen Rechtsgüter mit den hierfür erforderlichen Einschränkungen bei den Betroffenen ab. Danach wird die Behandlung als Sekundärinsider als ausreichend, aber zum Schutz der Rechtsgüter des deutschen Rechts auch notwendig erachtet.

4) Zusammenfassung der Überlegungen

Nach der hier vertretenen Auffassung sind auf den Analysten nach dem deutschen WpHG die allgemeinen Regeln, die für jede andere Personengruppe auch gelten, anzuwenden. Der Regelung des § 13 Abs 2 WpHG kommt im wesentlichen eine klarstellende Bedeutung zu, die insbesondere für die Nutzer einer solchen Analyse Relevanz hat.

Entsprechend den Ausführungen zum allgemeinen Teil ist auch bei den Analysten zunächst abzustellen auf die Frage, ob er in einer vertraglichen Beziehung zum Informationsträger steht. Ist dies zu bejahen, so ist er Primärinsider, sofern er die Information zur Ausfüllung dieses vertraglichen Verhältnisses erhalten hat. In diesen Fällen richtet sich seine Befugnis zur Weitergabe nach den allgemeinen Ausführungen zu § 14 Abs 1 Nr. 2 und 3 WpHG, wobei hier die Weitergabe an seinen Auftraggeber bzw. der Ausspruch einer Empfehlung regelmäßig gerade das Wesensbestandteil des Vertrages ausmacht und die Handlung daher gebietet.

Ohne eine solche vertragliche Beziehung ist der Analyst Sekundärinsider. Der Schutz der Rechtsgüter (Funktionsfähigkeit der Märkte, Vertrauen der Anleger, Chancengleichheit und Schutz des einzlenen Anlegers) wird hier dadurch erreicht, daß einerseits dem Informationsträger die Mitteilung von Insiderinformationen an den Analysten nach § 14 Abs 1 Nr. 2 WpHG untersagt ist. Zudem gelten für den Analysten auch als Sekundärinsider die Täterschaft- und Teilnahmeregeln, wodurch Umgehungstatbestände, die im Gegensatz zu den Vorfeldverboten des § 14 Abs 1 Nr. 2 und 3 WpHG zu einer konkreten Verletzung der aufgeführten Rechtsgüter führen, hinreichend pönalisiert sind.

Als ein Sonderproblem stellt sich die Nutzung der selbst erstellten Analyse dar. Hier ist zu differenzieren, ob die Kurserheblichkeit nur auf den Inhalt der Analyse beruht oder auf anderen Begleitumständen (insbesondere der Person des Analysten). Nur im zweiten Fall ist dem Analysten die Handlung grundsätzlich verboten.

Ein Vergleich mit der Behandlung der Analysten nach der amerikanischen, der englischen und der schweizerischen Rechtsordnung offenbart, daß die so erfolgte Einstufung der Analysten nicht hinter dem internationalen Standart zurückfällt, sondern vielmehr insbesondere das amerikanische und das schweizer Rechtsverständnis dem Analysten insiderrechtlich einen weiteren Spielraum einräumen.

Zusammenfassung der wesentlichen Inhalte in Thesenform

1. Der Gesetzeszweck des deutschen Wertpapierrechts umfaßt den Schutz der Funktionalität der Wertpapiermärkte, den Schutz der Chancengleichheit der Anleger als Kollektivschutz sowie den Schutz der einzelnen Anleger als Individualschutz. Hierin besteht eine Differenzierung gegenüber der EG-Insider-Richtlinie, da dort lediglich die ersten beiden Zwecke ihren direkten Niederschlag gefunden haben. Der Individualschutz wird dort lediglich als Reflex vom Insiderrecht berührt. Diese genannten drei Schutzzwecke des WpHG stehen in einem Stufenverhältnis zueinander, wobei die weiteren Zwecke der Erreichung der Funktionalität der Wertpapiermärkte dienen und diese somit auch bedingen.

2. Bei der Gruppe der am Kapital des Emittenten Beteiligten (§ 13 I Nr. 2 WpHG) ist eine Mindestbeteiligung de lege lata nicht Tatbestandsvoraussetzung. De lege ferendar sollte, da die Kontaktwahrscheinlichkeit mit Insidertatsachen bei den Kleinaktionären mit denen der Sekundärinsider vergleichbar ist, zur Vermeidung eines Wertungswiderspruchs innerhalb der Insidergruppen eine Mindestbeteiligung eingeführt werden.

3. Die Schutzzwecke werden weitgehend durch das für Primär- und Sekundärinsider gleichermaßen geltende Verbot nach § 14 Abs 1 Nr. 1 bzw. § 14 Abs 2 WpHG geschützt. Über die Täterschaft- und Teilnahmeregeln werden darüber hinaus jene Vorfeldmaßnahmen pönalisiert, bei denen es tatsächlich zu einer Beeinträchtigung der Schutzzwecke kommt.

4. Unterscheidungskriterium zwischen Primär- und Sekundärinsider ist die abstrakt höhere Wahrscheinlichkeit des Kontaktes und damit der Kenntnisnahmemöglichkeit mit Insidertatsachen.

5. Diejenigen Personen, die eine Insidertatsache selbst erzeugen und nicht unter § 13 Abs 1 Nr. 1 und 2 WpHG fallen, sind stets Primärinsider nach § 13 Abs 1 Nr. 3 WpHG.

6. Bei den Primärinsidern nach § 13 I Nr. 3 WpHG bedarf es, sofern sie die Insidertatsache nicht selbst erzeugt haben, einer vertraglichen oder gesetzlichen Verbindung zwischen Primärinsider und Informationsträger. Nicht abzustellen ist auf die Beziehung zum Emittenten.

7. Das Merkmal „Bestimmungsgemäß" ist innerhalb des Vertragserfordernisses dahingehend auszulegen, daß die Tatsache dem Insider zur Ausfüllung der vertraglichen Beziehung übermittelt worden sein muß.

8. De lege ferendar ist eine Ausweitung sämtlicher Handlungsverbote aus § 14 Abs 1 WpHG auf die Sekundärinsider nicht zu empfehlen.

9. Marktdaten werden auch in der weitesten Form vom Begriff der Insidertatsache erfaßt. Eine Differenzierung erfolgt bei ihnen erst auf der Ebene der Kurserheblichkeit.
10. Finanzanalysten sind ein unverzichtbarer Bestandteil funktionierender Finanzmärkte. Diesem Schutz ist bei der Auslegung der Merkmale Rechnung zu tragen.
11. Bei der insiderrechtlichen Beurteilung der Analysten sind die allgemeinen Regeln zu übertragen, wonach es einer vertraglichen oder gesetzlichen Verbindung zum Informationsträger bedarf. Ohne diese Verbindung sind die Analysten Sekundärinsider.
12. Die bevorstehende Veröffentlichung einer Analyse ist selbst keine Insidertatsache. Jedoch kann ein Begleitumstand der Analyse, z.B. die Person des Analysierenden, seinerseits eine eigene Insidertatsache sein.
13. Die Weitergabe von Insiderinformationen an Analysten erfüllt den objektiven Tatbestand des § 14 Abs 1 Nr. 2 WpHG.

Anhang (Gesetzesmaterialien)

Auszug aus der EG-Insiderrichtlinie[1]

Artikel 2

(1) Jeder Mitgliedstaat untersagt den Personen, die

- als Mitglieder eines Verwaltungs-, oder Leitungs- oder Aufsichtsorgans des Emittenten,
- durch ihre Beteiligung am Kapital des Emittenten oder
- aufgrund ihrer Arbeit, ihres Berufs oder ihrer Aufgaben zu dieser Information Zugang haben,

über eine Insider-Information verfügen, unter Ausnutzung derselben in Kenntnis der Sache für eigene oder fremde Rechnung entweder selbst oder indirekt die Wertpapiere des bzw. der von dieser Information betroffenen Emittenten zu erwerben oder zu veräußern.

(2) Sofern es sich bei den in Absatz 1 genannten Personen um Gesellschaften oder andere juristische Personen handelt, gilt das dort ausgesprochene Verbot für die natürliche Personen, die an dem Beschluß beteiligt sind, das Geschäft für Rechnung der betreffenden juristischen Person zu tätigen.

(3)...

(4)...

Artikel 3

Jeder Mitgliedstaat untersagt den Personen, die dem Verbot nach Artikel 2 unterliegen und über eine Insider-Information verfügen,

a) diese Insider-Information an einen Dritten weiterzugeben, soweit dies nicht in einem normalen Rahmen in Ausübung ihrer Arbeit oder ihres Berufes oder in Erfüllung ihrer Aufgabe geschieht;

b) auf der Grundlage dieser Insider-Information einem Dritten zu empfehlen, auf seinen Wertpapiermärkten im Sinne von Artikel 1 Ziffer 2 letzter Satzteil zum Handel zugelassene Wertpapiere zu erwerben oder zu veräußern bzw. erwerben oder veräußern zu lassen.

Artikel 4

Jeder Mitgliedstaat sieht das Verbot in Artikel 2 auch für andere als in jenem Artikel genannte Personen vor, die in Kenntnis der Sache über eine Insider-Infor-

---

1 Richtlinie des Rates vom 13.November 1989 zur Koordinierung der Vorschriften betreffend Insider-Geschäfte; ABlEG Nr. L 334 vom 18.11.1989, S. 30

mation verfügen, die unmittelbar oder mittelbar nur von einer in Artikel 2 genannten Person stammen kann.

Artikel 6

Jeder Mitgliedstaat kann strengere Vorschriften als die in dieser Richtlinie vorgesehenen oder zusätzliche Vorschriften erlassen, sofern diese Vorschriften allgemein gelten. Insbesondere kann er das Verbot nach Artikel 2 ausdehnen und für die in Artikel 4 genannten Personen die Verbote im Sinne von Artikel 3 vorsehen.

Auszug aus dem Wertpapierhandelsgesetz (WpHG)[2]

§ 13. Insider. (1) Insider ist, wer

1. als Mitglied des Geschäftsführungs- oder Aufsichtsorgans oder als persönlich haftender Gesellschafter des Emittenten oder eines mit dem Emittenten verbundenen Unternehmens,
2. aufgrund seiner Beteiligung am Kapital des Emittenten oder eines mit dem Emittenten verbundenen Unternehmens oder
3. aufgrund seines Berufs oder seiner Tätigkeit oder seiner Aufgabe bestimmungsgemäß

Kenntnis von einer nicht öffentlichen bekannten Tatsache hat, die sich auf einen oder mehrere Emittenten von Insiderpapieren oder auf Insiderpapiere bezieht und die geeignet ist, im Falle ihres öffentlichen Bekanntwerdens den Kurs der Insiderpapiere erheblich zu beeinflussen (Insidertatsache).

(2) Eine Bewertung, die ausschließlich aufgrund öffentlich bekannter Tatsachen erstellt wird, ist keine Insidertatsache, selbst wenn sie den Kurs von Insiderpapieren erheblich beeinflussen kann.

§ 14. Verbot von Insidergeschäften. (1) Einem Insider ist es verboten,

1. unter Ausnutzung seiner Kenntnis von einer Insidertatsache Insiderpapiere für eigene oder fremde Rechnung oder für einen anderen zu erwerben oder zu veräußern,
2. einem anderen eine Insidertatsache unbefugt mitzuteilen oder zugänglich zu machen,
3. einem anderen auf der Grundlage seiner Kenntnis von einer Insidertatsache den Erwerb oder die Veräußerung von Insiderpapieren zu empfehlen.

(2) Einem Dritten, der Kenntnis von einer Insidertatsache hat, ist es verboten, unter Ausnutzung dieser Kenntnis Insiderpapiere für eigene oder fremde Rechnung oder für einen anderen zu erwerben oder zu veräußern.

§ 38. Strafvorschriften. (1) Mit Freiheitsstrafe bis zu fünf Jahren oder mit Geldstrafe wird bestraft, wer

1. entgegen einem Verbot nach § 14 Abs. 1 Nr. 1 oder Abs. 2 ein Insiderpapier erwirbt oder veräußert,

---

2 Gesetz über den Wertpapierhandel und zur Änderung börsenrechtlicher und wertpapierrechtlicher Vorschriften (Zweites Finanzmarktförderungsgesetz) vom 26.07.1994, BGBl. 1994 Teil I vom 30.07.1994.

2. entgegen einem Verbot nach § 14 Abs. 1 Nr. 2 eine Insidertatsache mitteilt oder zugänglich macht oder

3. entgegen einem Verbot nach § 14 Abs. 1 Nr. 3 den Erwerb oder die Veräußerung eines Insiderpapiers empfiehlt.

(2) Einem Verbot im Sinne des Absatzes 1 steht eine entsprechendes ausländisches Verbot gleich.

Auszug aus den freiwilligen Insiderhandelsrichtlinien 1988[3]

§ 2 Nr. 1 IHR:

Insider sind:

a) gesetzliche Vertreter und Aufsichtsratsmitglieder der Gesellschaft;

b) gesetzliche Vertreter und Aufsichtsratsmitglieder verbundener inländischer Unternehmen, es sei denn, daß sie in dieser Eigenschaft keine Kenntnis von Insiderinformationen zu erlangen pflegen;

c) Aktionäre, einschließlich deren gesetzliche Vertreter und Aufsichtsratsmitglieder, sofern sie an der Gesellschaft mit mehr als 25 % beteiligt sind; § 16 Abs. 4 AktG findet entsprechende Anwendung;

d) Angestellte der Gesellschaft, der mit ihr verbundenen inländischen Unternehmen und der an ihr mit mehr als 25 % beteiligten Aktionäre, sofern die Angestellten in dieser Eigenschaft Kenntnis von Insiderinformationen zu erlangen pflegen;

e) Beauftragte einer Gesellschaft, die im Zusammenhang mit ihrem Vertrag Kenntnis von Insiderinformationen zu erlangen pflegen;

f) Kreditinstitute sowie deren Aufsichtsratsmitglieder, Geschäftsleiter, Angestellte und Beauftragte, die bei Maßnahmen der in Nr. 3 Satz 3 [konsortialgeschäftliche Tätigkeit; Anm. des Bearbeiters] genannten Art oder im Zusammenhang mit dem Kreditgeschäft eingeschaltet werden und dabei Kenntnis von Insiderinformationen zu erlangen pflegen.

---

3 Abgedr. mit Kommentierung in Baumbach/Duden/Hopt, 29.Aufl. unter Nr. 16.

Auszug aus der amerikanische Insiderregelung

Rule 10(b)-5[4] lautet[5] :

Rule 10(b)-5 Employment of Manipulative and Deceptive Devices

It shall be unlawful for any person, directly or indirectly, by the use of any means or instrumentality of interstate commerce, or of the mails, or of any facility of any national security exchange,

(1) to employ any device, scheme or artifice to defraud,

(2) to make any untrue statement of material fact or to omit to state a material fact necessary in order to make the statements made, in the light of the circumstances under which they were made, not misleading, or

(3) to engage in any act, practice, or course of business which operates or would operate as a fraud or deceit upon any person,

in connection with the purchase or sale of any security.

---

4 17 C.F.R. § 240.10b-5

5 Freie Übersetzung nach Forstmoser, Effektenhandel ... S.26.:

Es ist für jedermann widerrechtlich ..., in Verbindung mit dem Kauf oder Verkauf irgendwelcher Effekten

1. irgendein betrügerisches Mittel, Vorgehen oder einen betrügerischen Kunstgriff anzuwenden,

2. eine wesentliche Tatsache in irgendeiner Weise unwahr darzustellen oder eine wesentliche Tatsache zu verschweigen, welche im Licht der konkreten Umstände erwähnt werden muß, um die Äußerung nicht irreführend zu machen, oder

3. eine sonstige Handlung oder Geschäftspraxis oder ein Vorgehen zu wählen, welche als Betrug oder Täuschung gegenüber irgend jemanden wirkt oder wirken könnte.

Auszüge aus der englischen Insiderregelung

Criminal Justice Act 1993[6] :

57.- (1) For the purposes of this Part, a person has information as an insider if and only if -

(a) it is, and he knows that it is, inside information, and

(b) he has it, and he knows that he has it, from an inside source.

(2) For the purposes of subsection (1), a person has information from an inside source if and only if -

(a) he has it through -

(i) being a director, employee or shareholder of an issuer of securities; or

(ii) having access to the information by virtue of his employment, office or profession; or

(b) the direct or indirect source of his information is a person within paragraph (a).

Company Securities (Insider Dealing) Act 1985[7] :

Regulation of insider dealing

1-(1) Subject to section 3, an individual who is, or at any time in the preceding 6 months has been, knowingly connected with a company shall not deal on a recognised stock exchange in securities of that company if he has information which-

(a) he holds by virtue of being connected with the company,

(b) it would be reasonable to expect a person so connected, and in the position by virtue of which he is so connected, not to disclose expect for the proper performance of he functions attaching to that position, and

(c) he knows is unpublished price sensitive information in relation to those securities.

...

(3) The next subsections applies where-

(a) an individual has information which he knowingly obtained (directly or indirectly) from another individual who

6 The Criminal Justice Act 1993 (Commencement No 5) Order 1994 (SI No 242).

7 Abgedr. in The Public General Acts and General Synod Measures (Law Reports) 1985, S.645 f.

(i) is connected with a particular company, or was at any time in the 6 months preceding the obtaining of the information so connected, and

(ii) the former individual knows or has reasonable cause to believe held the information by virtue of being so connected, and

(b) the former individual knows or has reasonable cause to believe that, because of the latter's connection and position, it would be reasonable to expect him not to disclose the information expect for the proper performance of the functions attaching to that position.

...

9. For purposes of this act, an individual is connected with a company if, but only if -

(a) he is a director of that company or a related company, or

(b) he occupies a position as an officer (other than a director) or employee of that company or a related company or a position involving a professional or business relationship between himself (or his employer or a company of which he is a director) and the first company or a related company which in eiter case may reasonably be expected to give him access to information which, in relation to securities of either company is unpublished price sensitive information, and which it would be resonable to expect a person in his position not to disclose expect for the proper performance of his functions.

Auszüge aus der Schweizer Regelung

Art 161 SchwStGB lautet[8] :

1.
Wer als Mitglied des Verwaltungsrates, der Geschäftsleitung, der Revisionsstelle oder als Beauftragter einer Aktiengesellschaft oder einer sie beherrschenden oder von ihr abhängigen Gesellschaft,

als Mitglied einer Behörde oder als Beamter,

oder als Hilfsperson einer der vorgenannten Personen,

sich oder einem andern einen Vermögensvorteil verschafft, indem er die Kenntnis einer vertraulichen Tatsache, deren Bekanntwerden den Kurs von in der Schweiz börslich oder vorbörslich gehandelten Aktien, andern Wertschriften oder entsprechenden Bucheffekten der Gesellschaft oder von Optionen auf solche in voraussehbarer Weise erheblich beeinflussen wird, ausnützt oder diese Tatsache einem Dritten zur Kenntnis bringt,

wird mit Gefängnis oder Busse bestraft.

2.
Wer eine solche Tatsache von einer der in Ziffer 1 genannten Personen unmittelbar oder mittelbar mitgeteilt erhält und sich oder einem andern durch Ausnützen dieser Mitteilung einen Vermögensvorteil verschafft,

wird mit Gefängnis bis zu einem Jahr oder mit Busse bestraft.

3.
Als Tatsache im Sinne von Ziffer 1 und 2 gilt eine bevorstehende Emission neuer Beteiligungsrechte, eine Unternehmensverbindung oder ein ähnlicher Sachverhalt von vergleichbarer Tragweite.

4.
Ist die Verbindung zweier Aktiengesellschaften geplant, so gelten die Ziffern 1-3 für beide Gesellschaften.

5.
Die Ziffern 1-4 sind sinngemäß anwendbar, wenn die Ausnützung der Kenntnis einer vertraulichen Tatsache Anteilsscheine, andere Wertschriften, Bucheffekten oder entsprechende Optionen einer Genossenschaft oder einer ausländischen Gesellschaft betrifft.

---

8 Abgedr. in Systematische Sammlung des Bundesrechts, Loseblattsammlung, Stand 06.96 Nr. 311.0

Literaturverzeichnis

Alcock, Alistair
„Insider dealing - how did we get here ?“ in The Company Lawyer (15) 1994, S.67 f

Arbeitskreis Gesellschaftsrecht
„Verbot des Insiderhandelns“ Heidelberg 1976

Arbeitskreis unter Federführung der Deutsche Börse AG
„Insiderhandelsverbot und Ad hoc- Publizität nach dem Wertpapierhandelsgesetz- Erläuterungen und Empfehlungen zur Behandlung kursbeeinflussender Tatsachen gemäß §§ 12 ff Wertpapierhandelsgesetz-“ abgedr. in WM 1994, S.2038 f
zitiert: Arbeitskreis Deutsche Börse AG

Ashe, T. Michael
„Who is an Insider ?“ in Rider/Ashe (Hrsg.) „The Fiduciary, the Insider and the Conflict“ 1995, S.75 f

Ashe, T. Michael/ Counsell, Lynne
„Insider Trading“ Surrey, 2. Aufl. 1993

Assmann, Heinz-Dieter
„Die Mitteilung von Insiderinformationen durch Emittenten gegenüber Analysten und deren Qualifikation als Primär- und Sekundärinsider“ in Claussen/Schwark (Hrsg.) S. 54 f

„Rechtsanwendungsprobleme des Insiderrechts“ in AG 1997, S. 50 f.

„Insiderrecht und Kreditwirtschaft“ in WM 1996, S.1337 f

„Das künftige deutsche Insiderrecht (I und II)“ in AG 1994, S. 196 f; S.237 f

„Das neue deutsche Insiderrecht“ in ZGR 1994, S.494 f

„The Federal Republic of Germany II:The Proposed Legislation“ in Wegen/Assmann (Hrsg.) S.15 f

„Anmerkungen zum Beschluß des Hessischen VGH v. 16.3.98 - 8 TZ 98/98“ in AG 1998, S. 438 f.

Assmann, Heinz-Dieter/ Schneider, Uwe H. (Hrsg.)
„Wertpapierhandelsgesetz“ Kommentar Köln, 1. Aufl. 1995; 2. Aufl. 1999
zitiert: Bearbeiter in Assmann/Schneider (Auflage)

Assmann, Heinz-Dieter/ Schütze, Rolf A. (Hrsg.)
„Handbuch des Kapitalanlagerechts“ 2. Auflage München 1997; Ergänzungsband (Losebl.) Stand März 1999; 1. Auflage München 1990
zitiert: Bearbeiter in Assmann/Schütze, Auflage

Atkinson, Nigel
„A practitioner's guide to the stock exchange yellow book“ Surrey, 1997

Baetge, Jörg (Hrsg.)
„Insiderrecht und Ad-hoc-Publizität - Was bedeuten die neuen Regelungen für Unternehmenspublizität und Finanzanalyse ? -“ Düsseldorf 1995

Barc, Stephen/ Bowen, Nicholas/ Braune, Janet
„Tolley's Company law“, Croydon, Losebl. 3. Ed. Stand 02/1998

Barker, Bridget/ Blin, Robert
„Securities Broking and Dealing: Conduct of Business Requirements“ in Mitchell unter II.

Baumbach, Adolf/ Duden, Konrad/ Hopt, Klaus J.
„Handelsgesetzbuch“ 29.Aufl. 1995 München

Baur, Georg
„Das neue Wertpapierhandelsrecht“ in Die Bank 1997, S. 346 f

Beck, Heinz/ Samm, Carl-Theodor
„Gesetz über das Kreditwesen“ Loseblatt-Kommentar, Stand 12/1999, Heidelberg
zitiert: Verfasser in Beck/Samm

Becker, Joachim
„Das neue Wertpapierhandelsgesetz“ Berlin, 1995

Beeson, Jonn R.
„Rounding the Peg to Fit the Hole: A proposed regulatory of the Misappropriation Theory“ 144 U.PA.L.Rev. 1077 f (1996)

Behrens, Peter
„Gemeinschaftsrecht und juristische Methodenlehre“ in EuZW 1994, S.289

Benner-Heinacher, Jella
„Kollidiert die Auskunftspflicht des Vorstandes mit dem Insiderrecht?“ in DB 1995, S.765 f

„Das ABC des deutschen Insiderrechts“ in Das Wertpapier 1995, S.58 f

Bergmans, Bernhard
„Inside Information and Securities Trading“ Cornwall 1991

Bertschinger, Urs
„Rechtsprobleme rund um Ratings und Ratingagenturen“ in Nobel „Aktuelle Rechtsprobleme ... 1999“ S. 87 f

Besig, Hans-Michael
„Das 2. Finanzmarktförderungsgesetz und die Konsequenzen für die Kommunikationsarbeit“ in ZgesKW 1995, S.708 f

Bihr, Dietrich
„Due Diligence: Geschäftsführerorgane im Spannungsfeld zwischen Gesellschafts- und Gesellschafterinteressen“ in BB 1998, S. 1198 f.

Bleckmann, Albert
„Zu den Auslegungsmethoden des Europäischen Gerichtshofes“ in NJW 1982, S.1177 f

„Probleme der Auslegung europäischer Richtlinien“ in ZGR 1992, S.364 f

Bloomenthal, Harold S./ Holme Roberts & Owen
„Securities Law Handbook“ New York 1999 Edition
zitiert: Bloomenthal

Bloomenthal, Harold S. / Wolff, Samuel
„Securities and Federal Corporate Law“ 2. Aufl. Volume 3D , New York, Loseblatt, Release # 3, 9/99

„Emerging Trends in Securities Law“ 1998-99 Edition New York 1999

Böckli, Peter
„Insiderstrafrecht und Verantwortung des Verwaltungsrates“ Zürich 1989

Branson, Douglas M.
„Insider Trading I - III" in The Journal of Business Law 1982, I S.342 f, II S.413 f, III S.536 f

Brazier, Gil
„Insider Dealing: Law & Regulation" London 1996

Brechmann, Winfried
„Die richtlinienkonforme Auslegung : zugleich ein Beitrag zur Dogmatik der EG-Richtlinie" München 1994

Bremer, Jens
„Die Neufassung der Insiderbestimmungen" in AG 1976, S. 10 f

Bröcker, Klaus F.
„Neue Strafvorschriften im deutschen Börsenrecht" in wistra 1995, S.130 f

Bromberg, Alan R./ Lowenfels, Lewis D.
„Securities Fraud & Commodities Fraud" Band 1-6 Loseblattsammlung, 2. Edition, Stand Dez. 1995, Colorado

Brountas, Paul P. JR.
„Rule 10b-5 and voluntary corporate Disclosures to Securities Analysts" in Securities Law Review 1993, S.473 f

Brudney, Victor
„Insiders, Outsiders, and informational Advantages under the federal securities Laws" in Harvard Law Review (93) 1979, S. 322 f

Büschgen, Hans E./ Schneider Uwe H. (Hrsg.)
„Der europäische Binnenmarkt 1992 - Auswirkungen auf die deutsche Finanzwirtschaft-" Frankfurt am Main 1990
zitiert: Autor in Büschgen/Schneider

Bundesverband deutscher Banken
Stellungnahme zur Anhörung im Bundestag zum Thema „Die Macht der Banken" in ZBB 1994, S.69 f

Caccese, Michael S.
„Insider Trading Laws and the Role of Securities Analysts" in Claussen/Schwark (Hrsg.) S. 125 f

Cahn, Andreas
„Grenzen des Markt- und Anlegerschutzes durch das WpHG“ in ZHR 162 (1998), S. 1-50

Carl, Dieter/ Klos, Joachim
„Informationssammlung durch das neue Bundesaufsichtsamt für den Wertpapierhandel zur Insiderbekämpfung“ in wistra 1995, S.10 f

Caspari, Karl-B.
„Die geplante Insiderregelung in der Praxis“ in ZGR 1994, S.531 f.

Casper, Matthias
„Insiderverstöße bei Aktienoptionsprogrammen“ in WM 1999, S. 363 f.

Clarotti, Paolo
„A View from Brussels“ in Rider/Ashe (Hrsg.) „The Fiduciary, the Insider and the Conflict“ 1995, S. 51 f

Claussen, Carsten P.
„Die Wertpapieranalysten und die Intention des Wertpapierhandelsgesetzes“ in Claussen/Schwark (Hrsg.) S. 11 f

„Das Wertpapierhandelsgesetz und die Wertpapieranalysten - ein offenes Feld“ in AG 1997, S. 306 f

„Insiderhandelsverbot und Ad hoc-Publizität“ Köln 1996

„Neue DVFA-Standesrichtlinien“ in Die Bank 1995, S.433 f

„Das neue Insiderrecht“ in DB 1994, S.27 f

„Neues zur kommenden Insiderregelung (I und II)“ in ZBB 1992, S. 73 f; S.267 f

„Zum Stellenwert der Aktienanalyse“ in ZgesKW 1986, S. 510 f

Claussen, Carsten P./ Schwark. Eberhard (Hrsg.)
„Insiderrecht für Finanzanalysten“ Köln 1997
zitiert: Bearbeiter in Claussen/Schwark

Coffee, John C.
„Market Failure and the Economic Case for a Mandatory Disclosure System" (70) Virginia Law Review 1984, S. 717 f

Cooper, Richard D.B.
„The Impact of Directives on the Interpretation of National Law" in EuZW 1996, S. 385

Counsell, Lynne
„Defences to Insider Dealing" in Rider/Ashe (Hrsg.) „The Fiduciary, the Insider and the Conflict" 1995, S.92 f

Cramer, Peter
„Strafrechtliche Probleme des Insiderhandelsverbots, insbesondere Beihilfe zur fremden Insider-Straftat" in AG 1997, S. 59 f

Cranston, Ross
„Insider Dealing - Informational Imbalances and Financial Business" in Hopt/Wymeersch S. 203 f

Crystal, Michael/ Atherton, Stephen
„United Kingdom" in Gaillard (Hrsg.) S.171 f

Davies, Paul L.
„Gower's Principles of Modern Company Law" 6. Aufl. 1997, London

„The European Community's Directive on Insider Dealing: From Company Law to Securities Markets Regulation ?" in OJLS 1991, S. 92 f

Deutscher Anwaltsverein e.V.
„Anwendung des § 15 WpHG bei mehrstufigen Entscheidungsprozeßen" Stellungnahme des Handelsrechtausschußes des Deutschen Anwaltsvereins e.V. in AG 1997 S. 559 f

Dickersbach, Volker
„Das neue Insiderrecht vor dem Hintergrund des Europäischen Gemeinschaftsrechtes" Berlin 1995

Dine, Janet
„Implementation of the EC Insider Trading Directive in the UK" in The Company Lawyer (14) 1993, S.61 f

„European Foundations“ in Rider/Ashe (Hrsg.) „The Fiduciary, the Insider and the Conflict“, S 7 f

Dingeldey, Thomas
„Insider-Handel und Strafrecht“ Köln, Berlin, Bonn, München 1983

Dreher, Eduard/ Tröndle, Herbert
„Strafgesetzbuch und Nebengesetze“ 47. Auflage München 1995

Dreyling, Georg Michael
„Die Erfahrungen des Bundesaufsichtsamtes für den Wertpapierhandel bei der Verfolgung von Insidern“ in Claussen/Schwark (Hrsg.) S. 1 f

Drobnig, Ulrich/Puttfarken, Hans-Jürgen (Hrsg.)
„Deutsche Landesreferate zum Privatrecht und Handelsrecht“, Heidelberg 1982

Duderstadt, Illana
„Implementation of the Insider Dealing Directive in the United Kingdom and Germany“ in Journal of Financial Crime 1996 Vol 4 No.2 S.105

Eberstadt, Gerhard
„Sind sie mit dem neuen Insider-Recht zufrieden ?“ in ZgesKW 1995, S. 889

Eichele, Hans
„Finanzanalysten und Wirtschaftsjournalisten als Primärinsider“ in WM 1997, S.501 f

Eisele, Dieter
„Insiderrecht und Compliance“ in WM 1993, S.1021 f

Emde, Raimond
„Das Sonderwissen des Aufsichtsratsmitglieds und die Pflicht zur Informationsweitergabe“ in DB 1999, S. 1486 f.

Ernst, Gernot
„Alle Börsianer künftig Insider ?“ in WM 1990, S.461

Estrada, Javier
„Insider Trading: Regulation, Deregulation, and Taxation" in SZW 1994, S.209 f

Everling, Ulrich
„Zur Auslegung des durch EG-Richtlinien angeglichenen nationalen Rechts" in ZGR 1992, S.376 f

Fabio, Udo di
„Richtlinienkonformität als ranghöchstes Normauslegungsprinzip ?" in NJW 1990, S.947 f

Fellmann, Markus
„Rechtliche Erfassung von Insidertransaktionen in der Schweiz: Eine Untersuchung der juristischen und ökonomischen Aspekte" Zürich 1981

Fikentscher, Wolfgang
„Methoden des Rechts" Band II und III, Tübingen 1975 bzw. 1976

Fisch, Jill E.
„Start Making Sense: an Analysis and Proposal for Insider Trading Regulation" in Securities Law Review 1993, S.353 f

Fischer, Ulrich
„Betriebsverfassungsrechtliche Informationsansprüche bei Börsennotierungen des Unternehmens in den USA" in DB 1998, S. 2606 f.

Fleck, Hans-Joachim
„Eigengeschäfte eines Aufsichtsratsmitglieds" in Festschrift für Theodor Heinsius zum 65 Geburtstag am 25.09.91; Berlin, New York 1991, S.87 f

Fletcher, C. Edward
„Materials on the law of Insider Trading" Durham, 1991

Forstmoser, Peter
„Insiderstrafrecht - Die neue schweizerische Strafnorm gegen Insider-Transaktionen" in SAG 1988, S.122 f

„Effektenhandel durch Insider" Zürich 1974

„Die neue Schweizerische Strafnorm gegen Insider-Geschäfte“ in ZGR 1989, S.124 f

Frantz, Douglas
„Levine & co. - Wall Street's Insider Trading Scandal“ New York 1987

Fuhrmann, Hans
„Die Bedeutung des faktischen Organs in der strafrechtlichen Rechtsprechung des Bundesgerichtshofes“ in Festschrift für Herbert Tröndle zum 70. Geburtstag, Berlin, New York 1989

Fürhoff, Jens
„Insiderrechtliche Behandlung von Aktienoptionsprogrammen und Management-Buy-Outs“ in AG 1998, S. 83 f

Fürhoff, Jens/ Wölk, Armin
„Aktuelle Fragen zur Ad hoc-Publizität“ in WM 1997, S. 449 f.

Gaillard, Emmanuel (Hrsg.)
„Insider Trading - The Laws of Europe, the United States and Japan“ Deventer, Boston 1992

Gerke, Wolfgang/ Bank, Matthias/ Lucht, Georg
„Die Wirkungen des WpHG auf die Informationspolitik der Unternehmen“ in Die Bank 1996, S.612 f

Gerke, Wolfgang und Oerke, Marc
„Marktbeeinflussung durch Analystenempfehlungen“ in ZfB-Ergänzungsheft 2/98

Gottrau, Nicolas de
„U.S.Insider Trading Prohibition, Swiss Banking Secrecy and Swiss Insider Trading Law: The Current Situation“ in Revue de droit des affaires internationales (International Business Law Journal) 1993, S.553 f

Götz, Jürgen
„Die unbefugte Weitergabe von Insidertatsachen -Anmerkungen zu § 14 Abs. 1 Nr. 2 WpHG -“ in DB 1995, S.1949 f

Green, Edward F./ Christman, David A.
„United States“ in Stamp/Welsh S.3 f

Grossfeld, Bernhard/Weber, Klaus-Peter
„Genossenschaftswesen und Insider-Handeln“ in AG 1993, S.201 f

Grunewald, Barbara
„Neue Regeln zum Insiderhandel“ in ZBB 1990, S.128 f

Grundmann, Wolfgang
„Neuregelung des Insiderhandels-Verbots in Deutschland“ in ZgesKW 1992, S. 12 f

Hagen, Willis W.
„Insider Trading under Rule 10b-5: The Theoretical Baises for Liability“ in 44 The Business Lawyer 1988 S.13 f

Hannigan, Brenda
„Regulating Insider Dealing - The EEC Dimension“ in Journal of international banking Law 1989 S.11 f

„Insider Dealing“ 2nd Edition London 1994

Happ, Wilhelm
„Zum Regierungsentwurf eines Wertpapierhandelsgesetzes“ in JZ 1994, S.240 f

Hartmann, Jörg
„Juristische und ökonomische Regelungsprobleme des Insiderhandels“ Frankfurt am Main 1999

Hauschka, Christoph E./ Harm, Christian
„Argumente zur Reformbedürftigkeit des deutschen Insiderrechts“ in BB 1988 S.1189 f

Hausmanninger, Christian
„Insider Trading - Eine systemvergleichende Untersuchung amerikanischer, europäischer und österreichischer Regelungen“ Wien 1997

Hawes, Douglas W.
„Société Générale decision - Additional Comments; Comparison with French and U.S. insider trading law“ in SZW 1993 S. 34 f

Haymann, Michel
„Switzerland" in Stamp/Welsh (Hrsg.) S. 223 f

Hazen, Thomas Lee
„The Law of Securities Regulation" St.Paul, Minn., 3. Aufl. 1996

Heinsius, Theodor
„The Federal Republic of Germany I: The Current Self-Regulatory System" in Wegen/Assmann (Hrsg.) S.1 f

Heisterkamp, Friedrich Frank
„Über Insider und Outsider" in DZWir 1994, S.517 f

Heldmann, Philipp
„Das neue Insider-Gesetz ad portas" in ZRP 1990 S.393 f

„Altes und neues Insiderrecht" in ZgesKW 1992, S.480 f

Herne, Stephen
„Inside Information: Definitions in Australia, Canada, The U.K. and The U.S." in 8 Journal of Comparative Business and Capital Market Law 1986, S.1 f

Herrington, Tim/ Glover, Jason
„The United Kingdom" in Wegen/Assmann (Hrsg.) S.33 f

Hickinbotham, Tony / Vaupel, Christoph
„Germany" in Stamp/Welsh (Hrsg.) S.129 f

Hillenbrand, Josef/ Brosig, Manfred
„Zu strafrechtlichen Risiken bei der Abwicklung von Insidergeschäften über das Ausland" in wistra 1999, S. 209 f

Hirshleifer, David/ Subrahmanyam, Avanidhar/ Titman, Sheridan
„Security Analysis and Trading Patterns - When some Investors receive Information before Others" in 49 The Journal of Finance 94, S.1665 f

Hoffmann, Thomas
„Rechtliche Schranken interner Informationsflüsse in Kreditinstituten" Baden-Baden 1998

Hofstetter, Brigitte
„Interessenskonflikte im Universalbankensystem" Bern 1999

Hommelhoff, Peter
„Zivilrecht unter dem Einfluß europarechtlicher Rechtsangleichung" in AcP 1992, S.71 f.

Hondius, Frits W.
„The Council of Europe's Convention of 1989" in Gaillard (Hrsg.) S. 23 f.

Hopt, Klaus J.
„Familien- und Aktienpools unter dem Wertpapierhandelsgesetz" in ZGR 1997, S.1 f

„Insider Regulation and Timely Disclosure" in Forum Internationale Nr. 21 aus Jan. 96

„Grundsatz- und Praxisprobleme nach dem Wertpapierhandelsgesetz - insbesondere Insidergeschäfte und Ad-hoc-Publizität-" in ZHR 159 (1995) S. 35 f

„Ökonomische Theorie und Insiderrecht" in AG 95, S.353 f

„Wie sinnvoll sind rechtliche Regelungen über Insidergeschäfte ? - Ökonomische und rechtliche Überlegungen zum europäischen und deutschen Insiderrecht -" in Baetge (Hrsg.) S.1 f

„Europäische Rechtsangleichung, Wertpapierhandelsgesetz und Bankrechtstag" in EuZW 1995, S.417

„Zum neuen Wertpapierhandelsgesetz - Stellungnahme für den Finanzausschuß des Deutschen Bundestages" in WM-Festgabe Hellner 1994, S.29 f

„Rechtsprobleme des europäischen und deutschen Insiderrechts" in BFuP 1994, S.85 f

„Auf dem Weg zum deutschen Insidergesetz -Die Vorüberlegungen vom Herbst 1992-" in Festschrift Beusch 1993, S.393 f

„The European Insider Dealing Directive" in Hopt/ Wymeersch (Hrsg.) S.129 f

„Europäisches und deutsches Insiderrecht“ in ZGR 1991, S.17 f

„Insiderwissen und Interessenskonflikte im europäischen und deutschen Bankrecht“ in Festschrift für Theodor Heinsius zum 65. Geburtstag am 25.9.91; Berlin, New York 1991, S.289 f

„The European Insider Dealing Directive“ in CMLR 1990, S.51 f.

„Börsliche und außerbörsliche Geschäfte von Verwaltungsmitgliedern in Papieren der eigenen Gesellschaft oder konzernangehörigen Gesellschaften“ in Drobnig/Puttfarken (Hrsg.), 1982, S.171 f

Hopt, Klaus/ Wymeersch, Eddy (Hrsg.)
„European Insider Dealing - Law and Practice“ London, Boston, Dublin, Edinburgh, Hato Rey, Kuala Lumpur, Munich, Singapore, Sydney, Toronto, Wellington 1991

Hopt, Klaus/ Will, Michael R.
„Europäisches Insiderrecht“, Stuttgart 1973

Horn, Norbert
„Wertpapiergeschäfte von Innenseitern als Regelungsproblem“ in ZHR 136 (1972) S.369 f

Hübscher, Wilfried G.
„Die Umsetzung der Regelung der Insidergeschäfte in das deutsche Recht“ in Büschgen/Schneider (Hrsg.) S.329 f

Immenga, Frank A.
„Das neue Insiderrecht im Wertpapierhandelsgesetz“ in ZBB 1995, S.197 f

Jennings, Richard W./ Marsh, Harold JR./ Coffee, John C. JR
„Securities Regulation - Cases and Materials“ 7.Aufl. Westbury, New York 1992

Jentsch, Werner
„EG-Insiderrichtlinie vor der Verabschiedung“ in Die Bank 1989, S.536 f

Joussen, Peter
„Auskunftspflicht des Vorstandes nach § 131 AktG und Insiderrecht“ in DB 1994, S. 2485 f

Kaiser, Andreas
„Die Sanktionierung von Insiderverstößen und das Problem der Kursmanipulation" im WM 97, S.1557 f

Keller, Gottlieb Andrea
„Die Insider-Strafnorm und der Erwerb eigener Aktien" in SAG 1986, S.33 f

Kidd, Ronald F.
„Insider Trading: The Misappropriation Theory Versus an „Access to Information" Perspective" 18 Del.J.Corp.L.101 f (1993)

Kleinknecht, Th. und Meyer-Goßner, Lutz
„Strafprozeßordnung" Kommentar 44. Aufl. 1999, München

Koehler, Robert J.
„Unternehmenskommunikation und Insidergefährdung" in Claussen/Schwark (Hrsg.) S.71 f

Kondring, Jörg
„Zur Anwendung deutschen Insiderstrafrechts auf Sachverhalte mit Auslandsberührung" in WM 1998 S. 1369 f

Kraakman, Reinier
„The Legal Theory of Insider Trading Regulation in the United States" in Hopt/Wymeersch (Hrsg.) S.39

Kramis, Otto
„Insiderhandel in Effekten (Eine schweizerische Lösung)", Zürich 1978

Krauskopf, Lutz
„Die neue Insidernorm" in Wirtschaft und Recht 1986, S.166 f

Krimphove, Dieter
„Das zweite Finanzmarktförderungsgesetz" in JZ 1994 S.23 f

Kübler, Friedrich
„Institutioneller Gläubigerschutz oder Kapitalmarkttransperenz ?" in ZHR 159 (1995), S.550 f

Kümpel, Siegfried
„Aktuelle Fragen der Ad hoc-Publizität" in AG 1997, S. 66 f.

„Wertpapierhandelsgesetz - Eine systematische Darstellung“ Berlin 1996

„Insiderrecht und Ad hoc-Publizität aus Bankensicht“ in WM 1996, S.653 f

„Bank- und Kapitalmarktrecht“ Köln 2. Aufl. 2000

„Zum Begriff der Insidertatsache“ in WM 1994, S.2137 f
„Das Effektengeschäft im Lichte des 2. Finanzmarktförderungsgesetzes“ in WM 1993, S.2025 f

„Zur Neugestaltung der staatlichen Börsenaufsicht -von der Rechtsaufsicht zur Marktaufsicht-“ in WM 1992, S.381 f

Lahmann, Kai
„Insiderhandel - Ökonomische Analyse eines ordnungspolitischen Dilemmas“ Berlin 1994

Lange, Barbara
„Neue Entwicklung des US-amerikanischen Insiderrecht -Supreme Court bestätigt Misappropriation theory-“ in WM 1998 S. 525 f.

Langevoort, Donald C.
„Insider Trading Regulation“ New York 1991

„Investment Analysts and the law of Insider Trading“ in Securities Law Review 1991, S.377 f

„Insider Trading and the Fiduciary Principle: A Post-Chiarella Restatement“ in 70 California Law Review 1982, S.1 f

„Rereading Cady, Roberts: The Ideology and Practise of Insider Trading Regulation“ in Columbia Law Review 1999, S. 1319 f

Larenz, Karl
„Methodenlehre der Rechtswissenschaft“ 6.Aufl. Berlin 1991

Leistner, Georg
„Das Insiderrecht in der Bundesrepublik - Ein Schlag ins Wasser!“ in ZRP 1973, S.201 f

Lenenbach, Markus und Lohrmann, Frank
„Jahrhundertentscheidung" zum amerikanischen Insiderrecht" in RIW 1998 S. 115 f.

Loesche, Marco
„Die Eignung zur erheblichen Kursbeeinflussung in den Insiderhandelsverboten des Wertpapierhandelsgesetzes" Gießen 1998

„Die Erheblichkeit der Kursbeeinflussung in den Insiderhandelsverboten des Wertpapierhandelsgesetzes" in WM 1998 S. 1849 f.

Loesche, Marco und Eichner, Gerrit und Stute, Winfried
„Die Berechnung von Erheblichkeitsgrenzen in den Insiderhandelsverboten des Wertpapierhandelsgesetzes" in AG 1999 S. 308 f.

Loistl, Otto
„Finanzanalysten als Investorenvertreter und Insiderproblematik: Kurserheblichkeit als essentielles Tatbestandsmerkmal" in Claussen/Schwark (Hrsg.) S.80 f

Lomnicka, Eva
„The New Insider Dealing Provisions. Criminal Justice Act 1993, Part V" in The Journal of Business Law 1994, S.173 f.

Lomnicka, Eva und J.L. Powell
„Encyclopedia of Financial Services Law" Vol. 1-5; London, Losebl. Release Nr. 50 Stand 08/99

Look, Frank van
„Bankrechtstag 1995 der Bankrechtlichen Vereinigung e.V. am 30.Juni 1995 in Berlin" in ZBB 1995, S.307 f

Loose,Peter/ Yelland,John/ Impey, David
„The Company Director" 7th Edition Bristol 1993

Loss, Louis
„The fiduciary concept as applied to trading by corporate „insiders" in the United States" in The Modern Law Review (33) 1970 S.84 f

Loss, Louis/ Seligman, Joel
„Fundamentals of Securities regulation" Boston, New York, Toronto, London 3. Edition. 1995, 1999 Supplement

zitiert: Loss/Seligman in Fundamentals

„Securities regulation“ 3. Edition, Band VII 1991, Band VIII 1991, 1999 Supplement, Boston, New York, Toronto, London
zitiert: Loss/Seligman

Lücker, Volker
„Der Straftatbestand des Mißbrauchs von Insiderinformationen nach dem Wertpapierhandelsgesetz (WpHG)“ Köln; Berlin; Bonn; München 1998

Lutter, Marcus und Krieger, Gerd
„Hilfspersonen von Aufsichtsratsmitgliedern“ in DB 1995, S.257 f

Lutter, Marcus
„Die Auslegung angeglichenen Rechts“ in JZ 92, S.593 f

Magnus, Matthias
„Insidergeschäfte und Regelungsbedarf aus ökonomischer Sicht“ in ZgesKW 1994, S. 543 f

Mann, Michael D./ Lustgarten, Lise A.
„Internationalization of Insider Trading Enforcement - a Guide to Regulation and Co-Operation“ in Hopt/ Wymeersch (Hrsg.) S.339 f

Manne, Henry G.
„Insider Trading and the Stock Market“ New York, London 1966

Martini, Eberhard/ zur Megede, Friedrich-Carl/ Schäfer, August/ Schreib, Hans Peter
„Meinungen zum Thema: Insider-Regelungen im Spannungsfeld von Praktikabilität“ in BFuP 1994, S.136 f

McLaughlin, Joseph T/ Macfarlane, M.A. Helen
„United States“ in Gaillard (Hrsg.) S.285 f

McLucas/ Hamill/ Shea/ Dubrow
„An Overview of Various Procedural Considerations Associated with the Securities and Exchange Commission´s Investigative Process“ in 45 The Business Lawyer 90 S.627

McVea, Harry
„What´s wrong with Insider Dealing ?“ in Legal Studies 1995, S.390 f.

Meincke, Eberhard
„Geheimhaltungspflichten im Wirtschaftsrecht“ in WM 1998 S. 749 f.

Meinhardt, Peter
„Der Englische Companies Act 1985“ in RIW 1987, S.10 f

Meller, Hermann
„Der Insidertatbestand des US-amerikanischen und deutschen Rechtes“ Osnabrück 1997

Mennicke, Petra
„Insider Regulation in Germany: the Change from Self-Regulation to Criminal Law“ in The Company Lawyer (15) 1994, S.155 f

Mettler, Marcel
„Die Voraussetzungen der Börsenzulassung von Wertpapieren - Eine vergleichende Betrachtung der Kotierungsbestimmungen an den Börsen Deutschlands, Londons und Zürichs- unter besonderer Berücksichtigung des Insiderrechts“ Zürich, 1978

Mitchell, Philip L. R.
„Insider Dealing and Director`s duties“ London 1989

„Financial Services - Law and Practise“; London, Losebl. Stand Issue 67 06/99
zitiert: Autor in Mitchell

Mohr, Konrad
„German Insider and Stock exchange law“ Frankfurt 1994

Möller, Andreas
„Das neue Insiderrecht - Eckpfeiler funktionsfähiger Wertpapiermärkte“ in BFuP 1994, S.99 f

Möllers, Thomas M.J. und Ganten, Ted
„Die Wohlverhaltensrichtlinien des BAWe im Lichte der neuen Fassung des WpHG -Eine kritische Bestandsaufnahme-“ in ZGR 1998, S. 773 f.

Morse, Geoffrey
„Palmer's Company Law" Losebl. 21. Aufl. London, Stand 09/1999

Naylor, John M.
„The Use of Criminal Sanctions by UK and US Authorities for Insider Trading: How can the Two Systems Learn from Each Other (Part I and Abs 2) ?" in The Company Lawyer (11) 1990, S.53 f und 83 f

Nerlich, Heinrich
„Die Tatbestandsmerkmale des Insiderhandelsverbots nach dem Wertpapierhandelsgesetz" Osnabrück, 1999

Nobel, Peter
„Das Insider-Geschäft (I und Abs 2)" in SJZ 1983, S.121 f und 137 f

„Praxis zum öffentlichen und privaten Bankenrecht in der Schweiz", Ergänzungsband, Bern 1984

„Schweizerisches Finanzmarktrecht" Bern 1997
zitiert: Nobel in Finanzmarktrecht

„Aktuelle Rechtsprobleme des Finanz- und Börsenplatzes Schweiz" Bern 1993
zitiert: Nobel in „Aktuelle Rechtsprobleme ... 1993"
zitiert: Verfasser in „Aktuelle Rechtsprobleme ... 1993"

„Aktuelle Rechtsprobleme des Finanz- und Börsenplatzes Schweiz" Bern 1999
zitiert: Verfasser in „Aktuelle Rechtsprobleme ... 1999"

Nowak, Eric
„Ad hoc-Publizität bei M&A-Transaktionen" in DB 1999, S. 601 f.

Ott, Claus/ Schäfer, Hans-Bernd
„Ökonomische Auswirkungen der EG-Insider-Regulierung in Deutschland" in ZBB 1991, S.226 f

Paefgen, Thomas Christian
„Insiderhandel im Spannungsverhältnis zwischen gemeinschaftlicher Integration und nationalstaatlicher Regulation - e pluribus unum" in AG 1991, S. 380 f

„Eine Morphologie des US-amerikanischen Rechts der Aktiengesellschaft (Teil Abs 2)" in AG 92, S.169 f

Painter, Richard W. / Krawiec, Kimberly D. / Williams, Cynthia A.
„Don't ask, just tell: Insider Trading after United States v. O'Hagan" in Virginia Law Review 1998, S. 153 f

Palandt
„Bürgerliches Gesetzbuch" München 59. Aufl. 2000
zitiert: Palandt/Bearbeiter

Pananis, Panos
„Zur Abgrenzung von Insidertatsachen und Ad-hoc-publizitätspflichtigem Sachverhalt bei mehrstufigen Entscheidungsprozessen" in WM 1997, S. 460 f

„Insidertatsache und Primärinsider - Eine Untersuchung zu den Zentralbegriffen des § 13 Abs 1 WpHG" Berlin 1998

Peltzer, Martin
„Die neue Insiderregelung im Entwurf des Zweiten Finanzmarktförderungsgesetzes" in ZIP 1994, S.746 f

Peter, Christoph
Besprechung des „Entscheid des Kassationshofes des Bundesgerichts vom 24.03.1993 (SKA-Insiderfall, zur Strafbarkeit des Tipnehmers nach Art. 161 Ziff. 2 StGB)" in SZW 1993, S.234 f

„Aspekte der Insiderstrafnorm" Zürich 1991

„Erfahrungen mit dem Insidertatbestand" in Nobel „Aktuelle Rechtsprobleme ... 1993" S. 105 f

Peter, Clarence
„Switzerland" in Gaillard (Hrsg.) S.271 f

Petersen, Harald
„Die Strafbarkeit des „Scalping“ in wistra 1999, S. 328 f

Pfister, Bernhard
„Stand der Insiderdiskussion“ in ZGR 1981 S.318 f

Pingel, Isabelle
„The EC Directive of 1989“ in Gaillard (Hrsg.) S.5 f

Pötzsch, Thorsten
„Der Diskussionsentwurf des Dritten Finanzmarktförderungsgesetzes“ in AG 1997, S.193 f

„Das Dritte Finanzmarktförderungsgesetz“ in WM 1998, S. 949 f.

Prakash, Saikrishna
„Our dysfunctional Insider Trading Regime“ in Columbia Law Review 1999, S. 1491 f

Pritchard, A.C.
„Agency Law and Justice Powell's Legacy for the Law of Insider Trading“ in Boston University Law Review 1998, S. 13 f

Pscherer, Thomas/ O'Connor, Robert
„Insider-Handel“ in Das Wertpapier 1991, S.1249 f

Ransiek, Andreas
„Zur prozessualen Durchsetzung des Insiderstrafrechts“ in DZWir 1995, S.53 f

Rau, Fritz H.
„Auswirkungen des neuen Insiderrechts auf die Arbeit der Finanzanalysten“ in Baetge (Hrsg.) S.121 f

Rauscher, Regina
„Das Bundesaufsichtsamt für den Wertpapierhandel und seine Kompetenzen bei der Verfolgung von Insiderverstößen“ Frankfurt am Main 1999

Rehberg, Jörg/ Schmid, Niklaus
„Strafrecht III“ 7. Aufl. 1997, Zürich

Reischauer, Friedrich/ Kleinhans, Joachim
„Kreditwesengesetz" Loseblattkommentar, Stand 01/00, Berlin

Rellermeyer, Klaus
„Das zweite Finanzmarktförderungsgesetz in der praktischen Umsetzung - Bericht über den Bankrechtstag 1995 am 30. Juni 1995 in Berlin-" in WM 1995, S.1981 f

Rider, Barry A.K.
„Determined efforts being made to enforce law on insider dealing" in The Company Lawyer 1982, S.185 f

„Policing Insider Dealing in Britain" in Hopt/ Wymeersch (Hrsg.) S.313 f

Rider, Barry/Ashe, Michael (Hrsg.)
„The Fiduciary, the Insider and the Conflict - A Compendium of Essays" Dublin 1995

„The Insider Dealing Directive" in Rider/Ashe (Hrsg.) „The Fiduciary, the Insider and the Conflict" 1995 S.15 f

Rosen, Rüdiger von
„Insider-Regeln - Gegenwart und Zukunft" in ZgesKW 1989, S.658 f

„Zweites Finanzmarktförderungsgesetz und Privatanleger" in Die Bank 1995, S.9 f

„Aktienoptionen für Führungskräfte und Insiderrecht" in WM 1998, S. 1810

Rudolph, Bernd
„Betriebswirtschaftliche Beurteilung des Insiderhandelsverbots" in BFuP 1994, S.115 f

Rümker, Dietrich
„Zur Auslegung der Insiderhandels-Richtlinien" in BB 1972, S.1208 f

Rutledge, G. Philip
„Insider Conflicts in US and Japan - an American Perspective" in Rider/Ashe (Hrsg.) „The Fiduciary, the Insider and the Conflict" 1995 S. 149 f

Salbu, Steven R.
„Tipper Credibility, Noninformational Tippee Trading, and Abstention from Trading: an Analysis of Gaps in the Insider Trading Laws“ in Securities Law Review 1994, S.311 f

Schäfer, Frank A.
„Wertpapierhandelsgesetz, Börsengesetz mit BörsZulV, Verkaufsprospektgesetz mit VerkProspV“ Köln 1999
zitiert: Bearbeiter in Schäfer

Scharrenberg, Wolfgang
„Compliance in Wertpapierdienstleistungsunternehmen“ in Claussen/ Schwark (Hrsg.) S. 107 f

Schimansky, Herbert/ Bunte, Hermann-Josef/ Lwowski, Hans-Jürgen (Hrsg.)
„Bankrechts-Handbuch“, Bd. 3, München 1997
zitiert: Bearbeiter in Bankrechts-Handbuch

Schleifer, Jörg und Kliemt, Michael
„Einschränkung betriebsverfassungsrechtlicher Unterrichtungspflichten durch Insiderrecht ?“ in DB 1995, S.2214 f

Schmid, Niklaus
„Schweizerisches Insiderstrafrecht (Ein Kommentar zu Art. 161 des Strafgesetzbuches: Ausnützen der Kenntnis vertraulicher Tatsachen)“ Bern 1988

„Besprechung des Urteils des Bundesgerichts, 1. öffentlich-rechtliche Kammer, vom 12.03.87 zur Strafbarkeit gewisser Kursmanipulationen bei Wertpapieren (BGE 113 Ib 170)“ in SAG 1988, S.136 f

Schmidt, Karsten
„Gesellschaftsrecht“ 3. Aufl. 1997 Köln, Berlin, Bonn, München

Schmidt, Meinhart/ Wulff, Sönke
„Zur Entdeckung von Insider-Aktivitäten am deutschen Aktienmarkt“ in ZBB 1993, S.57 f

Schneider, Dieter
„Wider Insiderhandelsverbot und die Informationseffiziens des Kapitalmarktes“ in DB 1993, S.1429 f

Schneider, Uwe H.
„Die Kollision der Motive“ in EuZW 1995, S.653 f

Schneider, Uwe H. und Burgard, Ulrich
„Scalping als Insiderstraftat“ in ZIP 1999, S. 381 f.

Schödermeier, Martin/ Wallach, Edgar
„The EEC Insider Directive Approaching Final Adoption“ in Journal of international banking law 1989, S.234 f

„Die Insider-Richtlinie der Europäischen Gemeinschaft“ in EuZW 1990, S.122 f

Schönke,Adolf/ Schröder, Horst
„Strafgesetzbuch“ Kommentar, München 1997
zitiert: Bearbeiter in Schönke/Schröder

Schombert, Manfred
„Meldepflicht von Wertpapiergeschäften - die DWZ als „Erfüllungsgehilfe““ in ZgesKW 1995, S.711 f

Schröder, Christian
„Strafbares Insiderhandeln von Organvertretern einer AG nach geltendem und neuem Recht“ in NJW 1994, S.2879 f

Schröder, Michael
„Die Wertpapierhandelsaufsicht nach dem Zweiten Finanzmarktförderungsgesetz“ Frankfurt am Main 1998

Schubarth, Martin/ Albrecht, Peter
„Kommentar zum schweizerischen Strafrecht; Schweizerisches Strafgesetzbuch Besonderer Teil Band 2“ Bern 1990

Schühle, Rudi
„Auswirkungen der neuen Insidergesetze auf die Kreditgenossenschaften und ihre Zentralbanken“ in ZgesKW 1995, S. 705 f

Schwark, Eberhard
„Tatbestände und Rechtsfolgen des Insiderhandelsverbots“ in Claussen/Schwark (Hrsg.) S.32 f

Schwarze, Hans-Joachim
„Insiderregelungen im Spannungsfeld der Praktikabilität" in BFuP 1994, S.124 f

„The European Insider Dealing Directive and its Impact on the Member States, Particularly Germany" in Hopt/Wymeersch (Hrsg.) S.151 f

Sealy, Leonard
„The „Disclosure" Philosophy and Company Law Reform" in The Company Lawyer (2) 1981, S.51 f

Seligman, Joel
„A Mature Synthesis: O'Hagan resolves „Insider" Trading's most vexing Problems" in Delaware Journal of Corporate Law 1998, S. 1 f

Siebel, Ulf R.
„Der Sekundär-Insider" in Festschrift Semler 1993 Berlin New York, S.955 f

Siebold, Hanns C.
„Das neue Insiderrecht : von der freiwilligen Selbstkontrolle zum internationalen Standard" Berlin, 1994

Stamp, Mark / Welsh, Carson (Hrsg.)
„International Insider dealing" London, 1996
zitiert: Bearbeiter in Stamp/Welsh

„United Kingdom" in Stamp/Welsh (Hrsg.) S. 91 f.

Steinhauer, Carsten
„Insiderhandelsverbot und Ad-hoc-Publizität - Eine rechtsvergleichende Analyse zivilrechtlicher Haftungsansprüche von Anlegern in den USA und Deutschland" Baden-Baden 1999

Stratenwerth, Günter
„Schweizerisches Strafrecht BT I" 4.Aufl. Bern 1993

„Zum Straftatbestand des Mißbrauchs von Insiderinformationen" in Festschrift für Frank Vischer zum 60.Geburtstag, Hrsg. von Peter Böckli, Kurt Eichenberger, Hans Hinderling, Hans Peter Tschudi, Zürich 1983, S.667 f

Strebel, Felix
„Insidervergehen und Banken - Eine juristische Analyse der Konsequenzen des Art. 161 StGB für Banken in der Schweiz (unter besonderer Berücksichtigung des Börsenplatzes Zürich)“ Zürich 1990

Sugarman, David/Ashe, T. Michael
„The Companies Act 1980 (5)“ in The Company Lawyer 1981, S.13 f

Süßmann, Rainer
„Insiderhandel - Erfahrungen aus der Sicht des Bundesaufsichtsamts für Wertpapierhandel“ in AG 1997, S.63 f

„Die befugte Weitergabe von Insidertatsachen“ in AG 1999, S. 162 f.

Suter, Jacqueline
„The regulation of Insider dealing in Britain“ London and Edinburgh 1989

Tavernier, Edmond
„Switzerland“ in Wegen/Assmann (Hrsg.) S.91 f

Thel, Steve
„The original Conception of Section 10(b) of the Securities Exchange Act“ in Stanford Law Review (42) 1990 S.385 f

Thoma, Georg F./ Berck, Jonathan S.
„Germany“ in Gaillard (Hrsg.) S.79 f

Tippach,Stefan
„Das Insiderhandelsverbot und die besondere Rechtspflicht der Banken“ Dissertation Köln 1995

„Marktdaten im künftigen Insiderrecht“ in WM 1993, S.1269 f

Trechsel, Stefan
„Schweizerisches Strafgesetzbuch - Kurzkommentar“ Zürich 1989

Tridimas, Takis
„Insider Trading: European Harmonisation and National Law Reform“ in International and Comparative Law Quarterly (I.C.L.Q.) 1991 Bd. 40 S.919 f

Vogt, Nedim Peter und Watter, Rolf
„Kommentar zum Schweizerischen Kapitalmarktrecht“ Basel 1999
zitiert: StGB-Bearbeiter Art 161 RN

Volk, Klaus
„Die Strafbarkeit von Absichten im Insiderhandelsrecht“ in Betriebsberater 1999, S. 66 f.

„Scalping strafbar ?“ in ZIP 99, S. 787 f.

Voss, Jürgen
„Das US-Amerikanische Insiderkonzept“ Köln 1984

Waldeck, Werner Michael
„Prävention für Investoren und Analysten“ in Claussen/Schwark (Hrsg.) S.48 f

Walther, Gottfried
„Auf dem Weg zum europäischen Insider-Recht“ in Festschrift für Theodor Heinsius zum 65. Geburtstag; Berlin, New York 1991 S.875 f

Wang, William K.S.
„Trading on Material nonpublic Information on impersonal Stock markets: Who is harmed, and who can sue whom under sec rule 10(b)-5 ?“ in Southern California Law Review (54) 1981, S.1217 f

Wang, William K.S./ Steinberg, Marc I.
„Insider Trading“ Boston, New York, Toronto, London 1996

Waschkowski, Hans
„Insiderrichtlinien im Wertpapiergeschäft einer großen Sparkasse“ in ZgesKW 1995, S. 707 f

Waser, Heinz
„Die Insiderregelung in der Bundesrepublik Deutschland - Rezeptionsmodell für die Schweiz ?“ Zürich 1981

Weber, Ulf Andreas
„Das neue deutsche Insiderrecht“ in BB 1995, S.157 f

Weber, Martin
„Deutsches Kapitalmarktrecht im Umbruch“ in NJW 1994, S.2849 f
„Scalping - Erfindung und Folgen eines Insiderdeliktes“ in NJW 2000, S. 562 f

Wegen, Gerhard/ Assmann, Heinz-Dieter (Hrsg.)
„Insider Trading in Western Europe :Current Status“ (International Bar Association Series), Bodmin, Cornwall 1994
zitiert: Bearbeiter in Wegen/Assmann

Weiershäuser, Eberhard
„Die Umsetzung der Insiderrichtlinie als Teil der Unternehmenskultur“ in ZgesKW 1995, S.703 f

Weinberg, Mark Aubrey
„Weinberg and Blank on Takeovers and Mergers“ Band 1 und 2; 5. Aufl. Stand März 1997, London

Weiss, Elliott J.
„United States v. O'Hagan: Pragmatism Returns to the Law of Insider Trading“ in The Journal of Corporation Law 1998 S. 395 f

Welter, Pierre
„Die Maßnahmen der Europäischen Gemeinschaft im Bereich der Insidergeschäfte“ in Büschgen/ Schneider (Hrsg.) S.315 f

White, Matthew
„Insider Dealing and the Criminal Justice Act 1993“ in Rider/Ashe (Hrsg.) „The Fiduciary, the Insider and the Conflict“ 1995, S.56 f

„The implications for securities regulation of new insider dealing provisions in the Criminal Justice Act 1993“ in The Company Lawyer 1995, S.163 f

Wiegand, Wolfgang
„Zur Konvention XVI der Schweizerischen Bankiervereinigung“ in Beiträge zum Schweizerischen Bankenrecht, Bern 1987

Will, Michael R.
„Insider ist jeder Insider“ in RabelsZ 1975, S. 532 f

Wittich, Georg
„Zweieinhalb Jahre Wertpapierhandelsaufsicht - Eine Zwischenbilanz" in WM 97, S. 2026 f

Wolf, Tatjana
„Rechtsanwendungsprobleme des neuen Insiderstraftatbestandes mit Vergleichen zu US-amerikanischen und Schweizer Lösungsansätzen" Konstanz 1999

Wojtek, Ralf J.
„Insider Trading im deutschen und amerikanischen Recht", Berlin 1978

Wotherspoon, Keith
„Insider Dealing - The New Law: Part V of the Criminal Justice Act 1993" in The Modern Law Review 1994, S.419 f

Wymeersch, Eddy
„The Insider Trading Prohibition in the EC Member States: A Comparative Overview" in Hopt/ Wymeersch (Hrsg.) S.65 f

Zimmerer, Carl
„Gut voran in den USA" in ZgesKW 1993, S.502 f

FSC
www.fsc.org
MIX
Papier | Fördert gute Waldnutzung
FSC® C083411

Kolibri 360 GmbH
Ferdinand-Jühlke-Straße 7
99095 Erfurt, Deutschland
produktsicherheit@kolibri360.de

Druck:
CPI Druckdienstleistungen GmbH
im Auftrag der
Kolibri 360 GmbH
Ferdinand-Jühlke-Str. 7
99095 Erfurt